역세권 도장깨기

일러두기

- 이 책은 2022년 3~4월 시세와 2022년 4월 초 정책을 기준으로 집필하였습니다.
- 저자의 강의와 임장기에 기초해 구성한 책으로 현장감을 살리기 위해 일부 표기법에 어긋나는 표현과 부동산 업계 은어도 그대로 수록하였습니다.
- 아파트 단지명의 경우 '서울특별시 공동주택통합정보마당'을 원칙으로 '네이버 부동산'을 참고하여 표기하였으며 필요한 경우 대중적으로 불리는 명칭을 병기하였습니다.
- 단지정보에 나온 지하철역 및 편의시설까지의 이동시간은 환승시간 및 교통상황에 따라 달라질 수 있습니다.
- 학군정보는 '학교알리미(schoolinfo.go.kr)'의 2021년도 진로현황과 '아실(asil.kr)'의 '2017년 국가수준 학업성취도'를 바탕으로 작성하였습니다. 중학교 진학률의 경우 특목고(과학고, 외고국제고) 진학률, 고등학교의 경우 대학교 진학률을 기준으로 작성하였으며 공시자료가 없을 경우 공란으로 두었습니다. 또한 학업성취도는 국영수 평균 보통학력 이상의 비율을 기록하였고 순위는 해당 단지가 속한 '구' 내에서의 순위입니다.
- 단위는 시장에서 여전히 '평'이 많이 사용되는 것을 고려, ㎡와 병용하였고 주소는 지번주소입니다.
- 출처가 없는 사진은 저자가 직접 촬영한 것입니다.

오른 곳을 보면 오를 곳이 보인다

역세권 도장깨기

문현웅
한은진
지음

알키

프롤로그

앞으로 부동산은 '지역'이 아니라 '역'이 중심이 될 것이다

20여 년 동안 경매투자라는 한 우물을 파면서 오랜 시간 현장 강의만을 해오다가 부동산 유튜브 '부동산강사현' 채널을 만들었습니다. 도대체 어떤 코너를 만들어서 시청자들에게 콘텐츠를 전달하면 차별화될지 고민이 많았습니다. 그러던 중 부동산 일을 돕던 제자 한은진이 매일 수많은 사람들이 출퇴근길에 역세권을 스쳐 가지만 정작 역세권 부동산의 투자 포인트에 대해서는 잘 모른다는 점에 착안하여 '역세권 도장깨기'라는 아이디어를 냈습니다. 그래서 직접 현장을 답사하고 설명하는 시리즈를 만들게 되었고, 이 책의 모태가 되었습니다. 서울과 경기도의 주요 지하철역을 두 개씩 묶어 주변 지역 아파트와 투자 포인트, 상권이나 지식산업센터 등을 분석하는 콘텐츠를 만들었고 그 부분은 이 책의 핵심인 2부에 담겨 있습니다. 더 많은 역세권들을 다루고 싶었지만, 아쉬움을 뒤로하고 책의 지면상 지하철역은 20여 개로 추렸으며 대신 GTX, 경전철로 확대하여 좀 더 다방면으로 역세권에 관한 내용을 실었습니다.

2015~2021년 부동산 상승장에서 큰 폭으로 오른 GTX 예정지 주변 핵심지역들의 특징과 투자 포인트에 대해서도 상세히 다루었고, 서울을 다시 한번 조밀하게 연결할 경전철 노선에 대한 투자전략도 상세히 언급하였습니다. 그리고 미래 부동산 시장의 판도를 가늠할 수 있는 '제4차 국가철도망 구축계획'을 통해 앞으로의 방향에 대해 고민해볼 수 있도록 했습니다. 무엇보다 역세권 노선에 대한 단순한 설명에 그치지 않고 이 책을 읽음으로써 해당 역세권이 속한 지역 전체를 머릿속에서 한 장의 지도처럼 그려낼 수 있도록 구성하였습니다.

집필하는 과정에 발표되었던 오세훈 시장의 '2040서울도시기본계획안(2040서울플랜)'을 반영하였고, 새로운 윤석열 정부의 정책이나 방향에 대해서도 자세히 분석했습니다. 이제 부동산 시장의 판도가 바뀌고 있습니다. 과거에는 지역 중심으로 부동산 투자처를 분석했다면 앞으로 역세권 중심으로 세밀하게 분석해야 합니다. 예를 들어 강남구, 마포구, 분당구라는 지역을 중심으로 분석하는 것에 그치지 말고 분당구에서도 신분당선이 지나가는 역사 주변의 부동산, 그리고 강남구에서도 지하철역 주변의 상업지구나 고밀도 개발이 계획된 지역을 분석하는 것이 중요해졌습니다. 향후 정부의 고밀도 개발계획에서도 역세권이 중심이 될 것이니, 역세권 공부는 필수라고 할 수 있습니다.

이제 얼마 후면 GTX-A 노선은 직접 탑승해볼 수 있을 것입니다. GTX

는 경기도뿐 아니라 서울의 부동산 판도도 바꿀 것입니다. 예를 들어 과거 서울에서 서북부에 치우친 지역으로 평가받았던 연신내 주변은 GTX를 타면 두 정거장이면 삼성역에 도달하게 되죠. 이로 인해 연신내역과 연결될 은평구 전 지역이 변화를 맞이할 것입니다. 이 예시처럼 GTX-B, GTX-C 노선이 착공하는 때에는 지금과는 또 다른 시각으로 부동산 투자에 접근하셔야 합니다.

역세권 부동산은 상승기에는 2~3배 이상 가볍게 오르고, 하락기에는 버티는 힘이 정말 좋습니다. 윤석열 정부 출범 이후 앞으로 부동산 가격이 다시 상승할지 또는 규제완화로 인해 공급량이 많아지며 가격이 하락할지 아직 섣부르게 판단하기는 어렵지만, 적어도 역세권 부동산을 소유하고 계신다면 하락장이 오더라도 너무 걱정하실 필요는 없습니다. 그만큼 역세권 부동산의 중요성은 입이 마르고 닳도록 설명해도 부족하지 않습니다. 마음 같아서는 서울과 경기도 지역 모든 역세권을 분석하고 싶고, 대구, 대전, 부산, 제주 등 지방 부동산도 다루고 싶었습니다. 책에 담지 못한 내용들은 기회가 된다면 온오프라인 강의로 독자들에게 소개할 수 있는 기회가 있었으면 합니다.

이 책이 나오는 과정에서 좋은 아이디어를 내고, 집필에 애를 쓴 제자 한은진에게 고마움을 전합니다. 불과 수년 전만 해도 집과 부동산에 푹 빠져 있던 직장인 투자자일 뿐이었는데, 현재는 소형아파트와 빌라, 지식산업센터 등의 성공적인 투자로 경제적 자립을 이루었고 아파트 분양, 소규모아파트 투자, 재개발, 수익형 부동산 분야에서 훌륭한 성과를 보이고 있습니다. 이 책을 읽는 여러분도 더 많은 성공을 이루길 바랍니다. 또한 멋진 책을 만들어 준 시공사에도 무한한 감사의 말씀을 전합니다. 특히 이 책의 기획과 편집 등에 큰 도움을 주시고 원석을 멋진 다이아몬드로 만들어주신 편집자님에게도 진심 어린 감사의 말을 전합니다. 든든한 부모님과, 10여 년 동안 부동산 및 경매 강의를 이어오면서 만났던 많은 수강생분들, 현재도 저와 함께 부동산으로 부를 만들어가고 있는 수강생분들 모두에게 감사의 말씀을 전합니다.

문현웅

프롤로그 II

나를 위한 부동산力을 갖춰라

아무것도 하지 않으면 아무 일도 일어나지 않는다

은행에서 본격적인 사회생활을 시작했고, 다양한 금융상품을 다루며 '돈'이라는 연결고리로 수많은 고객을 만날 기회가 있었습니다. 어느 날 여름철에만 장사하는 밀면 맛집 사장님이 오셨기에 저는 몇 개월씩 가게 문을 닫는 것에 대한 걱정의 말을 사장님께 건넸습니다. 그러자 돌아오는 답변은 이러했습니다.

"한 계장, 장사하다 말고 잔돈 바꾸러 오고 우리가 늘 정신없어 보이겠지만, 사실 아저씨랑 아줌마는 생각보다 부자야. 우리는 목 좋은 곳에 낡은 집을 멋지게 리모델링해서 몇천씩은 더 얹어서 되팔거든. 장사는 우리 본업이 아니고 어쩌면 부업일지도 모르겠어. 아무튼, 부자가 되고 싶으면 젊을 때부터 꼭 부동산을 시작해요!"

마음을 움직이는 말이었고, 부동산을 '시작한다'는 것이 무슨 뜻인지 궁금했지만, 은행일에 정신없던 저는 그렇게 시간을 보내다가 그대로 청약통장 하나만 달랑 들고 서울로 직장을 옮기게 되었습니다. 당장 마음 편히 지낼 곳을 구해야 했기 때문에 저는 더는 미루지 않고 절실한 마음으로 부동산 공부를 시작하였습니다. 수많은 부동산 서적들을 쌓아놓고 읽으며, 일단 직장 근처 지하철역 주변 부동산을 중심으로 현장답사를 나갔습니다. 집에 돌아와서는 사전에 조사한 정보와 함께 현장에서 보고, 듣고, 알아낸 것을 임장노트에 정리하는 재미에 푹 빠져들었습니다. 발바닥에 물집이 잡힌 줄도 모를 정도로 신나게 돌아다녔습니다. 미분양된 오피스텔에 덜컥 가계약금을 보내고는 발을 동동 구른 적도 있었고, 지역주택조합 아파트인 줄 모르고 분양 설명회에서 귀가 솔깃하기도 했습니다. 어느 날은 또 너무 비싼 아파트를 둘러보고는 괜한 박탈감에 어깨가 축 처져서 집에 돌아오기도 했습니다.

문현웅 대표님의 실전투자 경매수업을 듣게 된 것은 제게 행운이었습니다. 대표님 덕분에 부동산에 관한 다양한 인사이트와 깊이 있는 투자경험을 쌓을 수 있었고, 본격적으로 경매를 시작하게 되었습니다. 처음 법원에 입찰하러 가면서 실수할까 봐 몇 번이고 숫자를 눌러쓰고 확인했던 일, 꼭 낙찰 받고 싶은 물건이라 밤낮으로 몇 번이고 들락거렸던 빌라, 덩치 큰 점유자한테 밀릴까 봐 잔뜩 긴장했던 순간, 작은 하자보수는 직접 할 수 있을 것 같아 다이소에서 이것저것 사서 사다리를 놓고 낑낑댔던 모든 시간들이 저에겐 참 소중합니다. 물론 지금은 인테리어는 대개 훌륭한 전문가에게 맡

깁니다. 견적서를 꼼꼼히 체크하고 업체 사장님과 유대관계를 쌓는 것이 오히려 비용을 절감하는 길이며 추후 세입자의 요청을 해결하기에도 편리하다는 사실을 알게 되었기 때문이지요.

부동산을 친구처럼, 부렌즈

지금도 매주 꾸준히 경매 임장을 나가 물건들을 보면서 입찰할 물건이 아니더라도 주변 지역을 분석하고, 매각물건명세서 등의 서류를 분석하곤 합니다. 그리고 입찰가를 예상해보고, 낙찰가를 확인하고 맞추는 과정을 통해 부동산 흐름을 놓치지 않으려 하지요. 처음 투자에 뛰어들었을 때는 자본이 부족하여 강남처럼 투자금이 많이 필요한 곳보다는 서울에서도 노원구, 중랑구, 구로구 일대 또는 저평가된 인천과 경기권 아파트, 재개발 및 재건축, 소규모 정비사업지를 집중적으로 살펴보았고 이 지역들이 나중에 큰 수익을 가져다주었습니다. 이후 수도권 전역의 '대세 상승기'가 시작되고 규제도 강화되면서 2018년에서 2019년에는 신규투자가 어려워졌던 적이 있습니다. 이때는 주거용 부동산 대신 오피스나 지식산업센터와 같은 수익형 부동산에 관심을 쏟기도 했습니다. 내가 투자할 만큼 돈이 모였을 때 반짝 공부하고, 이사할 시기가 와서 잠깐 발품을 팔아선 절대로 성공적인 투자를 할 수 없습니다. 부동산 시장이 상승장이든 하락장이든, 나의 투자 여건이 좋을 때나 안 좋을 때나 늘 변함없이 친구처럼 곁에 두어야 한다는 것을 지금도 매일 체감하고 배워가고 있습니다.

어린 시절 저희 집은 IMF로 아주 큰 타격을 받았습니다. 좋아하던 미술학원을 그만두어야 했던 날, 터울이 제법 나는 동생이 열악한 유치원으로 옮기고 가방을 바꿔 멘 날, 고군분투하던 부모님의 모습을 잊지 못합니다. 속상했던 어린 마음을 한쪽에 미뤄둔 채 저는 늘 어른이 되면 어떤 '힘'을 갖추어야 하나 막연히 고민해왔습니다. 1인 기준으로 연 생활비의 25배를 벌어두면 30~40대에 조기 은퇴하여 경제적 자유를 누릴 수 있다고 합니다. 보통 파이어족이라고들 하지요. 경제적 자유라는 것이 조금이라도 일찍 다니던 직장을 그만두고, 은퇴 후 연금처럼 기간마다 생활비를 정해두고 아껴 쓴다고 달성될까요? 저는 경제적 자유에 있어 '은퇴'가 중요하다고 생각하지 않습니다. 일은 하더라도 '무슨 일이든 경제적, 시간적으로 내가 원하는 바에 따라 자유롭게 선택할 수 있는 힘'을 확보했느냐가 핵심이라고 봅니다. 그리고 그 힘이 우리 가족에게까지 확장된다면 더 좋겠죠! 부동산 공부와 투자를 시작하면서 이 '힘'은 특정 직업을 가지거나 어떤 거창한 성공을 거두어야 가질 수 있는 게 아니라는 사실을 깨달았습니다. 꾸준한 공부와 발품, 그리고 실천하는 부동산 투자로 '부동산力'을 갖추는 것 또한, 제가 찾던 정답 중 하나란 사실을 알게 되었습니다. 아무것도 하지 않으면 아무것도 바뀌지 않습니다. 혹시 부동산 공부가 막막하고, 부동산 투자에 막연한 망설임이 있었다면, 이 책이 '실천'의 출발점이 되는 계기가 되길 바랍니다!

아이디어를 내고 기획한 것이 출간으로까지 이어지는 값진 성과를 맞이하게 되었습니다. 이 글을 통해 현장에서 아낌없는 가르침을 주시는 문현웅 대표님께 감사 인사를 드립니다. 그리고 사랑하는 가족, 책을 집필할 수 있도록 기회를 주시고 애써주신 시공사 임직원분들과 편집자님께 진심을 다해 감사의 마음을 전합니다.

한은진

차례

3부 • 미래 도시철도의 핵심, GTX 도장깨기

4부 • 숨어 있는 금맥을 찾아라, 경전철 도장깨기

5부 • 반드시 알아야 할 제4차 국가철도망 구축계획

6부 • 부동산 거래 시 알아야 할 필수상식

1부

역세권을 알아야 오르는 집이 보인다

01

반드시 역세권을 공부해야 하는 이유

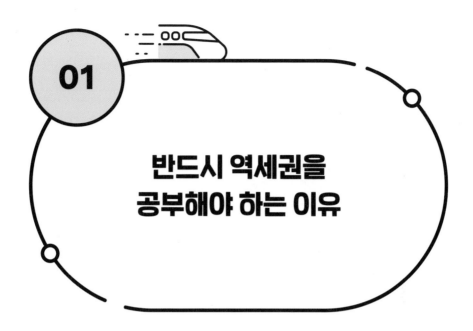

우리는 직장에서 열심히 일을 하고 그 결과물로 돈을 받습니다. 그리고 넓은 의미의 부동산, 즉 나의 '생활반경' 안에서 이 돈을 유용하게 사용하려 합니다. 열심히 일해서 번 돈, 어떻게 쓰고 싶나요?

우리는 쾌적하고 주거환경이 좋은 동네에서 살고 싶어 합니다. 통근시간이 짧고 이왕이면 인프라가 잘 갖춰진 지역에서 근무하고 싶습니다. 학군이 우수하고 안전한 동네에서 아이를 키우고 싶어 합니다. 밥 한 끼, 커피 한 잔을 하더라도 예쁘고 아늑한 공간에서 즐기고 싶어 하죠. 결국 좋은 부동산이란 우리가 그토록 외치는 '워라밸'과 밀접한 관련이 있습니다.

한편 역세권은 부동산을 논할 때 빼놓고 이야기할 수 없을 정도로 부동산에서 큰 부분을 차지하는데요. 사람들이 역세권을 좋아하는 이유를 딱 한 가지만 꼽자면 단연 '직주근접'입니다. 직주근접은 직장과 주거지가 가까운 정도를 의미하는데 워라밸에 많은 영향을 끼치죠. 기숙사나 사택에 살지 않는 이상 직주근접은 소위 말하는 '도어 투 도어', 즉 집 문을 나서 회사에 출입하기까지 걸리는 시간으로 따져보게 됩니다. 그런데 수도권의 경우 대부분의 사람들이 지하철로 통근하지요. 결국 워라밸은 집에서 직장까지 지하철로 얼마나 편하고 빠르게 갈 수 있는지와 밀접한 관련이 있기에, 역세권은 인기가 많을 수밖에 없습니다.

아파트나 빌라 등 주거용 주택을 평가할 때는 개발계획과 같은 지역환경적인 측면, 학군 같은 교육환경, 일자리, 교통(도심까지의 접근성 포함) 등 4가지 핵심 평가기준이 있습니다. 모든 요소를 만족하는 곳은 드물지만 어떤 점이 우세하느냐에 따라 부동산 가격이 달라지는데 이 중에서도 교통은 단연 부동산 가치에 가장 큰 영향을 미칩니다.

오를 땐 더 많이 오르고 내릴 땐 적게 내리는 곳

2015년부터 2021년까지 이어진 부동산 상승장은 '역세권 급등'으로 강조할 수 있습니다. 역세권은 서울뿐 아니라 경기, 인천 등 수도권 지역에서 부상했으며 새로운 분양단지의 경우 신축 프리미엄이 더해지며 그 양상이 더욱 두드러졌지요. 부동산 가격이란 게 매년 끝없이 상승할 것 같지만 다양한 경제적 상황과 정책적 요소들이 결합되는 어느 시점에는 조정장이 오기 마련입니다. 즉, 상승장과 하락장이 반복된다는 것이죠.

역세권의 힘은 하락장 때 드러납니다. 직주근접이 뛰어나고 더 많은 여가 시간을 보장한다는 점, 워라밸이 높다는 점이 반영돼 침체기에도 다른 곳에 비해 버티는 힘이 좋습니다. 너도나도 가격이 오르는 상승장에서는 남보다 더 많이 오르고, 조정장에서는 더디게 하락해 안정적으로 가격을 방어할 수 있습니다. 이를 시장에선 소위 '하방경직성이 좋다'라고 표현합니다.

수도권에는 일자리는 물론 우리나라 인구의 절반이 몰려 있습니다. 그런데 지방에서 지내다가 대학이나 직장 때문에 수도권에 거주하게 되신 분들은 물론 원래부터 수도권에서 쭉 지냈던 분들까지, 의외로 매일 지나다니는 회사나 집 근처 역에 대해서만 아는 분들이 굉장히 많습니다. 거미줄처럼 엮인 수많은 지하철역들을 나와 상관없는 곳처럼 여기며 매일 스쳐 지나가고 있는 것이죠.

이번 생에 집 구하기는 망했다는 자조 섞인 '이생집망'이라는 신조어까지 생겨났던 부동산 상승장이었습니다. 그런데 앞서 말했듯 영원한 상승장은 없습니다. 부동산 시장은 상승과 하락을 반복하기 마련입니다. 간절하게 첫 내 집 마련을 꿈꾸는 사람이든, 좀 더 나은 주거환경을 위해 갈아타기를 노리는 사람이든, 자산을 키우기 위해 투자처를 찾는 사람이든 준비된 자만이 기회를 잡을 수 있습니다. 지금이 하락장인지 상승장인지, 이 지역이 앞으로 어떤 평가를 받을지 판단하기 위해선 반드시 역세권에 대해 알아야 합니다. 그렇게 꾸준히 관심을 가지다 보면 흐릿하게만 보였던 역세권의 점과 선 사이를 연결하여 똘똘한 부동산을 찾아내는 안목을 가질 수 있을 겁니다. 지금 당장 집을 사지 않아도 역세권을 공부해야 하는 이유죠!

역세권의 중요성을 보여주는 대장주 메이커 신분당선

먼저 역세권의 중요성을 보여주는 사례를 소개해드리려 합니다. 수원의 수도권전철 1호선 화서역 인근에는 14개동 2,355세대로 이루어진 '화서역 파크푸르지오'가 있습니다. 2018년 5월에 분양해 2021년 8월에 입주가 시작됐습니다. 분양 당시 가격은 전용 84㎡(34평형) 기준 5억 원 선이었는데 당시로선 비싼 가격이었습니다.

수원시의 중심은 수원역을 중심으로 하는 구시가지와 삼성전자 공장이 위치한 영통구였고 화서역은 상대적으로 메인 지역이 아니었죠. 그런데 2021년 11월 기준 화서역파크푸르지오 8월 등기 이후 1년 이내 팔았을 경우 세금이 높아 실거래된 경우는 없었지만 전용 84㎡의 호가가 13억 원에서 로얄층의 경우 15억 원까지 치솟았죠. 3년 만에 두 배가 넘게 뛴 것인데 무슨 일이 있었기에 수원시 장안구에서 가장 비싼 아파트가 된 것일까요?

이 아파트 부지는 수원시 대유평지구2-2블록으로 예전에 KT&G가 사용하던 연초제조장 시설을 폐쇄한 뒤 유휴지로 남아 있던 곳을 2016년 복합지구로 개발한 것입니다. 새로운 일자리나 신흥 명문학군이 생긴 것도 아니었는데 화서역이 신분당선 연장선 예정역이 되는 이슈가 결정적이었습니다.

신분당선은 강남역부터 경기도 광교역까지 잇는 노선입니다. 신분당선을 이용하면 강남역에서 광교역까지 약 38분이 걸리죠. 신분당선은 단계적으로 나누어 개통했는데 2011년 10월 1단계 강남역~정자역 구간, 2016년 1월 정자역~광교역 구간이 개통되었습니다. 신분당선은 분당 부동산 시장의 판도를 바꾸었고, 서울 중심에서 조금 멀게 느껴지는 광교신도시 전체가 큰 혜택

: 신분당선 연장이 예정된 화서역파크푸르지오 인근

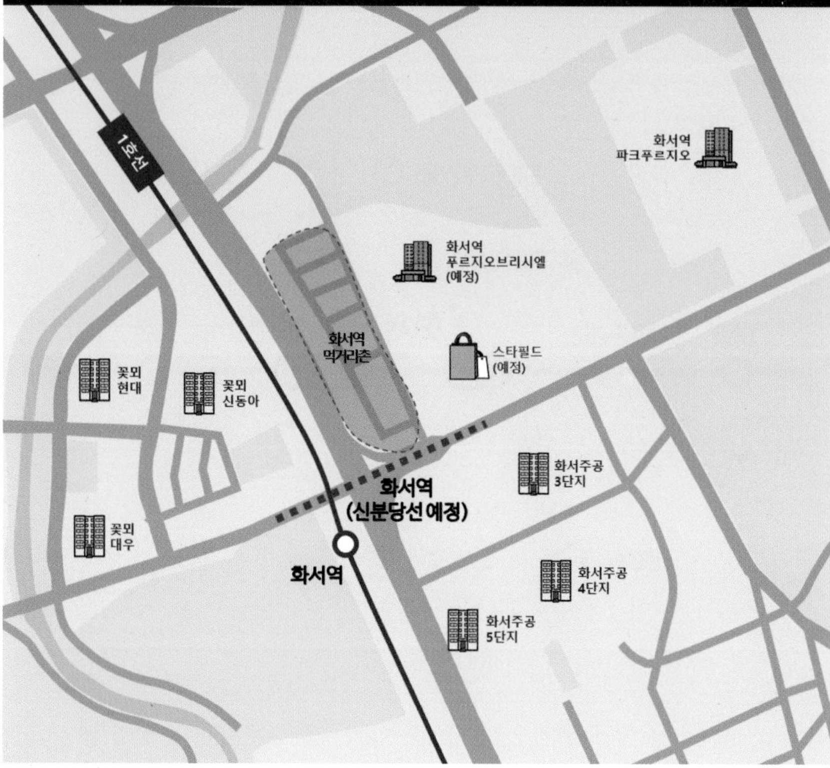

을 보았습니다.

과거 분당의 중심지는 분당선 서현역 인근의 시범단지삼성한신아파트와 시범단지한양아파트, 수내역 금호아파트, 한양아파트 단지 인근이었습니다. 이 부근으로 최고가가 형성되어 있었죠. 하지만 2011년 신분당선 개통 이후에는 정자역 인근의 상록마을우성아파트가 대장주로 떠오르는 등 신분당선 개통에 따라 분당의 부동산 판도가 바뀌었습니다. 분당뿐 아니라 용인, 광교 지역 부동산 형세도 바뀌었죠. 그런데 신분당선 강남의 남측 구간으로

: 화서역 인근 지하철 예정 노선도

는 광교역~호매실역 구간의 연장이 확정되고 이 노선의 환승역에 화서역이 포함된 것이지요.

특히 2020년 1월 15일에는 신분당선 광교역~호매실역 구간(광교중앙역-수원월드컵경기장-수성중사거리-화서역-호매실역) 예비타당성조사 통과 소식이 있었습니다. 제4차 국가철도망 구축계획에도 반영되어 있고 2023년 착공에 들어갈 예정이죠. 신분당선 연장구간이 신설되면 화서역에서 강남까지 40분대로 연결됩니다. 이런 호재를 껴안은 타이밍에 화서역파크푸르지오가 입주를 시작했고 대장주 아파트로 단숨에 올라선 것이죠.

역세권은 손품이 아니라 발품을 들여야 알 수 있다

'○세권 아파트'라고 들어보셨나요? 병원과 가까우면 병세권 아파트, 숲이 가깝고 잘 보이면 숲세권 아파트, 스타벅스를 쉽게 이용할 수 있는 상권과 가까우면 스세권 아파트처럼 아파트 단지 뒤에 '○세권'이라는 단어를 붙이는 걸 들어보셨을 텐데요. 사실 원조는 역세권입니다. 역세권 아파트라고 하면 지하철을 빠르게 이용할 수 있는 아파트를 떠올리는데 이 개념은 2008년 '서울시 역세권 장기전세주택 건립관련 지구단위계획 수립 및 운영기준'에서 처음 사용하기 시작했습니다.

서울시 다른 조례에서는 개념과 반경을 조금 달리하여 정의하기도 하지만, 이 책에서는 지하철, 경전철 등의 대중교통으로 범위를 한정하여 철도역으로부터 반경 250~500m 정도 떨어진, 객관적으로 역까지 도보로 이동이 수월한 아파트 단지들을 역세권으로서 다루겠습니다.

역세권의 기준

역세권이란 보행접근이 가능하고 대중교통 이용이 편리한 지하철, 국철 및 경전철 등의 모든 개통된 역(사용승인 시점에 개통 예정인 역을 포함)의 중심(각각의 승강장의 중심점)으로부터 반경 500m 이내의 일단의 지역을 원칙으로 한다. 1차 역세권은 역 승강장 중심에서 반경 250m 이내, 2차 역세권은 반경 250m에서 500m이내의 범위로 한다(역세권 장기전세주택 건립관련 지구단위계획 수립 및 운영 기준). 단 2022년 12월까지 한시적으로 1차

역세권을 반경 350m 이내로 한다(역세권 주택 및 공공임대주택 건립관련 운영 기준).

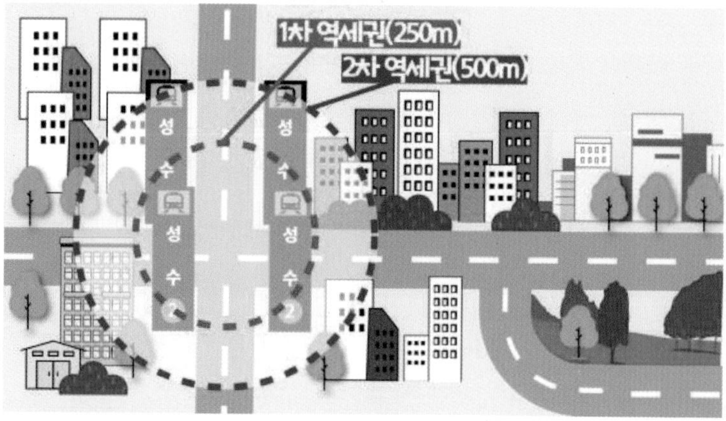

요즘은 인터넷이나 부동산 앱, 네이버, 구글맵으로 편리하게 지하철역과 아파트 단지와의 거리를 측정할 수 있습니다. '거리뷰'까지 보고 나면 마치 직접 현장을 답사한 느낌이 나죠.

하지만 투자하려는 아파트 단지가 있다면, 직접 발품을 팔아 주변을 최대한 돌아봐야 합니다. 단지에서 지하철역까지 걸어가보고, 마을버스를 타고 주변의 상가나 학교, 편의시설 등을 돌아보는 것은 지도로 보는 것과 하늘과 땅 차이입니다. 발품을 팔면 화면에선 몰랐던 새로운 사실을 아는 경우도 많습니다. 생각보다 경사가 심한 언덕, 지도에선 몰랐던 지름길, 지상에서 역사 안 승강장까지 예상보다 오래 이동해야 한다는 사실 등을 알게 되기도 합니다.

또한 지역에 따라 역세권을 보는 시각도 다릅니다. 서울의 경우 지하철과 경전철이 그물망처럼 촘촘하게 곳곳을 연결하고 있습니다. 핵심 도심지를 관통하는 1~4호선, 서울을 동서로 가로지르며 주거지역까지 관통하는 5~9호선, 그리고 서울의 교통 소외지역을 연결하는 경전철까지 있습니다.

우이신설선과 같은 개통된 경전철과 공사 중인 경전철까지 고려하면, 사실상 서울은 경기도와 비교했을 때 지하철 접근성이 떨어지는 곳을 찾기 힘들 정도입니다. 또한 시내버스, 마을버스 등 지하철 외의 대중교통에 대한 접근성도 뛰어납니다. 그래서 과거에는 지하철역과의 절대적 거리가 가격에 중요한 영향을 미쳤지만, 지금은 이런 물리적 거리에 더해 일자리, 편의시설, 교육시설, 준공연도 등이 끼치는 영향이 커지고 있습니다. 다시 말해 서울에서는 단순히 '지하철역과 절대적 거리가 가깝다'라는 것만으론 높은 평가를 받기 힘들다는 것입니다.

마포에서 비슷한 시기에 준공된 래미안웰스트림과 e편한세상마포리버파크를 비교해볼까요? 래미안웰스트림은 6호선 광흥창역과는 거리가 있습니다. e편한세상마포리버파크는 마포역과 가깝죠. 하지만 한강뷰 유무에 따른 편차는 있으나 가격대는 비슷합니다.

또 서울에서는 어떤 노선을 접하고 있느냐에 따라 가격차가 나는 경우도 있습니다. 같은 해에 입주하고 단지 위치도 붙어 있는 강서 마곡신도시의 마곡엠벨리 7단지와 14단지를 비교해볼까요? 7단지의 경우 여의도 접근성이 좋은 9호선 마곡나루역을 이용할 수 있어 비교적 가격이 높게 형성되어 있습니다. 그런데 14단지는 여의도까지 비교적 시간이 걸리는 5호선을 이용해 가격이 조금 낮게 형성되는 측면이 있죠. 한편 경기도 지역은 워낙 범위가 넓다 보니 지하철 노선보다는 지하철역까지 절대적인 거리 자체가 중요하게 평가받는 경향이 큽니다. 일반적으로 경기도에서 도보로 역에 접근할

: 마곡신도시 마곡엠벨리 7단지와 14단지의 위치

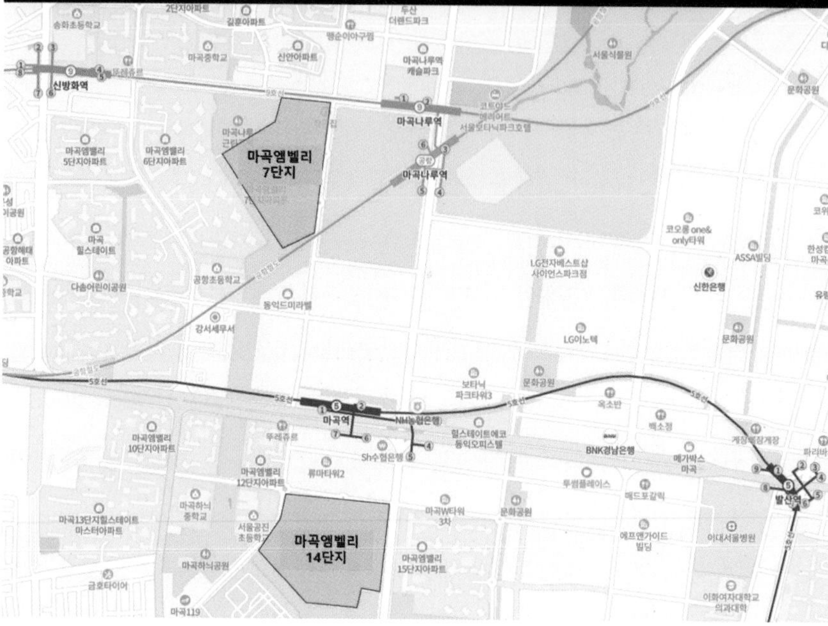

출처: 네이버 지도

수 있는 단지와 그렇지 않은 단지는 가격 차이가 매우 크거든요.

예를 들어 GTX-A 노선이 예정된 파주의 운정역을 도보로 이용할 수 있는 운정신도시센트럴푸르지오와 한 블록 뒤에 있는 산내마을 신축아파트의 가격은 2021년 기준 1~2억 원 정도 차이 납니다. 예전에 용인 수지구에서는 진산마을 단지들이 가격이 좋았지만, 지금은 신분당선인 수지구청역을 걸어서 이용할 수 있는 신정마을 단지들 가격이 더 좋아졌고요. 판교신도시에서도 판교역을 걸어서 갈 수 있는 판교푸르지오그랑블과 도보로 역까지 가기 어려운 봇들마을 1단지, 2단지는 가격이 많이 차이 납니다. 이렇듯 경기도 지역에서는 각 단지에서 지하철역까지의 물리적 접근성이 중요합니다.

정리하자면, 역세권 단지를 판단할 때 지도에만 의존해서는 안 되고 반드시 현장에 가서 발품을 팔아야 한다는 것과 서울과 경기도권은 역세권 단지를 판단하는 기준에서 차이가 있다는 것을 기억해두세요.

수도권지하철 노선 한눈에 살펴보기

서울지하철은 1~4호선을 서울 1기 지하철, 5~8호선을 2기 지하철이라고 하며 현재 3기 지하철인 9호선까지 개통되었는데요. 엄밀하게는 서울지하철은 서울시에서 관리하는 지하철만 포함되고 인천도시철도나 의정부경전철 등 각 도시에서 운영하는 철도까지 모두 포함해서 '수도권전철(수도권지하철)'이라 칭합니다. 간략하게 각 호선에 대해 소개해드리도록 하겠습니다.

서울지하철 1호선은 1974년에 개통한 우리나라 최초의 지하철입니다. 지하구간인 서울역~청량리역까지만을 서울지하철 1호선이라 하고 인천역·신창역~소요산역까지 1호선 전동차가 다니는 전 구간을 수도권전철 1호선이라 합니다. 최근 청량리역 인근 개발이 이슈가 되고 있습니다.

서울지하철 2호선은 1985년 완전히 개통한 서울 유일의 순환선입니다. 강북과 강남의 핵심 상업 및 업무지역을 관통해 가장 중요한 노선으로 손꼽히죠. 2호선 주변으로 주거지를 얻으려는 수요자들이 많은 노선입니다. 2호선을 중심으로 강남 부동산이 형성되었다고 해도 무방합니다.

서울지하철 3호선은 경기도 고양시 덕양구 지축역에서 서울 송파구 오금역에 이르는 노선입니다. 1987년 개통되어 4호선과 더불어 서울을 엑스 모양

: 수도권지하철 현황(2022년 2월 기준)

운영기관	노선	구간	표정속도 (km/h)	역 개수	평균 역간거리 (km)	운행간격(분)	
						출퇴근	평시
서울교통공사	1호선	서울역~청량리	26	10	1	3	5
	2호선	성수~성수	32.5	50	1	2.5	5.5
	3호선	지축~오금	34	34	1	3	6.5
	4호선	당고개~남태령	35.9	26	1	2.5	5.5
	5호선	방화~하남풍산/마천	32.5	53	1	2.5	6
	6호선	응암~신내	29.6	39	1	3.5	7
	7호선	장암~부평구청	32.8	51	1	2.5	6.5
	8호선	모란~암사	33.7	17	1	4.5	9
서울시메트로9호선㈜	9호선(1단계)	개화~신논현	29(급40.9)	25	1.1(급2.5)	7.3	11
서울교통공사	9호선(2,3단계)	언주~중앙보훈병원	29(급40.9)	13	1.1(급2.4)	7.3	11
인천교통공사	인천1호선	계양~송도달빛축제공원	33	30	1	4.5~6	8.5~10
	인천2호선	검단오류~운연	33	27	1	3	6~10
의정부경량전철㈜	의정부	발곡~탑석	32	15	1	4	5~10
용인경량전철㈜	에버라인	기흥~전대·에버랜드	36	15	1	3~5	3
우이신설경전철㈜	우이신설선	북한산우이~신설동	29	13	1	6~10	4~12
한국철도공사	경원선(1호선 연장)	소요산역~청량리역	42.7(급56.6)	24	1.9	80	76.4
	경부선(1호선 연장)	서울역~천안역	47.7(급61.4)	37	2.7	3.4	6.3
	경인선	구로역~인천역	33.6(급42.9, 특50.4)	20	1.4	1.5	9
	일산선(3호선 연장)	대화~지축	41.1	11	2.1	6.5	8.7
	안산선(4호선 연장)	금정~오이도	43.3(급52.0)	13	1.9	6.5	8.7
	과천선(4호선 연장)	남태령~금정	43.3(급52.0)	8	1.9	6.5	8.7
	경의선	임진강~서울역, 공덕~가좌	44.8(급56.7)	24	2.3	21.8	44.2
	중앙선	용산~지평	43.2(급56.2)	27	2.4	10	12.3
	수인선	인천~수원	39.8(급51.9)	18	1.7	8.5	13.8
	분당선	왕십리~수원역	39.9(급55.1)	34	1.6	4.6	6.5
	ITX-청춘	용산~춘천	77.4	14	7	40	70
	경춘선	망우~춘천역	57.5(급65.6)	19	4.1	15	19.5
	경강선	판교~여주	71.3	10	5	13.3	20.5
신분당선㈜	신분당선(1단계)	강남~정자	62	6	3.5	5	8
경기철도㈜	신분당선(2단계)	정자~광교	41	7	2	5	8
공항철도㈜	인천국제공항철도	서울역~인천공항2터미널역	직통74.3, 일반57.6	14	4.55	6	7
서해철도주식회사	서해	소사~원시	42	12	2.1	13	20
김포골드라인운영㈜	김포골드	양촌~김포공항	43.6	10	2.6	3~3.5	4~11

주요환승역	2020년도	
	1일수송인원 (천 명/년)	연간수송인원 (천 명/년)
서울역, 시청, 종로3가, 동대문, 동묘앞, 신설동, 청량리	315	115,584
성수, 건대입구, 잠실, 종합운동장, 선릉, 강남, 교대, 사당, 대림, 신도림, 까치산, 영등포구청, 당산, 합정, 홍대입구, 충정로, 시청, 을지로3가, 을지로4가, 동대문역사문화공원, 신당, 왕십리, 신설동	1,579	577,746
연신내, 불광, 종로3가, 을지로3가, 충무로, 약수, 옥수, 고속터미널, 교대, 양재, 도곡, 수서, 가락시장, 오금	643	235,105
노원, 창동, 성신여대입구, 동대문, 동대문역사문화공원, 충무로, 서울역, 삼각지, 이촌, 동작, 총신대입구, 사당	608	222,536
김포공항, 까치산, 영등포구청, 신길, 여의도, 공덕, 충정로, 종로3가, 을지로4가, 동대문역사문화공원, 청구, 왕십리, 군자, 천호, 강동, 올림픽공원, 오금	706	258,551
연신내, 불광, 디지털미디어시티, 합정, 공덕, 효창공원앞, 삼각지, 약수, 청구, 신당, 동묘앞, 보문, 석계, 태릉입구, 신내	405	148,148
도봉산, 노원, 태릉입구, 상봉, 군자, 건대입구, 강남구청, 고속터미널, 총신대입구, 대림, 가산디지털단지, 온수, 부평구청, 석남	792	289,974
모란, 복정, 가락시장, 석촌, 잠실, 천호	237	86,820
김포공항, 마곡나루, 당산, 여의도, 노량진, 동작, 고속터미널	345	126,255
선정릉, 종합운동장, 올림픽공원	150	54,825
계양, 부평구청, 부평, 인천시청, 원인재	213	77,808
검암, 석남, 주안, 인천시청	121	44,233
회룡	31	11,369
기흥	23	8,407
성신여대입구, 보문, 신설동	58	21,121
청량리, 회기, 석계, 광운대, 창동, 도봉산, 회룡	340	124,610
서울역, 용산, 노량진, 신길, 신도림, 구로, 남구로, 금천구청, 금정, 수원, 병점	509	186,153
온수, 소사, 부평, 주안, 인천	343	125,456
대곡	126	46,283
오이도, 정왕, 신길온천, 안산, 초지, 고잔, 중앙, 한대앞, 금정	122	44,694
금정	115	42,100
대곡, 디지털미디어시티, 가좌, 서울역, 홍대입구, 공덕	111	40,698
효창공원앞, 용산, 이촌, 옥수, 왕십리, 청량리, 회기, 중랑, 상봉, 망우	84	30,863
인천, 원인재, 오이도, 정왕, 신길온천, 안산, 초지, 고잔, 중앙, 한대앞, 수원	44	16,134
수원, 기흥, 미금, 정자, 이매, 모란, 복정, 수서, 도곡, 선릉, 선정릉, 강남구청, 왕십리, 청량리	446	163,196
용산, 이촌, 옥수, 왕십리, 청량리, 회기, 상봉, 망우, 신내, 별내	11	3,873
청량리, 회기, 중랑, 상봉, 광운대, 망우, 신내	40	14,482
판교, 이매	30	11,024
강남, 양재, 판교, 정자	159	57,854
정자, 미금	95	34,698
서울역, 공덕, 홍대입구, 디지털미디어시티, 마곡나루, 김포공항, 계양	179	65,344
소사, 초지	78	28,700
김포공항	미공개	미공개

으로 관통합니다.

서울지하철 4호선은 서울 노원구 당고개역에서 경기도 남태령역까지의 노선입니다. 1993년 전 구간 개통되었습니다.

서울지하철 5호선은 서울 강동구와 송파구를 연결하는 노선입니다. 그간의 노선들이 수도권을 세로로 관통했다면 수도권 도심을 가로로 관통하는 노선이 필요하여 만들었습니다. 1996년 전 구간이 개통되었습니다.

서울지하철 6호선은 서울 은평구에서 중랑구 신내동을 연결하는 서울지하철 2기 노선입니다. 2001년 완전개통되었습니다. 지하철이 없었던 강북 지역 구석구석 역사를 만들었습니다.

서울지하철 7호선은 서울, 인천, 경기도 전역을 가장 광범위하게 통과하는 노선입니다. 인천, 부천, 광명, 구로를 거쳐 서울의 중심가인 고속버스터미널과 반포, 논현을 관통합니다. 이에 면목동, 중랑구 지역을 거쳐 노원구, 경기도 의정부에 이르는 그야말로 서울과 경기·인천권을 연결하는 핏줄과 같은 노선입니다.

서울지하철 8호선은 서울 강동구에서 경기도 성남 수정구를 연결하는 지하철 2기의 노선입니다. 2022년 4월 기준 별내 연장선이 한창 공사 중이며 구리 별내 지역에 활력을 불어넣고 있습니다.

서울지하철 9호선은 3기 지하철 신설 계획 중 유일하게 살아남은 노선입니다. 서울지하철 1, 2기를 보완할 목적으로 4개 노선(9~12호선)으로 이루어진 3기 지하철을 계획했으나 1997년 IMF 외환위기로 인해 10~12호선 계획은 무산되고 9호선만 남았습니다. 서울 강서구에서 강동구를 연결하는 노선으로 2018년 종합운동장역~중앙보훈병원역 구간이 3차 개통되었습니다.

02

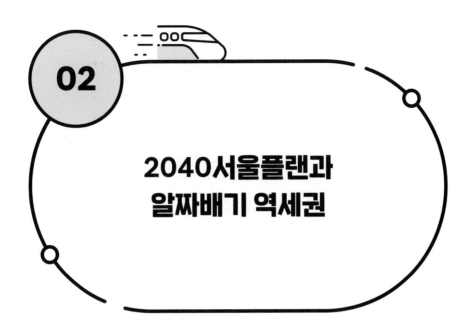

2040서울플랜과 알짜배기 역세권

서울지하철 2호선과 9호선을 '황금노선'이라고 말하곤 하는데요. 사람들은 무엇을 보고 황금노선이라는 명칭을 붙인 걸까요?

예를 들어 비슷한 지역을 연결하는 분당선과 신분당선을 비교해봅시다. 분당선보다는 신분당선을 황금노선으로 치는데 둘의 차이점은 '핵심지역' 통과 여부입니다. 대중의 입에 많이 오르내린다고 핵심지역이 되는 건 아닙니다. 국가철도망 구축계획처럼 핵심지역 역시 공공기관에서 정확하게 지정하고 있으며, 이 지역들을 바탕으로 도시계획을 세웁니다.

2022년 3월 서울시는 '2040서울도시기본계획(안)', 약칭 2040서울플랜을 발표했습니다. 2040서울플랜이란 20년 후 서울의 미래상과 발전 방향을 제시하고 주택, 공원, 교통, 산업, 환경, 문화, 복지 등 다양한 부문별 계획을 통합하고 조정하는 서울시의 최상위 계획이죠. 이 계획에 따라 2040년까지 서울시 모든 개발계획이 수립되고 집행되는 것이기 때문에 굉장히 중요합니다.

미래 서울 모습이 담긴 2040서울도시기본계획(안)

2022년 3월 3일 서울시는 미래 서울 모습이 담긴 '2040서울도시기본계획안'을 발표했습니다. '2040서울플랜'은 향후 서울시가 추진할 각종 계획의 지침이 되는 최상위 공간계획이며, 앞으로 20년간 서울이 지향할 도시공간의 미래상이 담겨 있습니다. 관련 기관들과의 협의와 각계각층의 의견을 청취하고 2022년 연말까지 최종 계획안을 확정할 예정입니다. 서울의 부동산 투자환경의 변화를 예측하기 위한 자료이기 때문에 반드시 숙지하셔야 하는데요. 우선 2040서울플랜은 6대 공간계획을 내세우고 있습니다.

① 보행 일상권 조성, ② 수변을 중심으로 공간재편, ③ 미래 성장거점, 중심지 기능강화, ④ 다양한 도시모습, 경직된 도시계획 대전환, ⑤ 기반시설 입체화(지상철도 지하화), ⑥ 미래교통 인프라 확충이 그것입니다.

첫 번째부터 네 번째까지는 도시공간의 재구조화를 다루며, 다섯 번째와 여섯 번째는 인프라 구축에 대해 다룹니다. 그럼 하나씩 살펴보도록 할까요?

첫째, 보행 일상권 조성입니다. '주거' 위주로 형성된 기존의 일상공간을 도보 30분 이내 보행권 안에 일자리, 여가문화, 수변녹지, 상업시설, 대중교통 거점 등 다양한 기능을 복합적으로 누릴 수 있는 자립생활권으로 개편하는 것입니다. 서울시의 지역 간 불균형 해소가 목적입니다.

둘째, 수변을 중심으로 하는 공간재편입니다. 서울시에는 한강과 국가하천, 지방하천 등 총 61개 하천이 25개 자치구에 고르게 분포되어 있습니다. 이를 감안해 서울 전역에서 하천의 잠재력을 끌어내 각 수변의 매력이 드러나는 명소를 조성, 사람이 모여드는 곳으로 재편하겠다는 계획입니다. 보행 용이성과 대중교통 접근성을 개선하고 세부적으로 소하천 지류에 수변 테라스, 카페, 쉼터, 공연장 등을 조성할 계획인데요. 공공연하게 오세훈 시장의 '지천 르네상스'의 시발점으로 거론되곤 했던 도림천 신림1재정비촉진지구가 자료집에 예시로 실렸는데 앞으로의 양상을 지켜볼 필요가 있겠습니다. 4대 지천인 안양천, 홍제천, 중랑천, 탄천은 배후 주거지와의 접근성을 개선해 특화거점으로 조성할 계획입니다.

주목할 것은 한강입니다. 정비사업을 추진할 때 한강과의 연결을 계획단계부터 반영되도록 하겠다고 밝혔는데 앞으로 한강을 업무, 상업, 관광의 중심지로 더욱 발전시켜나가겠다는 서울시의 방향성을 엿볼 수 있는 지점이기도 합니다.

셋째, 미래 성장거점, 중심지 기능 강화입니다. 과거 '2030서울플랜'에서 서울은 3도심 7광역 12지역이라는 중심체계로 계획됐었는데요. 기존의 중심체계를 유지하되 3도심(서울도심, 여의도, 강남)을 중심으로 그 기능을 고도화해 서울의 글로벌 도시경쟁력을 강화하려는 목적을 밝혔습니다. 다시 말해 현재도 서울의 핵심지인 서울도심, 여의도, 강남을 더 고도로 개발하겠다는 뜻입니다. 서울도심의 경우 남북으로 4개의 축과 동서로 1개의 축을 마련해 '4+1축'을 중심으로 발전시키려고 하는데요. 남북 4개축은 광화문~시청에 이르는 '국가중심축', 인사동~명동에 이르는 '역사문화관광축', 세

: 2040서울플랜 4+1축 도심개발

출처: 서울시 보도자료(22.03.03)

: 2040서울플랜 4대 혁신축 19개 중심지

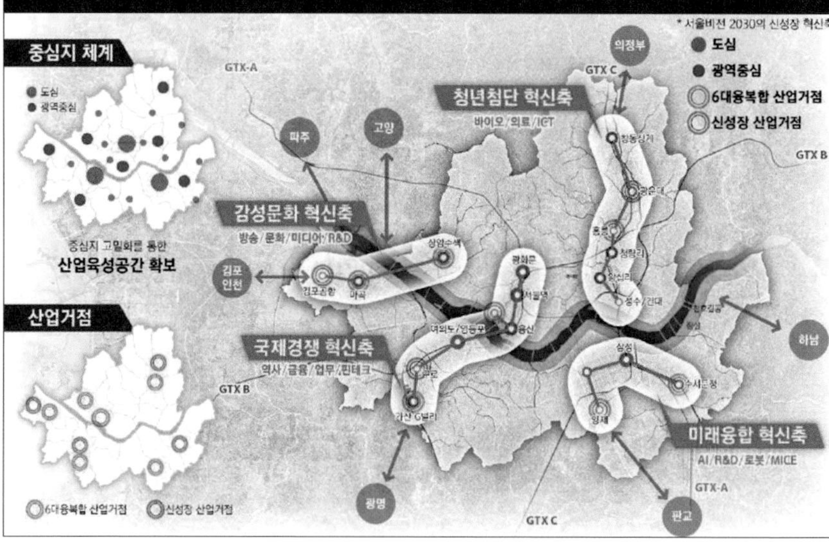

출처: 서울시 보도자료(22.03.03)

운지구가 있는 '남북녹지축', 동대문 DDP 지역의 '복합문화축'과 이 4개 지역을 잇는 동서 방향의 '글로벌상업축'을 조성하겠다고 밝혔습니다.

이를 실현하기 위해 기존의 획일적인 높이규제를 상황에 따라 유연하게 적용하고 다양한 인센티브를 통해 용적률을 상향시켜 소규모 필지 위주의 개발을 지역에 맞는 체계적이고 규모 있는 개발로 전환시키겠다는 의지를 표명했습니다.

넷째, 다양한 도시모습, 경직된 도시계획 대전환입니다. 용도지역제는 도시의 기능이 중복되지 않도록 땅의 용도와 건물의 높이, 용적률 등을 규제하는 제도입니다. 서울에는 크게 주거, 상업, 공업, 녹지지역이 있는데 앞으로 급변하는 환경에서 유연하게 적용될 수 있도록 새로운 용도지역 체계를 마련하겠다는 겁니다. 예컨대 편의시설이 부족한 주거 밀집지역에 상업기능을 보완하기 위한 용도지역을 추가하겠다는 것이지요. 이는 앞서 다룬 보행일상권 조성과 맥을 같이하는 이야기이기도 합니다.

2040서울플랜에서 가장 화제였던 건 서울 전역에서 일률적으로 적용되던 '35층 제한 철폐'였는데요. 다만 용적률 완화는 수반되지 않는다는 점이 강조되었는데 이는 한강 개발을 적극 추진하되 부동산 가격상승을 억제하겠다는 의지를 엿볼 수 있는 점입니다. 또 층수제한은 폐지되어도 용적률이 제한되면 고밀도 개발을 걱정할 필요가 없을 거란 계산도 있지요.

다섯째, 기반시설 입체화(지상철도 지하화)입니다. 현재 서울의 지상철도 선로부지로 101.2km, 차량기지 면적은 4.6㎢에 달하는데 이를 지하화하고 이 토지들을 적극적으로 활용하겠다는 계획입니다. 다만 지하화 작업은 많은 재원과 시간이 필요한 사업이란 점을 생각해야 합니다.

여섯째, 미래교통 인프라 확충입니다. 자율주행, 서울형 도심항공교통, 모빌리티 허브, 3차원 신물류네트워크 등을 도시 차원에서 계획적으로 지원할 계획입니다. 서울형 도심항공교통 기반을 위해 부지를 적극 발굴하고, 복합 환승센터 개념의 모빌리티 허브를 서울 전역에 조성하겠다는 계획이지요.

앞으로 2040서울도시기본계획은 더 많은 의견수렴 과정을 거쳐 개선될 것이고 그에 따라 부동산 시장의 향방도 달라질 것입니다.

황금노선에서 알짜배기 역세권 찾기

황금노선을 점찍었다면 이제 여기서 알짜배기 역세권을 찾아야 합니다. 부동산 가격은 교육, 주거환경, 편의시설 등에 따라 결정되지만 가장 중요한 요소는 일자리입니다. 대규모 일자리, 임금이 높고 복지가 좋은 양질의 일자리에 빠르게 접근 가능할수록 사람들의 선호도가 올라가죠.

서울시에선 주기적으로 수도권 직장인들의 하루 평균 출퇴근 소요시간을 조사하곤 하는데, 2021년 9월 발표에 의하면 평균 출근 소요시간은 서울에서 서울이 44.7분, 경기도에서 서울이 72.1분, 서울에서 경기도가 65.4분으로 집계되었습니다.

이 자료에서는 20~30대 청년층 출근자 수와 출근지를 시각적으로 보여주는데, 강남구 역삼동과 여의도, 가산디지털단지 인근 등 주요 일자리 지구가 어디인지 확인할 수 있습니다. 이 데이터를 종합하면 결국 출발지에서 서울 핵심 업무지구인 광화문, 강남, 여의도로 40분 내에 도달한다면 평균적인 경쟁력을 갖춘 부동산이라 판단할 수 있겠습니다.

2021년 5월 마지막 주 평일 서울 평균 이동량과 소요시간

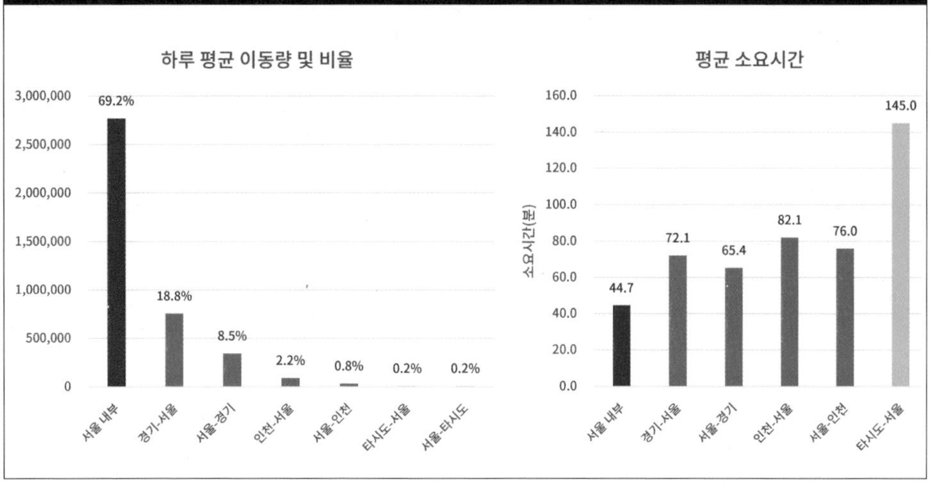

출처: 서울시 보도자료(21.09.08)

2021년 5월 마지막 주 평일 서울 성별과 연령에 따른 이동량과 소요시간

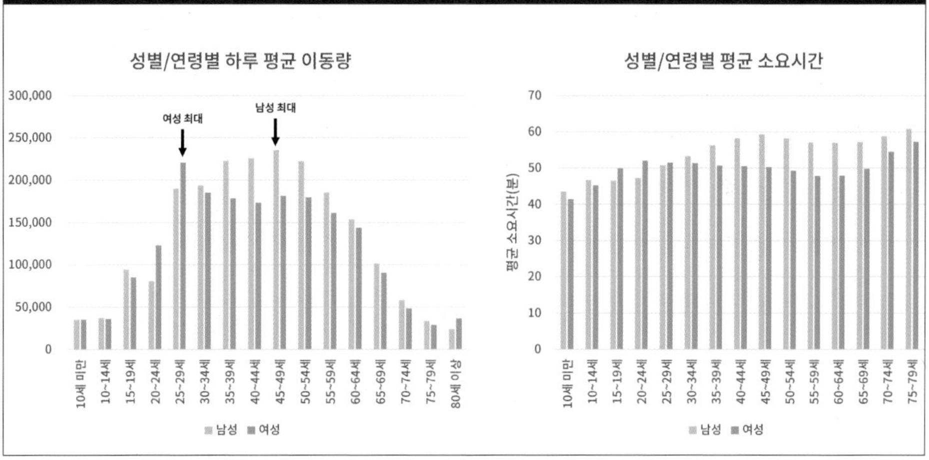

출처: 서울시 보도자료(21.09.08)

: 2030 청년층 출근 이동 양상

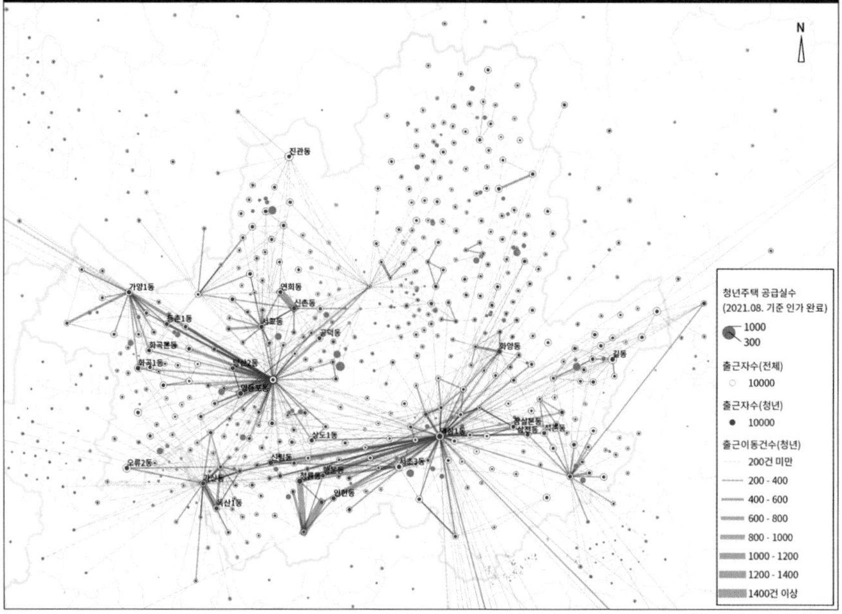

출처: 서울시 보도자료(21.09.08)

우리나라는 다른 선진국에 비해 출퇴근에 많은 시간을 소모하는 편인데요. 하루 출퇴근 시간을 30분, 아니 단 10분이라도 줄일 수만 있다면 누적되는 시간은 큰 가치를 가지게 됩니다. 그래서 황금노선 안에서도 알짜배기 역세권이란 바로 우수한 일자리가 있는 핵심 업무지구까지 가능한 빠르게 도달하는 곳입니다.

일례로 신분당선 개통 이후 강남으로 단시간에 갈 수 있다는 이유로 판교, 분당, 용인 부동산 가격이 많이 상승했습니다. 판교에서 강남까지 약 13분, 광교에서는 36분이면 이동할 수 있죠. 일산에서 강남까지 3호선으로 1시간 걸리는 것과 비교됩니다.

물론 다른 부가적인 요소들도 생각해봐야겠지만, 일차적으로 GTX 예정역에서 삼성역과 같은 업무지구까지 20분 내에 주파할 수 있게 된다는 사실을 떠올려보면 GTX가 엄청난 주목을 받는 이유를 알 수 있습니다. 줄어든 통근시간을 취미나 여가에 사용한다면 워라밸이 올라갈 수 있겠죠.

마포구 공덕동의 공덕삼성(공덕삼성1차)과 성동구 마장동금호어울림아파트를 떠올려볼까요? 공덕삼성1차는 24년 차 아파트지만 인근 다른 아파트보다 가격이 비쌉니다. 마장동금호어울림도 17년 차 아파트지만 투자가치를 높게 평가합니다. 두 아파트의 공통점은 바로 환승역 인근 단지라는 것입니다. 두 개 노선 이상이 지나가는 환승역은 알짜배기 역세권이거든요. 공덕역은 4개의 노선이 지나가고, 왕십리역은 동북선과 GTX-C 노선까지 완성된다면 무려 6개의 노선이 지나갈 예정입니다. 단선역에서 환승역이 되는 것은 추가 상승 여력을 지닌 투자처로 본다는 것이죠. 정리하자면 서울, 경기권의 주요 업무지구까지 신속하게 연결하는 역사, 그리고 환승역이 알짜배기 역세권이라고 할 수 있습니다.

역세권 투자, 무엇을 봐야 하는가?

황금노선을 고르고, 마음에 드는 알짜배기 역세권을 점찍었다면, 이제 구체적으로 역세권 부동산 투자 시 무엇을 꼼꼼하게 살펴봐야 하는지 알아볼 차례입니다. 우선 이용하려는 역과 매수하려는 부동산과의 정확한 실제 거리를 반드시 체크해야 합니다.

잠실역에서 지하철 2호선을 이용하는 경우를 생각해볼까요? 재건축이 진행 중인 미성크로바와 잠실5단지(잠실주공5단지)에서 지하철 2호선을 이용하는 것에는 큰 차이가 있습니다. 잠실주공5단지에서는 잠실역 5번, 6번 출구를 통해 바로 2호선 이용이 가능하지만, 미성크로바에서는 9번 출구를 이용하더라도 2호선을 이용하려면 한참을 걸어야 합니다. 같은 판교역을 이용하지만 도보이동을 기준으로 판교역과 가까운 순서에 따라 동판교로의 봇들마을 8, 7, 3단지 사이에 가격차가 납니다.

또한 한 단지 안에서도 지하철역까지 걸리는 시간에 따라 시세 차이가 발생하죠. 신당남산타운은 2002년 준공된 약 5,000세대의 대단지입니다. 지하철역은 주로 6호선인 버티고개역과 약수역을 이용하는데요. 버티고개역

: 신당남산타운 항공뷰

자료: 네이버 지도

: 행당한진타운(왼쪽)과 행당대림(오른쪽)

이 가까운 동과 버티고개역이 비교적 먼 가운데 동은 5,000만 원가량 가격 차가 납니다. 대단지의 경우 도보로 지하철역에 얼마나 빨리 도달하느냐에 따라 차이가 더 뚜렷하게 나는 것이죠.

그래서 매수를 고려 중인 아파트가 있다면 지도상의 거리가 아니라, 직접 현장에서 '발품'으로 체크해야 합니다. 임장을 나가면 지하철역과 주거지의 언덕 여부도 살필 수 있죠. 예를 들어 5호선 행당역 인근 행당대림과 행당한진타운은 서로 마주 보고 있는 단지입니다. 둘 다 대단지의 좋은 아파트지만 지하철 출구부터 걸어간다고 했을 때 동마다 체감하는 경사도에 차이가 있습니다. 지하철역과 가까운 동과 언덕에 위치한 동으로 나뉘고 매물가격이 다르게 형성되죠.

주변을 꼼꼼히 확인해야 하는 예시로 9호선 신목동역 인근 SH공사 집단에너지사업단에서 운영하는 열병합발전소를 들어볼게요. 서울시에는 곳곳에 열병합발전소 소각장이 있습니다. 열병합발전소는 청정연료인 도시가스

LNG 등을 사용하여 건강에 직접적으로 유해하진 않지만 긍정적인 시설로 보기엔 어려운 게 사실입니다. 그래서 아파트 주변에 소각장이나 오수처리장, 유해시설, 기타 선호되지 않는 시설이 없는지도 확인해야 합니다. 여기에 환승역으로 개발될 계획이 있는지(신사역, 논현역, 별내역, 구리역, 고덕역, 신풍역, 보라매역, 부천종합운동장역 등), 또 주변에 대규모 개발계획이 있는지도 함께 체크한다면 든든하겠죠!

신설 역세권 투자도 들어갈 '타이밍'이 따로 있다

황금노선에 핵심 업무지구까지 신속하게 도달할 수 있는 알짜배기 역세권, 거기다 유해시설도 없고 호재까지 다 가진 지역에 투자하고 싶지만, 가격이 만만치 않지요. 자금이 충분하지 않다면 현재보다 미래에 가중치를 두고 신설될 역 인근에 투자하는 것도 방법입니다. 그런데 이때도 들어갈 타이밍이 따로 있습니다.

대장홍대선은 2021년 발표된 제4차 국가철도망 구축계획에 반영된 노선입니다. 신도시로 발표된 부천 대장지구를 지나 마포구 홍대까지 이르는 노선이지요. 만약 대장홍대선에서 역이 신설될 곳을 찾아 투자하려고 할 때 가장 좋은 시기는 언제일까요? 철도나 지하철 건설은 수년이 걸리는 사업입니다. 심지어 계획은 다 세워두고도 착공은 한없이 미뤄지는 곳도 많습니다. 지하철을 건설할 때는 보통 다음과 같은 단계를 거치는데요.

지하철 건설과정

❶ 사업계획수립 ▶ ❷ 법정계획(국가철도망 또는 지자체 철도망계획) 반영 ▶ ❸ 공공기관 예비타당성조사 통과(기획재정부) ▶ ❹ 기본계획수립 및 고시 ▶ ❺ 기본 및 실시설계수립 ▶ ❻ 착공 ▶ ❼ 준공

단계를 통과할 때마다 인근 부동산 가격이 오르지만 크게 세 차례의 상승기가 있습니다. 바로 예비타당성조사 통과, 착공 시기, 준공 시기인데요. 달리 말하면 세 번의 훌륭한 매수 타이밍이 있다는 이야기이죠.

국가철도망 구축계획은 매우 중요한 계획이지만 말 그대로 계획이기 때문에 실현이 되려면 사업성이 나와야 합니다. 새로운 노선을 만들 때 일정 수준 이상의 경제성을 갖춰야 한다는 이야기죠. 이 경제성 여부를 따지는 것을 예비타당성조사라고 합니다. 누구나 지역을 불문하고 우리 집 바로 앞에 지하철역이 떡하니 생기길 바라지만 국가와 민간의 큰 자본이 들어가는 대규모 재정사업 시행 전에는 객관적이고 중립적인 예비타당성조사를 통과해야 합니다. 기획재정부장관 주관으로 시행하는 예비타당성조사는 총사업비가 500억 원 이상이면서 국가의 재정지원 규모가 300억 원 이상인 사업에 적용됩니다.

예비타당성조사를 통과하였다면 본격적으로 사업이 추진된다는 이야기겠죠. 때문에 '예타 통과'는 주변 부동산을 상승시키는 확실한 소식입니다. 예비타당성조사를 통과한 이후에도 많은 절차가 있는데요. 기본계획과 시공계획을 수립해야 합니다. 이 과정이 끝나 착공에 들어가면 다시 한 번 부동산 가격이 오릅니다. 막상 공사를 하다 보면 예상치 못한 난관에 부딪히는 경우가 있어 보통 공사기간은 예정보다 오래 걸립니다.

드디어 공사가 끝나고 준공을 눈앞에 두면 곧 지하철을 이용할 수 있다는 기대감에 다시 한 번 인근 부동산 가격이 상승합니다. 이렇게 새로운 노선이나 역이 생기는 경우 예비타당성조사 통과, 착공, 준공 단계에서 세 차례 상승이 나타나니 여건에 맞는 투자 타이밍을 잡으시면 좋겠습니다.

03

기회는 미래 역세권에 있다

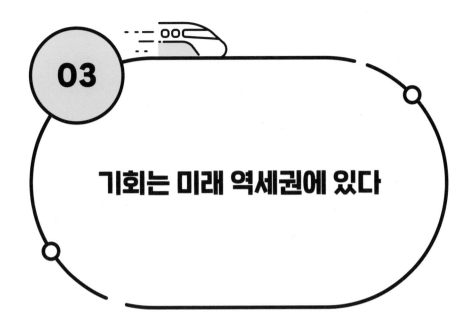

경기도 하남시 선동, 망월동, 풍산동, 덕풍동 일대 그린벨트를 해제하여 조성한 미사강변도시(미사지구)는 2009년 보금자리주택지구로 지정, 총 33개 단지로 구성되어 있습니다. 2013년부터 공사를 시작하여 2020년에 사업이 마무리되었죠. 약 170만 평(5,600m^2) 부지에 10만 명에 달하는 인구를 수용할 수 있는 규모입니다. 사업 초기에는 미사가 강동구 외곽이라는 인식도 있었는데, 지금은 한강 변을 끼고 있어 어느 신도시 부럽지 않은 멋진 모습인데요. 미사지구 34평형(전용 84m^2)의 초기 분양가격은 3억 5,000만 원에서 4억 원 선이었고, 이후 5억 원대까지 형성되었습니다.

2015년에서 2016년 무렵은 금융위기 이후 2010~2014년까지의 부동산 침체기에서 벗어나 상승기에 접어들 무렵이었습니다. 당시는 미사지구 분양권을 자유롭게 사고팔 수 있는 시기였죠. 많은 사람들이 분양권에 관심을 가졌는데, 어떤 단지가 수익이 높을까가 화두였습니다. 미사지구가 170만 평에 달하는 매우 큰 규모였기 때문입니다. 법정 여의도동이 아닌 택지 기준으로 여의도가 약 87만 평이니 여의도 두 배에 달하는 지역이죠.

미사지구는 크게 북쪽과 남쪽으로 나눌 수 있습니다. 북쪽은 한강에 인접해 있고 민영아파트 위주로 주로 대형 평수들이 예정되어 있었습니다. 남쪽은 2014년부터 착공을 시작한 지하철 5호선 연장선인 미사역이 들어설 예정이었고요. 남쪽은 미사역이 들어서긴 하지만 중소형 평수와 임대아파트가 예정되어 있었기 때문에 어느 쪽 가격이 더 좋을지 생각해봐야 하는 상황이었습니다.

미사지구는 2015~2016년만 하더라도 공사가 한창이어서 지금의 말끔한 모습과는 딴판이었습니다. 그래서 대형 평수가 위치한 북쪽이 가격이 많이 오를 것이다, 그보다 미사역 주변이 더 좋다 등 의견이 분분했었어요. 시간이 지난 지금은 어떻게 되었을까요?

미사지구는 현재 미사역 주변이 좋은 평가를 받습니다. 북쪽으로는 지하철 9호선 연장선 개통이 예정되어 있어 역시 좋은 평가를 받고요. 이처럼 새롭게 건설되는 신도시도 역세권 중심으로 가격이 형성됩니다. 지하철이나 철도가 개통해서 운행을 시작하거나 어느 정도 공사가 마무리 단계에 이르면 이미 호재는 시장가격에 상당 부분 반영되어 접근하기에 부담스러운 경우가 많습니다. 그래서 현재 개통된 역세권 주변의 부동산을 잘 알고 있는 것도 중요하지만, 기회를 잡으려면 개통될 예정인 노선과 역사를 살피는 것이 중요합니다. 새로 개통될 지하철, 철도, 경전철 등의 신설 연장노선은 특히 국가철도망 구축계획에 잘 담겨 있는데, 이 부분을 잘 파악해두어야겠죠!

2015~2021년은 유래를 찾기 힘들만큼 큰 상승장이었는데요. 특히 GTX가 예정된 곳들이 화제였는데 노선이 확정, 변경되거나 정차역 선정 여부에 따라 희비가 엇갈리기도 했습니다. 이 상승장은 크게 두 시기로 나눌 수 있는데, 특히 두 번째 시기 GTX 예정지들이 크게 주목받았죠.

2015년에서 2018년까지는 서울 부동산 상승기였습니다. 이 시기 시장은 비슷한 양상이 반복되는 형국이었습니다. 먼저 강남 부동산 가격이 뜁니다. 그리고 소위 마용성이라 불리는 강북의 마포구, 용산구, 성동구 등지가 뜁니다. 이어서 성북구, 동대문구, 노원구, 강서구 등이 오릅니다. 이처럼 상급지가 먼저 가격이 오르고 이어서 '갭 메우기'가 진행되는 양상이었죠. 2019년에 이르러선 서울은 대출 없이는 더는 접근하기 어려울 정도로 가격이 높아졌습니다. 이후 부동산 시장의 상승세는 경기도와 인천, 부산, 대구, 광주 등 광역시와 지방으로 확대되었고, 특히나 GTX 노선이 지나갈 예정인 경기도 지역은 큰 이슈가 되면서 부동산 시장을 주도했습니다.

GTX의 정식 명칭은 '수도권광역급행철도'입니다. 수도권이란 말보다 '광역급행'이라는 말이 핵심입니다. 기존의 지하철이 한 도시를 촘촘하게 연결한다면 수도권광역급행철도의 역할은 권역 연결입니다. 지하철보다 더 깊은 지하 40m 이하에서 시속 100km 이상의 속도로 도심과 도심을 신속하게 연결하죠. 문제는 막대한 건설비입니다. 그래서 경제적 타당성을 검토하여 우선 서울과 경기도 등 수요가 풍부한 수도권 주요 지점을 연결하려는 것이 GTX입니다. 만약에 수요만 있다면 향후 다른 지역에서도 얼마든지 추진될 수 있습니다. 예컨대 대구와 부산 간, 대구와 광주 간과 같은 형식으로요.

GTX가 획기적인 변화를 가져오는 이유

GTX 사업은 우리나라 철도건설의 기본이 되는 '제2차 국가철도망 구축계획'에서 공식적으로 언급되었습니다. 여기서 신규사업으로 수도권광역급행철도 일산~수서(동탄), 송도~청량리, 의정부~금정 구간이 언급되고 이후 구체화되었습니다. 현재 A, B, C 노선이 건설 또는 추진 중이고 2021년 '제4차 국가철도망 구축계획'으로 GTX-D 노선(서부권광역급행철도)까지 추진이 확정되었죠.

부동산 시장에서 GTX가 중요한 본질적인 이유를 알려면 우리나라 신도시 개발에 대해 살펴봐야 합니다. 그간 우리나라는 1~2기 신도시 개발을 통해 녹지가 넉넉한 주거공간, 유해시설 없는 교육환경 등을 갖춘 신도시를 구축하였습니다. 많은 사람들이 서울보다 덜 복잡하고 여유로운 신도시의 주거만족도가 높다고 평가했습니다. 하지만 단점도 명확했습니다. 지리적으로 서울 외곽이라 서울이나 기타 지역과의 접근성이 떨어졌기 때문입니다. GTX 건설은 이 접근성 문제를 보완해주는 역할을 합니다.

실제로 건설된다면 GTX-A 노선의 경우 일산 킨텍스~서울역 구간은 16분, 화성 동탄~삼성역 구간은 22분, GTX-B 노선의 송도~서울역은 27분, 여의도~청량리 구간은 10분, GTX-C 노선은 수원~삼성 26분, 수원~의정부 38분, 의정부~삼성 16분, 덕정~삼성 구간 27분, GTX-D 노선은 김포장기~부천종합운동장 15분, 김포장기~용산 28분으로 이동시간이 획기적으로 줄어듭니다. 예상대로 GTX 노선이 모두 건설되면 경기도 도심과 신도시들의 생활이 완전히 바뀔 것이고, 굳이 서울에 사는 걸 고집할 필요도 없기에

: GTX 예상 노선도(2022년 4월 기준)

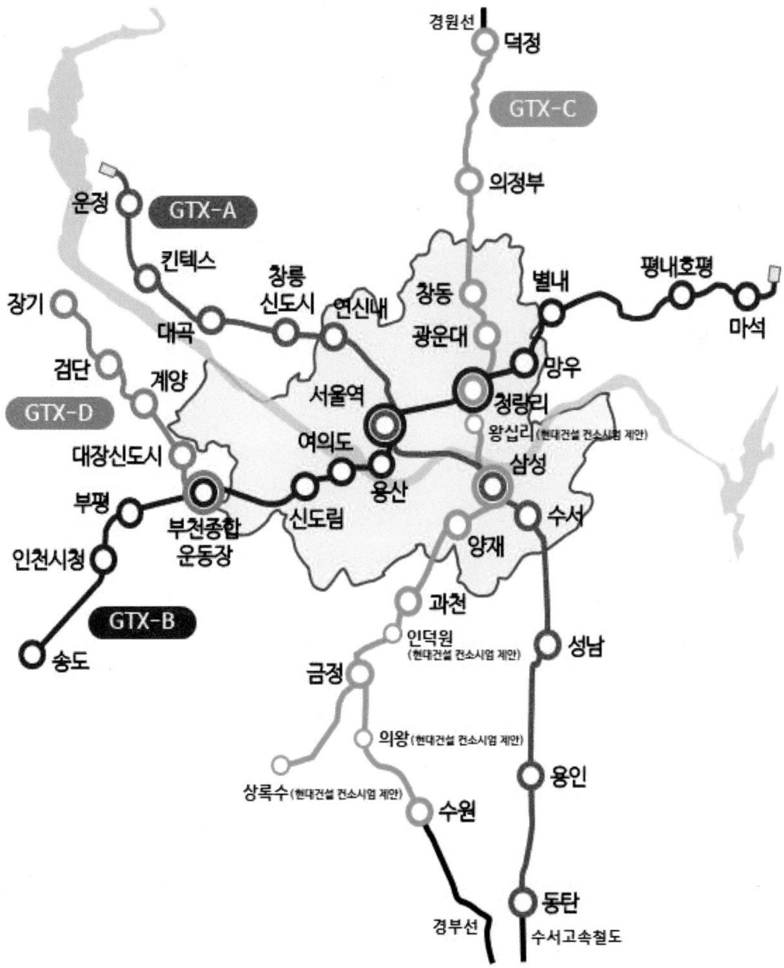

자연스레 인구 분산 효과도 나타나겠죠. 서울에 높은 비용을 지불하고 있는 기업들도 향후 비용이 저렴한 수도권 GTX 인근으로 이전이 가능하기에 GTX는 획기적인 변화를 가져올 것이 자명합니다.

GTX 예정지, 묻지마 투자가 답은 아니다

GTX 호재가 있는 지역은 무조건 달려가서 투자하는 게 정답일까요? 여러 지점을 생각해보고 판단하는 것이 좋습니다. 우선 GTX의 경우 언제 완공되어 운행될지 예측하기가 어렵습니다. 진행이 가장 빠른 GTX-A조차 개통이 늦어지는 모습을 보이는데요. 공사가 지하 40m 아래에서 진행되기도 하고 유적지 발견 등 예상치 못한 문제를 맞닥뜨리기도 합니다.

또 특정 아파트 단지의 지하를 관통해서 지나가는 경우 입주민들의 거센 반발로 공사에 어려움을 겪기도 하죠. GTX-A 노선의 경우 원래 파주 운정~삼성 구간(민자)은 2024년 6월, 삼성~동탄 구간(재정)은 2023년 12월 개통 예정이었으나 GTX-A 노선 정차역인 서울시 삼성역 복합환승센터의 사업이 늦어져서 GTX-A와 서울지하철 2, 9호선이 정차할 삼성역 복합환승센터의 완공이 2028년으로 미뤄질 예정입니다. 2022년 4월 인수위-국토부 보고에서도 순차개통을 거쳐 2028년 완전개통으로 예정됨이 다시 확인되었죠.

GTX-B와 C 노선은 역사와 사업방식에 있어서도 조금 정리가 필요한 상황이고, GTX-D 노선은 해당 지역 주민들이 인천~하남 연결을 고수하고 있죠. 이렇게 개통 시기에 문제가 생기고 부동산 시장 침체기를 겪는다면 지금 최고가를 경신한 지역도 안심할 수만은 없어요. 부동산 투자는 대중의 심리에 영향을 상당히 많이 받기 때문에 GTX 사업을 진행하는 과정에 문제가 생기거나 불황기에는 어려움을 겪을 수 있거든요. 그러나 결국 시간이 지날수록 주변 부동산에 대한 GTX의 영향력은 커질 것입니다.

또 다른 기회 경전철

경전철은 경량전철의 줄임말입니다. 일반적으로 알고 있는 지하철은 중전철인데 경전철은 중전철보다 열차 개수가 적습니다. 3~6량으로 지상과 지하로 설계할 수 있고 중전철과 시내버스 사이 중간자로서 근거리를 연결하는 역할을 담당하죠. 참고로 지역 간의 장거리 수송은 고속철도나 일반철도가 담당하고, 광역도시나 대도시 간 연결은 중전철이 담당합니다.

경전철은 일반적으로 중소도시 간선이나 중소도시 사이 연계, 혹은 대도시 내에 특정 지역 사이를 연결합니다. 지하철과 비교해 공사비도 적고 공정도 쉬운 측면이 있습니다. 또 유지비가 적게 들어가는 장점이 있죠.

수도권에서는 두 가지 방향으로 경전철 사업이 진행되었습니다. 하나는 수도권 위성도시 자체에서 지하철 접근성을 보완하기 위한 사업입니다. 서울지하철 1기, 2기 계획과 더불어 서울과 서울 근교, 광역시에도 지하철망이 추가로 확충되었지만, 서울과 광역시 인근 위성도시의 교통문제는 여전했고, 광역시 내에서도 교통불모지들이 여전히 존재해서 경전철 수요가 발생했습니다. 예를 들면 용인경전철, 의정부경전철, 김포경전철 등 위성도시 내 수요를 충족시키기 위해 지방자치단체나 광역시에서 건설한 경전철이 대표적이죠. 다른 하나는 서울 내에서 기존 1기와 2기 지하철 접근성이 떨어지는 곳의 교통을 보완하기 위해 진행된 케이스입니다. 1기 지하철은 1974년 1호선 개통 이후 1985년 4호선 개통으로 마무리되었고 2기 지하철은 1989년부터 2001년 사이 사업이 진행된 5~8호선을 이야기합니다. 원래 서울은 3기 지하철 건설계획도 있었습니다. 3기 지하철 계획은 기존 1, 2기 지하철 노선들의 단점을 보완할 목적으로 계획한 사업을 말하기도 하는데 우여곡절 끝에 현재 9호선이 개통해 운행되고 있습니다. 서울경전철 노선은 2008년 승인·고시된 제1차 '서울특별시 10개년 도시철도 기본계획'에 의해 사업이 추진되었고, 이후 여러 차례 사업계획이 변경되면서 기존 계획들을 수정 보완하여 2020년 11월 제2차 '서울특별시 도시철도망 구축계획(2021~2030)'에 의해 사업이 계획, 진행 중입니다.

수도권 경전철 추진현황

❶ **우이신설연장선**: 우이동~방학역

❷ **서부선**: 새절역~서울대입구역, 서울대입구역~서울대 정문(서부선 남부연장)

❸ **신림선 북부연장**: 샛강역~여의도(서부선)

❹ **동북선**: 왕십리역~상계역

❺ **위례신사선**: 위례신도시~신사역

❻ **위례선**: 마천역~위례신도시~복정역

❼ **난곡선**: 보라매공원~난향동, 난향동~금천구청역(난곡선 연장)

❽ **면목선**: 청량리역~신내차량기지

❾ **목동선**: 신월~당산역

❿ **강북횡단선**: 청량리역~목동

2022년 4월 기준 우이신설선은 이미 운행 중에 연장이 추진 중이고, 신림선과 동북선, 위례선은 공사 중입니다. 경전철은 새로운 역사가 생기는 것이라 좋은 투자 기회가 될 수 있습니다. 주의할 것은 서울의 경우 사실 거의 대부분의 지역들이 이미 지하철 접근성이 전반적으로 좋은 편이라 경전철 신설이 획기적으로 큰 상승을 야기하기엔 어렵다는 겁니다. 하지만 교통불모지에서 역세권으로 탈바꿈하는 것은 호재임이 분명하지요.

반드시 알아야 할 제4차 국가철도망 구축계획

국가철도망 구축계획이란 「철도의 건설 및 철도시설 유치관리에 관한 법률」에 따라 발표하는 10년 단위 및 5년 주기로 발표하는 도시철도와 전용철도를 제외한 고속철도, 일반철도, 광역철도 등의 건설계획을 다룹니다. 철도건설 분야의 최상위 법정계획이지요. 미래 교통망을 예측하기 위해 부동산 투자자들은 필수로 파악해야 하는 내용이죠. 이 계획에 따라 철도, 지하철 등이 건설되기 때문입니다.

발표만으로도 이슈가 되지만 중요한 건, 이 계획이 10년 이내에 '완공'이 아니라 사업추진을 본격적으로 시작하는 '계획'을 의미한다는 점도 생각하셔야 합니다. 지금까지 국가철도망 계획은 총 네 차례 발표되었습니다. 제4차 국가철도망 구축계획에 포함된 송파하남선, 강동하남남양주선, 고양은평선, 위례과천선, 위례삼동선, 대장홍대선, 제2경인선 등에 대해서는 5부에서 자세히 다루도록 하겠습니다.

: 국가철도망 구축계획 발표 시기

제1차 국가철도망 구축계획(2006~2015년)	2006년 3월 발표
제2차 국가철도망 구축계획(2011~2020년)	2011년 4월 발표
제3차 국가철도망 구축계획(2016~2025년)	2016년 6월 발표
제4차 국가철도망 구축계획(2021~2030년)	2021년 7월 발표

진화 중인 국가철도망 구축계획, 꼼꼼하게 살펴봐야 하는 이유

2015~2021년 부동산 상승기 때 개통 호재로 큰 폭으로 가격이 상승한 곳은 일일이 언급할 수 없을 정도로 많습니다. 용인의 수지구를 생각해봅시다. 바로 윗동네인 분당은 신도시 택지개발로 깔끔하게 자리를 잡았고, 동생 격인 판교도 매우 성공적으로 개발되었죠. 반면 용인 수지구는 위치는 좋은데 난개발로 아파트만 즐비한 곳이었습니다. 그런데 신분당선이 통과하게 되면서 수지구와 강남이 신속하게 연결되는 동천역, 수지구청역, 성복역 인근의 신축아파트 가격이 치솟는 일이 발생했습니다. 신축아파트의 경우 분당 못지않을 정도가 되었죠.

이 신분당선의 건설은 2011년 제2차 국가철도망 구축계획에 반영되어 차근차근 진행되었습니다. 서울의 위성도시로서 구리 지역은 서울의 대체재로 선택하는 주거지라는 이미지가 강했었는데요. 잠실과 강동 쪽으로 가려면 물리적인 거리상으로는 매우 가까운데 바로 연결되는 지하철이 없어서 승용차가 없으면 버스를 이용하는 수밖에 없죠. 지금도 잠실역만 가면 구리, 남양주로 가는 버스 줄이 길게 이어져 있는데 별내선(8호선) 연장사업인 암사역~별내역 구간 사업이 본격화되면서 인근 구리 신축아파트의 가격이 전용 84㎡ 기준으로 12억 원까지 오르는 일이 발생했습니다. 앞으로 지하철 8호선 연장구간이 개통되면 구리는 잠실, 강동과 다이렉트로 연결되는 느낌이 강해지죠. 다시 한 번 말하지만 이 별내선은 '제2차 국가철도망 구축계획'에 등장했었습니다.

경기도 남쪽의 반월국가산업단지 인근 안산 지역을 떠올려볼게요. 이곳은 경기도에서도 다소 소외당하던 지역이었는데 인근 수원과 평촌, 군포에 늘 밀리는 측면이 있었습니다. 지금은 화려하게 떠올라 초지역과 안산중앙역 인근 신축 공급 34평(전용 84㎡)의 가격이 10억 원대로 형성되어 있습니다. 이러한 현상은 신안산선이 매우 큰 영향을 끼쳤는데, 마찬가지로 제2차 국가철도망 구축계획에 반영되어 진행된 사업입니다.

상승장 최대 수혜지였던 GTX 예정지들은 제2차, 3차 국가철도망 구축계획에 반영되어 지금에 이르고 있는데요, 이처럼 신설되는 노선이나 연장노선을 발표하는 국가철도망 구축계획은 항상 새로운 기회가 될 수 있습니다. 국가철도망 구축계획이 발표된다고 해서 반드시 사업이 진행되는 것은 아닙니다. 제2차 국가철도망 구축계획이 발표되고 10년이 지난 지금까지도 계획만 남아 있는 것도 있고 중간에 사라진 사업도 있거든요. 중요한 건 이 국가철도망 구축계획에 의해 예정된 사업만이 진행된다는 것이며 여기에서 부동산 투자 포인트를 읽어낼 수 있어야 한다는 점입니다. 앞으로 5차, 6차 계획이 발표되면 반드시 주목해야겠죠.

04

부동산 고수가 알려주는 역세권 임장비법

황금노선도 골랐고, 알짜배기 역세권도 골랐고, 미래가치가 기대되는 신설역 예정지들도 살펴보았는데요. 이제 마음에 드는 집을 찾아 나서볼까요?

일단 집을 고르기 전에 사용하기 좋은 앱부터 골라봅시다. 요즘은 부동산과 관련한 앱이 너무 많이 쏟아져서 고민인데요. 현장에 임장을 나갈 때는 너무 많은 앱에 의지해 정보를 확인하는 데 시간과 에너지를 소모하기보다는 필요한 정보만 직관적으로 빠르게 확인할 수 있는 몇 가지 앱만 사용하는 것이 좋습니다.

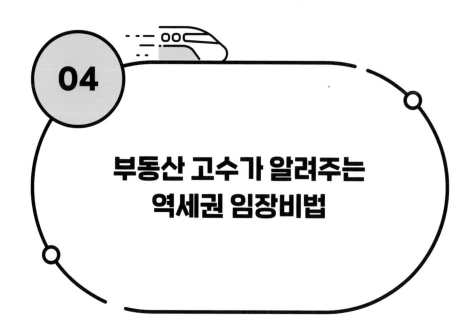

실제 임장에서 체감하는 것들이 더 중요하기 때문이죠. 우선 지도앱은 필수인데 카카오 지도나 네이버 지도 등의 앱을 사용하면 평면지도뿐 아니라 3D

: 토지용도를 확인할 수 있는 네이버 지도 지적편집도

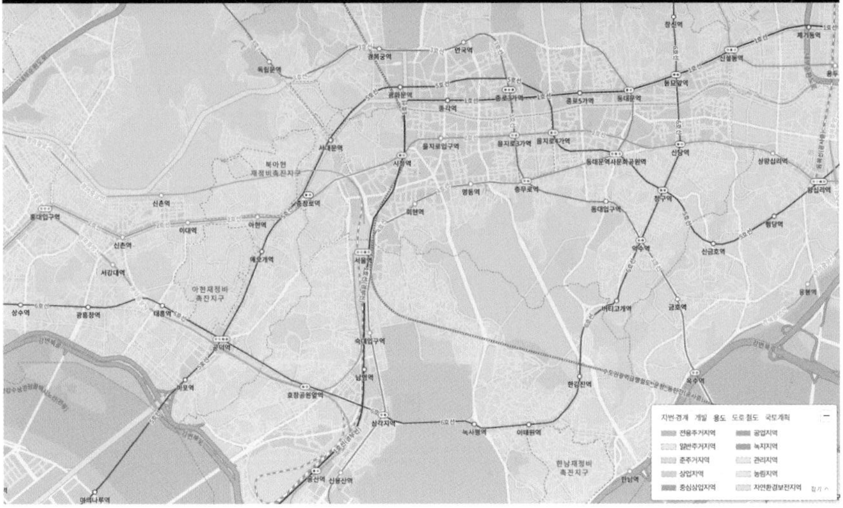

출처: 네이버 지도

스카이뷰, 위성사진, 지적편집도를 선택하여 동시에 확인을 할 수 있어 도움이 됩니다. 특히 로드뷰 기능은 기억이 잘 안 나거나 궁금한 곳의 현장을 파악하는 데 유용하죠. 지하철과 단지 사이의 거리도 측정할 수 있으니 확인해보고 직접 발품을 팔아 실제 거리와 지형을 체크하는 것이 좋습니다.

강남은 평지인 것 같지만 생각보다 언덕에 위치한 부동산도 있습니다. 예를 들어 9호선 언주역 주변 빌라 및 주택가는 지도상으로는 평지인 것 같아도 경사가 있는 곳입니다. 이런 부분은 아무리 지도를 봐도 체감하기 어려우니 직접 해당 지역의 분위기를 느끼면서 발품을 팔아 지형과 주변환경을 체크해야 합니다.

환승역인 경우 역사는 하나라고 해도 특정 출구에서부터 환승하고자 하는 노선으로 갈아타는 승강장으로 이동하기까지 상당한 시간이 걸릴 수도 있습니다. 예를 들어 3호선, 7호선, 9호선의 환승역인 고속터미널역의 경우 7호선과 9호선 사이의 환승거리는 도보로 7~8분 이상 걸리는데요. 건축적 측면에서 노선이 겹치지 않도록 하기 위해 불가피하게 발생한 경우도 있고, 앞으로 추가로 건설될 노선에서도 이러한 문제점이 더 많이 발생할 수도 있기 때문에 직접 걸어서 체크해야 하는 부분들이죠.

서울의 경우 지하철과 버스가 상당히 잘 연계되어 있는데요. 상대적으로 경기도 지역은 그렇지 못한데, GTX-A 노선의 환승역으로 예정된 수인분당선 구성역은 향후 GTX-A 역사 위치가 기존 수인분당선의 구성역보다 경부고속도로 쪽으로 치우친 곳으로 논의되고 있어요. 구성역에서 아주 가까운 연원마을 단지들에서도 버스를 이용한 뒤 도보로도 상당히 걸어가야 합니다. 이렇다 보니 신설이 논의되는 역들의 경우 예정된 위치가 조금만 달라져도 이해관계에 있는 단지들의 희비가 엇갈립니다. 내 집 앞에 생기기로 했던 지하철역 출구가 옆 단지로 옮겨가는 것이니까요.

신분당선 연장구간인 수원월드컵경기장역 출입구를 두고 지역 주민들이 거주지와 가까운 곳에 역사가 세워지도록 노력하고 있는데, 이는 신설역이 예정된 모든 곳에서 나타나는 현상입니다. 지하철 역사까지 걸어서 갈 만한 거리라고 판단하는 기준은 한여름과 한겨울 날씨를 기준으로 삼으면 좋습니다. 쾌적한 봄, 가을과 무덥거나 추운 여름, 겨울에 느끼는 거리감에는 상당한 차이가 있기 때문이죠.

아파트 단지에서 지하철역까지 걸어보면서 주변에 어떤 건물들과 편의시설 등이 있는지 살피는 것도 큰 즐거움입니다. 미처 몰랐는데 간편하게 이용할 수 있는 유용한 시설이 있는지, 인근의 병원이나 은행, 상권, 관공서의 위치 등을 현장에 나가서 반드시 체크해야 합니다.

연식, 동수, 주차, 토지용도, 용적률 단지 개별정보 확인은 필수

마음에 드는 단지가 생겼다면 기본적으로 인터넷을 이용해 단지정보를 확인해야 합니다. 예를 들어 '네이버 부동산'에서 '공덕삼성'을 검색해보면 '단지정보'란에서 한눈에 핵심적인 정보를 파악할 수 있습니다.

연식과 세대수, 동수, 주차대수와 재건축 시 중요하게 체크해야 하는 용적률, 건폐율까지 나옵니다. 어떤 평형이 어느 정도의 비율로 구성되어 있는지 확인하면서 지금까지의 가격추이와 실거래가를 확인하기 편리하죠. 단지별로 배정되는 학군과 학교의 위치도 꼼꼼하게 알아두어야 합니다. 또 재건축에서 중요한 요소인 토지용도 등에 대한 정보도 파악할 수 있습니다. 이 정보들을 바탕으로 공덕삼성1차를 체크해볼까요? 해당 단지는 공덕역과 매우 가깝고 용적률이 266%로 높은 1999년식 아파트입니다. 용적률이 높으므로 재건축보다는 리모델링을 할 때 가치가 있는 중급 규모의 단지로 해석할 수 있습니다.

주변환경을 자세히 파악하라

여의도에 현대백화점이 새롭게 개장하면 영등포구뿐 아니라 양천구, 마포구 일대 주민들까지 기대에 부풉니다. 롯데백화점 동탄점이 개장하면 동탄신도시(동탄1신도시, 동탄2신도시)의 생활권에도 변화가 생기죠. 실제 신분당선

성복역에 롯데몰 개장 소식 이후 주변 부동산 가격이 한층 더 올랐습니다.

그럼 병원은 어떨까요? 풍납동과 잠실동에는 인근에 서울아산병원이 있고, 일원동에는 삼성서울병원이 있는데요. 주거지 인근에 대형병원이 있는 것도 우수한 주거지의 요건이라고 볼 수 있습니다. 물론 병원과 너무 인접해서 구급차 사이렌 소리가 수시로 들린다거나, 장례식장 바로 옆일 경우에는 단점이 될 수도 있겠죠.

공원은 두말할 필요 없는 긍정적 요소입니다. 많은 사람의 사랑을 받는 한강공원을 가까이 두고 수시로 산책하러 나갔다 올 수 있는 주거단지는 생각만 해도 좋습니다. 분당은 탄천이 주민들에게 휴식기능을 제공해주고, 광교나 일산의 호수공원을 떠올려봐도 일상에서 벗어나 야외에서 가볍게 힐링할 수 있는 공원, 자연환경은 해당 지역의 사랑받는 요소 중 빼놓을 수 없는 부분입니다. 주변에 휴식기능을 제공하는 곳과의 거리를 꼭 체크해야 하는 이유죠.

학군과 학원가를 파악하라

목동, 대치동, 중계동, 안양평촌 학원가 등 학군과 학원가는 부동산과 뗄 수 없는 관계라고 할 정도로 중요합니다. 목동, 대치동, 중계동처럼 이름만 들어도 아는 유명한 곳이나 전국구 학군까지는 아니더라도 어느 지역이든 그곳에서 우수하다고 소문난 학교들이 한두 곳 이상은 있거든요.

예를 들면 일산의 오마초등학교·오마중학교, 부천 상동의 상인초등학교

: 마포구 대흥동 신흥 학원가

와 같이 각 지역에서 교육환경이 좋기로 유명한 학교들이 있습니다. 우수한 학교 인근의 부동산은 당연히 상대적으로 높이 평가받기 때문에 실수요자든 투자자든 학군지를 알아보는 것이 중요합니다. 더불어 학군만큼이나 학원가도 중요한 포인트인데 우리나라의 사교육은 공교육을 보완하는 정도를 한참 넘어서는 역할을 맡고 있기 때문이죠. 때문에 단지 인근에 유명한 학원가는 부동산에까지 영향을 미칩니다.

노원구 중계동 학원가 인근은 사실상 인접한 지하철역이 없는데도 불구하고 우수한 학원들이 모여 있다는 편의성 때문에 주변 부동산 중에서 최고가를 형성하고 있습니다. 학원가는 새롭게 생성되기도 하는데, 대표적인 사례가 마포구입니다. 사실 마포구는 늘 전국구 학군이나 학원가가 없다는 것이 아쉬운 점으로 꼽혔는데요. 최근 많은 마포구 지역이 재개발 사업을 완료하여 34평형(전용 84㎡) 기준 20억 원이 넘는 신축아파트들이 속속 들어서자 곳곳에서 우수한 학원들이 모여들기 시작했습니다. 일반적으로 학원가는 역 바로 근처보다는 상대적으로 임대료가 저렴한 역 뒷블록에 형성되는 경향이 있죠. 마포구에서는 대흥동과 신수동 인근의 상가들이 학원가로 새롭게 자리매김하고 있습니다. 교육을 중시하는 우리나라에서 우수한 학군과 학교, 학원가는 반드시 확인하고 가야 하는 투자 포인트입니다.

미래가치를 평가하라

부동산은 살아 있는 생물처럼 늘 변화합니다. 최근에 가격이 많이 오른 곳으로 손꼽히는 서울 노원구는 서울 내에서도 위치가 동북권에 치우쳐 있다고 늘 저평가를 받던 지역이었습니다. 창동, 상계동, 중계동 등이 해당되는데 이곳은 주로 작은 아파트 단지들 위주로 강남과 같은 업무지구까지 이동하려면 시간이 많이 걸린다는 단점으로 인해 낮은 가격대를 형성해왔습니다.

그러던 중 노원구 아파트들의 가격이 폭등했는데, 바로 재건축에 대한 기대감 때문입니다. 노원구는 서울에서 얼마 남지 않은 대단지 아파트들이 모여 있는 곳으로 큰 변화의 가능성을 가진 곳으로 기대받고 있죠. 특히 2022년 들어선 새 정부가 30년차 이상 공동주택 정밀안전진단 면제, 재건축 초과이익 환수제 완화 등과 같은 공약을 내세웠던 만큼 기대감이 커지고 있습니다.

서울 성동구 성수동의 경우 예전에는 공장이 밀집한 곳이었고 지금도 많은 공장들이 가동되고 있는 상태인데요. 이곳 성수동에 한강 변 '성수전략정비구역' 개발계획이 세워지고 성수동 공장들이 이전하게 됩니다. 낡은 공장들이 하나둘씩 으리으리한 지식산업센터와 아기자기한 카페, 상점들로 탈바꿈하면서 성수동은 이제 미래가치가 우수한 지역으로 평가받고 있죠. 2022년 3월 발표된 오세훈표 '2040서울플랜'의 6가지 핵심목표에는 '수변 활성화'가 포함되어 있는데요. 한강 변을 업무, 상업, 관광의 중심지로 발전시키겠다는 계획이 들어 있고 여기서 성수동은 여의도, 이촌, 한남, 반포, 옥수, 압구정 등과 함께 묶여 소개되며 명실상부 최상급지로의 도약을 꿈꾸고 있다는 걸 보여주었어요. 향후 한강 스카이라인 기준 개편으로 35층 이상의 건물들이 들어서면 멋진 경관을 갖출 것으로 보입니다.

부동산은 지금의 모습만이 아니라 미래의 모습을 동시에 그릴 수 있어야 합니다. 물론 막연한 상상이 아니라 기반이 되는 개발계획이나 구상이 있어야 하죠. 이런 정보들을 부지런히 습득하고 발품을 파는 습관을 들여야 합니다.

2부

인서울 역세권 도장깨기

01

성수역·뚝섬역·서울숲역

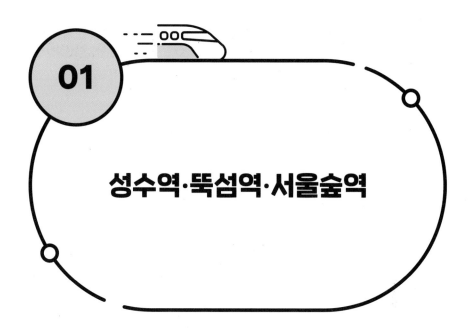

현웅쌤 1부에서는 오르는 역세권을 고르는 방법에 대해 알아보았는데요. 2부에서는 지역에 따라 구분한 서울의 핵심 역세권들을 구체적으로 살펴보려 합니다.

율하쌤 저희가 역세권 도장깨기의 첫 번째 지역에 대해 논의했을 때, 잠깐의 망설임도 없이 같은 지역을 불렀잖아요?

현웅쌤 맞아요. 시작은 역시 핫한 곳에서 해야죠. 성수역, 뚝섬역, 서울숲역이 위치한 성동구입니다. 이곳을 첫 번째 지역으로 고른 건 서울에서 강남구와 서초구 외에 새로운 강자로 떠오르고 있는, '마용성'으로 불리는 마포구, 용산구, 성동구 중에 한 곳이기 때문입니다.

: 성수역·뚝섬역·서울숲역

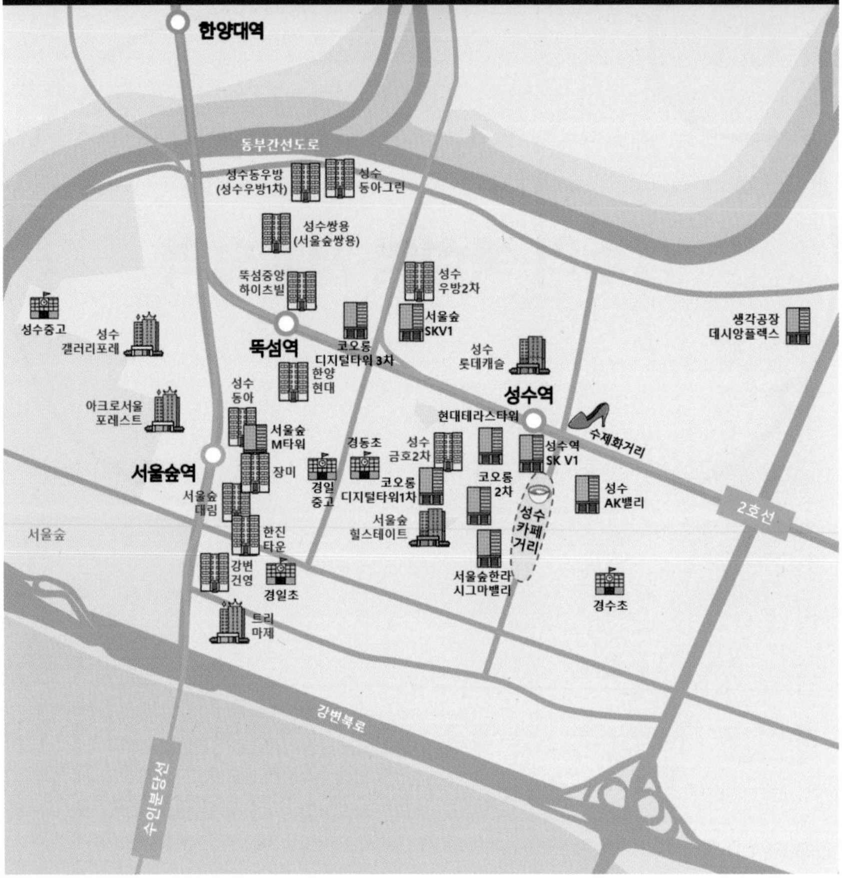

(율하쌤) 사실 마용성이 강남이나 서초를 단기간에 능가할 만한 지역은 아니지만 성장가능성이 큰 곳들이라는 공통점이 있죠. 그래서 투자자들이나 강남에 입성하기에는 자금이 부족한 분들이라면 마용성을 주목해야 하지요. 특히 성동구는 최근 눈에 보일 만큼 역동적으로 발전하는 곳이라 성수역과 뚝섬역을 지하철역 도장깨기 첫 출발지로 골라봤습니다.

포스트 강남을 노리는 성동구

현웅쌤 성동구는 크게 세 지역으로 나눌 수 있습니다. 우선 좋은 주거지들이 있는 옥수동과 금호동은 지리적으로 강남과 가까운데 비해 상대적으로 가격이 저렴해 과거 강남 출신들이 대체 주거지로 선택했다는 이야기도 있는데요. 지금은 최고의 주거지로 떠올랐고 상당히 비싼 가격을 형성하고 있습니다.

율하쌤 그리고 왕십리동, 행당동, 마장동, 응봉동은 성장가능성이 잠재된 곳이겠고요? 이곳들은 옥수동이나 금호동보다 강남에서 떨어진 곳이다 보니 비교적 가격이 저렴하잖아요. 하지만 연식이 있는 구축아파트들이 많아서 본격적으로 리모델링이나 개발을 시작하는 시기가 도래한다면 지금보다 떠오를 가능성이 큰 곳이죠.

현웅쌤 맞아요. 마지막으로 성동구 하면 떠오르는 성수동이 있습니다. 지금도 눈부시게 성장하는 중인데요. 성수동은 서울숲과 준공업지역, 성수전략정비구역, 뚝섬역 부동산들이 어우러져 있는 곳이에요. 성수동 지역을 관통하는 성수역, 뚝섬역은 반드시 발품을 팔아야 합니다. 추가로 새로운 부촌으로 떠오르는 서울숲역도 살펴보면 좋아요. 발전 가능성이 무한한 성수동에서 투자 타이밍을 잡으려면 이 지역에 대해 꼼꼼하게 알아둬야 겠죠!

주변 부동산을 풍요롭게 하는 지식산업센터

율하쌤 그럼 2호선 뚝섬역에서 출발해볼게요. 가장 눈에 띄는 건물이 4번 출구 앞 서울숲코오롱디지털타워3차와 서울숲IT밸리인데요. 이 건물들은 예전에 아파트형 공장이라고 불렸던 지식산업센터죠. 성수동에서 지식산업센터를 언급하지 않을 수 없잖아요?

현웅쌤 지식산업센터는 예를 들면 서울 구로구, 영등포구, 성수동 등의 공업지역에서 공장들이 빠져나간 자리에 아파트보다는 업무시설을 유치하여 서울의 도심 경쟁력을 키워보자는 취지로 시작되었어요. 최근 건립된 서울 지식산업센터의 경우 일반적으로 IT나 정보통신업 등 규모가 작은 사무

: 서울숲코오롱디지털타워2차

실들이 입주한 건물들로 생각할 수 있는데요. 회사들이 입주할수록 근로자들이 많아지니 식당이나 카페 등 주변 상권이 풍요로워지기도 합니다. 또 주변 아파트들의 매매나 전세 수요도 함께 발생하고요.

율하쌤 성수동뿐 아니라 다른 지역에서도 지식산업센터는 부동산 시장에 긍정적인 요소입니다. 워라밸을 추구하는 현대인에게 직주근접은 매우 중요해요. 그래서 3기 신도시에서도 '자족기능'이라 해서 신도시 내에 기업이나 지식산업센터를 중요하게 배치하고 있고요. 이처럼 우수한 일자리가 있는 신도시는 인기가 높아지기 마련입니다.

현웅쌤 2022년 5월 새롭게 들어선 윤석열 정부는 주거용 부동산에 대한 세금완화를 비롯 각종 규제완화를 공약했었습니다. 또 오세훈표 2040서울플랜의 경우 서울도심을 다핵화, 수변공간 중심으로 개발한다는 변화를 예고하고 있어 다시금 주거용 부동산에 대한 관심이 높아지고 있죠. 그렇지만 상가나 오피스텔 같은 수익형 부동산을 찾는 분들의 수요는 항상 있으며 최근 수익형 부동산의 대표적인 주자로 떠오른 것 중 하나가 지식산업센터 투자인데, 이 지식산업센터 투자 포인트를 알아두고 가시면 좋겠어요.

◯ 지식산업센터란?

1980년대 서울의 도심을 정비하고 공장들이 외곽으로 빠지면서 도심 한가운데가 공동화되는 현상이 나타났다. 이에 도심에서의 일자리 창출을 위해 벤처기업과 제조 중심 중소기업의 공장용지 확충을 위해 만들어진 개념이 바로 지식산업센터다.

처음에는 법률상 '아파트형 공장'이란 용어를 사용했는데 건축·취득·

운영 면에서 혜택을 주다 보니 점점 IT, 정보기술, 설계, 엔지니어링 같은 첨단업체들이 이주하면서 2010년에 법률용어를 지식산업센터로 이전보다 멋있게 바뀌었다. 근거법은 「산업직접활성화 및 공장설립에 관한 법률」이다. 서울을 포함한 수도권의 지식산업센터에는 제조업체보다 소프트웨어 개발업체, 설계·엔지니어링업체, 디자인 회사들이 많이 입주하는 경향이 있다. 지하철역과 가까운 쾌적한 사무실이라 생각하면 되며, 건축물 분류상 공장이다. 따라서 지식산업센터를 지을 수 있는 지역은 「국토계획 및 이용에 관한 법률」 시행령 제71조에 의해 일반주거지역, 준주거지역, 일반상업지역, 근린상업지역, 전용공업지역, 일반공업지역, 자연녹지지역, 계획관리지역으로 한정된다는 것이 포인트다.

현웅쌤 서울의 경우 지식산업센터는 대부분 준공업지역에서 건축할 수 있는데 성수동은 대부분이 준공업지역입니다. 그래서 지식산업센터가 많고 실제로 성수동의 지식산업센터를 매매하거나 분양받는 것은 좋은 투자 방법이에요. 지식산업센터도 아파트처럼 신축을 더 선호하기 때문에 완공된 지식산업센터 매매보다는 분양을 받거나 분양받은 물건을 초기에 프리미엄을 주고 사는 방법이 선호됩니다. 지식산업센터 투자가 선호되는 큰 이유는 분양을 받을 때 분양가의 10%인 계약금만 있으면 되고 중도금 대출이 가능해 부담이 적기 때문입니다. 분양을 받고 입주 때까지 공사기간은 평균 2년 정도 걸립니다. 그 사이 프리미엄이 발생하면 지식산업센터 분양권은 전매제한이 없으므로 이를 매도할 수 있는 부분이 메리트로 작용해 인기를 끌었어요.

율하쌤 대신 분양 절차는 '청약-사업자등록-계약 중도금 납입-잔금 및 취득세 납부-입주'로 진행되는데 사업자를 내야 하는 과정이 있습니다. 사업자를 낸다는 뜻은 배우자 의료보험연동이 되어 있다면 따로 분리된다는 뜻이니 이런 부분들도 꼼꼼히 먼저 체크하고 진행을 해야겠지요.

현웅쌤 성수동 지식산업센터의 가격은 꾸준히 올랐어요. 대표적으로 성수역 4번 출구에 위치한 성수역현대테라스타워가 있습니다. 2016년 7월 분양 당시 평당 1,000만 원 정도 했었거든요. 지식산업센터는 실평수에 2를 곱하면 대략 분양평수가 나와요. 실평수 20평이면 분양평수는 40평인 거죠. 2016년 성수역현대테라스타워 40평 분양가가 4억 원 정도였어요.

율하쌤 2020년 6월 성수동 지식산업센터의 분양가는 1,700만 원 정도였는데요. 2021년 11월 서울숲역 2번 출구 인근 2016년에 입주한 서울숲포휴가 평당 3,000만 원 이상으로 팔린 점으로 보아 만일 성수동에서 신규분양을 한다면 2022년 3월 기준 평당 2,800만 원 이상을 예상할 수 있을 것 같아요. 뚝섬역 4번 출구 앞 코오롱디지털타워3차의 전용 약 25평이 4~5년 전만 해도 매매가가 4억 5,000만 원에 월세는 보증금 2,600만 원에 260만 원 정도였는데요. 현재 12억 원 정도가 되었으니 정말 꾸준히 올랐어요.

현웅쌤 이처럼 지식산업센터의 가격이 오른 요인은 크게 두 가지로 생각할 수 있어요. 부동산 종목이 수익형 부동산이라 저금리 기조에 유리했단 게 하나이고요, 다른 한 가지는 2020년 6월 부동산 대책에서 부동산 법인에 대한 주택매매 규제 등 다주택자 종부세 부담을 강화하면서 상대적으로 주택 수에 포함이 안 되는 지식산업센터로 시중의 여유자금이 몰렸던 측면입니다. 하지만 주거용 부동산과 월세 등이 나오는 수익형 부동산은 통상적으로 반비례 관계에 있기 때문에 만일 금리가 올라가고 주택에 대한 부동산 규제가 풀린다면 계속 상승하고 있는 지식산업센터의 높은 분양가격에 대해 다시 생각해볼 필요성도 있겠습니다.

미래 한강 변의 보석, 성수전략정비구역

율하쌤 서울숲역 근방에는 성수전략정비구역이 있는데요. 연예인들이 많이 거주하기로 유명한 트리마제 옆이죠. 이 구역들의 물건 중 어느 하나라도 가질 수 있다면 너무 좋겠지만, 지금은 '피'가 너무나 비싼 것이 흠이죠.

현웅쌤 맞아요, 비싼 것 빼고는 문제가 없어요. 성수전략정비구역은 1에서 4구역까지 있고 사업속도는 구역마다 차이가 있습니다. 현재 모든 구역에서 조합설립이 되었고 구역마다 사연은 다르지만, 열심히 진행하고 있죠. 한강르네상스를 한번 떠올려볼까요? 과거 오세훈 서울시장이 2000년대 후반 들고 나온 개념인데 당시 정말 요란했죠. 용산, 여의도, 성수 등의 한강 변을 중심으로 서울의 스카이라인을 바꾸는 사업이었는데 박원순 시장으로 바뀐 이후 무산되거나 지지부진해진 감이 있었어요.

율하쌤 그런데 2022년 3월 오세훈표 '2040서울도시기본계획안'에서 한강 변 35층 규제가 완화될 계기가 마련되었고, 성수전략정비구역의 경우 2011년 정비계획안으로 고시된 원안대로 50층 이상으로 추진할 수 있을 거란 기대감이 커졌지요?

현웅쌤 2014년 박원순 시장 시절 수립된 '2030서울도시기본계획안'

에서 주거용 건축물의 높이를 일률적으로 제한하여 성수전략정비구역 또한 50층 이상으로 건축하기 쉽지 않았어요. 하지만 오세훈 시장이 발표한 2040서울도시기본계획안에서 일률적인 35층 제한을 삭제한다고 하였죠. 계획대로 성수전략정비구역이 50층 이상으로 사업이 진행되서 새 아파트가 신축된다면 저는 미래가치가 일시적으로 강남에 버금갈 만큼 좋아질 수 있다고 봅니다. 예를 들면 1구역의 두 동짜리 성수동양(강변동양) 가격이 2015년만 하더라도 32평C(전용 84m^2) 기준으로 전세는 3억 원 정도에 시세가 6억 원 정도였는데 현재 20억 원이 넘거든요!

율하쌤 1~4구역 모두 50층 이상으로 개발이 완료되었을 때의 모습은 1구역 옆에 멋진 한강 조망을 자랑하는 트리마제를 떠올려보면 되겠네요. 성수전략정비구역 1~4구역은 불황이 와도 꼭 살펴볼 보물 같은 지역입니다!

성수전략정비구역

2009년 1월 9일 서울시 한강 공공성 회복 선언에 따라 5개 전략정비구역으로 성수, 이촌, 합정, 압구정, 여의도를 선정하였다. 2022년 3월 기준, 성수를 제외한 나머지 지역들은 모두 구역이 해제된 상태다. 성수전략정비구역은 1~4지구까지 4개 지구로 구성되며 건립 예정세대는 약 8,000세대다.

2022년 3월 기준 1, 3, 4지구가 건축심의추진단계이며 2지구는 교통영향평가통과, 건축심의추진단계이다. 크기로는 1, 2, 3, 4지구순으로 크며 일반적으로 서울숲역과 가깝고 가장 큰 규모인 1지구의 미래가치가 높을 것으로 예상하나 50층 이상 건립 시 대부분의 평형에서 한강 조망이 가능해 4개 지구 모두 좋은 곳들이다. 서울의 기존 재개발 구역 중 미래가치가 가장 높은 곳으로 평가받는다.

기업과 연예인들이 주목하는 동네는 이유가 있다

현웅쌤 으리으리한 지식산업센터 사이사이 공장들도 있는데 성수동은 낡음과 현대의 멋이 공존하는 유니크한 곳이기도 해요. 재개발구역에 포함되지 않은 공장들은 사실 매우 유망한 부동산 투자처이기도 하고요. 넓은 땅에 자리 잡은 공장은 카페나 특색 있는 전시관이나 멋진 건물로 탈바꿈할 수 있겠죠. 자금이 넉넉하신 분들은 이곳의 공장들을 노려보시는 것도 좋습니다. 이미 권상우, 원빈, 이시영 등 유명 연예인들이 이곳의 공장이나 건물에 투자했다고 뉴스에 나오기도 했어요.이미 발 빠른 투자자들이 선점을 하였지만, 여전히 미래가치는 좋습니다.

율하쌤 성수동으로 엔터테인먼트 회사들도 대거 유입되고 있잖아요? 큐브, 바나나컬쳐, 드림티와 SM까지. 편리한 교통과 강남에 비해 상대적으로 저렴한 땅값으로 기획사들이 많이 들어서고 있죠. 과거 YG엔터테인먼트 사무실 앞 편의점이 YG를 드나드는 연예인들을 기다리는 사람들의 이용으로 매출이 전국 순위권에 들었다는 우스갯소리도 있었거든요. 지금처럼 BTS, 블랙핑크 등 K-컬처가 세계적인 명성을 얻는 시기에 연예기획사가 자리를 잡는다는 것은 해당 지역에 긍정적 요인으로 보셔도 좋아요.

: 성수동에 자리 잡은 연예기획사들

아파트 도장깨기: 성수동 명품아파트 3인방

율하쌤 걷다 보니 서울숲역 근처까지 온 것 같네요. 성수동 명품아파트 성수갤러리아포레가 보이기 시작하는데요? 뚝섬역 인근에 서울숲이 있고 이 인근에는 3개의 명품아파트가 있어요. 지금 우리 눈앞에 보이는 성수갤러리아포레, 아크로서울포레스트, 트리마제 아파트죠! 특히 성수갤러리아포레는 대한민국 최고의 명품아파트로서 신고가를 경신하고 있잖아요? 그 옆에 최근에 건립된 아크로서울포레스트가 있고 셋 중에는 비교적 적은 금액으로도 접근 가능했던 트리마제가 있네요. 트리마제는 성수갤러리아포레

: 성수동 명품아파트 3인방 트리마제, 아크로서울포레스트, 성수갤러리아포레(시계 방향)

에 비해서 작은 평수들이 있어서 분양 초기에 웃돈을 주고 살 수 있었죠?

현웅쌤 네, 지금은 많이 올라서 2022년 3월 기준으로 22평(전용 49㎡)이 20~21억 원 정도 하는데, 가까이서 보니 역시 명품 단지네요. 놀랍게도 사실 트리마제는 분양 당시 미분양이었어요. 과연 좋은 평가를 받을 수 있을지 우려가 많았는데 대박이 났죠. 많은 사람들이 시공사가 메이저 건설사가 아니다, 작은 평수와 섞여 있어 최고급 아파트라고 할 수 없다고 평가하기도 했습니다. 그래서 높은 분양가로 인해 미분양까지 났었는데 우려가 기우에 불과했음이 밝혀졌습니다. 여기서 교훈을 얻는다면, 성수동 강 건너가 대한민국 최고 핫플레이스인 청담동이잖아요? 이렇게 강남 인접한 곳에서 한강을 '남향'으로 개발할 수 있는 구역은 기회가 된다면 꼭 놓치지 말아야 하고 미래가치가 뛰어나다는 것입니다.

율하쌤 트리마제의 바통을 이어받을 수 있는 곳이 앞서 살펴본 뚝섬역, 성수역 남쪽 성수전략정비구역이 되겠네요.

아파트 도장깨기: 판교 직장인들도 선호하는 성수동 아파트

율하쌤 강변건영, 성수동아, 서울숲대림아파트, 성수한진타운(서울숲한진타운). 이 아파트들은 직장이 강남인 분들은 물론 판교로 출퇴근하시는 분들도 많이 선호하는 곳들로 유명하죠!

현웅쌤 맞아요. 특히 강변건영에는 한강이 영구조망 가능한 동이 있거든요? 한때 이 영구조망이 가능한 동에 투자하는 게 인기였죠. 서울숲한진타운은 가격 대비 실수요 측면에서 늘 좋은 아파트라 화려하지는 않지만 항상 인기 있는 아파트예요.

율하쌤 앞서 살펴본 대장주 아파트들에 비하면 이 아파트들은 다소 연식이 있는데요. 서울숲한진타운은 1994년, 강변건영은 2002년, 서울숲대림아파트는 2000년 입주했습니다. 강변건영 옆에 있는 성수동아는 입주연도가 1983년으로 재건축 대상이기도 합니다.

현웅쌤 성수동아는 지하철역이 가까워서 재건축 단지로 매우 좋은데요, 아쉬운 점은 전용 96m^2 세대의 대지지분이 15.5평으로 작은 편이고 사업속도가 더디다는 점이에요.

아파트 도장깨기:
한강뷰가 멋진 서울숲힐스테이트

율하쌤 서울숲에서 다시 성수동 쪽으로 이동해볼게요. 성수역 남쪽으로 성수전략정비구역 3, 4지구가 있는데요, 서울숲힐스테이트가 보이죠. 배우 남궁민 씨가 거주하는 아파트로 MBC 〈나 혼자 산다〉에 등장했었는데 아마 지금은 그때보다 가격이 더 올랐지요?

현웅쌤 그렇죠. 2022년 3월 공급 35평(전용 84m^2)기준으로 실거래가 전고점이 18억 원 정도 해요. 맞은편엔 지식산업센터와 성수공업고등학교가 있습니다. 주변에 코오롱디지털타워 1, 2차 등 지식산업센터가 있어 전세 및 매매 수요가 많다는 장점이 있습니다. 성수전략정비구역 개발이 완료되기 전에는 앞을 가리는 것이 없어서 높은 층에서 훌륭한 한강 조망이 가능합니다.

: 서울숲한진타운

: 서울숲한진타운 전용 84㎡ 매매가 추이

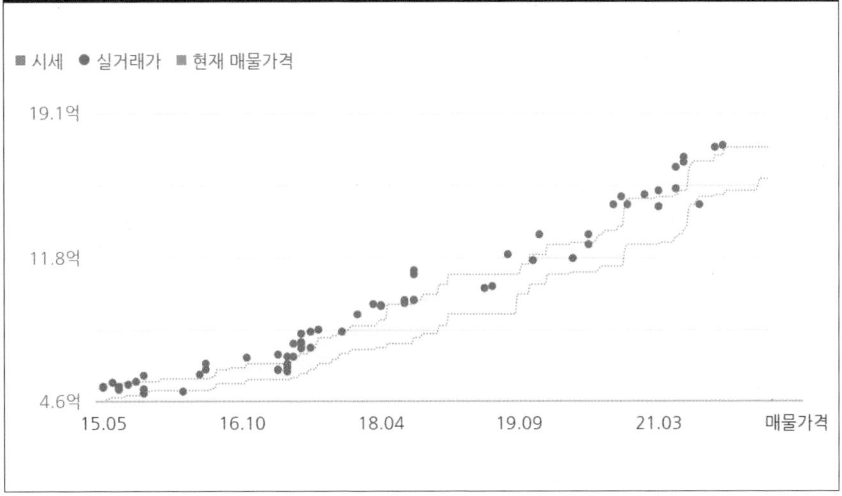

출처: 네이버

: 서울숲한진타운 단지정보

기본정보	아파트명(입주연도)	주소	전용면적(㎡)	실거래 시세(2022년 3월 기준)	
	서울숲한진타운(1994.04)	서울시 성동구 성수동1가 704	59, 84	15억 9,750만 원(22.03/12층/59㎡)	
주거환경	**세대수**	**용적률**	**건폐율**	**주차장(세대당)**	**지대**
	378세대(5개동)	294%	28%	283대(0.74대) 지하 1층(연결X)	평지
직주근접(주요 환승)	**지하철역**	**강남역**	**광화문역**	**여의도역**	**판교역**
	서울숲역(도보 3분)	13분(선릉)	29분(왕십리)	33분(왕십리, 선정릉)	31분(선릉, 강남)
학군	**초등학교**	**중고등학교**	**경일중 학업성취도 및 진학률**	**경일고 학업성취도 및 진학률**	**학원가**
	경일초(도보 5분)	경일중, 경일고	79.0%(4위), 2.0%(5위)	68.2%(3위), 34.4%	뚝섬역(9개), 행당역(34개)
생활환경(차량 시간)	**공원**	**대형마트**	**백화점**	**종합병원**	
	서울숲, 한강공원	이마트 성수(8분)	압구정현대백화점, 압구정갤러리아(15분)	한양대병원(10분)	
종합	**평가:** 성수동 3대 명품아파트에 비해 실질적으로 가격접근성이 뛰어난 실용적 아파트. 서울숲 공원과 수인분당선 서울숲역이 매우 가까움. **함께 살펴볼 만한 단지:** 옥수역 옥수삼성.				

율하쌤 바로 앞이 이마트 본사잖아요? 장 보기도 편하겠네요. 조금 더 성수역 쪽으로 올라가볼게요. 아까 언급한 현대테라스타워가 보이네요. 훌륭한 지식산업센터죠. 이 바로 맞은편의 한 동짜리 성수동금호타운2차아파트가 보이네요! 제가 2018년에 눈여겨봤었던 아파트이기도 한데요.

현웅쌤 이렇게 소규모 단지를 '나홀로 아파트'라고 하잖아요. 주변 대단지에 비해서 가격이 비싸지 않아 부담이 없다는 장점이 있죠. 반면 부동산 상승기에도 가격이 크게 오르지 않는다는 특징도 있어요. 통상 나홀로 아파트는 같은 평수일 때 전세가는 주변 대단지와 비슷하게 받을 수가 있거든요. 즉 전세가가 매매가 대비 높은 편이라는 이야기인데요. 불황 때 적은 금액으로 투자기회를 잡을 수 있단 거죠! 초대박 수익은 아니어도 상승기 때 수익을 낼 수 있습니다. 서울에서 나홀로 아파트에 투자할 때는 딱 한 가지만 명심하시면 돼요. 지하철역과 가까운가!

율하쌤 성수금호타운2차는 성수역과 가깝죠. 성수동에 있는 대부분의 나홀로 아파트들은 지하철 접근성이 좋아 투자하기 좋아요.

현웅쌤 맞아요. 또 하나 기억할 것은 나홀로 아파트는 타이밍이 중요한 종목인데 시장이 과열되지 않았을 때 적은 금액으로 갭투자 하기 좋은 투자처라는 겁니다.

아파트 도장깨기: 성수전략정비구역과 같은 흐름을 타는 뚝섬역 부근

율하쌤 성수전략정비구역이나 서울숲역 인근에 들어가기엔 자금이 부족하다면 2호선 뚝섬역 위쪽 아파트들을 살펴보면 좋아요. 뚝섬역 2번 출구 바로 앞으로 뚝섬중앙하이츠빌이 보이네요. 이쪽 아파트들은 비슷한 연식의 서울숲역 인근 강변건영이나 서울숲한진타운, 서울숲대림아파트보다는 가격이 조금 저렴한 편입니다. 이유가 뭔가요?

현웅쌤 아무래도 가장 큰 이유는 학교 때문이죠. 뚝섬역 방면 아파트에서 아이들이 경동초등학교를 가기 위해선 길을 건너야 하거든요. 성수쌍용(서울숲쌍용아파트)의 모습도 보이네요. 4년 전 한 신혼부부에게 투자 상담을 해드렸던 경험이 생각나네요. 당시 두 분은 8억 원 정도 자금으로 서울숲쌍용아파트 32평(전용 84㎡)을 충분히 매입하실 수 있었는데 결정적으로 초등학교가 없어서 매매를 보류하셨습니다. 자, 그렇다면 왜 초등학교가 없을까? 성수동 지역 대부분이 원래 준공업지역이었다는 것을 떠올려보시면 초등학교가 없는 것이 이해가 가실 거예요.

율하쌤 그렇군요! 서울숲쌍용아파트는 2022년 3월 기준 전용 59㎡가 13억 원, 전용 84㎡가 17억 원 선인데요. 이 사례를 보더라도 개발 호재가 월등히 좋은 곳은 학군이 부족한 핸디캡도 뛰어넘고 오른다는 것을 기억하시면 좋겠네요!

현웅쌤 뚝섬역 위쪽 아파트들은 성수전략정비구역이 오르면 따라서 '키를 맞추는' 경향을 보여요. 서울숲쌍용아파트에서 더 뒤쪽으로 가보면 성수동아그린이 나옵니다. 맞은편에 보이는 것이 한양대학교, 바로 옆이 성수우방1차고요. 앞서 언급한 대로 이곳 학군은 미흡하지만 직장인 수요를 받쳐주는 지식산업센터가 있어 꾸준히 '전세가'가 상승하므로 갭투자를 할 수 있는 투자처입니다.

율하쌤 뚝섬역 북측으로 수백 실 규모의 지식산업센터가 들어서거나 들

: 서울숲쌍용아파트

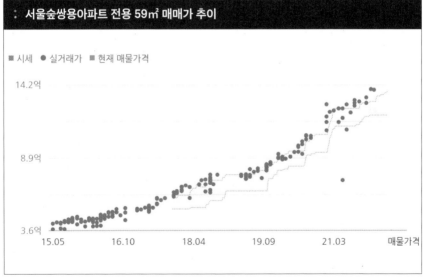

: 서울숲쌍용아파트 전용 59㎡ 매매가 추이

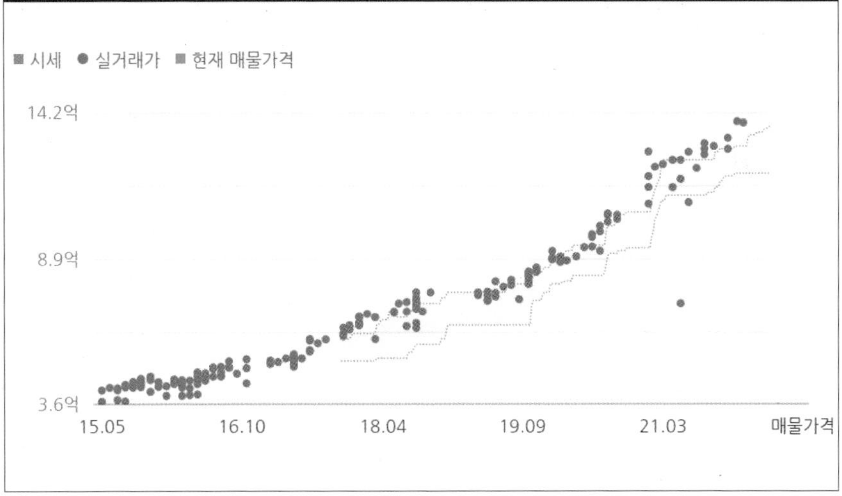

출처: 네이버

: 서울숲쌍용아파트 단지정보

기본정보	**아파트명(입주연도)**	**주소**	**전용면적(㎡)**	**실거래 시세(2022년 3월 기준)**	
	서울숲쌍용아파트(1997.10)	서울시 성동구 성수동1가 706	59, 84	13억 8,500만 원(22.01/11층/59㎡)	
주거환경	**세대수**	**용적률**	**건폐율**	**주차장(세대당)**	**지대**
	777세대(9개동)	-	-	796대(1.02대) 지하 2층(연결x)	평지
직주근접(주요 환승)	**지하철역**	**강남역**	**광화문역**	**여의도역**	**판교역**
	뚝섬역(도보 3분)	24분	18분(을지로4가)	31분(을지로4가)	42분(강남)
학군	**초등학교**	**중고등학교**	**경일중 학업성취도 및 진학률**	**경일고 학업성취도 및 진학률**	**학원가**
	경동초(도보 12분)	경일중, 성수중, 경일고	79.0%(4위), 2.0%(5위)	68.2%(3위), 34.4%	뚝섬역(9개), 행당역(34개)
생활환경(차량 시간)	**대형마트**	**백화점**	**종합병원**		
	이마트 성수(10분)	압구정현대백화점, 압구정갤러리아(15분)	한양대병원(5분)		
종합	**평가:** 하락장에 버티는 힘이 좋은 아파트. 성수동은 준공업지대라서 불황이 오면 흔들리기도 하는 지역. 특히 뚝섬역 북측의 작은 단지들은 그런 경향 두드러짐. **함께 살펴볼 만한 단지:** 약수역 인근 신당약수하이츠				

어설 예정이잖아요? 서울숲AK밸리, 서울숲에이원센터 등 5개 정도의 지식산업센터가 자리 잡겠죠. 지식산업센터가 들어서면 유동인구가 늘어날 것이고요.

성수의 미래가치

과거 대비 성수동 지식산업센터의 분양가가 상당히 많이 올랐습니다. 신규 분양하는 곳은 평당 2,500만 원 이상으로 나옵니다. 지식산업센터의 특징 중 하나가 분양가가 아무리 높아지더라도 월세는 생각보다 높게 받을 수 없다는 점인데, 이 부분을 꼭 기억하셔야 합니다. 아파트와 같은 주거용 부동산은 시세가 높아지면 덩달아 월세를 높여 받을 수 있지만, 지식산업센터의 월세가 높아지면 이윤을 추구하는 기업은 다른 곳으로 이전을 고려하게 되거든요.

가격이 비싼 성수동의 신규 지식산업센터가 부담 된다면 대안으로 뚝섬역과 가까운 서울숲IT밸리나 서울숲SKV1타워를 추천합니다. 연식이 있어 상대적으로 저렴하지만, 지하철역과 가까워 월세를 높게 받을 수 있습니다.

성수전략정비구역에 투자할 여력이 있다면 1지구를 추천합니다. 1~4지구 모두 건립되면 우수한 단지로 거듭나겠지만 서울숲역을 도보로 이용할 수 있는 1지구는 미래가치가 더욱 빛나죠. 성수전략정비구역 맞은편의 건물이나 상가도 유망합니다. 비록 성수전략정비구역에 포함되지는 않았지만, 성수전략정비구역이 개발되고 나면 지금의 낡은 주거지와 비교할 수 없을 만큼 깨끗하고 멋진 거리가 조성되고 소득수준이 높은 사람들이 입주하게 됩니다. 때문에 성수전략정비구역 맞은편 상가 건물들의 가치도 덩달아 높아지겠죠.

성수동에는 리모델링을 꿈꾸는 작은 규모의 나홀로 아파트들이 많습니다. 예를 들면 경수중학교 인근 두 동짜리 신성노바빌아파트, 지하철역이 가까운 한양현대아파트, 성수공업고등학교 인근 성수현대그린을 추천합니다.

사람들이 많이 몰리며 일반 주거지역이 상권지역으로 변하면 빌라 1층을 상가로 바꾸는 일도 가능해집니다. 마포 상수역 인근에는 빌라나 주택 1층을 상가로 이용한 경우도 많고 최근에는 합정역 인근도 이렇게 바뀌고 있습니다. 뚝섬역과 성수역 인근의 빌라 1층이나 지하는 충분히 이렇게 변모할 가능성이 있는 곳이니 가능성을 열어두시면 좋을 듯합니다.

성동구 핵심 포인트

- 분양가 10%로 매매 가능, 분양권 전매제한이 없는 지식산업센터
- 한강 변과 평지, 성수전략정비구역이라는 유망 투자처
- 시세반영은 느리지만 키 맞추기를 꿈꾸는 나홀로 아파트
- 뚝섬역 인근 빌라 1층이나 지하는 숨겨진 투자 포인트
- 지식산업센터 직주근접을 노린 오피스텔 투자

02

공덕역·대흥역

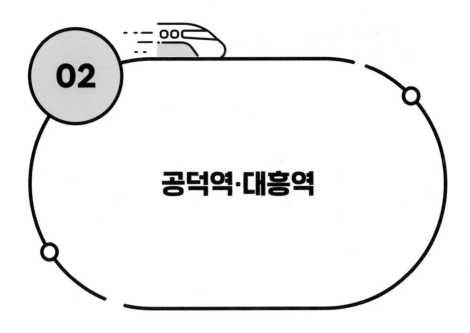

율하쌤 예전의 마포구는 오랫동안 머물 주거지보다는 여의도, 공덕, 광화문으로 출근하는 직장인들이나 혹은 졸업해서 자리를 잡기 전까지 대학생들이 잠시 머무는 지역으로 인식되었던 곳이죠? 이유는 바로 지리적으로 위치가 좋고 '교통'이 매우 편리하다는 장점 때문이고요!

현웅쌤 그렇죠. 마포구의 변화에는 3가지 계기가 있습니다. 첫 번째는 1990년대 후반부터 공덕동과 신공덕동 일대 삼성아파트 단지들이 들어선 것입니다. 88서울올림픽이 끝나고 호황을 누리던 시절 여의도, 공덕, 광화문의 회사들은 대한민국 경제의 기둥이었죠. 교통이 편리한 공덕동과 신공덕동 일대 낡은 주거지는 이 무렵에 아파트 단지로 개발되었습니다.

: 공덕역·대흥역

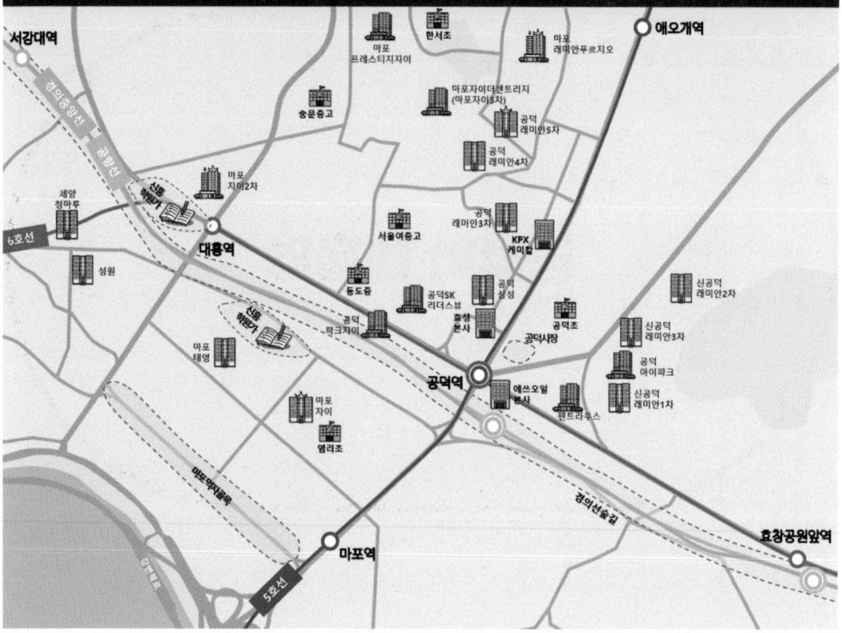

율하쌤 네. 삼성에서 공덕 일대의 아파트를 수주했었죠. 지금 공덕역 아파트, 하면 다들 떠올리는 래미안 시리즈가 되겠네요. 그러면서 이 부근이 중산층 주거지로 거듭나게 되고요.

현웅쌤 두 번째는 2002한일월드컵을 겨냥해 쓰레기 매립지가 있던 상암동 일대가 획기적으로 개발된 사건이죠. 상암월드컵경기장 건립이 확정되고 난 후 서울의 쓰레기 매립지로 토사를 덮어두었던 곳이 지금은 사람들에게 사랑받는 하늘공원, 노을공원이 되었습니다.

율하쌤 상암동 하늘공원은 자전거를 타고 산책하거나 조깅하기에 좋은 곳인데요. 이후 상암동 일대가 상암DMC라고 불리며 방송국을 중심으로 한 업무지구로 바뀌었죠. 높은 빌딩 숲에 직장인들로 활기 넘치고 붐비는 곳으로 말이에요.

현웅쌤 맞아요. 이때 상암동이 천지개벽하게 되죠. 그러면서 마포구에서 공덕동에 비해 낙후되었다는 인식이 강했던 상암동과 망원동, 합정동 등이 이전과는 다른 평가를 받게 됩니다. 또한 2040서울플랜에서는 '19개 중심지 집중육성'을 통한 4대 혁신축 활성화를 목표로 삼고 있는데요. 상암, 수색 지역의 경우 6대 융복합 산업거점 중 하나로 마곡, 김포공항으로 이어지는 '감성문화 혁신축'을 담당할 예정입니다. 세 번째는 제가 어떤 이야기를 하려는지 맞히실 수 있겠죠?

울하쌤 마포구에서 아현뉴타운을 빼놓을 수 없죠! 마포구의 낡은 주거지가 다시 한 번 좋아졌잖아요?

현웅쌤 네, 세 번째는 아현뉴타운과 같은 대규모 재개발인데 예를 들어 공덕역에서 대흥역에 이르는, 지금의 공덕파크자이 같은 아파트가 자리 잡은 곳은 과거 유흥지였는데 전부 개발되었습니다. 과거 마포를 가로질렀던 경의중앙선은 지하화해서 폐선되었고 이곳을 공원으로 바꾸는 사업이 진행됐고요.

실거주와 투자, 1타 2피 마포구

현웅쌤 공덕역, 대흥역은 마포구 내에서도 핵심지역이죠! 마포구의 성격을 알면 공덕역과 대흥역 주변의 부동산을 이해하기 쉬워요. 마포구는 강남만큼 부동산 가격이 높지는 않으면서 여의도, 강남, 광화문 업무지구 등 서울 어디로든 이동하기 편한 중심부에 위치해서 늘 수요가 풍부합니다.

율하쌤 맞아요. 마포구는 투자목적이나 실거주로 매우 인기 있는 지역이잖아요! 한 번쯤은 들어봤을 인기 있는 단지들 마포래미안푸르지오, 신촌그랑자이아파트, 래미안웰스트림, 한강밤섬자이아파트, 메세나폴리스 등 쟁쟁한 아파트가 많죠!

현웅쌤 이렇게 살기 좋은 곳으로 평가받는 마포구가 제 어린 시절에는 좀 다른 모습이었어요. 초등학교에 다닐 무렵 저는 한남동 인근에서 살았었거든요. 마포구는 이화여대 번화가로 가는 길에 거쳐 가는, 조금 지저분한 분위기의 동네였습니다. 과거에는 마포나루라는 명칭처럼 도성의 변두리였거든요. 염리동은 실제로 바닷가에서 한양으로 귀중한 소금을 실어 나르던 소금 장수들이 모여 살았던 동네예요. 광흥창은 관리의 녹봉을 관장하고 관리를 위한 창고가 있었던 곳이고요. 이렇게 마포구는 서울 도성으로 물자를 운반하거나 보관하는 길목 역할의 변두리였습니다.

율하쌤 그리고 한가운데로 경의중앙선 철길이 지나서 도심지가 균형 있게 발전하기 어려웠었잖아요? 슬럼화 지역도 곳곳에 섞여 있었고요.

현웅쌤 네. 지금 아파트와 방송국들이 멋지게 어우러져 있는 상암동에는 쓰레기 매립장이 있었고, 망원동은 지대가 낮아 배수시설을 지금처럼 완벽하게 갖추기 전까지 수해를 입기도 하였던 지역이었죠. 그런데 지금은 좋지 않았던 환경이 모두 정비되고 많은 분들이 거주하길 희망하는 지역이 되었습니다.

율하쌤 맞아요. 마용성의 '마'이기도 하죠. 마포구는 연세대, 이화여대, 서강대, 홍익대 등 주요 대학들이 자리 잡고 있어서 유흥가와 상권도 상당히 발달해 있는데요. 그래서 과거에는 메인 주거지로서는 정비되지 않은 곳이라는 이미지가 강했던 것 같습니다. 물론 워낙 교통이 좋아 업무지구로 이동이 편리하단 부분은 꾸준히 강점이었고요.

사통팔달 교통과 아쉬운 학군

율하쌤 공덕역 주변으로는 공덕아이파크, 마포펜트라우스, 공덕파크자이 같은 새 아파트들에 이어 2020년에는 공덕SK리더스뷰까지 입주하였는데요.

현웅쌤 이 중 재미있는 아파트가 2015년에 준공된 공덕파크자이예요. 사실 공덕파크자이아파트는 분양 당시 미분양일 정도로 인기가 없었거든요. 34평(전용 84㎡) 분양가가 대략 6~7억 원 정도였어요. 당시 분양조건은 계약금 10%만 있으면 전체 계약을 끌고 갈 수 있는 상황이었죠. 즉 자기자본 6,000~7,000만 원 정도만 있으면 60%는 중도금 대출이 되었고 나머지 30%는 잔금을 납부하고 소유권을 이전할 수 있었어요! 만일 잔금이 부족하다면 아파트 준공 시점에서 전세를 놓아서 잔금을 치르고 소유권을 이전하는 형식도 있었기에 적은 금액으로 투자가 가능했던거죠. 단지가 3동으로 규모가 매우 작고 또 외부로 노출된 형태라서 분양받은 사람 중 8~9억 원대에 바로 판 사람들이 많았는데요. 당시 7,000만 원 투자해서 1억 원 정도를 남기고 타인에게 넘긴 투자였던거죠. 지금 생각해보면 되게 아깝지만요.

율하쌤 지금은 경의선 철도길이 공원이 되고 지하철역이 엄청 가깝다는 장점 덕에 17억 원을 넘어섰죠. 8~9억원 대에 매수한 사람들도 전 소유자의 분양조건을 승계하여 1억 6,000만 원 정도의 투자로 8억 원 이상 수익을 얻은 것이네요. 이렇게 공덕역은 신구 아파트가 조화를 이루며 직장인들에게 인기 있는 지역이지만 사실 아쉬운 점도 있죠.

현웅쌤 맞아요. 바로 학군입니다. 뛰어난 학군이 형성되지 못한 것은 마포구 전체의 아쉬운 점이기도 합니다. 그래서 마포구 아파트는 젊은 층은 매우 선호하지만, 일정 자산을 형성한 다음 서초, 강남권으로 이주하려는 수요가 있는 곳입니다.

율하쌤 그래도 공덕역 인근 염리초등학교는 좋은 학교로 인기가 많은데 상대적으로 중학교 학군은 고민이 되는지라 자녀의 중학교 입학을 앞둔 학부모님들이 이사를 고민하시는 것 같습니다.

현웅쌤 다만 주거지가 개선되고 사람들이 몰리면 자연스레 학군도 개선되는 효과도 있는데요. 서울시 사설학원 통계에 의하면 마포구에서 현재 인기 있는 신축아파트들이 자리 잡기 전인 2015년 무렵 마포구 학원수를 살펴보면 입시검정 및 보습학원의 개수는 207개, 국제화 및 예능 학원수는 189개인 반면 2020년 기준으로는 입시검정 및 보습학원의 개수는 265개, 국제화 및 예능 학원수는 202개로 마포구 지역도 학원가가 보완되며 학군이 좋아지고 있습니다.

공덕의 얼마 남지 않은 재개발구역, 족발의 성지 공덕시장

율하쌤 공덕역 5번 출구로 나오면 공덕시장이 있습니다. 전과 족발을 파는 골목이 유명한 곳이죠. 이곳을 그냥 지나칠 수 없잖아요?

현웅쌤 공덕시장 족발집들은 순댓국을 무한리필해줘서 20대 때 친구들과 막걸리에 족발을 원 없이 푸짐하게 먹었던 기억이 나는데요. 아마 많은 분들이 공덕시장에 추억이 있을 거예요. 공덕시장 쪽은 공덕에서 얼마 남지 않은 재개발구역 중 한 곳이거든요? 주상복합시설로 개발될 예정이라 이곳의 상가를 사는 것도 하나의 투자 방법인데요. 단! 주의할 점이 있습니다.

율하쌤 어떤 부분인가요? 낡은 주택이 모여 있는 일반적인 재개발구역과는 달리 상가들이 모여 있는 곳은 재개발 추진 시 상당한 어려움이 따른다는 점일 것 같은데요!

현웅쌤 네. 모든 상가 재개발, 재건축에서 문제가 되는 점은 3가지 측면이죠. 첫째는 소유권입니다. 한두 명이 구분된 소유권을 갖고 있는 아파트와 달리 상가는 여러 명이 지분으로 소유권을 가지고 있는 경우가 많아 재개발·재건축 조합원들이 많다는 점입니다.

율하쌤 상가는 영업을 하며 수익을 발생시키고 있는 부분도 중요하니 만약 재개발 예정지가 장사가 잘되는 사업장이라면 진행이 쉽지 않겠죠.

현웅쌤 네. 바로 두 번째 문제가 되는 측면이죠. 조합원들이 기존 영업권에 대한 보상금을 꽤 높게 부르는데 이 때문에 사업진행에 상당히 애를 먹고 합의하는 데에도 시간이 오래 걸립니다.

율하쌤 마지막 세 번째 문제점은 아무래도 재개발이 된 이후 그 지역의 상권이 예전처럼 돌아올 것인가 하는 부분이겠죠. 기존의 상가 조합원들이 새로 개발된 상가의 어느 부분을 가져갈 것인가도 예민한 문제겠고요.

현웅쌤 그렇죠. 이처럼 불투명한 부분들이 또 상가개발에 제동을 거는 요인이죠. 그래서 상가 재개발, 재건축은 시간이 굉장히 오래 걸리고 그 과

: 공덕역 주상복합건물과 오피스

: 공덕시장 재개발지구 전경

정에서 수많은 진통이 있답니다.

율하쌤 네. 굳이 공덕이 아니더라도 만약 재개발, 재건축 상가를 염두하고 있다면 이런 부분도 반드시 생각하고 알아봐야겠네요.

현웅쌤 공덕시장은 낡은 상가 밀집지역을 재개발하는 사업이지만 '재건축 상가동' 투자도 있습니다. 일반적으로 재건축 아파트에는 꼭 상가도 있습니다. 아파트 투자가 비싸니 일반 투자자들이 상가동, 상가단지 투자에 관심을 가지는데 매우 조심해야 합니다.

율하쌤 상가동은 아파트동보다는 층수가 낮아 대지지분이 많지 않나요?

현웅쌤 맞아요. 그게 상가동의 장점이지만 문제는 재건축 단지의 상가는 공덕시장에서 설명한 것처럼 아파트와 같이 한두 명이 소유권을 가지고 있는 것이 아니라 지분의 형식으로 수많은 조합원이 보유한 경우가 허다합니다. 또 일정 부분 월세 수익이 보장되는 지역이라 상가 소유자들이 아파트 소유자들보다 높은 수준의 보상을 원하는 경우가 많기도 하고요.

율하쌤 많은 재건축 단지에서 이런 이권 다툼 때문에 논쟁이 생기고, 때로는 상가는 아예 제외하고 재건축을 진행하는 경우가 이 때문이군요. 용산구 래미안첼리투스 상가동도 그렇고 강동구의 래미안솔베뉴, 심지어 서초동 서초푸르지오써밋도 기존 상가를 재건축 사업지에 포함시키지 못하고 상가와 분리해서 재건축하였죠. 상가동 투자에 관심이 있다면 이런 사례들을 늘 염두에 두고 꼼꼼하게 검토하는 것이 필요하겠네요!

현웅쌤 네. 그럼 본격적으로 마포구 아파트들을 살펴봅시다.

아파트 도장깨기: 마포구의 리모델링 기대 아파트

현웅쌤 아현뉴타운 등 재개발 사업이 거의 완료 단계에 이르면서 마포구는 2000년대 이후 건축한 공덕동, 신공덕동의 아파트들과 최근 신축한 아파트들이 조화를 이루게 되었습니다. 마포구 재개발 사업이 거의 완료되었다는 것은 투자금 대비 수익이 크지 않은 지역이 되었다는 뜻이에요.

율하쌤 그래서 실거주와 투자목적으로 마포구 부동산에 접근하신다면 리모델링이 가능한 곳을 고려하는 것도 좋은 방법입니다. 아파트 리모델링 사업도 재건축과 마찬가지로 조합원의 동의가 필요한데요. 또 이주 절차와 약 2년 정도 공사기간이 필요하고, 조합원들이 어느 정도 분담금을 내야 하죠? 그래도 성공적으로 마치면 거의 신축아파트로 탈바꿈할 수 있다는 장점이 있고요!

현웅쌤 맞아요. 이 때문에 리모델링 호재가 있는 아파트는 가격이 오릅니다. 마포구는 자금을 투여했을 때 미래가치가 일정 부분 보장되는 지역이기 때문에 리모델링도 가치가 있습니다. 보통 리모델링은 작은 단지, 작은 평수의 단지가 성공적이라는 말이 있습니다. 사업진행을 빠르게 할 수 있고 분담금이 적기 때문입니다.

율하쌤 마포구에서 리모델링 사업 가능성이 있는 아파트를 몇 군데 예시로 들어보면 현석동 밤섬현대, 신수동 마포신촌삼익아파트, 신수성원(성원상떼빌), 염리동 염리상록 등이 있겠네요. 이 아파트들은 실거주와 동시에 리모델링 호재가 있다는 관점에서도 접근할 수 있겠죠!

마포구에는 이제 더 이상의 대규모 뉴타운 사업대상지는 없어요. 그렇지

: 염리상록

: 염리상록 전용 49.8㎡ 매매가 추이

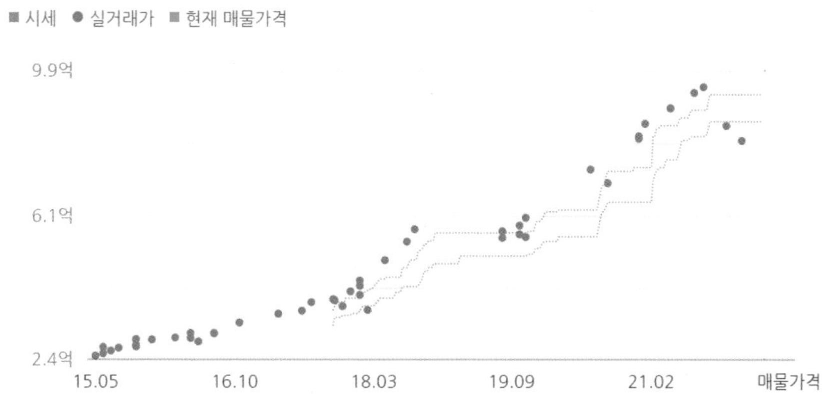

출처: 네이버

: 염리상록 단지정보

기본정보	아파트명 (입주연도)	주소	전용면적(㎡)	실거래 시세 (2022년 3월 기준)	
	염리상록 (1997.08)	서울시 마포구 염리동 515-1	49, 57, 58	9억 1,000만 원 (22.03/18층/57㎡)	
주거환경	세대수	용적률	건폐율	주차장(세대당)	지대
	678세대 (6개동)	217%	17%	233대(0.34대) 지하 1층(연결x)	약한 경사
직주근접 (주요 환승)	지하철역	강남역	광화문역	여의도역	판교역
	대흥역 (도보 10분)	32분 (삼각지-사당)	13분 (공덕)	8분 (공덕)	54분 (약수-양재)
학군	초등학교	중고등학교	숭문중 학업성취도 및 진학률	서울여고 학업성취도 및 진학률	학원가
	한서초 (도보 8분)	송문중, 동도중, 서울여중, 숭문고, 서울여고	84.6%(4위), 2.9%(5위)	81.6%(3위) 47.5%	자이2차(15개), 대흥역(72개), 염리초(14개)
생활환경 (차량 시간)	공원	대형마트	백화점	종합병원	
	쌍용산	이마트 마포공덕 (4분), 하나로마트 신촌 (5분), 롯데마트 서울역 (7분)	현대백화점 신촌 (4분), 아이파크몰 (10분)	세브란스병원(6분), 강북삼성병원(9분)	
종합	**평가**: 주변 신축아파트 덕을 가장 많이 본 아파트. 주변이 빌라 지역이었을 때 지하철 대흥역과 조금 멀고 학군이 별로라는 아쉬운 평가를 들었으나 주변 신축아파트 단지들이 자리 잡고 난 후 새로운 단지와 함께 타운을 형성. **함께 살펴볼 만한 단지**: 수색증산뉴타운 사이 자리 잡은 DMC우방				

만 1만m^2 미만의 소규모 구역에서 개발사업을 진행하는 소규모정비사업, 즉 가로주택정비사업이나 소규모 재건축 사업지는 곳곳에 있어요.

현웅쌤 그렇죠. 특히 이러한 지역은 망원동, 합정동, 신수동, 염리동 지역에 작은 연립주택이나 작은 규모 아파트단지들이 대상이 됩니다. 꾸준히 관심을 가진다면 적은 금액으로 새 아파트를 얻을 수 있는 기쁨을 누릴 수도 있습니다. 보통 빌라는 재개발이나 재건축의 가능성이 불투명해서 소극적으로 매수를 하게 되는데, 서울의 아파트 가격이 높은 시점에서 이런 지역의 물건을 저렴하게 매수하거나 경매로 싸게 낙찰받을 수 있다면 괜찮습니다. 빌라 투자하기 좋은 지역 중 한 곳이 마포구인데, 교통이 편하고 주요 업무시설 인근이기 때문이죠.

아파트 도장깨기: 신혼부부들의 스테디셀러 아파트

율하쌤 공덕역 하면 사무실이 가득한 높은 빌딩들이 모여 있는 공덕오거리가 먼저 떠오르는데요. 공덕역은 5, 6호선과 경의중앙선에 공항철도까지 4개 노선의 환승역입니다. 향후 신안산선 연장선까지 통과된다면 무려 5개 노선의 환승역이 됩니다.

현웅쌤 예전에는 공덕역 주변으로 흔히 말하는 유흥가도 있었는데 지금은 수많은 업무시설과 함께 살기 좋은 주거지가 되었죠. 공덕역 주변은 빠르게 젊은 신혼부부들이 선호하는 지역이 되었는데요. 여기에 크게 이바지한 유명한 아파트가 있죠. 어디인지 아시나요?

: 공덕삼성1차

: 공덕삼성1차 전용 84㎡ 매매가 추이

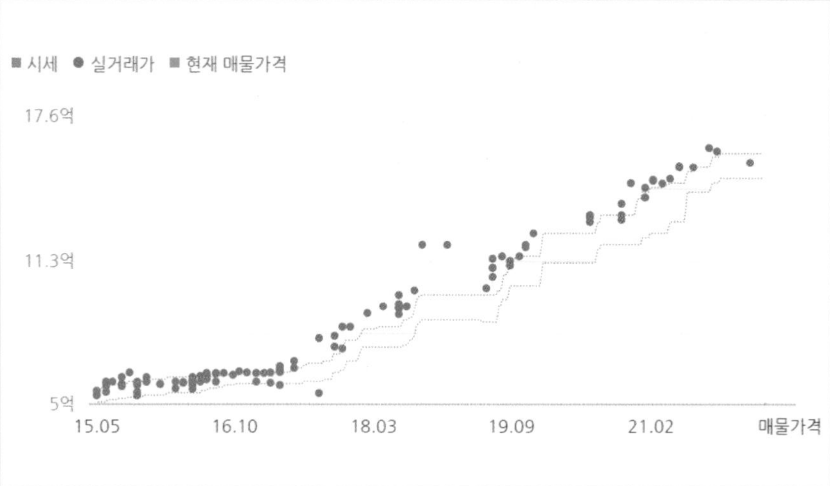

자료: 네이버

: 공덕삼성1차 단지정보

기본정보	아파트명 (입주연도)	주소	전용면적(㎡)	실거래 시세 (2022년 3월 기준)	
	공덕삼성1차 (1999.10)	서울시 마포구 공덕동 371	59, 84, 114	15억 6,000만 원 (22.03/13층/84㎡)	
주거환경	세대수	용적률	건폐율	주차장(세대당)	지대
	651세대 (5개동)	266%	18%	779대(1.19대) 지하 1층(연결x)	평지
직주근접 (주요 환승)	지하철역	강남역	광화문역	여의도역	판교역
	공덕역 (도보 10분)	33분 (이촌-사당)	7분	6분 (여의도)	54분 (종로3가-양재)
학군	초등학교	중고등학교	서울여중 학업성취도 및 진학률	서울여고 학업성취도 및 진학률	학원가
	공덕초 (도보 6분)	송문중, 동도중, 서울여중, 숭문고, 서울여고	90.9%(1위), 5.1(4위)	81.6%(3위), 47.5%	마포자이2차 (15개), 대흥역(72개), 염리초(14개)
생활환경 (차량 시간)	공원	대형마트	백화점	종합병원	
	손기정공원(5분) 만리2구역1공원 (4분), 경의선숲길	이마트 마포공덕 (2분), 하나로마트신촌 (7분), 롯데마트서울역 (7분)	현대백화점 신촌 (6분) 아이파크몰(8분)	세브란스병원(8분), 강북삼성병원(10분)	
종합	**평가:** 공덕역 인근에 있지만 일대 아파트 중에서는 1999년도에 가장 먼저 준공되어 연식이 있는 아파트. 불황기에 매수 타이밍을 잡아도 좋은 아파트. **함께 살펴볼 만한 단지:** 신공덕삼성1차는 공덕삼성과 연식은 1년 차이가 나는데 조금 더 대단지라 늘 가격면에서 앞서 있음.				

율하쌤 역시 공덕삼성래미안 아파트죠! 삼성래미안 단지들이 생기고 나서 공덕역 부근은 출퇴근하기 좋은 교통과 우수한 주거환경을 모두 겸비한, 신혼부부들의 사랑을 받는 주거지로 급부상합니다. 서부법원이 있는 마포대로를 기준으로 공덕삼성(공덕삼성1차), 공덕삼성래미안3차, 삼성래미안공덕4차, 공덕래미안5차가 있죠.

현웅쌤 맞아요. 특히 공덕래미안5차는 현재 마포의 대장주라고 할 수 있는 마포래미안푸르지오, 소위 '마래푸'가 들어서기 전까지는 이 지역 최고의 대장주 아파트였죠.

율하쌤 공덕동 맞은편 쪽은 지대가 약간 높은데 이곳에는 신공덕삼성래미안 1, 2, 3차가 있잖아요?

현웅쌤 사실 공덕동과 신공덕동의 래미안 단지들은 전통적으로 매매 대상으로 살펴보는 것이 이 부근 투자의 포인트였습니다. 현재 시세는 이 중 가장 비싼 공덕래미안5차가 34평(전용 84㎡) 기준으로 17~18억 원 정도로 과거에 비해 많이 올랐는데요. 다른 단지 이야기지만, 2014년도 신공덕2차 삼성래미안 34평(전용 84㎡)이 5억 원 정도 했었어요. 특히 재미있는 투자 포인트는 공덕삼성1차였습니다. 이 아파트들 중 먼저 지어져서 24평(전용 59㎡)이 5~6년 전인 2016년까지만 해도 4억 원대였거든요. 연식이 있고 낡았지만 대신 지하철역이 가장 가깝기도 하고요. 적은 금액으로 갭투자가 가능한 물건이었는데 지금은 24평이 12억 원이 넘었습니다!

아파트 도장깨기: 재건축, 리모델링 노리는 1세대 아파트

율하쌤 도화동 쪽으로 공덕역 주변 사무실 뒤편 평지에 지어진 마포삼성(도화삼성), 제법 언덕에 지어진 도화현대1차아파트와 도화현대홈타운이 있잖아요? 도화현대홈타운은 래미안 단지들과 비교해 경사가 상당한 편이지만 용산국제업무지구 개발계획의 수혜를 입기도 하고 부동산 상승장에서 마찬가지로 가격이 많이 올랐는데요. 도화현대홈타운은 2021년 9월 실거래가 기준으로 32평(전용 84㎡)이 13억 원 이상까지 거래되었네요.

현웅쌤 마포삼성은 마포나 여의도 쪽에 직장이 있는 분들이 많이 선호하는 아파트입니다. 그런데 이 아파트가 거의 대한민국 아파트의 원조 격이라는 걸 아시나요? 원래 마포형무소 자리였는데 1962년에 대한민국 최초의 단지형 아파트인 10동짜리 마포아파트가 세워졌죠. 1991년 철거되어 그 자리에 삼성에서 지금의 마포삼성아파트를 건설한 것이고요. 많이들 지나다닌 곳일 텐데 참 흥미로운 사실이죠?

율하쌤 그런 스토리가 있었군요! 마포삼성에 비해 도화현대1차아파트, 도화현대홈타운은 이 일대 대단지를 이루고 있는 아파트 중에서는, 비교적 저렴한 편이라 투자를 생각해볼 수 있겠는데요?

현웅쌤 마포삼성과 도화현대1차아파트는 재건축뿐만 아니라 리모델링도 가능해 가격이 상승해준다는 점이죠. 두 아파트는 꾸준히 리모델링이 거론되는 곳이니 20평형대 정도를 접근해보는 것도 괜찮습니다.

율하쌤 이제 대흥역 쪽으로 이동해볼게요. 공덕역은 4개의 노선이 지나는 곳이고 대흥역은 공덕역과 한 정거장 차이죠. 인접한 지역이지만 한 정거장 차이로 대흥역 주변의 아파트들이 공덕역보다는 저렴하죠?

현웅쌤 맞아요. 그래서 마포에 자리를 잡으려는데 공덕역 쪽으로 들어가기엔 자금이 부족한 분들은 우선적으로 대흥역 쪽을 떠올리시죠. 대흥역 주변의 아파트 하면 역시 마포자이2차와 마포태영아파트(대흥태영)를 떠올리게 되는데요. 특히 마포자이2차는 대흥역과 서강대학교 바로 앞에 있어서 항상 평가가 좋았습니다.

율하쌤 이쪽 부근이 재개발된 지역이잖아요?

현웅쌤 재개발 전에는 점집들이 많이 있었던 곳인데요, 개발 이후 좋은 아파트가 되었죠. 마포태영아파트 안쪽으로 좀 들어가볼까요? 마포태영아파트는 꼭 사려고 하면 한 번은 망설여지는 아파트입니다. 대단지이고 마포에서 비교적 좋다는 염리초등학교에 배정되는 장점이 있으나, 1999년도 준공이다 보니 연식이 있고 대흥역까지는 도보로 거리가 좀 있거든요.

율하쌤 그렇지만 대단지인 데다가 리모델링 호재가 있어 주목할 만하잖아요? 약 2,000세대인데 단지 내에 리모델링 관련 현수막들이 눈에 들어오네요. 이제 부동산 시장에 리모델링이 활성화되는 시기가 본격 도래할 듯해요. 2022년 1월 송파구 오금동에 있는 아남아파트를 리모델링한 송파더플래티넘 29가구 일반분양가가 3.3㎡당 평균 5,200만 원 정도로 높았는데 결과는 최고 경쟁률 2,797:1로 인기리에 분양을 마쳤죠!

현웅쌤 낡은 아파트 단지를 재건축하느냐, 리모델링을 하느냐는 각 단지의 사정에 달려 있습니다. 일반적으로 과거 개포주공아파트나 현재 목동아파트 단지들처럼 용적률이 낮은 단지는 일반분양분이 많이 나오는 재건축을 선호하지만, 이제는 용적률이 낮은 단지들이 드물기 때문에 많은 단지들이 리모델링을 추진하고 있죠.

율하쌤 맞아요. 리모델링은 준공 후 15년 이상이면 추진이 가능한 데다, 재건축 초과이익환수제 적용에서 벗어나 있는 등 이점이 있어서 현재 용적률이 높은 아파트 단지들의 대안으로 떠오르고 있는 모습이네요.

현웅쌤 네, 그래서 아파트 연식이 15~20년 된 아파트들은 항상 리모델링도 염두에 두고 살펴보면 좋습니다.

율하쌤 마포태영아파트를 나와서 맞은편 대흥역 인근 염리동 쪽으로는 대규모 재개발을 했죠?

현웅쌤 네, 이쪽을 아현뉴타운 구역이라고도 해요. 아현뉴타운은 2003년 11월 2기 뉴타운 사업구역으로 지정된 공덕동, 아현동, 염리동 일대를 말하는데 염리2구역을 재개발한 마포자이더센트리지아파트(마포자이3차)가 먼저 입주를 시작했고 염리3구역을 재개발한 마포프레스티지자이아파트도 2021년 3월 입주를 시작했습니다. 마포자이더센트리지아파트가 있는 곳은 대흥역에서 조금 거리가 있고 언덕에 있긴 하죠. 2016년 무렵 마포자이3차아파트 분양을 8억 원에 했는데 당시는 비싼 분양가격과 대흥역과 조금 멀다는 이유로 미분양 물량이 있어도 선뜻 매수하기 꺼렸던 아파트였습니다.

율하쌤 현재 마포자이더센트리지아파트는 34평(전용 84㎡) 기준 2022년 3월 시세가 18억 원 정도, 마포프레스티지자이아파트는 22~23억 원입니다. 최근 몇 년간의 부동산 상승장은 참으로 놀라운 가격상승률을 보여주네요.

: 마포태영아파트

: 마포태영아파트 전용 84㎡ 매매가 추이

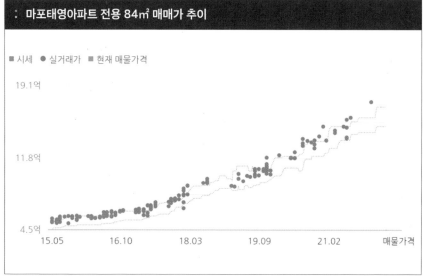

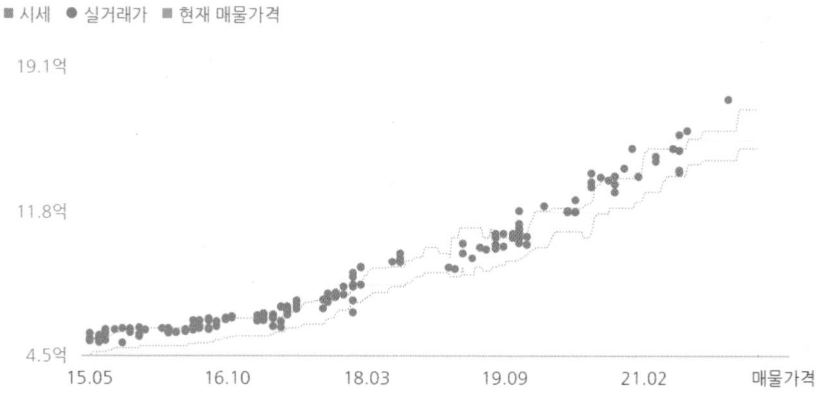

자료: 네이버

: 마포태영아파트 단지정보

기본정보	아파트명 (입주연도)	주소	전용면적(㎡)	실거래 시세 (2022년 3월 기준)	
	마포태영아파트 (1999.11)	서울시 마포구 대흥동 660	59, 84, 114	17억 5,000만 원 (22.1/11층 /84㎡)	
주거환경	세대수	용적률	건폐율	주차장(세대당)	지대
	1,992세대 (16개동)	344%	22%	1,953대(0.98대) 지하 3층 (2층까지 연결)	약한 경사
직주근접 (주요 환승)	지하철역	강남역	광화문역	여의도역	판교역
	대흥역 (도보 7분)	33분 (삼각지-사당)	12분 (공덕)	11분 (공덕)	55분 (약수-양재)
학군	초등학교	중고등학교	동도중 학업성취도 및 진학률	서울여고 학업성취도 및 진학률	학원가
	염리초 (도보 6분)	동도중, 숭문중, 서울여중, 숭문고, 서울여고	82.9%(6위), 3.9%(1위)	81.6%(3위), 47.5%	마포자이2차 (15개), 대흥역(72개), 염리초(14개)
생활환경 (차량 시간)	주변지역	대형마트	백화점	종합병원	
	경의선숲길, 대현문화공원 (5분) 손기정공원 (8분)	이마트 마포공덕 (3분) 하나로마트 신촌 (5분) 롯데마트 서울역 (10분)	현대백화점 신촌 (5분) 아이파크몰(9분)	세브란스병원(8분) 여의도성모병원 (10분)	
종합	**평가:** 마포구에서 실거주하기 좋은 아파트. 준공된 지 20년 이상이 되어 리모델링 추진 중으로 리모델링의 속도에 따라 가격 변동이 있을 수 있는 단지. **함께 살펴볼 만한 단지:** 1999년 마포구 신정동에 준공된 서강GS. 이 단지 또한 리모델링을 추진하고 있으며 태영아파트와 달리 한강 변에 인접해 리모델링 후 가치는 마포태영아파트보다 더 높을 수도 있음.				

아파트 도장깨기:
대흥역 주변 실거주하기 좋은 아파트

율하쌤 대흥역 주변으로 실거주하거나 투자하기에 금액이 비교적 좀 낮은 아파트도 한번 살펴볼 필요성이 있죠. 대표적으로 신수세양청마루와 신수성원 24평대 정도가 되겠죠?

현웅쌤 이 두 아파트는 앞서 언급한 메이저 아파트까지는 아니고 대흥역 초역세권도 아니긴 한데요. 마포에서 가격이 낮은 아파트에 투자하고자 하신다면 이 두 아파트에 주목해보시면 좋겠어요.

율하쌤 예전에 대흥역 주변이 좋은 평가를 받지 못했던 이유 중 하나가 경의중앙선 철도가 지상으로 다녀서였기 때문이죠? 운행을 안 한 지 한참 되었는데 이 철도부지가 개발되지 못하고 폐선으로 있었을 때는 주변이 낙후된 느낌이었고 좋은 평가를 받지 못했었잖아요. 물론 지금은 폐선된 철길 주변에 인기 있는 상권이 들어서고 산책하기 좋은 숲길이 됐지만요.

현웅쌤 서울이든 경기권이든 지상철도 구간이 공원으로 바뀐다고 하면 그 구역의 건물을 사두셔도 좋다는 것이에요. 지상철의 지하화 계획이 공식적으로 서울시 최상위 계획인 2040서울플랜에 포함됐으니 앞으로 이런 부분들도 주의 깊게 살펴보는 것이 좋겠죠.

현웅쌤 건물 투자에서 알아두실 점이 또 있는데요. 주요 핵심 상권이나 업무지구 배후에 건물을 사시면 좋습니다.

율하쌤 예를 들면 공덕역처럼 누구나 아는 최고의 업무시설이 위치한 곳의 건물은 좋지만, 가격이 넘사벽으로 비싸잖아요.

현웅쌤 이때 한 정거장만 뒤로 가보면 대흥역 주변의 건물들은 공덕역

: 경의선 숲길 전경

과는 달리 상업지구가 아니어서 상대적으로 저렴한 부분이 있습니다.

율하쌤 늘 발전가능성이 있는 지역이니 대흥역 주변 인근의 건물들을 눈여겨봐두는 것도 좋은 투자 방법이겠네요.

현웅쌤 공덕역과 대흥역은 서울 중심가에 있어 교통이 매우 우수하고 업무시설이 많은 종로, 여의도와 지리적으로 가까워 가격이 꾸준하게 오르는 특성이 있어요. 다만 앞서 얘기했듯 마포구 전체의 아쉬운 지점인 학군 때문에 신혼부부들이 매우 선호하다가 자녀가 중학교 입학할 무렵에는 이사를 한 번쯤 생각해보게 되는 곳이라는 점도 있었죠.

율하쌤 그래도 마포구 단지들이 환금성도 좋고 가격도 잘 오르는 지역이라는 것은 기억해둬야겠죠! 마포구는 참 다양한 부동산 요소가 있는 지역이네요. 강남, 강북, 경기 북부, 경기 서부 등 어디로든 이동이 편하고, 한강

변도 길게 자리 잡고 있어 북측에서 한강 조망까지 매우 우수하고요. 훌륭한 대학가 상권도 여럿이라 주변 아파트나 빌라 등 월세 수요도 좋잖아요?

현웅쌤 마포구는 호황 때는 매물이 없어 아쉽지만, 불황 때는 매물이 조금씩 나오는 지역인데 만일 부동산 불황이 온다면 이때를 기회라 생각하시고 눈여겨보시면 도움이 될 거예요. 마포구 부동산은 늘 재상승 때 가장 먼저 오르는 지역임을 꼭 알아두시면 좋을 듯 합니다.

비주거지 투자 가치를 찾을 수 있는 공덕역 주변

율하쌤 공덕역을 주거지 중심으로 살펴봤다면 이번에는 월세 수익률 측면에서 살펴볼까요? 공덕역은 오피스텔 투자의 요지잖아요!

현웅쌤 개인적으로 가장 선호하는 오피스텔 투자지역을 꼽으라 한다면 공덕역에서 마포역에 이르는 마포대로에 있는 오피스텔들입니다. 사실 강남권 오피스텔은 토지가격이 높아 매매가격은 비싸지만, 월세를 타 지역에 비해 높게 받을 수도 없어 결국 매매가격 대비 수익률이 떨어지거든요. 또 강북의 오피스텔은 가격이 저렴한 측면이 있고 월세 수익률은 좋으나 매매가가 꾸준히 상승하지 않는다는 단점이 있고요.

율하쌤 반면 공덕역과 마포대로에 있는 오피스텔들은 수익률과 가격상승 두 마리 토끼를 동시에 잡을 수 있는 곳들이군요. 공덕역 일대에 대기업인 S-OIL, 효성과 수많은 사무실 등이 자리 잡고 있어 수요가 꾸준히 좋은 것 같습니다. 물론 여의도 출근 수요도 기본으로 있지요!

현웅쌤 여의도 일대 증권가, 은행가, 공기업 등 종사자들은 회사 바로 코앞인 여의도보다 한 블록 인근에 자리 잡은 공덕역 일대의 오피스텔을 주거지로 선호하는 경향이 있습니다.

율하쌤 맞아요. 기숙사도 아니고 너무 회사 바로 앞에서 지내는 것도 사실 불편하죠. 퇴근하는 느낌이 나지 않는다고나 할까요?

현웅쌤 아무래도 그렇겠죠. 전통적으로 마포구 오피스텔의 대장주 2개가 있는데 마포트라팰리스와 마포한화오벨리스크입니다.

율하쌤 마포한화오벨리스크는 2004년, 마포트라팰리스는 2006년 준공되었지만 지금도 인기 있는 오피스텔이죠!

현웅쌤 네, 공덕역은 정말 주거지와 오피스텔 투자 모두 매우 우수한 지역이네요

마포구 핵심 포인트

- 공덕역 일대 오피스텔은 서울에서도 가격 대비 투자수익률이 우수
- 실수요가 두터운 지역이므로 부동산 불황기나 가격이 내렸을 때 투자 여부를 고민해 볼 것
- 우수 대학과 유명 상권이 많아 적은 금액의 빌라 투자도 좋음
- 가로주택정비사업 등 소규모정비사업 대상지로는 합정동, 망원동, 신수동 유망
- 홍대입구역에서 연남동에 이르는 상권은 앞으로도 발전가능성이 높은 강북의 대표적인 상권이므로 이 지역 상가 투자도 긍정적으로 볼 것

03

노원역·중계역

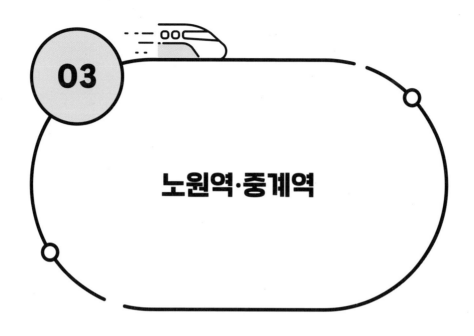

율하쌤 몇 년 전까지만 해도 지리적으로 노원구는 서울 동북쪽에 치우쳐 있고 작은 평수의 낡은 아파트들이 모여 있는, 투자해도 안 오르는 미운 오리 새끼 이미지가 있었어요. 물론 지금은 아니지만요. 이제는 백조가 되었다고 할까요?

현웅쌤 실제로 2010년 무렵에는 '노도강(노원구, 도봉구, 강북구)'을 포함해 서울 대부분 지역의 부동산 가격이 올랐었는데요. 노도강도 이 시기 잠시 올랐다가 2010년 이후 급속도로 가격이 정체되는 바람에 이때 노도강에 투자하셨던 분들이 한동안 굉장히 속앓이 하시기도 했었답니다. 엄밀하게 노원구는 나머지 구와는 성격이 달라요. 도봉구와 강북구는 도봉산과 북한

: 노원역·중계역

산 자락 아래 자연스레 자리 잡은 구이지만 노원구는 지금의 신도시처럼 택지개발을 한 곳이에요. 1970년대 강남을 필두로 송파까지 성공적으로 개발을 진행한 정부는 개발사업에 자신감을 가지게 됐어요. 1980년대는 강남 개발이 어느 정도 완성단계에 접어들 무렵이었습니다. 강남이 순조롭게 진행되자 정부는 1980년 12월 「택지개발촉진법」을 제정하고 서울 곳곳에서 다시 택지개발사업을 벌입니다.

율하쌤 이때 시작한 사업으로 양천구 목동, 노원구, 강남구 개포동, 강동구 고덕동 등이 지금의 모습을 갖추게 된 것이고요. 개포동과 고덕동 지역의 택지개발지구사업은 최근 몇 년간의 개발 붐으로 신축아파트 단지가 들어서며 잘 마무리되는 모습이네요. 이제 서울에서 1980년대 택지개발사업에 의해 조성된 사업지구 중 재건축을 기다리고 있는 곳은 양천구 목동과 노원구 등이 남아 있죠!

미래가치를 재평가받기 시작한 노원구

현웅쌤 노원구 부동산이 상승하는 과정에서 참 아이러니하면서도 재미있는 점이 있어요. 개인적으로 2016년부터 노원구 부동산에 투자를 많이 했고 주변에도 투자를 권유했었습니다. 특히 상계주공, 중계주공단지를요. 노원구 자체의 큰 개발계획이나 호재 때문이라기보다 서울 전체 부동산 시장가격과 비교해 노원구가 저평가된 부분이 있었고, 대단지를 이루는 주공아파트들의 향후 개발 가능성을 긍정적으로 봤기 때문입니다. 1억 6,000만~2억 원 정도로 저렴했었던 기억이 나네요.

율하쌤 현재는 가격이 많이 올라 2022년 3월을 기준으로 상계주공, 중계주공 단지가 18평형 기준 5~6억 원대 넘게 거래되고 있죠.

현웅쌤 노원구 부동산은 처음에는 서울의 다른 지역에 비해 저렴하다는 이유로 급상승했어요. 강남 부동산 가격이 오르고 마용성이 2016년 급상승

창동역·노원역 창동차량기지 이전과 개발계획

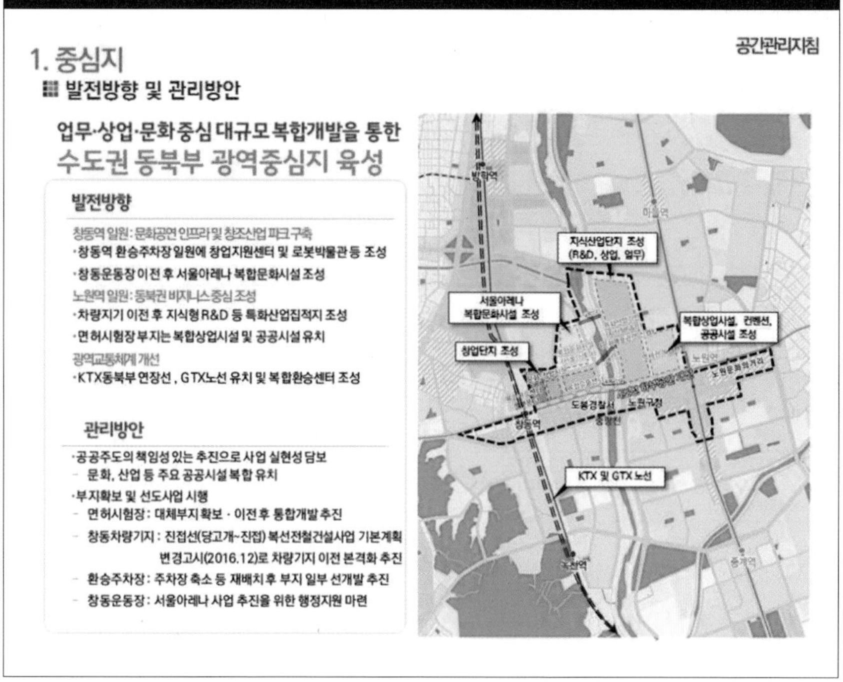

공간관리지침
1. 중심지
발전방향 및 관리방안
업무·상업·문화중심 대규모 복합개발을 통한
수도권 동북부 광역중심지 육성
발전방향
창동역 일원: 문화공연 인프라 및 창조산업 파크 구축
·창동역 환승주차장 일원에 창업지원센터 및 로봇박물관 등 조성
·창동운동장 이전 후 서울아레나 복합문화시설 조성
노원역 일원: 동북권 비지니스중심 조성
·차량지기 이전 후 지식형 R&D 등 특화산업집적지 조성
·면허시험장 부지는 복합상업시설 및 공공시설 유치
광역교통체계 개선
·KTX동북부 연장선, GTX노선 유치 및 복합환승센터 조성
관리방안
·공공주도의 책임성 있는 추진으로 사업 실현성 담보
- 문화, 산업 등 주요 공공시설 복합 유치
·부지확보 및 선도사업 시행
- 면허시험장: 대체부지 확보 · 이전 후 통합개발 추진
- 창동차량기지: 진접선(당고개~진접) 복선전철건설사업 기본계획 변경고시(2016.12)로 차량기지 이전 본격화 추진
- 환승주차장: 주차장 축소 등 재배치 후 부지 일부 선개발 추진
- 창동운동장: 서울아레나 사업 추진을 위한 행정지원 마련
지식산업단지 조성 (R&D, 상업, 업무)
서울아레나 복합문화시설 조성
복합상업시설, 컨벤션, 공공시설 조성
상업단지 조성
도봉경찰서
노원구청
창동역
KTX 및 GTX 노선

출처: 서울시 2030생활권계획

하기 시작하면서 상대적으로 노원구가 저렴해 보였기에 수요가 몰렸죠. 당시 24평형 기준 2억 8,000만~3억 2,000만 원대였으니 말이에요. 지금은 서울 내 재건축 단지로서 목동과 마찬가지로 자체적으로 개발압력을 받는 상태이고요. 동부간선도로 지하화 추진을 비롯해 서울 동북권 교통이 상당히 개선된 점과 노원역 도봉면허시험장의 의정부 이전과 창동차량기지 개발계획과 같은 호재를 많이 안고 있기에 상승 곡선을 그리고 있습니다.

율하쌤 특히 2021년 오세훈 시장 취임 이후 창동차량기지와 도봉면허시험장 부지에 서울대병원과 함께 연구병원과 관련 기업, R&D 연구소 등을 유치해 바이오산업 생태계와 메디컬 클러스터를 조성하려고 추진 중인데요. 강남과 같은 출퇴근지의 배후 주거지로 머무는 것이 아니라 노원구 내에서 직주근접을 이루려는 노력의 일환이죠. 이는 2040서울플랜에도 언급되었고 이미 주거 밀집지역으로 우수한 학군이 있는 노원구에 업무지구까지 조성된다면 지금보다 더 좋은 평가를 받을 수 있습니다.

노원구의 꾸준한 호재, 학군과 중계동 은행사거리 학원가

현웅쌤 노원구의 중요한 장점이 서울 강북권을 포함하여 동북권에서 학군이 좋은 곳 중 하나라는 것이죠! 초등학교 학군으로 을지초, 원광초, 용동초, 상원초가 있고 중학교는 을지중, 불암중, 청원중, 고등학교로는 서라벌고, 청원고, 재현고, 대진고, 노원고, 대진여고, 영신여고 등 명문 학교들은 물론 중계동 은행사거리 일대의 학원가도 너무 유명하잖아요.

율하쌤 맞아요. 교육환경이 훌륭해서 전세 수요도 높은데 노원구 일대에는 신축아파트가 많지 않아 상계동, 중계동 지역에 신축 단지가 들어선다면 높은 평가를 받을 겁니다.

현웅쌤 노원구 학군의 특징 중 하나는 강북구, 남양주, 구리, 의정부 등 주변 지역에서도 고등학교 진학을 희망하는 경우가 꽤 많다는 것이죠? 다시 말해 다른 지역에서 일정 부분 학업을 마무리하고 노원구에서 고등학교를 다니길 희망하는 경우가 많다는 이야기입니다.

: 중계동 은행사거리 학원가

아파트 도장깨기:
상계주공의 가능성을 증명한 포레나노원

율하쌤 지금까지 노원구와 관련한 배경지식에 대해 얘기를 나눠봤는데 세 번째 지하철역 도장깨기의 주인공은 노원역과 중계역입니다. 노원역에서부터 출발해봐요! 최근 미래가치를 좋게 평가 받는 상계주공 단지들은 상계역이 아니고 노원역에 있다는 것 알고 계시죠? 노원역 상계주공 단지들과 바로 밑에 이어지는 중계역까지 돌아보려고 합니다.

현웅쌤 지금 저희가 걷고 있는 곳이 노원역 사거리 롯데백화점 쪽인데요. 상계동에서 선호되는 아파트와 역을 꼽으라 하면 백화점과 편의시설,

먹자골목이 모여 있는 노원역 주변의 아파트들을 꼽곤 합니다. 상계주공 단지들과 중계동 주변의 아파트 가격이 상당히 올랐어요. 2018~2019년 정도까지만 해도 5,000만~1억 원 정도로도 투자할 수 있었는데요.

율하쌤 불과 2~3년 전만 해도 자금력이 다소 부족한 직장인들이 투자하기에 딱 좋은 타이밍이었지요.

현웅쌤 제가 노원역 인근 투자에 대한 이야기를 하면 예전부터 공통적으로 나오는 의견들이 있었습니다.

율하쌤 서울에서 너무 동북부 쪽으로 치우쳤다는 점인가요?

현웅쌤 네. 그런 점도 있는데다가 노원구가 평수가 작은 단지 위주라는 점이었어요. 그래도 워낙 대단지이고 재건축 호재가 있으면서 가격이 저렴해 계속해서 추천을 드렸었죠. 지금은 기대대로 가격이 많이 올라주었네요.

율하쌤 여기서 노원구 부동산에 한 획을 긋는 사건을 다루지 않을 수 없겠죠? 바로 상계동에서 최초로 재건축을 진행한 상계주공8단지가 포레나노원아파트로 새롭게 탈바꿈해 2020년 12월 입주한 것입니다. 지금 저희는 포레나노원아파트를 바라보고 있는데요, 너무 잘 지었죠? 여기만 갑자기 다른 동네를 똑 떼어다 놓은 느낌도 나네요.

현웅쌤 2018년 8월, 전용 84㎡ 기준 5억 6,000만~6억 3,000만 원에 포레나노원아파트를 일반분양했을 때 미래가치가 어느 정도일지, 얼마까지 오를지 다들 궁금해했어요. 2022년 3월 기준 포레나노원아파트는 34평(전용 84㎡)이 호가 14~15억 원 정도입니다. 포레나노원아파트에 모두가 놀랐고 상계주공 단지들이 재조명을 받게 되었죠.

율하쌤 사실 상계주공8단지는 다른 단지에 비해 지하철에서 먼 편이었어요. 상대적으로 세대수도 적은 편이었고요. 앞서 말했듯 중계동과 상계동

: 상계주공8단지를 재건축한 포레나노원아파트

지역은 동북권에서 학군이 좋고 학구열이 가장 높은 지역인데 대부분의 아파트가 낡았다는 게 아쉬웠었죠. 근데 신축아파트로 포레나노원아파트가 스타트를 끊어주면서 이후로 상계동, 중계동의 주공아파트들의 미래가치에 대한 호평이 많아지게 되었고요.

율하쌤 그럼 노원역 주변 상계주공 단지에 대해 좀 더 자세히 살펴볼까요? 상계주공은 총 16개 단지로 1986년 전후로 건설되었어요. 눈여겨볼 것이 대부분의 단지가 34평 이하의 중소형 평수라는 점이에요.

현웅쌤 맞습니다. 애초에 목동은 중대형 위주로, 상계동은 중소형 위주로 개발했기 때문이죠. 이 중에서도 15단지는 공무원 임대아파트이고 나머지 단지들은 자유롭게 매매가 가능한 단지들이에요. 그러면 질문 하나 드릴게요. 상계주공 단지 중 가장 좋은 단지는 어디라고 생각하세요?

율하쌤 백화점과 편의시설이 집중된 노원역 사거리와 가까운 단지가 아닐까요? 가격이 가장 비싸기도 하고요!

현웅쌤 맞아요. 4호선과 7호선이 교차하는 노원역을 끼고 있는 3단지, 6단지, 7단지가 선호되는 단지이고 물론 가격도 가장 비싸죠. 이 3개의 단지 중 어느 한 곳의 아파트라도 가지고 있다면 재건축이 될 때까지 끝까지 들고 가시는 걸 추천드려요!

율하쌤 재미있는 건 단지 안에서도 가격 차이가 있다는 거잖아요? 상계주공7단지도 그렇고 6단지도 마찬가지고요. 같은 평형인데도 불구하고 동에 따라 2,000만 원 정도 차이가 있죠. 예를 들면 상계주공7단지는 노원역을 기준으로 7호선 라인을 따라 길쭉하게 위치하고 있는데요. 지하철역과 가까운 703동과 상대적으로 역에서 먼 714, 715동은 같은 평수라도 그 정도 가격이 꾸준하게 차이가 나더라고요.

현웅쌤 3단지와 6단지도 비슷해요. 이게 같은 단지 안에서도 출퇴근 시 지하철 접근성이 어떠한가에 따라서 가격 차이가 제법 난답니다. 사실 그럴 수밖에 없는 것이 출근 전 아침 1분은 완전 소중하잖아요!

율하쌤 완전 공감합니다. 포레나노원아파트를 제외하고 이제 상계주공 단지들 중 재건축 속도가 현재 가장 빠른 단지는 5단지인데요.

현웅쌤 5단지와 6단지는 위치상으로 붙어 있어서 같이 재건축된다면 금상첨화일 텐데요. 아마도 대지지분이 다르고 사업추진 주체가 다르므로 공동 개발은 쉽지 않을 것 같아요.

율하쌤 일단 2022년 3월 기준 상계주공 단지들 중 5단지만 '2차 안전진단'을 통과하였는데요. 재건축 진행이 가장 빠른지라 가격도 많이 올라주었

: 상계주공6단지

: 상계주공6단지 전용 59㎡ 매매가 추이

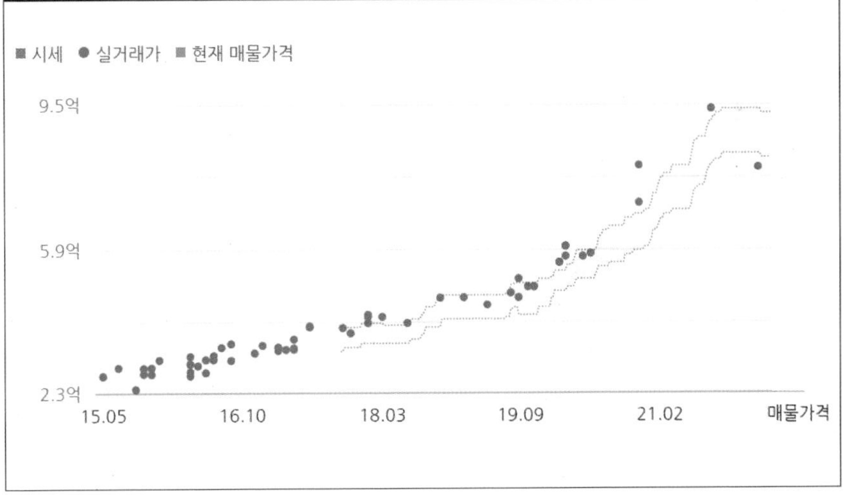

출처: 네이버

: 상계주공6단지 단지정보

기본정보	**아파트명 (입주연도)**	**주소**	**전용면적(㎡)**	**실거래 시세 (2022년 3월 기준)**	
	상계주공6단지 (1988.05)	서울시 노원구 상계동 728-3	32, 37, 49, 58, 59	7억 9,500만 원 (22.03/9층/59㎡)	
주거환경	**세대수**	**용적률**	**건폐율**	**주차장(세대당)**	**지대**
	2,646세대 (28개동)	193%	15%	823대(0.31대) 지상주차	평지
직주근접 (주요 환승)	**지하철역**	**강남역**	**광화문역**	**여의도역**	**판교역**
	노원역 (4, 7호선)	56분 (건대입구)	37분 (동대문역사문화공원)	58분 (동대문역사문화공원)	72분 (충무로-양재)
학군	**초등학교**	**중고등학교**	**신상중 학업성취도 및 진학률**	**상명고 학업성취도 및 진학률**	**학원가**
	상수초 (도보 5분)	신상중, 상계중, 상명고, 대진여고	86.1%(7위) 2.7%(12위)	67.7%(13위) 46.1%	은행사거리 (224개) 상계주공 4단지 (10개)
생활환경 (차량 시간)	**주변지역**	**대형마트**	**백화점**	**종합병원**	
	월천근린공원 (4분), 초안산근린공원 (7분)	롯데마트 노원(1분), 하나로마트 창동 (3분), 2001중계점(5분), 홈플러스 중계 (5분), 이마트 창동(5분)	롯데백화점 노원 (1분)	상계백병원(2분), 을지병원(7분)	
종합	**평가:** 상계주공 재건축 단지 중 미래가치를 가장 우수하게 평가하는 단지. 상계주공 3, 7단지도 좋지만 6단지는 단지 전체에서 노원역 접근성이 좋고 단지 모양도 5단지를 더하면 거의 정사각형 모양이라 미래 단지 배치도 훌륭할 듯. 단지 맞은편에 노원역 먹자거리도 있음. **함께 살펴볼 만한 단지:** 창동주공19단지는 창동역과 가깝고 재건축 시 단지 배치가 좋을 것으로 예상되며 창동 먹자거리가 가까운 단지.				

네요. 상계동에서 3, 5, 6, 7단지 물건을 잡을 수 있으면 좋겠지만 자금이 좀 부족하다면 어떤 방법이 있을까요?

현웅쌤 그렇다면 3, 6, 7단지 다음 블록에 있고 중계역과 가까운 상계주공 1, 2, 4단지 그리고 마들역이 가까운 9, 10, 11, 12단지도 좋습니다. 상계주공 단지들은 대부분 7호선 지하철역 접근성이 좋은 것이 특징인데요. 그래서 노원역 주변의 아파트들의 가격이 너무 부담된다면 지하철역이 가까운 상계동의 다른 단지를 선택하시는 것도 투자에 있어 좋은 방향이 되겠습니다.

아파트 도장깨기: 노원구 상계동과 재건축

현웅쌤 상계동은 재건축과는 떼려야 뗄 수 없는 지역이라서 한 가지 더 이야기하고 갈게요. 먼저 포레나노원아파트는 시기적으로 빠르게 진행된 덕분에 재건축 규제를 거의 받지 않은 곳입니다.

율하쌤 다른 상계주공 단지들은 이제 현재 시점의 재건축 규제들을 적용받게 되는 거네요. 특히 재건축 초과이익환수제로 인한 부담금이 그대로 적용될 거고요. 그러던 중 2022년 대선에서 당선된 윤석열 대통령의 공약 중 '재건축 초과이익환수제' 완화를 비롯해 부동산 세제와 관련한 공시가격 개편, 종합부동산세 부담 완화 등이 있었기에 앞으로의 상황을 지켜봐야 합니다. 재건축하면 단연 목동을 떠올리실 텐데요, 목동 단지들과 상계주공 재건축 단지들의 차이점에 관해 이야기해주세요.

현웅쌤 목동은 큰 평수의 단지들이 많죠. 전문적인 표현으로 단지 용적률이 낮아요. 평균 130% 전후거든요. 용적률이 낮다는 것은 재건축했을 때 일반분양 물량이 많고 일반분양을 통한 이익을 조합원들이 나누어 가질 수 있다는 이야기입니다. 반면 세대수가 많고 작은 평수로 이루어진 상계주공 단지는 용적률이 평균 170~190% 정도거든요, 목동과 비교해 일반분양이 적게 나온다는 측면이 있습니다.

율하쌤 일반분양이 적으면 조합원의 분담금이 많아지거나 수익이 낮아질 수 있겠지만 보다 중요한 것은 새 아파트로 탈바꿈하였을 때 미래가치가 얼마나 좋은지가 아닐까 싶어요! 그러면 기승전 상계주공 투자는 좋다로 결론내도 되겠죠!

현웅쌤 네. 2020년 코로나 팬데믹 이후 자금 유동성이 급격하게 풍부해지면서 부동산 시장이 급상승한 바가 있는데요. 이런 분위기 속에서 상계주공 8단지를 재건축한 포레나노원아파트와 상계뉴타운 4구역을 재개발한 노원센트럴푸르지오 등 노원구 지역 새 아파트에 대한 시장의 평가가 상당히 좋거든요. 이런 흐름 속에 2020년 중반부터 상계주공 단지들이 급격히 재건축을 추진하게 되었습니다. 특히 윤석열 대통령의 당선 이후 상계동과 중계동 재건축에 대한 기대가 한껏 고조되고 있는데요, 재건축 사업은 재건축 연한 30년을 충족한 상태에서 안전진단을 통과하는 것부터 시작입니다. 안전진단은 최초 예비안전진단과 1차 정밀안전진단, 2차 정밀안전진단까지 통과해야 하는데 2차가 통과되면 본격적으로 사업을 진행할 수 있어 부동산 가격이 상승하곤 합니다. 그런 의미에서 새롭게 들어선 윤석열 정부에서 대선기간 중 내세운 '재건축 정밀안전진단 기준 완화' 공약의 이행 여부를 관심 있게 지켜보시면 좋겠어요.

: 상계주공 단지별 정보

단지명	준공시점	세대수	층수	용적률
상계주공1단지	1988년 5월	2,064	15층	176.83%
상계주공2단지	1987년 11월	2,029	15층	170.88%
상계주공3단지	1987년 11월	2,213	15층	178.89%
상계주공4단지	1988년 5월	2,136	15층	205.94%
상계주공5단지	1987년 11월	840	5층	93.36%
상계주공6단지	1988년 5월	2,646가구	15층	195.10%
상계주공7단지	1988년 7월	2,634가구	15층	196.75%
상계주공8단지 (현 포레나노원)	1988년 7월	830가구	5층	88.78%
상계주공9단지	1988년 10월	2,830	15층	207.41%
상계주공10단지	1988년 9월	2,654	15층	169.37%
상계주공11단지	1988년 9월	1,944	15층	173.49%
상계주공12단지	1988년 10월	1,739	15층	196.87%
상계주공13단지	1989년 4월	939	15층	189.20%
상계주공14단지	1989년 4월	2,265	15층	147.16%
상계주공15단지 (임대)	1988년 7월	2,100	15층	154.99%
상계주공16단지	1988년 9월	2,392	15층	202.86%

※ 용적률은 연면적의 대지면적에 대한 백분율
※ 1, 7, 8, 11, 14단지의 경우 2개 필지의 대지로 평균용적률을 산정
※ 15, 16단지는 공통된 필지 위에 건립된 2개 단지로 용적률은 재건축 시 추정치

출처: 노원구청

율하쌤 '30년 이상 노후 공동주택 정밀안전진단 면제'를 추진하고 정밀안전진단 통과의 걸림돌이었던 구조안정성 항목을 현행 50%에서 30%로 완화하겠다고 공약한 바 있지요?

현웅쌤 맞아요. 상계주공의 경우 전체 16개 단지 중(15단지는 임대단지) 2022년 2월 기준 4, 7, 9, 10, 13, 14, 16단지가 1차 단계인 예비안전진단을 통과하였습니다. 1, 6단지는 1차 정밀안전진단을 통과했고요. 2, 3, 11단지는 정밀안전진단 추진 중입니다. 5단지는 정비구역 지정이 되었습니다. 나머지 12단지는 예비안전진단 신청 준비 중이네요.

율하쌤 상계동은 재건축이 임박한 단지라 세대수와 용적률을 참고하시면 좋겠네요. 5, 8, 14단지를 제외하면 용적률이 170% 이상이라 상계동 지역은 재건축이 되더라도 중소형 평수 위주의 단지로서 조합원들에게 일정 부분 분담금이 발생하게 되는 것은 어쩔 수가 없겠어요. 이렇게 상계주공 단지들을 살펴보았는데요. 상계동을 떠나기 전에 노원역 주변을 다시 살펴보자면 6단지 옆에 상계중앙하이츠 1, 2차 아파트가 있어요. 상계중앙하이츠는 투자 관점으로 어떻게 보시나요?

현웅쌤 이 아파트는 재건축과 같은 미래가치도 중요하지만, 본격적으로 상계주공 단지들의 재건축이 추진된다면 이주 수요 때문에 가격이 오를 수 있는 아파트예요. 준공연도도 1996, 1998년이고 주차장 시설도 우수해서 전세가, 매매가 차이가 적은 대표적인 아파트예요. 기억해두시면 도움이 될 곳이죠!

서울의 3대 학원가,
중계동 학원가와 동북선

율하쌤 이제 저희는 노원역을 떠나 중계동으로 왔는데요. 중계동은 은행사거리가 참 유명하죠. 서울의 3대 학원가라고 하잖아요? 대치동 학원가, 목동 학원가, 중계동 학원가 이렇게 3종 세트라고도 부르죠.

현웅쌤 중계동 학원가는 중계역 쪽에서 좀 더 안쪽으로 들어가 있는 은행사거리라는 곳에 모여 있어요. 일반적으로 학원가는 핵심지역보다 한 블록 뒤에 밀집한 경우가 많습니다. 아무래도 지하철역 바로 주변은 임대료가 너무 비싸니까요. 그래서 보통 지하철역 바로 앞은 학원을 쉽게 찾아보기 힘들어요. 오히려 비교적 임대료가 저렴한 역에서 한 블록 뒤에 학원들이 옹기종기 붙어있는 경향이 있어요.

율하쌤 중계동 학원가에서 좀 아쉬웠던 점이 있어요. 바로 교통! 지하철이 너무 멀다는 점인데요. 중계동 학원가와 중계주공 단지들이 있는 곳에서 중계역까지는 상당히 멉니다. 중계주공 단지의 가격이 상계주공 단지보다 같은 평형 대비 1,000~2,000만 원 정도 낮은 이유도 사실 7호선이나 4호선 접근성이 상계주공 단지들에 비해 떨어진다는 이유도 크지요.

현웅쌤 자, 바로 그런 곳에 경전철 개통이 예정되어 있어 많은 기대를 받고 있지요! 바로 동북선인데요. 동북선은 서울시 도시철도망 구축계획 10개 노선 가운데 하나로 계획되었습니다.

율하쌤 그렇죠. 왕십리역을 기점으로 제기동역, 고려대역, 미아사거리역, 월계역, 하계역, 은행사거리역(중계동학원가)을 지나 상계역까지 이어지는 13.4km 길이 구간을 운영할 예정이잖아요.

현웅쌤 전동차 2량이 1개 열차로 구성되고 172명이 탑승할 수 있습니다. 우여곡절 끝에 2020년 7월 동북선 경전철 착공을 시작하였고 계획대로라면 2025년 7월 개통 예정입니다. 경전철의 착공으로 교통의 사각지대였던 중계동 학원가와 중계주공, 더 넓게는 인근 중계동 아파트에 긍정적인 요인으로 작용할 것으로 기대가 크네요!

아파트 도장깨기: 중계역 터줏대감 중계무지개아파트, 중계그린

현웅쌤 중계역 주변을 좀 살펴보면요. 우리가 돌아봤던 상계주공 1, 2단지가 중계역 쪽에 붙어 있고요. 중계역 바로 앞에 터줏대감 노릇을 하는 중계무지개아파트, 중계그린이 있습니다. 두 아파트는 중계역의 핵심 아파트라고 볼 수 있죠. 재미있는 특징이 있는데 위치상으로는 상계동보다 강남권으로 한 정거장 더 붙어 있어 상계주공보다 가격이 비쌀 것 같은데 늘 상계주공이 오르면 중계무지개와 중계그린이 따라서 올라요. 물론 상계주공보다 대지지분이 조금 적은 측면이 있기는 합니다.

율하쌤 그래도 두 아파트는 마음만 먹으면 재건축이든 리모델링이든 둘 다 선택할 수 있는 훌륭한 아파트라는 점이 매력인 것 같습니다. 중계그린과 중계무지개아파트 모두 예비안전진단을 통과한 상태로 적극적으로 재건축을 추진하고 있는 대규모 단지들이죠. 두 곳은 상계주공보다 전세금이 높아서 전세가 오르는 시기만 잘 맞으면 상계주공과 비교해 적은 금액으로 투자가 가능한 아파트인 것 또한 장점이라 할 수 있겠네요.

현웅쌤 맞아요. 상계주공보다는 전세가가 높은 편이라 매매가가 정체되고 전세가가 오르는 시기만 잘 맞아떨어지면 상계주공보다는 적은 금액으로 갭투자가 가능한 아파트입니다. 리모델링 이야기가 나오니 중계역 바로 앞에 중계건영2차가 있는데 이곳은 기본이 28평 이상입니다. 상계동과 중계동 지역은 대부분 작은 평수 위주인데 중계건영2차는 중형 평수 위주이고 나중에 리모델링을 추진할 때 중계역이 가까워 미래가치가 좋아요. 또 비슷한 아파트로 중계역 5, 6번 출구와 가까운 상계미도도 괜찮죠!

율하쌤 중계역을 떠나기 전에 월세 투자종목으로 훌륭한 곳을 알려주신다고요?

현웅쌤 중계근린공원에 있는 중계브라운스톤오피스텔입니다. 꾸준히 월세 수요가 좋은 곳인데 왜냐하면 중계동 학원가가 은행사거리 쪽에 있는 반면 중계역 쪽은 딱히 상가 지역이 없는데 이 중계브라운스톤 오피스텔이 학원 수요로 늘 월세가 수요가 있거든요.

현웅쌤 비교적 적은 금액으로 투자할 수 있으면서도 미래가치가 기대되는 노원역과 중계역 주변의 아파트를 살펴보았어요. 서울에서 노원구가 상위권에 랭크가 되는 메인 지역은 아니지만, 재건축 규제에 대한 완화 분위기가 조성되는 지금 시점에서는 전체 부동산 절대가격이 낮아서 재건축 규제의 분담금이 최소화될 수 있고, 또 다른 지역에 비해 저렴하면서 주거환경이 우수하니 현재 시점에서는 주목할 만한 지역임은 분명하다고 이야기할 수 있겠네요.

현웅쌤 또 한 가지 잊지 말아야 할 것은 노원구는 강북구 일대에서 교육환경이 최고 수준인 주거지라 늘 주변 강북구와 경기도 지역에서도 주거 수요가 유입되는 곳이므로 신축아파트가 세워지면 가격이 좋을 수밖에 없

: 중계무지개아파트

: 중계무지개아파트 전용 49㎡ 매매가 추이

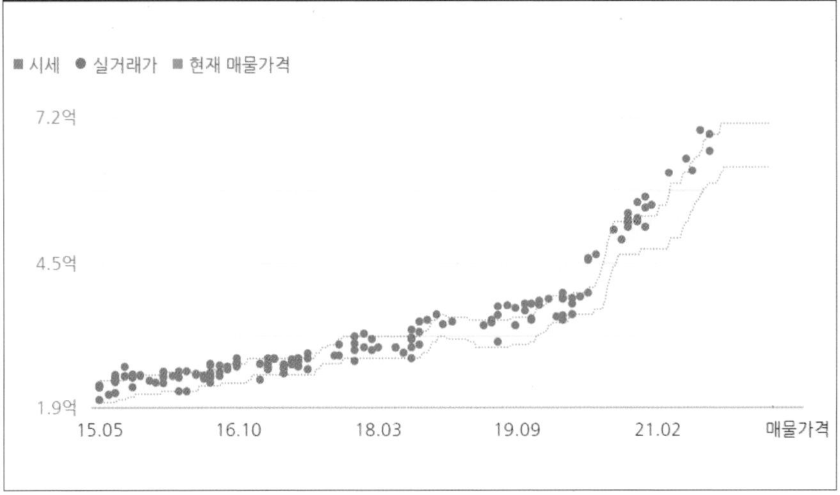

출처: 네이버

: 중계무지개아파트 단지정보

기본정보	아파트명 (입주연도)	주소	전용면적(㎡)	실거래 시세 (2022년 3월 기준)	
	중계무지개아파트 (1991.11)	서울시 노원구 중계동 513	40, 50, 59	5억 8,000만 원 (22.03/8층/40㎡)	
주거환경	세대수	용적률	건폐율	주차장(세대당)	지대
	2,433세대 (14개동)	193%	17%	893대(0.36대) 지상주차	평지
직주근접 (주요 환승)	지하철역	강남역	광화문역	여의도역	판교역
	중계역 (도보 3분)	41분 (강남구청-선릉)	42분 (태릉입구-청구)	52분 (태릉입구-공덕)	60분(강남구청- 도곡-판교)
학군	초등학교	중고등학교	중평중 학업성취도 및 진학률	대진여고 학업성취도 및 진학률	학원가
	청계초 (도보 3분), 용동초 (도보 7분)	중평중, 중원중, 대진여고	87.1%(5위), 6.3%(5위)	95.7%(1위), 73.0%	은행사거리 (224개), 상계주공4단지 (10개)
생활환경 (차량 시간)	주변지역	대형마트	백화점	종합병원	
	월천근린공원 (5분), 초안산근린공원 (8분)	2001중계점(2분), 롯데마트 중계 (2분), 홈플러스 중계 (2분), 이마트 창동(6분)	롯데백화점 노원 (4분)	상계백병원(2분) 을지병원(3분)	
종합	**평가:** 상계주공보다 저렴하지만 7호선이 서울 중심부와 더 가깝게 연결된 바, 상계주공 단지 이상의 미래가치가 있음. 단지 전체적으로 중계역 접근성이 매우 좋으며, 단지 안에 초등학교가 있는 초품아 단지. **함께 살펴볼 만한 단지:** 창동주공 4, 17단지는 메인역인 창동역과는 한 정거장 떨어진 녹천역 인근이지만 가격이 창동역 인근 단지보다 저렴하고 초품아 단지.				

으니 이 부분을 늘 생각하시면서 노원구 부동산을 바라보면 좋겠네요.

창동과 상계동의 관계

현웅쌤 1980년대 같이 개발을 시작한 창동과 상계동은 늘 흥망성쇠를 같이 하는 지역입니다. 개발 초기에는 창동이 주목을 받았는데요. 1993년 이마트 1호점이 창동에 오픈했을 때만 해도 창동은 서울 동북권의 중심 지역이 되는 듯했습니다. 그런데 7호선이 상계동 단지 전체를 관통하면서 상계동 단지들의 지하철 접근성이 급격히 좋아졌습니다. 동북권 중심지의 바통을 상계동이 이어받은 느낌이죠.

율하쌤 특히 노원역이 4호선과 7호선 환승역이 되고 롯데백화점과 우수한 학군까지 자리 잡으면서 상계동은 꾸준히 관심을 받아왔잖아요?

현웅쌤 그렇죠. 반면 창동은 지하철 1호선이 도심을 가로지르고 있는 등 딱히 큰 호재가 없어 침체를 면치 못하였습니다. 창동은 노원과 정확히 맞은편에 자리 잡고 있는데 노원의 대장주가 상계주공 3, 6, 7단지라면 창동은 창동주공 3단지와 19단지가 대장주입니다.

율하쌤 상계주공 1, 2단지 맞은편에 창동주공 18, 19단지는 친한 친구 같이 어느 한 지역이 상승하면 다른 지역이 따라서 상승하는 모습을 보여줘요. 최근 창동은 창동역세권 개발계획과 K팝 공연장인 창동아레나 개발 등 여러 호재가 있어 노원구와는 별도로 좋은 흐름을 보이죠?

현웅쌤 맞습니다. 그래도 창동과 상계동의 부동산 시장은 연동되어 비슷한 가격을 형성하기 때문에, 어느 한쪽의 부동산 가격이 상승한다면 다른 한쪽도 시간차를 두고 상승한다는 점을 투자에 참고하시면 좋을 듯합니다. 사실 노원구와 창동 지역은 GTX-C 노선 창동역 호재가 있는 지역입니다. GTX-C 노선은 양주에서 청량리역과 삼성역을 거쳐 수원/상록수역을 연결하는 노선이고 그 중심에 창동역이 있습니다.

울하쌤 노원구와 도봉구 창동 지역은 주거환경이나 학군은 좋은데 동부간선도로 정체로 불편한 통근이 늘 문제였어요. 강남권과 공덕, 여의도, 광화문 등의 업무지구와 멀어서 불편했죠. 이를 단번에 해결할 수 있는 것이 GTX-C입니다. 따라서 GTX-C '착공'을 알리는 시점이 오면 다시 한번 노원구와 창동역 인근의 부동산들은 상승기를 맞이할 듯합니다. 그래서 GTX-C 노선의 공사 진행 상황에 면밀히 관심을 가지셔야 해요!

현웅쌤 노원구 부동산은 크게 상계주공, 중계주공 등 택지개발지구의 아파트들과 지하철 4호선 당고개역 인근의 상계뉴타운 구역으로 구분됩니다. 상계뉴타운은 총 6개의 구역으로 사업을 진행하고 있습니다. 상계4지구는 2020년 노원센트럴푸르지오로 변모하였고 상계6구역은 2023년 6월 노원롯데캐슬시그니처로 새로 탄생할 예정입니다. 상계2구역은 2021년 9월 사업시행인가를 마쳐 사업이 본격화되고 있고 2014년 정비구역에서 해제된 3구역은 2020년 3월 국토부의 공공재개발 2차 후보지로 선정되면서 상계뉴타운 사업도 힘차게 진행 중입니다. 이제 상계동 지역에 남아 있는 낡은 주거지로는 상계역 뒤편의 빌라 주택가들이 있습니다. 상계5동 지역의 경우 2021년 12월 오세훈 시장이 야심차게 추진하고 있는 '신속통합기획 재개발' 후보지 21곳 중 한 곳으로 선정되었습니다. 오세훈 시장은 2021년 5월 매년 20여 곳 정도의 공모를 통해 재개발 지역을 발굴하겠다고 발표한 바 있고, 윤석열 대통령 또한 후보 시절 '저층 단독 다가구 주택정비 활성화' 공약에서 소규모주택 정비사업을 적극적으로 활용하겠다고 밝혔습니다. 서울의 낡은 주택가, 빌라 지역의 재개발에 대한 기대가 높아지는 분위기죠.

중계동 은행사거리를 둘러싸고 있는 중계주공 4, 5단지 뒤편으로 중계영광, 중계양지대림, 중계3벽산, 중계성원1차 등이 있는데요. 이 아파트들은 1996~2000년대에 지어진 아파트들로 상계주공과 중계주공 단지의 재건축이 본격화되면 이주 수요로 높은 전세금을 받을 수 있습니다. 부동산 투자 시 큰 수익을 얻으려면 재건축 단지를 우선하여 봐야 하지만 차선책으로 재건축 단지의 이주 수요를 받아줄 수 있는 아파트들도 좋은 투자처라는 것을 알아두세요.

노원구 핵심 포인트

- 노원구 중계동, 도봉구 창동 재건축 단지는 향후 안전진단기준 완화 여부에 따라 다시 한 번 상승할 여지
- GTX-C 착공은 노원구와 창동의 가격상승을 불러올 것이므로 그 전에 기회를 잡을 것
- 학군이 아주 좋은 단지는 신축아파트가 들어오면 높은 전세가를 받을 수 있음
- 중계동 사거리 오피스텔은 학원 수요로 인해 월세가 꾸준한 투자 종목
- 동북선 개통은 노원구 곳곳에 활력을 불어 넣을 예정

04

잠실역·석촌역

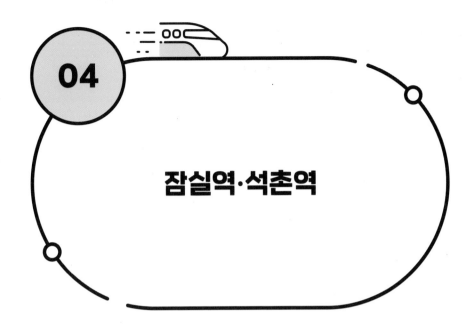

율하쌤 잠실의 랜드마크인 롯데월드타워가 벌써 2017년 건립 이후 5주년을 맞았네요. 이번에는 나날이 좋아지는 잠실역과 석촌역 주변 부동산을 돌아볼 텐데요! 아무래도 잠실역 주변은 학군과 편의시설이 좋고 단지들이 잘 형성되어 있어서 실수요가 두터운 곳이죠?

현웅쌤 잠실역과 석촌역은 송파구죠. 송파구는 마포구, 분당구와 더불어 실거주층이 선호하는 지역입니다. 실거주 수요가 풍부한 지역의 부동산을 살피는 것은 매우 중요한 의미가 있어요. 부동산 시장이 불황인지 호황인지 의심된다면 이런 지역의 아파트 가격의 변동을 살펴보면 어느 정도 예측이 가능하기 때문이죠.

: 잠실역·석촌역

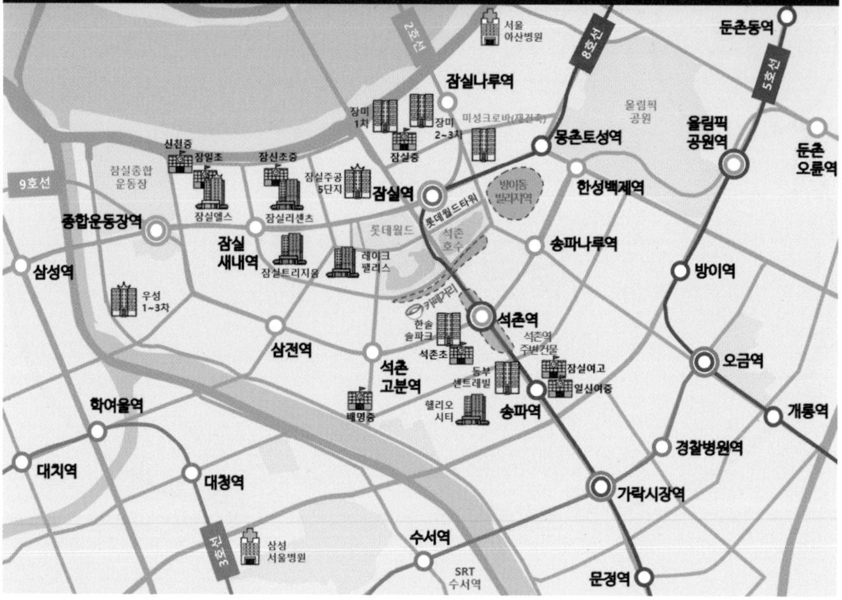

율하쌤 실수요층이 탄탄하다는 것은 그만큼 지역 자체에 대한 선호도가 높다는 의미겠죠. 부동산 시장이 상승세라면 내놓았던 매물을 집주인이 금방 거두기도 하고, 심지어 매물이 싹 사라지기도 하잖아요?

현웅쌤 네. 정리하자면 이쪽 지역에 매물이 없다면 시장이 상승세라고 예측하셔도 좋아요. 반대로 실수요자들이 많이 거주해서 버티는 힘이 좋은 송파구의 부동산 가격이 연이어 하락세로 나타난다면 전체 부동산 시장이 침체 분위기로 접어들었다고 조심스럽게 예측해볼 수 있어요! 이런 '지표' 역할을 하는 단지들을 좀 더 구체적으로 꼽아보자면 마포구는 아현동의 마포래미안푸르지오, 송파구는 잠실동의 잠실엘스아파트, 분당구 서현동 삼성한신아파트를 꼽을 수가 있겠습니다.

율하쌤 이 세 아파트의 가격 변동을 분기별로 체크하면 부동산 시장의 흐름을 어느 정도 파악할 수 있게 되겠네요.

현웅쌤 해당 지역 아파트의 재미있는 특징이 있는데요. 실수요가 강하지만 더 많은 자금이 생기면 다음 단계, 더 좋은 지역의 더 좋은 아파트로 넘어가고 싶어 하는 경향을 보인다는 점입니다.

잠실의 대장주는 어디일까

현웅쌤 실수요가 두터운 잠실에 투자한다라고 했을 때 고민했던 지점이 두 가지가 있었는데요. 하나는 많은 사람들이 좋다고 하는 잠실엘스아파트가 좋을까, 아니면 통상 엘스보다 부동산 가격이 1~2억 원 정도 차이가 났던 신천동 잠실파크리오가 좋을까 하는 점이었고요. 다른 하나는 과거 34평형 대비 상대적으로 저렴했던 잠실엘스아파트, 잠실리센츠, 잠실동 트리지움 등의 대형 평수는 어떤가 하는 점이었어요. 지금은 모두 다 가격이 잘 올라주어서 다행이지만요.

율하쌤 잠실파크리오는 너무 좋은 아파트인데 왜 고민을 하셨었나요?

현웅쌤 당연히 좋은 아파트인데요. 잠실엘스는 잠실주공1단지를 재건축한 것이고 잠실파크리오는 시영아파트를 재건축했거든요. 잠실은 강남 개발이 한창일 때 1975년부터 송파구 쪽을 개발했었어요. 지금은 아파트가 즐비하지만 예전에는 한강 모래변이었죠.

율하쌤 잠실에는 우선적으로 주공아파트 1~5단지까지와 시영아파트를 건설했었잖아요? 주공 1~5단지 중 1~4단지가 잠실엘스, 리센츠, 트리지움, 잠실레이크팰리스 등으로 재건축되어 2008년 무렵 새 아파트로 탄생했죠! 현재는 모두의 관심사인 잠실주공5단지가 원형 그대로 재건축을 앞두고 있고요.

현웅쌤 LH한국토지주택공사, 즉 주공은 예전에 국가가 거의 운영을 했었고 SH서울주택도시공사, 즉 시영은 서울시에서 운영했습니다. 지금은 주공을 LH, 시영은 SH라는 명칭을 쓰는데요. 서울 전역에 주공과 시영에서 지은 5층, 저층 아파트들이 현재 많이들 재건축되었죠. 다시 돌아와 아무래도 주공아파트는 나라에서 짓다 보니 가장 좋은 자리에 학교와 편의시설, 지하철 등을 우선적으로 배치했던 경향이 있습니다. 대부분 주공을 한창 건설하고 있을 때 인근에 서울시에서 시영아파트를 지었어요. 그러다 보니 아무래도 시영아파트는 주공아파트에 비해 단지 안에 학교 등의 시설이 미비하고 지하철역에서도 상대적으로 떨어져 있어서 주공보다는 덜 선호됐다는 단점이 있었던 것이죠.

율하쌤 그래서 시영아파트를 재건축한 잠실파크리오의 경우 초등학교는 단지 안에 있는데 중학교는 장미아파트(신천장미1차2차) 쪽으로 배정되거나 큰길을 건너야 하는 풍납동 쪽으로 배정되기도 해요. 반면에 엘스는 초, 중, 고등학교가 모두 단지 안에 있고요.

현웅쌤 네 맞습니다. 이런 사연이 있었던 아파트인데 지금은 이쪽 아파트들 모두 '넘사벽'이 되었고 가격도 좋죠.

율하쌤 그렇다면 대형 평수 투자는 왜 고민하셨나요?

현웅쌤 2016년 이후 부동산 가격이 많이 상승했지만, 상승장 속에서도 2019년 무렵까지도 엘스, 리센츠, 트리지움의 대형 평수들의 경우 상승세가 높지 않았거든요. 핵가족화 현상도 있고 대형 평수는 의미가 없는 게 아닌가 했는데 역시 다시 올라주네요.

율하쌤 비슷한 고민을 하시는 분이 많을 것 같아요. 지금 같은 핵가족화 심지어 1인 가구 시대에 서울 내 대형 평수의 미래가치가 좋다고 보기는 힘들잖아요?

현웅쌤 아무래도 그런 측면이 있지만 소위 강남 3구라 하는 강남, 서초, 송파 지역의 경우 대형 평수에 대한 선호도 높아 이 지역에서 대형 평수 아파트의 가격이 싸다면 눈여겨보시는 것도 좋습니다.

석촌역 주변의 빌라와 상가들

율하쌤 이제 저희는 잠실역 아래 석촌역 방향으로 분위기 좋은 카페들이 가득한 거리에 들어섰습니다. 원래 석촌호수 주변은 송파구 주민들의 휴식공간이었는데 몇 년 전부터 석촌호수에서 송파나루역 방향의 빌라나 다가구 건물들에 유니크한 상점과 카페 등이 자리를 잡았어요. 바로 뜨는 골목상권에만 붙는다는 '리단길'이라는 수식어도 붙고, 송리단길이 정말 사랑받고 있죠. 석촌역 쪽으로는 빌라도 상당히 많이 보이는데요.

현웅쌤 사실 석촌역 부동산은 빌라, 다가구, 상가건물 투자가 포인트예요. 잠실역 아파트 단지 뒤쪽에 부채꼴 모양으로 빌라들이 빼곡하게 있는데요. 잠실동, 삼전동, 석촌동, 송파동, 방이동에 빌라와 다가구, 상가건물 등이 괜찮은 투자처죠.

: 석촌호수 인근 상가 건물

율하쌤 그 중심에 바로 석촌역이 자리 잡고 있고요!

현웅쌤 일반적으로 빌라 투자는 수익이 크지 않아서 아파트보다는 덜 추천하지만, 이곳 빌라들은 투자처로 매우 훌륭합니다.

율하쌤 잠실과 강남의 주요 업무지구와 인접한 것이 그 이유가 되겠네요. 사실 잠실과 강남의 각종 편의시설이 위치한 곳의 아파트는 너무 비싸잖아요? 그래서 이 지역의 빌라들이 대체재의 역할을 해주고요. 매매하거나 불황이 왔을 때 경매로 낙찰받아 보유하면 항상 가격이 올라주는 곳들로 기억해두면 좋겠어요.

현웅쌤 빌라의 가격을 평가할 때 건물의 전용평수로 가격을 평가하는 지역이 있고 토지의 가격으로 평가하는 지역이 있습니다. 예를 들어 은평구나 강서구 지역의 경우 재개발될 곳이 아니라면 신축 빌라를 건물의 '전용평수당' 얼마로 가격을 평가하죠.

율하쌤 송파구는 땅값이 비싸니 건물의 평수도 중요하지만 빌라 가격을 평가할 때 토지당 얼마, 이렇게 평가하는 것이 맞겠죠.

현웅쌤 맞아요. 예를 들어 구축 빌라의 대지지분이 8평인데 평당 2,000만 원이라 하면 그 빌라는 대략 1억 6,000만~1억 8,000만 원이라 합니다. 특히 송파구 빌라에서 건물의 전용평수가 넓은데 대지지분이 작으면 가격을 낮게 잡아야 하고 건물의 전용평수가 작아도 대지지분이 넓으면 빌라의 가치를 높게 보셔야 합니다. 원래 이 지역은 과거 대지규모 50~60평대의 주택으로 분양을 했던 지역입니다. 2015년 무렵만 해도 평당 2,000만 원 정도로 매입을 해서 빌라, 다가구를 지어서 월세를 받는 게 유행을 했었습니다. 현재는 순수 주택은 거의 남아 있지 않고 이미 지어진 다가구를 매입해야 하네요.

율하쌤 석촌역 인근 지역은 상가 투자하기에도 매우 좋은 지역으로 알고 있는데요? 물론 자금 규모에 따라 투자 포인트는 나뉘겠지만요.

현웅쌤 주택과 비교해 상가는 대출이 비교적 잘 나오는 편이므로 필요한 돈을 모두 내 돈으로 마련하지 않아도 된다는 걸 생각하실 필요가 있어요.

율하쌤 2020년 초반만 하더라도 석촌역이 위치한 송파대로의 대지 80~120평 정도의 건물 시세가 대략 80~100억 원 정도였죠?

현웅쌤 그렇죠. 여담이지만 예전에 잠실 인근을 송파나루라 했습니다. 지방에서 곡물을 싣고 통과하는 길이 송파대로였죠. 이 송파대로 주변의 건물은 강남과 비교하면 저렴하지만, 미래가치가 좋아 손바뀜이 자주 일어나는 지역입니다.

율하쌤 공덕역, 대흥역에서 언급했듯 건물 투자에선 '핵심 중심상권 한 블록 뒤 건물들'에 관심을 둬야 한다는 포인트도 잊지 말아야겠어요.

현웅쌤 잠실 핵심 상권 뒤편인 석촌역 인근 대로변 건물들에 관심을 가지면 좋죠. 송파대로의 건물을 사기에 자금이 부족하다면 석촌역 주변의 30~40억 원대의 건물을 알아보는 것도 괜찮습니다. 대지는 50~60평 정도 합니다. 최근에 유명 만화가가 이쪽의 건물을 매입하였듯이 석촌역 주변은 상권이 잘 형성되어 있어 월세를 받을 수 있는 건물 투자도 좋습니다.

이제 다시 잠실역 쪽으로 왔는데요. 잠실역을 빠져나가기 전 재미있는 이야기를 들려드릴게요. 잠실주공을 재건축한 아파트, 특히 잠실리센츠에는 전용 8평짜리 아주 작은 평수가 있습니다.

율하쌤 오피스텔이 아닌데 '전용 8평'이 섞여 있다는 이야기잖아요?

현웅쌤 네, 이렇게 작은 평수가 생긴 계기는 노무현 정부 시절 부동산 규제인 '재건축 시 소형 평수 의무건설 비율'이 있었기 때문이에요. 전용 8평은 거의 원룸 수준이라 분양가가 당시 2억 4,000만 원 정도였는데 미분양이 났었습니다. 당시 미분양은 줄서기를 하여서 다시 당첨자를 선정하기도 했고요. 지금은 얼마일까요?

율하쌤 전용 8평짜리가 지금은 10억 원이 넘고, 2021년 하반기에는 12억 원이라는 신고가를 찍었다는 소식까지 있었네요. 와, 진짜 많이 올랐네요!

현웅쌤 정말 놀랍죠? 그리고 한 가지, 잠실파크리오 매수를 고려하신다면 꼭 타입별로 가격이 1억 원 이상 차이가 난다는 것을 기억하셔야 합니다. 잠실파크리오는 3가지 타입으로 되어 있고 단지가 매우 넓거든요.

율하쌤 당연히 통풍이 잘되고 지하철역이 가까운 판상형이 타워형보다 1억 원 이상 비싸니 매매하실 때 꼭 고려하시면 좋겠네요!

아파트 도장깨기:
잠실 투자 4인방

현웅쌤 본격적으로 잠실 이야기를 시작해볼까요! 역시 잠실 투자의 포인트는 잠실엘스아파트, 잠실리센츠, 잠실트리지움, 잠실레이크팰리스죠!

율하쌤 이 아파트들이 앞서 먼저 언급한 잠실주공 1~4단지를 재건축한 곳인데, 2006년 레이크팰리스, 2007년 트리지움, 2008년에는 리센츠와 엘스로 재건축하였지요.

현웅쌤 네. 지금은 새 아파트들로 멋지게 자리를 잡았지만, 과거 잠실주공, 잠실시영의 재건축 과정이 순탄치만은 않았어요.

율하쌤 2000년대 초반부터 본격적으로 재건축이 진행되었죠?

현웅쌤 2003년 노무현 정부로 바뀌고 당시 지금처럼 부동산 가격이 급상승하니 정부에서는 각종 규제책을 내놓았습니다. 2003년 9월 5일 재건축 아파트 소형 평수 의무건설 비율 확대를 담은 '9·5 대책'을 발표하였고요. '10·29 대책'에서는 재건축 개발이익환수제 등의 규제를 발표했습니다. 재건축 개발이익환수제는 매우 강력한 규제책이었는데 이런 상황에서 잠실 아파트들이 재건축을 추진했었습니다. 다행히 개발이익환수제는 사실상 폐지되었고 이러한 어려움을 겪으면서 잠실 개발이 마무리되었죠.

율하쌤 잠실 개발사를 들여다보면 부동산 시장이 여건에 따라서 주기적으로 규제와 완화가 반복되었다는 것을 알 수 있네요.

현웅쌤 이러한 역사를 가진 잠실 단지들을 처음 접하시면 물어보는 질문이 있죠.

율하쌤 뭔지 알 것 같아요! 어느 단지가 가장 좋은가, 아니에요?

현웅쌤 정답입니다. 2010년 무렵 새 아파트로 건설되었던 초기에는 레이크팰리스의 가격이 가장 좋았습니다. 시공사가 삼성물산이었고 호수공원과 롯데월드가 가깝다는 이점이 크게 작용했는데요. 단점은 단지 안에 중학교가 없다는 것이었어요.

율하쌤 한편 호재가 많은 잠실에 빼놓고 얘기할 수 없는 호재가 있죠! 잠실 종합운동장 리모델링 계획이라 하기도 하고 '잠실 MICE사업'이라고도 하는데요!

현웅쌤 MICE사업은 2014년 발표된 2030서울플랜 동남권 발전계획에 포함되어 있습니다. 그리고 2040서울플랜에 다시 한 번 언급됩니다. 2022년 착공해서 2029년 준공이 예정되어 있는데 2021년 12월에 사업자 선정까지 진행되었죠. 잠실종합운동장 일대 약 35만㎡를 탈바꿈하는 사업인데요. 컨벤션 시설, 야구장, 스포츠 다목적시설, 호텔, 문화·상업·업무시설을 비롯해 미래형 교통수단인 도심항공교통터미널까지 구축하는 대규모 사업입니다. MICE사업이 구체화되면 인근 삼성동 코엑스 일대와 삼성역 복합환승센터, 현대차가 한전부지에 추진할 GBC가 연계되며 이 일대 단지들은 큰 수혜를 입겠지요!

율하쌤 지금은 종합운동장역과 가깝고 단지 안에 초중고가 있는 엘스가 늘 다른 단지보다 1~2억 원 정도 비싸잖아요? 나머지 단지들은 가격이 비슷하게 형성되더라고요. 그리고 파크리오 같은 경우는 엘스보다는 1~2억 원, 나머지 단지들보다는 1억 원 정도 낮게 가격대가 형성되어 있다고 보면 되겠네요!

아파트 도장깨기:
잠실의 재건축 4인방

율하쌤 잠실역 인근에는 미래가치가 높은 재건축 아파트 4인방이 있잖아요? 잠실역은 4인방 콤보네요. 재건축으로 잠실의 대장주인 잠실주공5단지, 신천장미1차2차(장미아파트), 잠실우성 1, 2, 3차 그리고 잠실아시아선수촌이 있죠!

현웅쌤 신천동 미성크로바, 진주아파트도 재건축 단지로 공사 중인데요. 이 아파트들은 재건축 규제가 발표되자 규제를 피하려고 서둘러 사업진행을 해서 지금은 공사 중에 있습니다. 곧 으리으리해질 거예요! 잠실역 인근의 재건축 4인방은 모두 미래가치가 좋지만 각각 특색이 다르고 다른 길을 가고 있어요.

율하쌤 그럼 어떤 점들이 다른지, 먼저 잠실 재건축 대장주 잠실주공5단지부터 살펴볼까요? 잠실주공5단지에서 조금 아쉬운 점은요, 신천동 미성크로바나 진주아파트는 사업진행을 서둘러 재건축 규제를 받지 않았는데 현재 시점에서 이곳은 규제를 피하지 못해서 재건축 초과이익환수제가 적용된다는 부분이죠.

현웅쌤 네. 그러던 중 2022년 2월 16일 서울시에 의해 잠실주공5단지 재건축 정비계획안이 통과되어 잠실역 역세권에 걸쳐 있는 용지는 용도지역 상향으로 인해 최고 50층까지 건축할 수 있게 되었잖아요. 또 윤석열 정부의 부동산 공약인 재건축 초과이익환수제 완화로 인해 기대감이 높아지고 있죠.

◉ 잠실주공5단지

1977년 11월 입주한 단지로 잠실주공 1~4단지가 저층인 반면 5단지는 15층이다. 입주 당시 기준으로 고층 아파트였다. 2005년 정비구역으로 지정되었고 2014년 조합설립인가를 받았다. 재건축 대상 면적은 358,077㎡에 3,930세대, 조합원수는 4,042명, 건폐율 12%, 용적률은 138%로 상당히 낮아 사업성이 매우 좋다. 2016년 1월 새로운 조합장을 선출하고 2017년 단지 내 도로를 기부하고 50층 높이를 허가받았다. 준주거지역에 최고 50층, 주상복합 6개 동과 40층 호텔·오피스 1개동까지 총 7개의 초고층 건물을 지을 수 있는데 2017년 서울시 도시계획위원회 심의를 통과했다. 2022년 3월 기준 매매 시 토지거래허가구역 규제를 적용받는다.

율하쌤 가격이 문제지 너무 좋은 '찐' 아파트임에는 확실해 보입니다!

현웅쌤 이제 신천동 장미아파트로 넘어가볼까요? 잠실주공5단지와 달리 장미아파트는 소리소문도 없이 강한 아파트입니다.

율하쌤 1979년에 장미 1, 2차가 준공했고 1984년도에 3차가 준공하였죠. 2005년 정비구역으로 지정되었고 1차 2,100세대, 2차 1,302세대, 3차 120세대와 상가동으로 이루어져 있고요.

현웅쌤 조합원수를 합치면 총 3,487명이고 상가조합원은 874명입니다. 잠실주공5단지가 용적률이 138%로 사업성이 좋아 사람들의 관심을 끌고 있는 반면 장미아파트는 용적률이 1차 184%, 2차 190%, 3차 201%로 재건축 시 추가분담금이 발생하지만 위치상으로는 잠실주공5단지보다 좋다는 평가를 받고 있어요.

율하쌤 인근에 삼성SDS, 쿠팡 등 유명 기업들이 자리한 업무지구가 있는데요. 단지 내 잠실중학교와 잠동초등학교를 품고 있는데 특히나 잠실 내에서 아주 우수한 성적을 내는 학교라 중학교 학군이 매우 좋아요.

현웅쌤 2020년 3월 조합설립인가를 받았고 2021년 11월 오세훈 시장이 추진하는 신속통합기획재건축에 신청하며 사업에 속도를 내고 있습니다. 한강 변에 인접해 가설계된 도면에서도 한강 조망이 가능하게 동 배치를 해서 투자만 할 수 있다면 매우 우수한 단지입니다.

율하쌤 이제 잠실우성 1, 2, 3차 차례입니다. 이 아파트는 매우 '운'이 좋은 아파트라고 말씀하셨었지요?

: 잠실장미아파트 전경

현웅쌤 왜냐하면 아파트 자체가 좋은 것도 있지만 바로 옆이 삼성동인데 이 삼성동이 너무 좋아져버렸거든요. 이미 삼성동에는 코엑스타워, 포스코, SK하이닉스, 유한킴벌리와 같은 대기업과 외국계 회사들이 자리를 잡고 있으며, 특히 공사가 한창인 현대차 GBC가 완성되면 이 주변이 한 번 더 성장할 수 있어 잠실우성 1, 2, 3차도 가격이 항상 좋은 아파트가 되었습니다.

율하쌤 그런데 여기서 확인할 것이, 이 단지의 재건축 진행이 잠시 정체되었죠. 재건축 진행은 조합설립 시 전체 구성원의 3분의 2가 동의해야 하잖아요? 여기다가 동별로 50% 이상의 동의가 나와야 하는데 원활하지 못했단 거죠.

현웅쌤 네, 맞아요. 잠실우성은 큰 평수가 위치한 12동, 13동의 동의율이 늘 적게 나와 애를 먹는 단지였는데 2021년 6월에 드디어 조합설립인가가 나서 기존 1,842가구가 재건축을 통해 2,716가구로 태어날 예정이고 그 신축아파트의 미래가치는 더할 나위 없이 좋을 것 같네요.

율하쌤 이제 잠실 라인의 마지막이죠. 잠실우성 옆에 위치한 잠실아시아선수촌! 단지에 들어서는 순간 딱 '좋다'는 느낌이 오죠.

현웅쌤 대한민국 3대 재건축 명품아파트를 꼽으라 하면 압구정현대아파트, 개포1차2차우성과 더불어 잠실아시아선수촌을 꼽습니다. 강남과 가깝고 공원과 편의시설, 넓은 대지권까지 하나도 나무랄 데 없는 만큼 가격이 만만치 않습니다. 잠실역 인근 4개의 재건축 아파트는 모두 미래가치가 너무 좋고 이들이 재건축되는 시점에서는 아마도 재건축이 될 때마다 돌아가며 잠실의 대장주 역할을 하게 되겠네요!

율하쌤 이제 석촌역 쪽으로 가보시죠.

석촌역이 환승역이 되고 나서 생긴 일

현웅쌤 석촌역 인근에는 석촌동 잠실한솔(잠실한솔솔파크)이라는 7개동짜리 아파트가 있습니다. 이 아파트는 잠실의 다른 단지들에 비하면 규모도 작고 위치도 뒤쪽이라 2017년 즈음만 해도 32평(전용 84㎡) 기준 매매가 8억 원, 전세가 6억 원이어서 2억 원 정도면 투자할 수 있었습니다. 그런데 호재가 있었으니 9호선 연장선이 이 아파트 단지 앞으로 개통된 것이죠. 석촌역이 환승역이 되었고 9호선 연장선은 2018년 12월에 개통되었습니다. 일반적으로 지하철이 개통되면 여러 단계에 걸쳐 그 주변 부동산 가격에 반영이 됩니다. 지하철 개통 직후에 집을 사도 이후에 일정 부분 상승하는 현상이 있어요. 전용 84㎡ 시세가 지금은 16~17억 원 정도인데요. 이처럼 지하철 개통은 개통되기 직전, 직후 모두 주변 부동산 가격에 긍정적인 영향을 줍니다. 지하철 개통이 예정된 곳은 항상 투자를 긍정적으로 보면 좋아요.

율하쌤 이제 저희는 헬리오시티아파트가 보이는 곳으로 들어서기 시작하는데요. 그 앞에 4개동짜리 송파동부센트레빌에 먼저 가봐요. 이 단지는 규모도 작고 헬리오시티아파트가 예전 가락시영아파트일 때는 가격 변동이 크지 않았는데 헬리오시티아파트가 멋지게 자리 잡고 나서는 가격이 많이 올라주었습니다.

현웅쌤 일종의 '갭 메우기' 현상이죠! 대단지가 새롭게 들어서면 주변환경이 좋아지면서 인접한 작은 단지들이 덩달아 오르는 경향을 보인다는 것, 기억해둘 중요한 포인트죠!

율하쌤 잠실은 나날이 갈수록 좋은 평가를 받는 지역으로 강남보다는

: 잠실한솔

: 잠실한솔 전용 59㎡ 매매가 추이

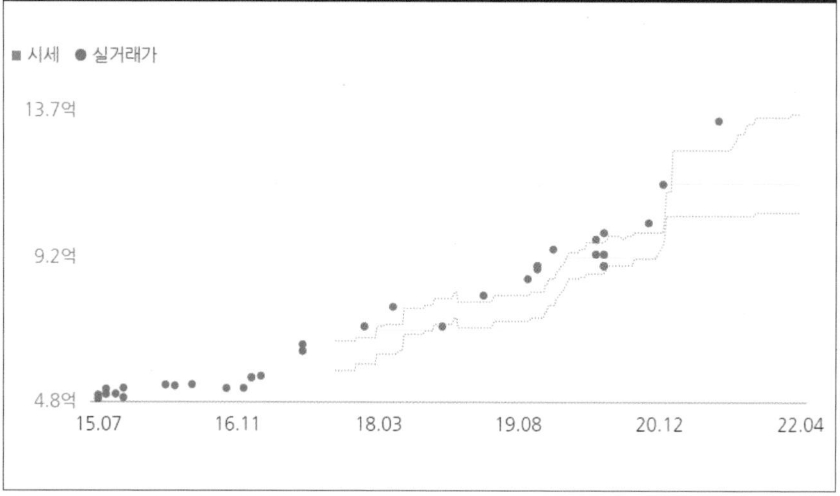

출처: 네이버

: 잠실한솔 단지정보

기본정보	**아파트명 (입주연도)**	**주소**	**전용면적(㎡)**	**실거래 시세 (2022년 3월 기준)**	
	잠실한솔 (2000.10)	서울시 송파구 석촌동 285	58, 84	13억 4,000만 원 (21.07/3층/59㎡)	
주거환경	**세대수**	**용적률**	**건폐율**	**주차장(세대당)**	**지대**
	393세대 (7개동)	336%	26%	423대(1.07대) 지하 2층(연결o)	평지
직주근접 (주요 환승)	**지하철역**	**강남역**	**광화문역**	**여의도역**	**판교역**
	석촌역 (8, 9호선)	21분 (종합운동장)	39분 (천호)	26분 (여의도)	38분 (복정-정자)
학군	**초등학교**	**중고등학교**	**일신여중 학업성취도 및 진학률**	**잠실여고 학업성취도 및 진학률**	**학원가**
	석촌초 (도보 3분)	일신여중, 배명중, 잠실여고	81.2%(19위), 1.5%(17위)	90.3%(3위), 48.6%	잠실학원사거리 (94개), 헬리오시티 (44개)
생활환경 (차량 시간)	**공원**	**대형마트**	**백화점**	**종합병원**	
	아름공원(1분), 광평공원(8분)	롯데월드몰(4분) 롯데마트 잠실 (4분), 홈플러스 잠실 (5분), 이마트 수서(6분)	롯데백화점 잠실 (4분)	경찰병원(6분), 삼성서울병원(7분), 서울아산병원(9분)	
종합	**평가:** 9호선, 8호선 환승역인 석촌역이 가까운 단지. 잠실 대장주 대신 택하기 좋은 아파트로 인근에 최우수 학원가인 대치동과 업무지구인 삼성동 일대가 있어 교통, 교육, 일자리가 만족스러운 아파트. **함께 살펴볼 만한 단지:** 방이역 인근 방이대림가락, 오금현대아파트, 오금대림.				

저렴하면서 강남만큼 우수한 주거지역으로 주목받는 곳입니다.

율하쌤 항상 관심을 가지고 잠실의 다양한 부동산 물건들에 관심을 가진다면 좋은 매수 기회를 잡을 수 있겠어요.

방이동 가로주택정비사업

현웅쌤 석촌역을 떠나기 전 또 다른 부동산 투자 포인트를 짚고 가볼까요? 최근 '가로주택정비사업'이라 해서 낡은 빌라나 아주 작은 아파트 단지를 새 아파트로 새롭게 짓는 사업 열기가 뜨거웠잖아요?

율하쌤 맞아요. 송파구 방이동 쪽 빌라 지역에 이 가로주택정비사업 대상 빌라들이 제법 있는데요. 가로주택정비사업이란 소규모주택정비사업의 한 종류죠. 노후한 건축물이 밀집한 구역에서 소규모로 주거환경을 개선하는 사업인데요. 기존 재개발이나 재건축의 경우 규모가 크다 보니 사업이 지연되거나 여러 가지 문제점이 발생하는 경우가 잦아요. 이런 문제를 해결, 보완코자 2012년 「도시 및 주거환경정비법」에서 규정한 것이죠?

현웅쌤 도시 및 주거환경정비법은 재개발, 재건축 등 정비 개발사업의 모법인데, 원래 소규모주택정비사업은 크게 주목을 받지 못했어요. 그러다 2016년 이후 부동산 가격이 급상승하자 관심이 높아졌습니다. 가로주택정비사업을 포함한 소규모주택정비사업들을 규정하기 위해 「빈집 및 소규모주택 정비에 관한 특례법」(약칭 소규모주택정비법)이 제정되었고 2018년 2월 9일 시행되었고요.

: 방이동 먹자골목

: 방이동 가로주택정비사업 구역

율하쌤 소규모 주택정비사업의 종류로는 자율주택정비사업, 가로주택정비사업, 소규모재건축사업 이렇게 3종류가 있죠?

현웅쌤 네. 이 중에서 우리가 이야기하는 가로주택정비사업은 ① 도시계획도로 등으로 둘러싸인 1만m^2 미만 가로구역의 전부 또는 일부, ② 해당 구역을 관통하는 도시계획도로가 설치되어 있지 아니하고(너비 4m이하 제외), ③ 노후 불량건축물의 수가 전체 건축물의 수의 3분의 2 이상인 구역에서 벌이는 사업을 말합니다.

율하쌤 서울에서 가로주택정비사업의 대상지는 보통 빌라나 연립주택이라는 이름이 붙은 낡은 주택이나 한두 동의 나홀로 아파트인 경우가 많죠. 요새 이 대상지에 대한 투자가 유행하고 있다는 이야기입니다.

송파구 핵심 포인트

- 실수요가 두터운 엘스, 리센츠, 트리지움, 레이크팰리스, 파크리오 '불황' 때 노려라
- 잠실은 수요가 두텁고 회사들도 많아 푸르지오월드마크 등의 주상복합아파트들도 가격이 저렴하다면 좋은 선택
- 석촌역 주변 대로나 중로의 건물들은 강남 대체 지역으로 발전가능성 있음
- 미래가치 우수한 잠실주공5단지는 시장의 변화에 따라 매수 기회가 생길 수 있음
- 잠실 MICE 개발사업이 본격화되면 인근 엘스, 우성 1, 2, 3차 또 한 번 가격상승 기회

05

목동역·오목교역

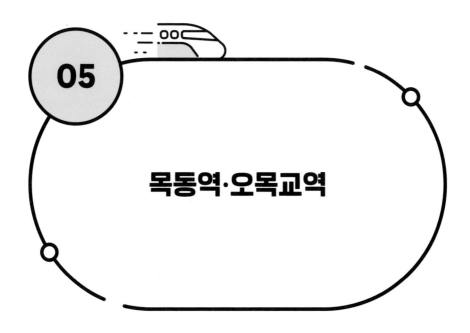

현웅쌤 이번에 저희가 가볼 곳은 목동입니다. 목동은 시장 상황에 따라 웃었다 울었다 하는 지역인데요, 부동산 정책을 빼놓고 이야기할 수 없겠죠. 정책은 부동산 시장에 매우 큰 영향을 미칩니다. 어떤 내용이 발표되면 시장의 개별 주체들이 여러 방향으로 움직이게 되고 그에 따라 부동산 투자의 운명이 갈리는 경우가 생겨요. 그래서 부동산 정책을 꾸준히 들여다보는 것이 중요하긴 하지만 그렇다고 정책만을 무조건 맹신할 필요는 없습니다. 상황에 맞게 풀어나가는 능력을 갖추시는 것이 가장 좋겠죠.

율하쌤 목동하면 재건축이 머릿속에 딱 떠오르는데요. 사실 말씀하신 것처럼 목동은 부동산 정책 방향에 따라 운명이 자주 바뀐 지역이잖아요?

: 목동역·오목교역

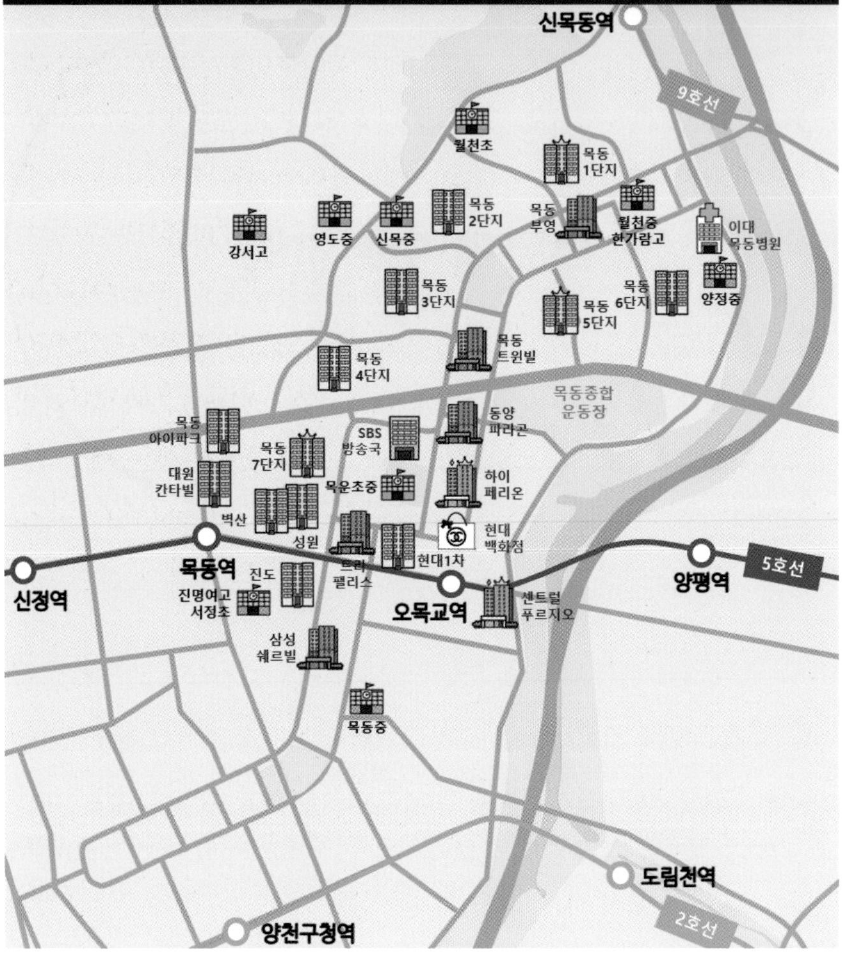

현웅쌤 그렇죠. 재건축 연한이 지금은 30년이지만 40년이었던 적이 있었습니다. 제가 2014년 무렵 부동산 강의를 나가면 늘 받는 질문이 있었는데요. "목동 대형 평수를 팔아야 하는가?"라는 질문이었어요.

율하쌤 목동은 학군이 좋은 지역으로 유명하죠. 유해시설이 없으며 좋은 학군과 학원가가 집중되어 자녀교육에 최적화된 곳입니다. 그런데 아파트 연식이 오래되어 자녀교육을 마칠 때 즈음에는 새 아파트로 이사하고 싶은 마음이 생길 수 있는 곳이죠.

현웅쌤 재건축 연한이 40년이던 2014년에는 1986년부터 준공된 목동 아파트들이 재건축 연한을 10년 이상 남겨둔 상황이었어요. 그런데 2014년 9월 1일 재건축 연한이 30년으로 줄어드는 일이 발생합니다. 부동산 가격이 몇 년째 하락하는 시기여서 부동산 규제를 완화했었지요. 정책이 바뀌며 목동은 급속도로 재건축 요건을 충족하게 됩니다. 그런데 워낙 아파트 조경이 좋고 건물도 튼튼해서 재건축을 본격적으로 진행하지는 않았어요.

율하쌤 그러다 2017년 5월 문재인 정부 출범 이후 재건축 규제가 심해졌잖아요? 특히 재건축 초과이익환수제 부담금과 안전진단강화 등의 정책이 시행된 이후 목동의 재건축 추진 분위기는 잠잠해졌었고요. 2018년 무렵만 해도 목동 14개 단지 중 추진준비위원회가 설립된 단지는 한 곳도 없었죠.

현웅쌤 그러던 중 서울의 부동산 가격이 폭등하고 재개발 신축아파트의 가격이 천정부지로 치솟자 목동이 바빠지기 시작했습니다. 목동 학군보다 떨어진다고 평가받는 신정동의 목동힐스테이트, 신정뉴타운의 래미안목동아델리체 등의 단지에서 신축의 위력을 느낀 것이죠. 이후 2019년도부터 목동은 단지별로 추진준비위원회가 만들어지기 시작하더니 안전진단 신청 등 본격적으로 재건축 추진에 들어갔습니다. 이렇듯 목동은 정부의 부동산 정책에 의해 분위기가 많이 좌우되는 지역이지만 향후 부동산 시장의 화두가 되면서 시장가격을 주도할 것이라고 예상합니다.

율하쌤 목동의 최근 몇 년을 살펴보면서 우리가 기억해야 할 점이 있는데요. 2017년부터 재건축에 대한 규제가 있었지만, 목동 아파트의 가격은

: 목동 단지별 재건축 가능연도와 용적률

단지	용적률	사용승인	재건축 가능연도	단지	용적률	사용승인	재건축 가능연도
1단지	128.90	1985년	2015년	**8단지**	164.53	1987년	2017년
2단지	124.16	1986년	2016년	**9단지**	138.21	1987년	2017년
3단지	122.05	1986년	2016년	**10단지**	127.35	1987년	2017년
4단지	124.89	1986년	2016년	**11단지**	124.96	1988년	2018년
5단지	117.20	1986년	2016년	**12단지**	123.20	1988년	2018년
6단지	139.08	1986년	2016년	**13단지**	161.25	1987년	2017년
7단지	124.76	1988년	2018년	**14단지**	145.76	1987년	2018년

※ 노후 연도 산출은 '서울특별시 도시 및 주거환경정비조례'에 따라 산출

출처: 양천구청

: 목동 단지별 용적률과 세대수 현황도

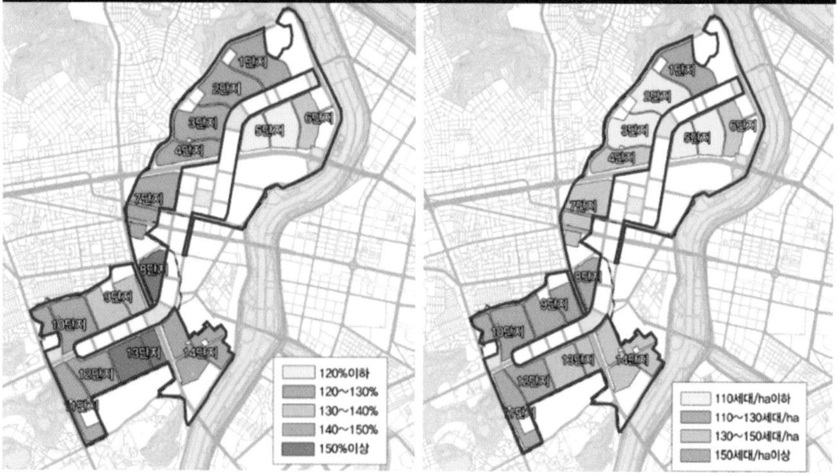

출처: 양천구청

'꾸준히' 상승했다는 점입니다. 재건축 초과이익환수제 부담금, 안전진단강화, 분양가상한제 등에도 불구하고 가격이 계속 올랐다는 건 어떻게 해석해야 하나요?

현웅쌤 위치가 좋고 넓은 대지를 가진 재건축 단지는 30년 재건축 연한이 넘어가면 부동산 규제가 있다 하더라도 규제와 상관없이 가격이 상승한다는 측면을 꼭 기억해두시면 좋을 듯합니다.

율하쌤 네. 그럼 이제 실제 아파트 단지들을 살펴보도록 하지요.

넥스트 개포동이 될 목동

현웅쌤 사실 최근 몇 년 동안 가장 높은 상승률을 기록한 곳을 꼽으라면 강남구 개포동 지역을 떠올릴 거예요. 5~6년 전 3억 원 정도 들여서 개포동에 있는 주공아파트를 매수하셨다면 어떻게 되었을 것 같으세요?

율하쌤 지금 개포 래미안블레스티지 같은 경우 가격이 엄청나니까, 아마 15~20억 원 정도의 수익을 올렸을 것 같은데요?

현웅쌤 목동은 개포동의 바통을 이어받는 서울의 최대 재건축 기대 지역이라 할 만큼 미래가치가 좋습니다. 지금은 재건축 규제가 매우 심하지만 언제든 규제가 완화된다면 항상 부동산 시장에서 이슈의 중심이 될 거예요. 그럼 목동역에서부터 출발해보도록 하겠습니다!

율하쌤 목동 교차로 5호선 목동역 쪽에 도착했는데요. 저희가 얘기했던 목동 단지들 중에 어디가 제일 좋을까요? 지금 목동역에서 바로 보이는 럭

키세븐, 7단지일 것 같은 예감이 드는데요.

현웅쌤 맞습니다! 우리가 목동역에서 나와 지상으로 올라오면 뭐가 먼저 보이나요? 목동 재건축 단지 중 미래가치가 가장 기대된다는 7단지가 떡하니 자리를 잡고 있습니다. 현재 투자자들이 입을 모아 7단지가 가장 좋다고 하는데 왜인지 아세요?

율하쌤 목동은 학군에서 시작하고 학군에서 끝난다고 표현할 수 있는 곳이잖아요! 현재 목동에서 가장 훌륭한 학군, 학교는 입을 모아 '목운중학교'라고 하죠. 목운중학교는 목동역 출구에서 도보로 10분 정도 걸리니 근접한 7단지가 높이 평가받는 것에 대한 이유가 되겠네요.

현웅쌤 네. 7단지는 대부분 목운중학교로 배정이 되고요. 목동역과 가깝죠. 다들 7단지를 손에 꼽을 수밖에 없는 이유입니다. 최근에는 목운중학

: 목동역 인근 모습

교를 알아주지만 과거에는 신목중, 월촌중, 양정중, 목동중 등이 엎치락뒤치락했었죠. 지금도 이 학교들은 유해시설이 없고 바로 앞에 좋은 학원들이 넘쳐나는 좋은 학교들입니다.

율하쌤 잠시 목동 단지들의 느낌을 좀 살펴볼까요? 총 14단지로 이루어져 있고 행정구역상으론 1~7단지는 목동, 8~14단지는 신정동으로 나뉩니다. 이 둘을 합쳐서 모두 '목동 신시가지'라고 부르죠.

현웅쌤 아무래도 단지마다 차이는 있습니다. 예를 들어 외부인들 시선으로 투자가치가 가장 높은 단지를 꼽으라면 7단지이긴 한데요. 실제로 목동에 거주하는 분들에게 물어보면 다른 대답이 나오기도 하거든요? 우선 목동 1~7단지와 8~14단지를 구분해야 합니다. 물론 모두 다 좋은 단지이지만, 아무래도 1~7단지가 전통적으로 학군이 좋고 행정구역도 목동이거든

: 목동 최고의 학군으로 손꼽히는 목운초등·목운중학교

요. 그런데 8~14단지는 신정동이니 1~7단지가 상대적으로 더 비쌉니다.

율하쌤 대략적인 학군 배정은 1~3단지는 신목중, 월촌중을 배정받습니다. 5~6단지는 양정중·고등학교를 배정받고 7단지는 목운중 위주로 배정받아요. 목동에서는 학군을 가장 중시하니 아무래도 많은 분들이 앞 단지라고 부르는 1~7단지를 더 선호하시는 듯합니다.

현웅쌤 실거주 측면에서 보면 출퇴근 때 정체현상이 심한데요.

율하쌤 그 점은 너무 잘 알죠. 실제로 말씀하신 앞 단지 쪽에 제가 거주했었는데요. 사실 단지들 사이 거리는 그렇게 멀지 않은데 교통정체가 심할 때는 상당히 막히는 경우도 있습니다. 특히 아침 출근시간 때 단지 내에서 이동하고 빠져나가기 힘들 때가 있죠.

현웅쌤 아무래도 서울 중심가로 출근하셔야 하는 분들, 예를 들면 여의도나 강남 쪽은 1~7단지가 출퇴근 때 편하실 것 같고요. 인천이나 부천 쪽으로 출퇴근한다면 8~14단지가 편하실 겁니다. 실제로 8~14단지는 부천이나 인천 쪽 공장이나 사업체를 운영하시는 분들한테 인기가 많아요.

율하쌤 좀 더 이야기해볼게요. 1~7단지도 각각 섬세하게 다른 부분들이 있죠! 원래는 가장 인기 있는 단지가 1~3단지하고 5단지잖아요? 7단지 같은 경우가 35평대가 주여서 큰 평수를 원하는 실거주자 입장에서는 아쉬운 점이죠. 1~3단지는 단지도 크고 지금도 학군이 좋은 월촌중과 신목중 배정이 가능해 전통적으로 인기가 많지요!

현웅쌤 5단지는 대형 평수도 많고 학군도 좋아 현재도 매우 인기가 있습니다. 4단지는 단지가 조금 작고 6단지는 조금 외진 곳에 치우쳐 있습니다. 목동 단지별로 조금씩 느낌이 다르지만 지금은 1~14단지 모두 좋은 단지라고 보시면 됩니다. 목동 단지들이 본격적으로 재건축을 진행한다면 일

: 목동7단지

: 목동7단지 전용 66㎡ 매매가와 갭 추이

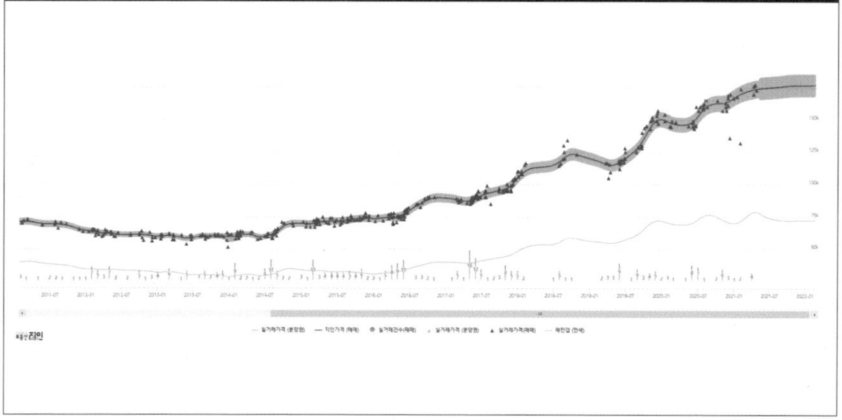

출처: 부동산지인

: 목동7단지 단지정보

기본정보	아파트명 (입주연도)	주소	전용면적(㎡)	실거래 시세 (2022년 3월 기준)	
	목동7단지 (1986.11)	서울시 양천구 목동 925	54, 59, 64, 67~74, 89, 101	16억 3,000만 원 (21.04/3층/59㎡)	
주거환경	세대수	용적률	건폐율	주차장(세대당)	지대
	2,550세대 (34개동)	125%	11%	2921대(1.14대) 지상주차	평지
직주근접 (주요 환승)	지하철역	강남역	광화문역	여의도역	판교역
	목동역 (도보 4분)	43분 (영등포구청)	23분	10분 (여의도)	65분 (영등포구청-강남)
학군	초등학교	중고등학교	목운중 학업성취도 및 진학률	진명여고 학업성취도 및 진학률	학원가
	목운초 (도보 11분), 서정초 (도보 11분)	목운중, 영도중, 진명고, 강서고	96.4%(1위), 6.0%(1위)	91.1%(2위), 44.1%	오목교역 (104개), 목동중(92개), 양천구청 (108개), 목동역(25개)
생활환경 (차량 시간)	주변지역	대형마트	백화점	종합병원	
	무지개공원(1분), 봉제산공원 (6분)	이마트 목동(1분), 홈플러스 목동(1분), 코스트코 양평 (7분)	현대백화점 목동 (2분)	홍익병원(2분) 이대목동병원(6분)	
종합	**평가:** 목동역이 가깝고 학군이 우수한 신목중학교 배정이 있어 목동 단지 중 가장 기대를 받고 있는 단지. 향후 목동 단지들이 새 아파트로 변모했을 때 강남구나 서초구와 어느 정도까지 비교될지 기대 **함께 살펴볼 만한 단지:** 영등포구 여의도동 여의도삼부도 지하철 5호선 여의나루역 인근이고 여의도동의 대표적인 아파트. 여의도는 목동과 조금 다르게 서울시에서 여의도지역 지구단위계발계획을 수립 중이므로 눈여겨봐야 함.				

시적으로 강남 못지않게 주목받을 것입니다.

율하쌤 네. 아직은 언제가 될지 모르겠지만 완전히 으리으리한 모습으로 탈바꿈할 목동의 모습이 기대되네요!

목동 재건축 단지의 희망 사항

현웅쌤 오세훈 서울시장이 당선 이후 서울 전역에 재개발과 재건축에 속도를 내겠다 하여 목동도 한껏 기대감에 부풀어 있는 것이 사실입니다. 목동은 재건축 단계 중 오세훈 시장 1년 임기 기간인 2022년 6월까지 안전진단이라도 통과되기를 바라는 것 같거든요. 안전진단은 재건축 사업 초기의 고비 같은 느낌이죠. 안전진단이 통과되면 그 후의 절차들은 빠르고 본격적으로 진행될 수 있어요.

율하쌤 우리가 노원역에서도 알아봤지만 안전진단은 크게 2단계로 나뉘잖아요? 1차 예비안전진단, 2차 정밀안전진단이요. 예비안전진단이란 주택의 구조가 안전한지 외관 및 설비가 낡았는지 등 정밀안전진단을 실시하기 위해 구청에서 진행하는 예비조사를 말하는데, 과거 이 예비안전진단은 시군구에서 관할을 하였죠?

현웅쌤 네. 서울의 경우 구청에 권한이 있는 만큼 주민들의 의견 반영이 우선이어서 비교적 쉽게 통과하는 경향이 있었는데 2020년 6월 17일 정부 대책에 의해서 관할 시군구가 1차 기관을 선정하는 것을 시도로 변경하여서 예비안전진단 절차부터 강화되었습니다. 이때 2차 안전진단 의뢰 주체도 시군구에서 시도로 변경하기로 했지요.

율하쌤 정밀안전진단은 1, 2차로 나뉘고 A등급에서 E등급까지 평가 결과가 세분됩니다. 1차 결과가 C등급 이하일 경우 유지보수 판정이 내려지고, D등급(31~55점 조건부 재건축)이 나오면 2차 안전진단을 진행하고 E등급(31점 미만)은 즉시 재건축이 승인되는 거죠.

현웅쌤 안전진단은 총 4가지 항목으로 평가돼요. 구조 안전성, 주거환경, 건축 마감 및 설비 노후도, 경제성인데 가장 까다로운 항목이 '구조 안전성'입니다. 2021년 5월 기준으로 평가항목의 비중은 구조 안전성 50%, 주거환경 15%, 설비 노후도 25%, 비용편익 10%입니다.

율하쌤 이 구조 안전성 평가 비율을 정부가 재건축 사업을 규제할 때 사용하는 것이에요. 예를 들면 부동산 상승기였던 2006년에는 구조 안전성 평가항목을 50점, 부동산 시장이 침체기였던 2012~2015년에는 20점을 배분했는데 2018년 2월 20일 개정하여 현재는 50점입니다.

현웅쌤 2020년 6월 17일 발표된 부동산 대책에서 부실 안전진단기관에 대한 페널티가 강화되는 등 1, 2차 안전진단통과가 지금으로선 상당히 어려운데요. 윤석열 정부 공약 중 30년 이상 노후 공동주택 정밀안전진단 면제, 안전진단통과의 장애물인 구조적 안전성 항목 50%에서 30%로 하향, 주거환경비율을 15%에서 30%로 상향이 실현되면 경우 목동은 새로운 국면을 맞이할 수 있습니다.

율하쌤 그래서 안전진단통과 여부는 '정치권의 의지'에 달렸다는 말이 나오는 것이군요. 2021년 5월 목동은 9개 단지가 2차 안전진단을 진행하였으며, 2021년 4월 11단지가 기존 규정에 따른 2차 안전진단에서 탈락했는데요. 앞으로 새로이 규제 완화가 된다면 속전속결로 진행될 수 있어요.

아파트 도장깨기: 목동의 주상복합아파트

율하쌤 목동역을 지나 오목교역으로 오니 현대백화점 주변으로 유명한 주상복합아파트들이 보이네요! 목동의 대표적 주상복합이라 하면 역시 목동현대하이페리온과 목동트라팰리스가 되겠죠?

현웅쌤 모두 좋은 주상복합아파트입니다. 원래 주상복합아파트는 가격이 크게 변하지 않는 특성이 있어 적극적으로 투자하지 않는 종목입니다. 왜냐하면 주거지보다는 상업지에 건설되어 주거환경이 쾌적하지 못한 부분이 있어서인데 목동은 예외라고 볼 수 있죠.

율하쌤 목동의 주상복합은 목동의 우수한 학군을 공유하고, 오히려 낡은 목동 단지들에 비해 비교적 쾌적한 주차장과 편의시설을 누릴 수 있어서 오히려 강점이 되었다고 볼 수 있겠어요.

현웅쌤 네. 그래서 목동 단지들의 가격이 오르면 이 주상복합아파트도 따라서 가격이 오릅니다. 목동현대하이페리온은 강남 타워팰리스와 더불어 우리나라 고급 주상복합아파트의 원조 격인데요. 분양 당시에는 미분양이 나서 아주 싸게 살 수 있었던 아파트였죠.

율하쌤 목동현대하이페리온이 미분양이라니 그때로 돌아가고 싶네요. 두 주상복합을 예로 들었지만 사실 목동에는 신축을 비롯한 다른 주상복합아파트들도 많잖아요?

현웅쌤 신정동 삼성쉐르빌아파트(목동삼성쉐르빌), 하이페리온2차, SBS 방송국 앞의 목동파라곤(동양파라곤), 목동트윈빌, 목동부영 등이 있죠. 아마 이쪽으로 많이 지나다녀본 분들은 한눈에 그림이 그려지실 것 같은데요!

: 목동현대하이페리온1차, 목동트라팰리스웨스턴에비뉴

한 가지 팁을 드리면 주상복합은 부동산 시장을 판단하는 하나의 지표라는 것인데요. 호황기 때는 주상복합도 매매가 잘 됩니다. 그런데 불황이 오면 조금 달라집니다. 20년 전에 건립된 주상복합아파트를 상상해보세요. 예를 들어 잠실동, 정자동, 강남구, 용산구 등 좋은 위치에 있더라도 당시 지은 한두 동의 높은 주상복합아파트는 건축기술이 현재보다 덜 발달해서 관리비도 많이 나오고 겨울에는 통창이라 춥고 건물 자체의 환기성 문제도 생깁니다. 또한 용적률을 이미 한계까지 써버린지라 시간이 지난다 해도 재건축이 어려워 불황에서는 매매가 잘 안 되는 측면이 있습니다. 그래서 부동산 불황일 때 10~20년 차 전후의 주상복합아파트가 매물로 많이 나오기도 하지요.

율하쌤 단, 목동의 주상복합은 조금 예외적인 면이 있어요. 목동 단지들이 재건축을 진행하고 있어 이들의 이주 수요가 몰릴 수 있는 곳들이라 목동의 주상복합만큼은 부동산 불황도 피해 갈 수 있을 듯하네요.

아파트 도장깨기: 정통 목동 학군이냐, 새 아파트냐

현웅쌤 오목교역 앞에는 아주 상징적인 아파트가 있습니다. 바로 목동센트럴푸르지오아파트이지요.

율하쌤 이 아파트가 2015년에 준공됐잖아요? 조금 전 이야기 나눴던 목동현대하이페리온이나 목동트라팰리스와 마찬가지로 주상복합이고요.

현웅쌤 이 아파트는 재미있는 점이 있어요. 무엇이 재미있냐, 아무래도 오목교역 쪽 아파트들은 정통 목동 학군에 속하진 않아서 가격이 목동 쪽보단 저렴하거든요, 그래서인가 이곳 오목교역에 새 아파트가 들어선다고 목동센트럴푸르지오아파트가 분양가 8억 원 정도로 나오자 매우 비싸다는 평가를 받았었습니다. 그런데 지금 가격은요?

율하쌤 2022년 3월 기준 18억 원 정도네요!

현웅쌤 바로 이게 목동의 파워예요. 느낌이 오시나요? 목동 어느 한 단지라도 새 아파트가 된다면 가격이 예상보다 좋을 수 있습니다.

율하쌤 오목교역 주변의 아파트들과 오목교역 아래 신정동 쪽에 있는 아파트들은 목동의 메인 아파트 단지들을 매수하기에 자금이 부족하신 분들이 대체재로 많은 관심을 가지는 경향이 있죠. 오목교역 아래쪽 아파트들

: 목동센트럴푸르지오아파트 단지정보

기본정보	**아파트명 (입주연도)**	**주소**	**공급면적(㎡)**	**실거래 시세 (2022년 3월 기준)**	
	목동센트럴 푸르지오아파트 (2015.06)	서울시 양천구 목동 404-13	110, 142, 148, 152, 165	15억 원 (22.03/2층/ 110A1㎡)	
주거환경	**세대수**	**용적률**	**건폐율**	**주차장(세대당)**	**지대**
	248(2개동)	499%	38%	463대(1.86대) 지하주차	평지
직주근접 (주요 환승)	**지하철역**	**강남역**	**광화문역**	**여의도역**	**판교역**
	오목교역 (도보 1분)	38분 (영등포구청)	21분 (오목교)	8분 (오목교)	60분 (영등포구청-강남)
학군	**초등학교**	**중고등학교**	**목동중 학업성취도 및 진학률**	**진명여고 학업성취도 및 진학률**	**학원가**
	목동초 (도보 6분)	목동중, 진명여고, 신목고	87.1%(7위) 5.2%(3위)	91.1%(5위) 44.1%	오목교역 (104개), 목동중(92개), 양천구청 (103개), 목동역(25개)
생활환경 (차량 시간)	**주변지역**	**대형마트**	**백화점**	**종합병원**	
	신세계공원(1분) 봉제산공원 (9분)	이마트 목동(2분) 홈플러스 목동 (3분) 코스트코 양평 (5분)	현대백화점 목동 (1분)	이대목동병원(6분) 홍익병원(4분) 구로성심병원 (10분)	
종합	**평가:** 목동에서 신축아파트의 파급력을 알게 해주는 단지. 목운초, 목동중 배정. **함께 살펴볼 만한 단지:** 신정동아이파크는 2002년 준공, 목동힐스테이트는 2016년 준공이지만 행정구역상 같은 신정동이고 목동 신시가지 주변에 있는 우수한 단지들.				

과 주택가들은 목동 신시가지를 조성하기 전 주거지였죠?

현웅쌤 맞아요. 지금 목동 1~14단지가 들어선 자리는 논밭이었고, 안양천을 따라 뚝방 일부와 지금 오목교역 아래의 아파트와 주택가 자리가 과거의 주요 주거지였죠.

율하쌤 목동의 과거는 양천구청에 사진으로 잘 전시되어 있는데요, 지금은 안양천 주변 주거지는 사라진 지 오래고 오목교역 아래쪽 주거지는 기존의 아파트들 신축된 아파트 그리고 개발을 기다리고 있는 주택 빌라들이 혼재된 지역으로 있습니다.

현웅쌤 이러한 이곳에서 오목교역 인근 신정동아이파크는 목동 신시가지의 대안으로 늘 좋은 선택지입니다. 이 단지의 20평형은 목동 단지보다 적은 금액으로 투자를 고려할 때 괜찮은 아파트입니다. 목동 단지가 부담스럽다면 상대적으로 낮은 가격에 학군도 좋은 오목교역 인근 신정동의 구축아파트들을 고려해보세요. 리모델링 호재까지 함께 있을 수도 있답니다!

아파트 도장깨기: 학군 효과를 누리는 알짜 나홀로

율하쌤 핫하다는 목동7단지 옆에 눈여겨볼 곳들이 있죠?

현웅쌤 바로 목동성원(성원상떼빌), 벽산아파트(벽산블루밍)가 주인공이죠. 이 두 아파트는 규모도 작고 목동7단지와 같이 재건축하는 아파트는 아닌데요. 100퍼센트 목운중학교에 배정된다는 장점이 있어요. 사실 4년 전쯤만 하더라도 2억 원 정도로 갭투자로 매수할 수 있었던 아파트입니다. 목동

: 좌측부터 목동성원, 벽산아파트, 목동진도2차, 목동현대1차(시계 방향)

의 어느 단지에서라도 재건축 진행으로 이주를 하게 된다면, 이주 수요 때문에 가격이 오를 수 있는 아파트라서 가치가 있죠.

율하쌤 목운중학교와 현대백화점 맞은편 오목교역 앞에는 3동짜리 목동현대1차와 한 동짜리 목동진도2차도 있잖아요. 마찬가지로 투자 가치가 높겠어요.

현웅쌤 목동 1~14단지에 투자하는 것도 좋지만 자금이 부족하다거나 실거주 목적, 자녀의 목운중학교 배정 등을 위해서라면 지금 소개해드리는 나홀로 아파트 개념의 물건들이 좋은 선택지가 될 수 있어요. 또 한 가지 팁을 드리면 이 아파트들은 리모델링이 추진된다면 가격상승도 노려볼 수 있다는 것이 장점입니다. 1999년대에 지어진 아파트로 낡았지만 리모델링이 된다면 입지도 훌륭하고 더 좋은 아파트로 탈바꿈하게 되거든요. 목동역을 빠져나가기 전에 목동대원칸타빌(1차)과 목동현대아이파크(1차)도 있는데요. 이 두 아파트는 목운중학교 배정이 아니어서 학군을 중시하는 목동 내에서 가격이 저렴한 편이죠. 그렇지만 이 두 아파트도 마찬가지로 목동역이 가깝고 목동 재건축 이주 수요의 기대주 아파트라서 투자처로 괜찮은 곳들입니다.

투자처가 될 수 있는 신정동의 빌라들

율하쌤 목동7단지 맞은편으로 가보면, 지하철 5호선 신정역에 이르기까지 빌라와 작은 아파트들이 많이 모여 있는 곳이 있습니다. 이곳도 목동의 신시가지가 생기기 전부터 있었던 주거지였죠?

현웅쌤 네. 이 부근의 빌라나 나홀로 아파트를 매수하는 것도 괜찮은 투자 방법인데요, 바로 옆이 목동인지라 학원가나 학군의 영향을 많이 받아 외지에서 자본이 부족한 실수요자들의 매수 수요가 꾸준한 지역이에요.

율하쌤 목동의 학군은 최고로 손꼽히는 강남 학군만큼은 아니지만 강북, 일산, 인천, 부천 등 서울 서부권에서는 최고의 학군, 일종의 '전국구' 학군인데요. 재건축을 앞두고 있어 부동산 규제만 풀린다면 가격상승을 주도할 것으로 보여요.

현웅쌤 맞아요. 또 한 가지 기억할 점은 부잣집 잔치에 먹을 것이 많다는 점입니다. 목동 지역이 본격적으로 개발을 진행하면 많은 수의 주민들이 일시적으로 이주를 해야 하고 결국 인근에 있는 영등포구 양평동, 문래동,

당산동 지역도 좋은 영향을 받을 겁니다. 염창동은 늘 목동의 부동산 가격과 연동이 되니 자금력이 부족하신 분들은 이 지역들을 눈여겨보셔도 좋겠어요.

현웅쌤 부동산 규제 완화를 주장하는 오세훈 시장 당선 이후 재건축 대상 아파트들의 가격상승이 두드러졌는데요. 이러한 상황에서 투기 우려가 있어 서울시에서 선제적으로 2021년 4월 27일 압구정 지구단위계획 수립지역, 여의도아파트 지구. 목동 택지개발사업지구(1~14단지), 성수전략정비구역(1~4지구) 4개 지역을 '토지거래허가구역'으로 지정하였습니다. 기한은 1년인데 2022년 4월 1년 재연장되었습니다.

율하쌤 토지거래허가구역이란 앞으로 투기가 성행할 우려가 있는 지역이나 땅값이 급격히 상승한 지역에 대해 미리 투기를 방지하기 위해 구청장의 허가를 받아야만 거래가 가능한 지역을 말하고 매수 후 2년간 매도나 임대할 수 없고 실거주를 해야 하죠.

현웅쌤 재건축 아파트의 상승은 긍정적인 측면과 함께 주의해야 할 점도 있습니다. 긍정적인 측면은 서울을 놓고 봤을 때 대단지 재건축이 지역을 개발하고 공급을 늘릴 수 있는 방법이라는 점입니다. 더구나 목동을 비롯해 남아 있는 서울 시내 재건축 단지는 기반시설이 매우 우수하여 재건축만 된다면 높은 가격상승이 예상됩니다. 반면 서울시 정책과 재건축 완화를 공약한 윤석열 정부가 출범했을지라도 규제가 여전히 남아 있는 점도 생각해야 해요. 국회에서 법을 개정하지 않는 이상 재건축 수익을 국가가 환수하는 형태인 재건축 초과이익환수제 문제, 서울시 용적률 상향 문제 등이 개선되기 어렵기 때문입니다.

율하쌤 그래도 목동 지역은 전체 평균 용적률이 130% 정도로 일반분양분이 많이 나올 수 있어 미래가치가 높다는 것만은 확실하네요. 부동산 시장의 불황과 호황은 일정 기간을 두고 반복됩니다. 향후 미래가치가 높은 목동과 그 주변에 늘 관심을 가지고 기회를 잡으세요!

양천구 핵심 포인트

- 전반적으로 대지지분이 넓고 재건축이 추진되고 있어 큰 평수의 비싼 아파트도 좋지만 20평형을 전략적으로 노리는 것도 방법
- 목동 학원가 주변 층수가 높은 상가나 오피스텔 투자
- 행정구역상 목동인 1~7단지, 신정동인 8~14단지로 구분되나 재건축은 빠르게 신축 아파트가 되는 것이 가장 수익이 크기 때문에 여건에 맞게 투자하기
- 한 단지라도 재건축이 시작되면 이주 수요로 인해 인근 염창동, 영등포동 등 주변의 전세나 매매 수요에 영향을 줄 수 있음
- 목동 신시가지와 학군을 공유하고 리모델링 호재가 생길 수 있는 작은 단지들도 좋음

06

대치역·개포동역

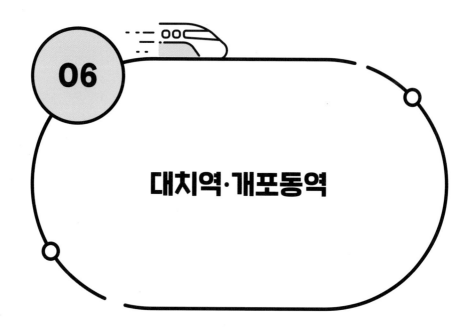

율하쌤 이번에는 강남에서도 교육환경이 매우 우수하기로 유명한 대치역, 개포동역 쪽으로 가보겠습니다. 이미 강남구는 거의 모든 지역이 적은 금액으로는 접근하기 어려운 곳이 되었지만 부동산 시장의 흐름을 파악할 수 있는 중요 지표기 때문에 꼼꼼하게 알아둘 필요가 있죠.

현웅쌤 우선 대치동은 2022년 4월 기준 토지거래허가구역에 속합니다. 토지거래허가구역은 재건축 등의 각종 부동산 개발로 투기가 성행하거나 시장가격이 급등할 수 있는 곳에 대해 5년 이내의 기간을 정해 허가받아야만 거래할 수 있도록 지정한 곳을 말합니다. 공적 규제를 강화하기 위해 시행하는 제도이죠. 토지거래허가구역은 매수자가 실거주 2년 이상을 목적으

: 대치역·개포동역

로 매수를 해야 하잖아요? 그 말은 은마 아파트 같은 낡은 아파트를 사도 반드시 2년은 실거주를 해야 한다는 뜻이고요.

율하쌤 이 부분에 대해 조금 자세히 살펴보면 2020년 6월 17일 국토부

「주택시장 안정을 위한 관리방안」에서 서울 일부 지역이 토지거래허가구역으로 지정되었습니다. 지정범위는 강남구 삼성동·대치동·청담동, 송파구 잠실동 등 총 4개 법정동입니다. 기간은 2020년 6월 23일부터 2021년 6월 22일까지였는데, 2021년 6월 10일 오세훈 시장 취임 후 서울시는 부동산 과열을 막기 위해 1년간 기간을 연장을 했죠. 용산과 공공재개발 후보지 역시 현재 토지거래허가구역으로 지정되어 있고, 2022년 4월 압구정동, 여의도, 목동, 성수전략정비구역 4곳 역시 토지거래허가구역 기간이 1년 연장되었죠.

현웅쌤 여기서 토지거래허가구역의 부동산 매매 시 몇 가지 유의할 점이 있는데요. 첫째는 주거용 토지의 경우 2년간 실거주용으로 이용해야 하므로 예외적인 경우를 제외하고는 임차인이 있으면 토지거래허가가 되지 않는다는 점입니다. 둘째는 상가의 경우에도 직접 자기경영을 해야만 허가가 나온다는 부분이고요. 만약 한 칸의 단독상가라면 직접 장사나 운영을 해야 하고 상가건물인 경우에도 직접 장사를 하거나 운영하는 공간과 임대를 하려는 공간이 명확해야 허가가 나옵니다. 셋째는 다가구 건물인 경우 즉 원룸이나 투룸도 실거주를 원칙으로 하고 허가권자에 의해 일부 임대를 하는 것을 허용하고 있습니다. 넷째, 오피스텔의 경우에도 대지지분 면적이 허가기준 면적을 초과하는 경우라면 토지거래허가를 받아야 합니다.

율하쌤 대치동 하면 최고의 학군과 학원가를 꼽을 수 있겠죠? 대치초, 대곡초, 대도초, 대청중, 단대부중고, 숙명여중고 등이 있고 위 학교들뿐만 아니라 인근 학교들도 거의 우리나라 최상위로 평가받는 명문들이죠. 은마아파트 입구 교차로를 중심으로 도곡로 주변의 학원가는 우리나라의 최고 학원가로 불리는데, 여기서는 세계 어느 나라 학교로도 진학할 수 있을 것만 같아요.

: 대치동 학원가 인근

DUGAK
두각
조엘통찰수학
대치W내과
24HR
SC제일은행

프린스턴
이강학원
UNO HAIR
TOUS les JOURS

현웅쌤 맞아요. 그래서 서울뿐만 아니라 자녀를 둔 학부모님들은 대치동 학원가에 늘 관심을 두는데, 서울 전역에서 대치동 학원까지 '라이딩'을 한다는 말이 괜히 있는 게 아니에요.

율하쌤 예전에는 아파트가 낡아서 전세가가 저렴한 은마의 경우, 전세 수요 3분의 1은 주말에 대치동 학원가에 자녀를 보내기 위한 지방 수요자라는 말이 있을 정도였죠.

현웅쌤 가장 중심은 은마 북측인데 아파트 교차로를 중심으로 도곡로를 따라 거의 대로변 전체가 학원가예요. 우스갯소리로 이곳은 저녁 7~10시 사이 자녀들을 실어 나르는 차로 인해 교통이 정체돼 아는 사람들은 이 시간대에 이쪽을 피한다고 하죠. 이 메인 도로를 중심으로 학원이 즐비합니다. 또한 대치4동 쪽에는 아파트 단지들과 달리 빌라나 다가구가 밀집해 있는데 이곳들도 상당수 학원으로 이용되고 있습니다. 가끔 이곳의 건물이나 다가구 등이 부동산 경매나 매매로 나오는데 아주 인기가 많아요. 선릉역 쪽으로 이동하면 주로 미술학원 등이 밀집해 있고 이쪽도 건물마다 우수한 학원이 즐비합니다.

율하쌤 그다음으로는 대치역을 중심으로 남부순환로 대로변의 상가들이죠! 이곳 역시 학원이 아주 많은데 이 일대 상가는 높은 가격에 거래됩니다. 주변 아파트와 빌라, 다가구에도 좋은 영향을 미치고요.

현웅쌤 네. 이처럼 대치동의 독보적인 학원가는 부동산 가치에 큰 영향을 미치지만, 중요하게 생각할 특징이 두 가지 더 있어요. 첫 번째는 재건축 단지가 많다는 것입니다. 최상급지인 것은 맞지만 재건축을 앞둔 단지가 많고, 한편으로 재건축과 관련한 규제가 여전한 상황에서 신속히 진행되기엔 어려운데요. 다만 윤석열 정부 출범 이후 규제완화 기대감으로 어느 때보다

시장분위기가 좋기에 만약 정책이 바뀌면 최고의 이슈가 될 단지들이란 점입니다. 실제로 윤석열 대통령 당선 이후 개포1차우성의 전용 159m^2 최고가가 2019년 10월 대비 15억 원이 뛴 51억 원에 실거래되었어요. 두 번째는 단기 투자자들이 거의 없다는 것입니다. 대치동 부동산을 매수하는 분들은 '아파트 시세가 30억 원일 때 샀으니 5억 원은 오르겠지?'라고 생각하며 투자하시는 분들은 드뭅니다. 그보다는 10년 넘게 오래 거주하다 보면 50~60억 원 정도 가지 않겠냐?'라고 생각하시죠. 대치동은 최상급지로서 대체할 수 없는 지역이란 성격을 가지고 있기 때문에 장기간 가치투자하려는 분들이 많다는 걸 기억하시면 좋겠습니다.

아파트 도장깨기:
최고의 명품아파트 '래대팰'

율하쌤 대치동 지역에서 제일 먼저 체크해야 하는 아파트는 래미안대치팰리스(1단지)겠죠? 약칭 '래대팰'은 반포 아크로리버파크와 함께 현시점 우리나라 최고의 명품 아파트로 손꼽히잖아요? 2022년 3월 기준 전용 84m^2 호가가 35억 원이네요.

현웅쌤 내가 이 아파트를 사거나 투자하지 않더라도 대한민국 최고가 아파트의 변동률을 알면 다른 투자를 할 때도 중요하게 참조할 수 있어요. 래미안대치팰리스 단지 다음으로 대치동에서 매수를 고려하는 아파트는 대치삼성(대치삼성1차)입니다.

율하쌤 2000년에 준공했고, 동 간 간격이 조금 조밀하긴 하지만 대치동

: 래미안대치팰리스

: 래미안대치팰리스 전용 84㎡ 매매가 추이

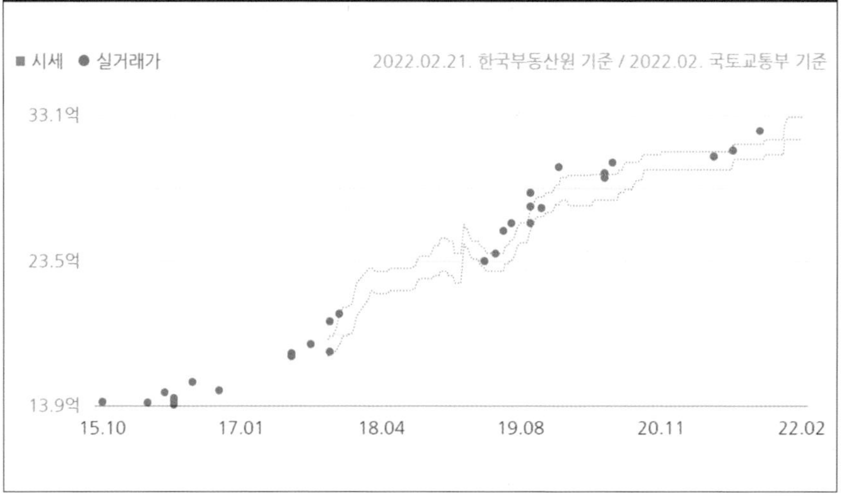

: 래미안대치팰리스 단지정보

기본정보	**아파트명(입주연도)**	**주소**	**전용면적(㎡)**	**실거래 시세(2022년 3월 기준)**	
	래미안 대치팰리스 (2015.09)	서울시 강남구 대치동 1027	60, 69, 85, 89, 92~95, 114	40억 5,000만 원 (21.12/25층/94㎡)	
주거환경	**세대수**	**용적률**	**건폐율**	**주차장(세대당)**	**지대**
	1,278세대 (13개동)	258%	15%	2,478대(1.93대) 지하 4층(연결o)	평지
직주근접 (주요 환승)	**지하철역**	**강남역**	**광화문역**	**여의도역**	**판교역**
	대치역 (도보 5분)	12분 (잠실)	31분 (잠실-을지로4가)	34분 (잠실-석촌)	37분 (잠실-강남)
학군	**초등학교**	**중고등학교**	**대청중 학업성취도 및 진학률**	**단대부고 학업성취도 및 진학률**	**학원가**
	대치초 (도보 7분)	단대부중, 대청중, 숙명여중, 숙명여고, 단대부고	97.1%(3위), 3.8%(3위)	91.0%(8위), 47.8%	대치동학원가 (834개), 대치역(100개), 한티역(23개), 개포동역(15개), 개포고(15개)
생활환경 (차량 시간)	**공원**	**대형마트**	**백화점**	**종합병원**	**문화시설**
	말죽거리공원 (10분)	이마트 역삼(4분), 코엑스몰(7분)	롯데백화점 강남 (2분), 현대백화점 무역센터(6분)	강남세브란스(4분), 강남차병원(9분), 삼성서울병원(9분)	코엑스
종합	**평가**: 강남구에서도 최고의 단지로 평가받고 강남구 지역의 부동산 가격 상승과 하락의 지표로 여겨짐. 이 단지의 가격 변동을 늘 주목해야 하며 부동산 불황기에 저렴하게 매수할 수 있다면 아주 좋음. **함께 살펴볼 만한 단지**: 서초구 반포동 아크로리버파크. 서초구와 강남구의 대표적 대장주로서 가격도 두 아파트가 비슷하게 형성되므로 늘 주목해야 하는 아파트.				

학원가 바로 인근이라 늘 매매 수요가 있고, 전세는 없어서 난리인 아파트로 유명하죠. 다음으로 대치현대아파트도 늘 인기가 많고요.

아파트 도장깨기: 재건축 대장주 '우선미'

현웅쌤 래미안대치팰리스 맞은편으로는 최고의 재건축 예정지로 손꼽히는 개포1차2차우성(대치개포우성), 대치선경, 대치미도맨션이 있네요. 소위 '우선미'라고 불리지요. 대치개포우성이 수인분당선과 3호선 환승역인 도곡역 근처에 있고 인근에 대치초와 대청중이 있어 가격이 가장 높죠.

율하쌤 선경과 미도가 그 뒤를 따르고요.

현웅쌤 이번 부동산 상승기 때 강남구에서 가장 이슈가 되었던 지역은 개포동일 겁니다. 대부분 5층의 저층 아파트 단지였던 개포주공이 이번 부동산 상승기와 맞물려 부동산 규제를 피하고자 재건축 사업에 속도를 냈고 멋진 신축아파트로 탄생했어요. 개포동 지역의 신축아파트들은 강남 우수 주거지로 자리 잡았고요.

율하쌤 맞아요. 반면에 오히려 입지가 개포동보다 좋다고 여겨지는 '우선미'는 이번 부동산 상승기에는 그저 개포동을 바라보고만 있었네요.

현웅쌤 말씀드리고 싶은 것은 재건축 단지를 매매할 때 '재건축 시 동호수 배정 방법'에 대해 생각해볼 필요가 있다는 겁니다. 왜냐하면 신축아파트에서 조망이 좋은 동과 아닌 동 또는 조망이 좋은 층과 아닌 층은 가격이 천차만별이기 때문이죠.

율하쌤 맞아요. 강남구 개포주공이나 강동구 둔촌주공 단지의 경우 일반분양이 많아 조합원들이 좋은 동, 좋은 층을 배정받을 수 있겠지요. 그런데 용적률이 높은 단지들, 특히 강남과 같이 동이나 호수에 따라 가격차가 수억 원에 달하는 경우 재건축아파트 매매 시 좋은 동호수를 배정받기 위해 전략적으로 접근하시는 것도 좋은 방법입니다.

현웅쌤 우선 재건축 시 법적으로 정해진 동호수 배정 방법은 없습니다. 조합이 관리처분 절차에 따라 의결하고 정관에 반영하여 진행하지요. 법률적 원칙이 없다 보니 재건축 조합에서 한강 조망이 좋은데 평수가 작은 집과 그렇지 못한 집 사이에 분쟁이 일어났다는 이야기도 종종 들리곤 해요.

율하쌤 일단 재건축 사업은 세대별로 보유한 대지지분을 땅값에 맞춰 평가하고 신축에 필요한 비용을 추가로 부담하여 신축아파트를 배정받는 구조이므로 대지지분이 큰 평형이 우선적으로 좋은 동과 평수를 배정받는다고요.

현웅쌤 네. 이에 더해 최근에는 감정평가기관을 통해 기존 아파트를 동과 층수를 기준으로 여러 등급으로 세분화하고 준공 후의 새로운 아파트도 동일한 등급으로 세분화하여 동일 등급 안에서 추첨하여 동호수를 배정하는 방법도 사용하지요? 실제 사례로 청담삼익의 경우 개략적으로 62평형의 경우 한강 조망이 좋은 동에 세대가 배치되고 조합원 1순위는 1~10군으로 배정해 추첨하였고 35평형의 경우 한강 조망이 보통인 동에 세대가 배치되고 조합원 순위도 1~12군으로 배정, 추첨하는 방법을 선택했습니다.

율하쌤 조합원들이 합의하기 나름이라 정답은 없으나 되도록 대지지분이 넓고 높은 층의 조망이 있는 세대가 향후 더 좋은 평수 배정을 받을 수 있다는 점을 생각하셔야겠어요.

현웅쌤 윤석열 정부 출범 이후 재건축 규제 완화가 추진되면 개포농보다 입지가 좋다고 여겨지는 곳들이 최고의 단지로 거듭날 듯하고 한 단지가 재건축 사업을 진행할 때마다 이슈가 될 것입니다. 이 단지들을 조금 더 자세히 살펴보면 도곡역, 대치역, 학여울역 사이로 나란히 있습니다.

울하쌤 개포2차우성은 1984년 12월 준공한 총 5개동 450세대 15층 아파트입니다. 31평형 120세대, 44평형 270세대, 55평형 60세대로 이루어져 있어요. 31평형의 대지지분은 15.49평입니다. 개포1차우성은 1983년 12월 준공된 9개동 690세대 15층 단지이고 용적률은 178%입니다. 세대 구성은 31평형 210세대, 44평형 330세대, 55평형 90세대, 65평형 60세대이고요. 이 단지는 수인분당선과 3호선의 환승역인 도곡역이 가깝고 대치초와 대청중을 품고 있습니다. '대치초-대청중' 학군은 전국 최고 학군으로 손꼽혀 개포우성 단지가 높게 평가받는 데 일조를 하고 있네요!

현웅쌤 대치선경은 1983년 12월 준공한 15층 아파트입니다. 단지 용적률은 179%이고 전용 31평형 259세대, 41평형 168세대, 44평형 180세대, 47평형 252세대, 55평형 90세대, 57평형 84세대입니다 31평형의 대지지분은 16평이고요. 대치초와 대청중 배정이 가능합니다. 대치미도맨션은 1983년 준공한 21개동 2,436세대 구성이고 용적률은 179%입니다. 34~66평형 9개 타입으로 이루어져 있고 34평형 대지지분은 17.5평 정도 됩니다. 초등학교는 대곡초, 중학교는 1차는 대청중, 2차는 휘문중과 대청중으로 분산되기도 합니다.

울하쌤 네. 이 단지들은 재건축을 앞두고 있고 최고의 초중고와 걸어서 갈 수 있는 학원가와 늘벗근린공원, 강남의 휴식처 역할을 하는 양재천이 매우 가까워 재건축 전임에도 불구하고 맞은편 대치래미안팰리스 가격에 거의 육박한 모습인데요. 아마 새 아파트로 재탄생한다면 다시 한 번 대치동 지역이 크게 주목을 받겠죠!

현웅쌤 더블역세권(수인분당선, 3호선) 인근이라는 점, 대치사거리 학원가와 좀 더 가깝다는 점, 최상위 중학교인 대청중과 인접했다는 점에서 저는 개포1차2차우성이 좋지만, 대치미도와 가격 차이가 크게 난다면 대치미도 맨션을 선택하는 것도 괜찮다고 봅니다. 다음으로는 개인적인 생각이지만 가장 이슈가 많이 된 반면 실속을 차리지 못한 은마 아파트가 있네요.

율하쌤 현재 시점에서 은마는 재건축 관련 모든 규제를 적용받고 있어 몇 년간 개발되지 못하고 진통만 겪고 있는 모습이네요. 은마 아파트의 투자가치에 대해 어떻게 생각하시나요?

현웅쌤 재건축만 된다면 단숨에 대장주가 될 만큼 위치가 너무 좋은데 개발이 더뎌지면서 아파트가 너무 낡아가고 있죠. 새집에서 거주하셨던 분들은 조금 불편을 느낄 수 있습니다.

율하쌤 은마는 1979년 8월 준공되었습니다. 연식이 무려 40년 이상 되었는데 재건축 진행은 여전히 더디네요. 은마는 28개동 14층 4,424세대입니다. 28개동이나 숫자로는 31동까지 있고 4, 14, 24동은 존재하지 않습니다. 평형은 31평형과 34평형 두 가지 평형이 있는데 31평형 2,674세대에 대지지분 14.6평, 34평형은 1,750세대 대지지분은 16.3평입니다. 단지 용적률은 204%로 높은 편이라 재건축 시 세대당 분담금이 다소 높을 수도 있겠네요. 단지에서 학교 배정은 북측은 대현초, 남측은 대곡초 배정입니다. 중학교 배정은 여학생의 경우 대부분 진선여중, 남학생의 경우 대명중, 휘문중 배정이고요.

현웅쌤 이 지역 전월세에서 재미있는 점이 있는데 은마는 학군 때문에 선택한 경향이 강한지라 학원가가 가까운 서쪽 동이 전월세가 높습니다. 은마아파트는 40년 이상 되었고 2003년 3월 안전진단을 통과했죠. 재건축 추진이 더딘 원인은 재건축 주체 대립의 문제가 있습니다. 은마는 크게 3개의 재건축 추진 주체가 있습니다. 2003년 12월 승인된 추진위원회와 은마아파트 반상회, 은마와 상가소유자협의회 등 3개 주체가 대립하고 있습니다. 문제로는 과거 단지 내 도로 관통 문제, 임대아파트 건립 문제, 단지 내 49층 건립 문제가 있는데 이 부분은 어느 정도 합의에 도달했지만, 재건축 사업 주체가 아직 정리되지 않아 속도가 더딘 모습입니다.

율하쌤 그렇군요. 앞으로도 쉽사리 속도를 내긴 어렵겠어요.

현웅쌤 재미있는 것은 은마를 보면 지금의 전세난의 이유를 알 수 있다는 것이에요. 은마는 아파트가 낡아 전국 단위 전세매물이 있는 곳이었거든요. 무슨 소리냐면, 은마 소유자라고 생각해보셔요. 부동산 규제가 없었을 경우는 2년 보유만 해도 집 1채는 비과세라 대부분 전세로 집을 놓았고 은마가 4,400세대이니 아마도 3,000개 정도가 전세였을걸요. 아파트가 낡으니 전세가도 낮았고 근처에 우수한 학원가가 있으니 지방에서도 공부를 잘하는 자녀가 있으면 주말 강의를 들으러 올 때 거주 목적으로 전세를 얻기도 했거든요

율하쌤 맞아요. 그런데 2020년 6·17 부동산대책에서 토지거래허가제 외에도 재건축 단지 조합원 실거주 2년 의무를 추진했었죠. 이처럼 강력한 규제로 소유주들이 은마아파트에 실거주하느라 이 일대 전세대란이 일어났었어요. 결국은 재건축 단지 조합원 실거주 2년 규제 정책이 무산되었고 이 정책이 무산되자마자 급격하게 없어졌던 전세매물이 다시 시장으로 쏟아지기도 했었습니다. 이처럼 부동산에서 하나의 규제책은 도미노처럼 여러 파

급효과를 몰고 오는데요. 그래서 어떤 정책을 도입할 때 면밀한 시장 영향에 대한 분석이 이루어졌으면 하는 거고요.

천지개벽하는 개포동

율하쌤 개포동역 주변으로 개발을 앞둔 개포주공 5, 6, 7단지들이 새 아파트로 탈바꿈을 앞두고 있네요. 보면 볼수록 새로 들어서고 있는 아파트들이 참 멋진데요. 개포동 쪽은 천지개벽 중이네요. 사실 개포동 지역은 1980년대 초반 강남에서 거의 끝자락으로 개발이 된 지역이잖아요? 개포동역 주변에는 낮은 층의 개포주공과 개포시영이 있었는데 지금은 개포주공 3단지가 2019년 디에이치아너힐즈로, 4단지가 개포프레지던스자이로 바뀌어 공사 중에 있네요. 놀랍게도 2016년 개포주공3단지는 투자금 3억 원 정도로 신축아파트 24평형을 배정받을 수 있는 매물을 살 수 있었는데요. 2022년 3월 기준 개포디에이치아너힐즈 24평(전용 59㎡)이 23억 원 정도 하니, 아마도 투자금 대비 가장 성공한 아파트가 아닐까 싶네요.

현웅쌤 여기서 생각해봐야 할 점이 있습니다. 개포동은 생각보다 강남에서는 주요 지역이 아니었다는 것이죠. 비슷한 시기에 한 분은 은마를, 한 분은 개포주공을 샀다고 했을 때 수익은 당연히 개포주공이 훨씬 높았겠죠. 그런데 강남 주요 거주민들은 개포동보다는 대치동 인근을 더 높게 쳐주기에 오히려 은마를 사신 분들이 더 많기도 합니다.

율하쌤 그런데 결국 강남의 주요 지역이 아니었던 개포동의 수익이 높

: 개포주공1단지 디에이치퍼스티어아이파크 단지정보

기본정보	**아파트명 (입주연도)**	**주소**	**전용면적(㎡)**	**실거래 시세 (2022년 3월 기준)**	
	디에이치퍼스티어 아이파크 (2024.01 입주예정)	서울시 강남구 개포동 660-1	35~59, 84, 96, 113, 133, 156, 171, 179	33억 1,184만 원 (22.03/15층/96㎡)	
주거환경	**세대수**	**용적률**	**건폐율**	**주차장(세대당)**	**지대**
	6,702세대 (74개동)	249%	19%	13,154대(1.96대) 지하주차	평지
직주근접 (주요 환승)	**지하철역**	**강남역**	**광화문역**	**여의도역**	**판교역**
	개포동역 (도보 5분)	12분 (선릉)	36분 (왕십리)	29분 (선정릉)	30분 (도곡-양재)
학군	**초등학교**	**중고등학교**	**구룡중 학업성취도 및 진학률**	**경기여고 학업성취도 및 진학률**	**학원가**
	개원초 (신설예정)	구룡중, 개포중(개교예정), 개포고, 경기여고	94.2%(9위), 3.7%(10위)	82.7%(11위), 43.5%	대치동 학원가 (834개), 대치역(100개), 한티역(23개), 개포동역(15개), 개포고(15개)
생활환경 (차량 시간)	**주변지역**	**대형마트(자차)**	**백화점(자차)**	**종합병원(자차)**	**문화시설**
	개포까치공원 (2분), 말죽거리공원 (9분)	이마트 역삼(8분) 하나로마트 양재 (8분), 이마트 양재(9분), 코스트코 양재 (10분)	롯데백화점 강남 (6분)	강남세브란스(6분), 삼성서울병원 (10분)	코엑스
종합	**평가:** 강남의 새로운 대장주 아파트가 될 가능성이 높음. 초등학교, 중학교를 품고 있어 매우 기대되는 단지. **함께 살펴볼 만한 단지:** 새로운 탄생을 앞둔 둔촌주공아파트 재건축 단지인 올림픽파크포레온. 둘다 대단지라 단순비교는 힘들지만, 대단지의 새 아파트 영향력을 파악할 수 있는 좋은 사례.				

왔네요?

현웅쌤 두 가지를 생각해볼 수 있는데 우선 서울이 예전만큼 지역적 차이가 크지 않다는 점입니다. 예전에는 압구정동 다음은 대치동, 다음이 개포동, 이렇게 동별로 구분을 했었지만 지금은 모든 지역들이 다 좋아졌다는 거죠. 둘째는 이러한 구분이 없어진 대신 각 지역에서 신축아파트의 파급력이 크다는 것입니다. 즉 건축기술의 발달로 신축아파트는 조경과 내부구조 등이 최적화되고 수영장과 커뮤니티 등의 편의시설을 갖추어 파급력이 큽니다. 이러한 점을 염두에 두고 서울에서 대단지를 이루고 있고 신축아파트가 될 종목을 가지고 계신다면 미래가치를 긍정적으로 보셔도 좋겠어요.

율하쌤 네. 시간을 거꾸로 3년 정도만 돌릴 수만 있다면 아마도 모두 강남의 핵심지역인 대치역과 개포동역 주변을 주목하시겠지만, 우리가 할 수 있는 것은 3년 뒤 개포동같이 수익을 가져다줄 수 있는 곳을 찾는 것이겠죠!

대치동에 2억 원으로 투자 가능한 아파트가 있었다?

현웅쌤 2017년 정도만 하더라도 대치동에 2억 원으로 접근할 수 있는 물건들이 있었는데 참 아쉬워요.

율하쌤 대치현대 아닌가요? 대치현대라면 대치동 학원가에 있는 20년 정도 된 구축아파트잖아요! 그런데 대치현대는 그 당시에도 2억 원으로는 접근이 힘들었던 것 같은데요.

현웅쌤 맞아요. 2017년에도 대치현대는 24평형 기준 매매가 10억 원에 전세가가 6억 원이었으니 갭투자로 4억 원 정도가 필요했었어요. 그런데 대치현대 바로 밑에 있는 한 동짜리 대치효성은 접근이 가능했었죠!

율하쌤 대치효성은 나홀로 아파트인데요. 2017년 당시 24평(전용 59㎡) 매매가가 8억 원 정도에 전세는 6억 원대였네요. 대치현대 바로 아래에 있으면서도 두 아파트의 전세가는 거의 비슷한 수준이었어요.

현웅쌤 대치현대는 대치효성보다는 큰 단지라서 가격은 더 비쌌지만 24평형이 복도식이고 서향입니다. 대치효성은 24평이 정남향에 조망도 좋아 전세가가 6억 원으로 같았습니다. 당시 이를 아는 사람들은 큰 수익을 올릴 수 있었는데요. 역시 부동산 투자로 수익을 얻으려면 꾸준한 공부와 디테일이 중요하단 걸 알 수 있어요. 또 하나 생각나는 아파트가 있는데요. 바로 래미안대치하이스턴입니다.

율하쌤 래미안대치하이스턴은 거의 새 아파트이죠? 대치우성2차아파트를 리모델링한 아파트잖아요? 43평이 12억 원, 전세가가 10억 원 정도였으니 가격에 비해 전세가가 높았네요.

현웅쌤 리모델링한 아파트의 특징이에요. 왜냐하면 리모델링한 아파트도 신축아파트의 느낌이 나거든요. 지하주차장도 충분하고 조경도 좋고 내부시설도 다 좋죠. 그래서 전세는 높게 받을 수 있는데 매매가는 늘 주변 새 아파트보다 낮다는 특징이 있습니다.

율하쌤 왜 그런지 알겠어요. 리모델링은 거의 모든 걸 새롭게 바꾸는데 정작 세대 간 내력벽 철거(변경)가 어려워 최적의 평면설계와 확장을 하기엔 한계가 있기 때문 아닌가요? 요즘은 기술이 발달해 같은 면적이라도 신축아파트는 굉장히 효율적으로 설계를 하는데 리모델링은 구건물의 구조를 획기적으로 바꿀 수 없다는 한계로 결국 상승률도 신축에 비교해 힘이 떨어지겠죠.

현웅쌤 그래서 리모델링한 아파트는 신축과 비교했을 때 매매가 대비 전세가가 차이가 많이 안 나는 거죠.

율하쌤 네! 이 부분 자체를 투자 포인트로 이해해도 되겠네요!

현웅쌤 맞아요. 지금이야 너무 가격이 많이 올랐지만, 래미안대치하이스턴 43평형을 2017년도에는 2억 정도로 투자할 수 있었다는 사실! 기억해두세요!

강남구 핵심 포인트

- 뜨거운 교육열 덕분에 대치동 상가 투자는 '매우 맑음'
- 은마 아파트 재건축 사업이 더디지만 이것 때문에 비교적 다른 단지에 비해 가격이 저렴하다면 이때가 기회
- 대치동 최고 단지가 비싸다면 대치삼성, 대치현대를 잡는 것 고려
- 개포동, 대치동 재건축이 마무리된 후 다음 타자를 찾는다면 수서동, 일원동 지역 주목
- 불황기 경매나 매매로 나오는 대치4동 다가구나 건물을 눈여겨볼 것

07

길음역·성신여대입구역

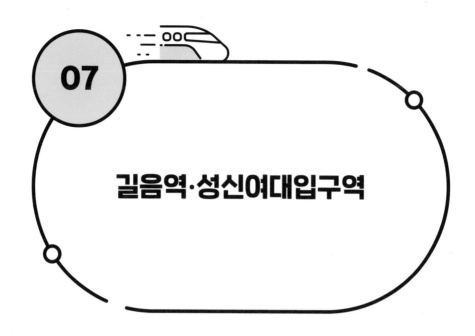

율하쌤 저희는 지금 강북의 대표 지역인 성북구의 길음역과 성신여대입구역 인근에 도착했습니다. 사실 성북구는 흥망성쇠가 있는 지역이라고도 말할 수 있어요. 과거 전성기를 누리는 시절이 있었고 침체기도 맞았다가 지금 다시 부흥하는 지역이라고 봐야죠?

현웅쌤 성북구는 1970~1980년대 종로와 광화문 일대에 업무시설들이 즐비했을 때 최고의 주거지로 선호되었어요. 영화나 드라마에서 나오는 고급 주택가들이 있던 곳이 바로 성북동이죠. 서대문구와 더불어 종로, 광화문으로 연결되는 최고의 주거지였어요.

율하쌤 하지만 서울의 중심이 강남으로 이동하면서 성북구 지역이 다소

: 길음역·성신여대입구역

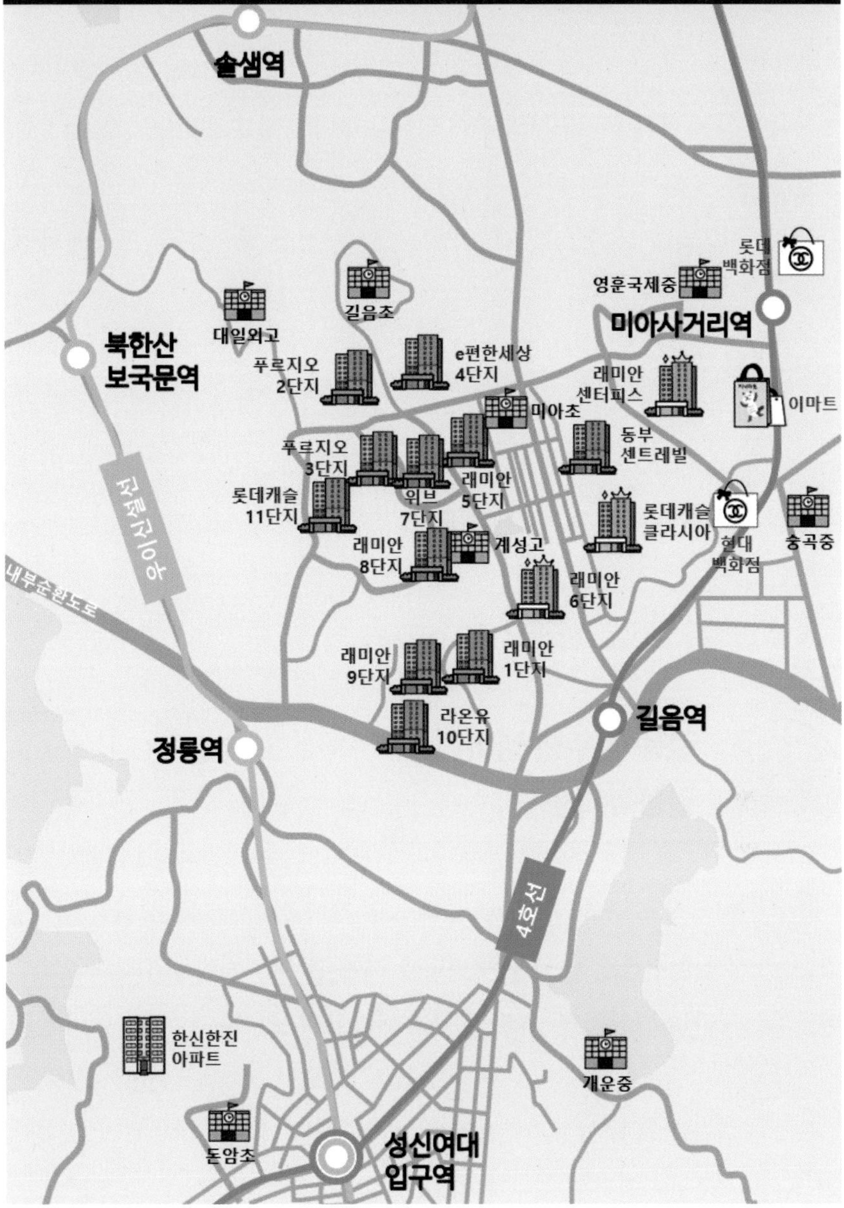
솔샘역
북한산
보국문역
대일외고
길음초
푸르지오
2단지
e편한세상
4단지
영훈국제중
롯데
백화점
미아사거리역
래미안
센터피스
이마트
미아초
푸르지오
3단지
동부
센트레빌
롯데캐슬
11단지
위브
7단지
래미안
5단지
롯데캐슬
클라시아
현대
백화점
숭곡중
우이신설선
내부순환도로
래미안
8단지
계성고
래미안
6단지
래미안
9단지
래미안
1단지
라온유
10단지
정릉역
길음역
4호선
한신한진
아파트
개운중
돈암초
성신여대
입구역

침체되었는데, 북한산 주변에 위치해 언덕이 많은 지형이라 좀 불편한 부분이 있었습니다.

현웅쌤 아무래도 그런 부분이 있죠. 하지만 성북구는 뉴타운 사업지구로 지정되고 각종 재개발구역 사업 붐이 일어나며 다시 부흥기를 누리게 됩니다.

율하쌤 우리가 익히 아는 길음뉴타운과 장위뉴타운 2개의 대형 뉴타운을 일단 떠올리실 텐데요. 그리고 성북동과 삼선동 등 성북구 곳곳에서 재개발이 추진되고 있고요!

현웅쌤 성북구는 다시 한 번 부동산 시장에서 주목받는 지역입니다. 성북구 투자의 포인트를 꼽아보면, 성북동의 고급주택 투자와 길음뉴타운, 장위뉴타운 등 대규모 재개발 지역 투자가 되겠네요. 성북동, 삼선동 등의 재개발 구역에 대한 투자나 이 영향을 함께 받는 주변 아파트들의 투자도 물론 포함되고요. 길음역에서 출발해볼까요?

길음역 주변 넘버원, 길음뉴타운

율하쌤 역시 길음뉴타운부터 살펴보고 가야죠? 뉴타운 사업의 정식명칭은 '도시재정비 촉진을 위한 특별법에 따른 재정비 촉진사업'인데 이름이 너무 길죠. 다들 간단하게 '뉴타운 사업'이라고 부릅니다.

현웅쌤 길음동은 뉴타운 사업의 시범 구역으로 2002년 은평, 왕십리와 함께 지정되었습니다. 길음은 뉴타운 사업의 상징적인 구역이에요. 일단 길음역 부근에서 6,000만 원을 투자해서 10억 원이라는 어마어마한 수익을 낸 곳이 어디인지 가볼까요? 2014년에서 2015년도였으니 벌써 7년 전 일이네요.

율하쌤 어디인지 살짝 짐작이 가는데요?

현웅쌤 6,000만 원을 투자해서 10억 원을 번 물건! 바로 길음역 8, 9번 출구로 나가면 보이는 2022년 1월 입주한 길음 롯데캐슬클라시아입니다. 이 지역이 재개발 지역이거든요. 2014~2015년도에 대지지분 8~10평에 실평수가 16평 정도의 빌라가 2억 원에서 2억 2,000만 원 정도였어요. 당시 전세가 1억 4,000~1억 6,000만 원 정도였습니다. 실투자금 6,000만 원 정도면 이 주변의 빌라를 살 수 있었다는 이야기죠.

율하쌤 지금 같았으면 프리미엄이라고 부르는 피만 엄청났을 텐데요!

현웅쌤 맞아요. 그런데 이 지역이 재개발 사업에 대한 반대가 심했었어요. 새 아파트가 들어서면 최고가를 경신하는 지금이야 상상할 수 없는 일이지만 2014~2015년만 하더라도 부동산 가격이 정체되었었고 새 아파트를 받으려면 따로 분담금을 내야 하니 조합원들이 거세게 반발했습니다. 이 구역은 재개발을 안 하더라도 지하철이 가깝고 빌라나 도로 상태도 다른 재개발 지역보다는 상대적으로 좋아 재개발 추진 속도가 더뎠던 지역이기도 했고요.

율하쌤 그래서 피도 낮게 형성되었지만, 결론적으로 당시 6,000만 원으로 이 지역 빌라에 투자하셨던 분은 조합원으로 34평 새 아파트를 받을 수 있는 권리를 가지게 되었네요! 34평형의 조합원 분양가가 약 4억 8,000만 원 정도 했었는데, 2022년 롯데캐슬클라시아의 34평(전용 84㎡)의 시세가 약 17억 원 정도네요. 10억여 원의 수익 구간이 발생한 것인데요. 아쉽게도 지금은 부동산 가격이 너무 많이 올라 이 정도까지의 수익률은 힘들죠.

현웅쌤 문재인 정부에 들어서 재건축에 대한 규제가 강력해졌는데 반사이익으로 규제가 덜한 재개발 사업이 대박이 났습니다. 일반적으로 재개발

지역은 외진 곳이나 언덕에 위치해 있고 학교나 일자리 등 각종 기반시설이 부족한 편이에요. 신축아파트가 생겨도 가격상승세가 크지 않다는 생각도 있었는데 건축기술이 발달하고 서울 전 지역이 평균적으로 좋아지면서 재개발 사업은 크게 성공하는 사업이 되었어요. 이곳에 투자하였거나 거주하였던 소유자들은 큰 수익을 거둔 것이죠.

율하쌤 과거에는 재건축 사업과 비교해 수익률이 떨어진다는 평을 받던 재개발 사업이 이렇게 큰 수익률을 가져다준 것을 보면 부동산은 늘 꾸준히 공부해야 하고, 이렇게 공부하다 보면 좋은 기회가 온다는 것을 명심해야겠네요!

현웅쌤 그래서 부동산은 호황뿐 아니라 불황에도 꾸준히 공부하는 게 중요해요! 지금은 길음뉴타운이 강북 지역에서 매우 성공한 재개발 지역으로 여겨지지만, 사업 초기에는 성공하지 못할 거라는 평가가 강했습니다. 길

: 6,000만 원 투자로 10억 원 수익이 가능했던 길음 롯데캐슬클라시아

음동이 일제강점기 때 공동묘지 자리였다는 거 아세요? 묘지는 1950년대 이전했지만 진짜로 있긴 있었던 거죠. 그만큼 길음동이 뉴타운 사업 전에는 언덕 지형에 주거지로써 좋은 평가를 받지 못했다는 이야기이기도 합니다.

율하쌤 왜 좋은 평가를 받지 못했던 걸까요?

현웅쌤 길음뉴타운이 있는 길음동은 원래 자체적으로 아파트들이 들어설 계획이었어요. 그러니까 2003년 준공된 래미안길음1차(길음뉴타운1단지), 2005년 준공된 길음뉴타운푸르지오아파트 2, 3단지와 같이 드문드문 아파트가 들어설 계획이었죠.

율하쌤 그런데 2002년 이 지역을 통으로 묶어서 '길음뉴타운'이라 칭한 것이죠? 원래 뉴타운의 목표는 재개발할 낡은 지역을 광역적으로 묶어서 여기에 큰 도로, 공원, 학교, 편의시설 등을 만드는 것이잖아요?

현웅쌤 맞습니다. 그런데 뉴타운 사업 초기 길음뉴타운은 기존에 아파트 건립 계획이 있던 곳에 구역만 묶어서 뉴타운이라 통칭해서 추진하였고, 때문에 이곳에 학교나 공원 같은 시설들을 건립하기 어려웠어요. 때문에 가격도 다른 지역 뉴타운이 다 오르고 난 후 2018년부터 본격적으로 상승하였죠.

율하쌤 아하! 그런 이력이 있었군요. 그래도 지금은 상당히 좋은 평가를 받고 있으니 걱정 없겠네요.

아파트 도장깨기: 길음뉴타운의 대장주

현웅쌤 길음뉴타운은 원래 계획이 세워져 있던 1~3단지와 4~6단지가

: 길음래미안3차(길음뉴타운6단지)

: 길음래미안3차(길음뉴타운6단지) 전용 84㎡ 매매가 추이

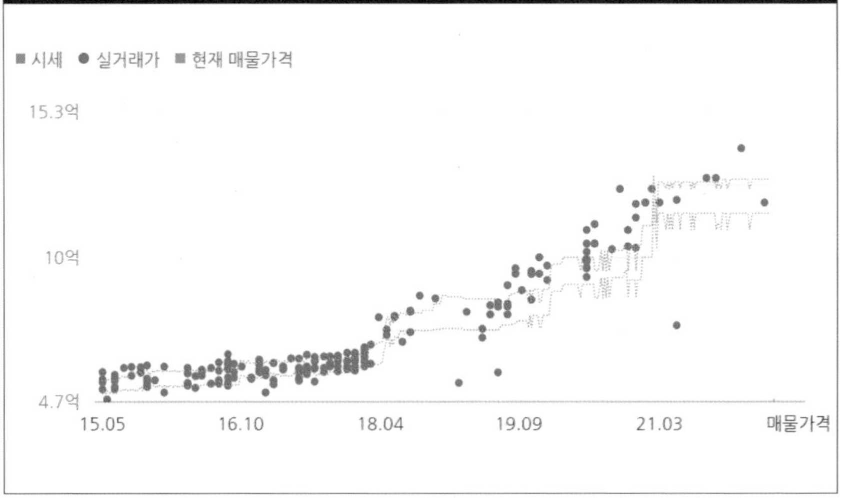

출처: 네이버

: 길음래미안3차(길음뉴타운6단지) 단지정보

기본정보	**아파트명 (입주연도)**	**주소**	**전용면적(㎡)**	**실거래 시세 (2022년 3월 기준)**	
	길음래미안3차 (2007.07)	서울시 성북구 길음동 1283	59, 83, 113	14억 원 (22.01/9층/84㎡)	
주거환경	**세대수**	**용적률**	**건폐율**	**주차장(세대당)**	**지대**
	977세대 (12개동)	233%	14%	1,257대(1.28대) 지하 3층(연결O)	단지 주변 약한 경사
직주근접 (주요 환승)	**지하철역**	**강남역**	**광화문역**	**여의도역**	**판교역**
	길음역 (도보 5분)	37분 (충무로-교대)	20분 (동대문역사문화공원)	34분 (동대문역사문화공원)	53분 (충무로-양재)
학군	**초등학교**	**중고등학교**	**개운중 학업성취도 및 진학률**	**계성고 학업성취도 및 진학률**	**학원가**
	미아초 (도보 6분)	숭곡중, 개운중, 계성고	88.7%(2위), 5.0(6위)	80.8%(3위), 50.6%	5, 6단지 근처 (30여개)
생활환경 (차량 시간)	**공원**	**대형마트**	**백화점**	**종합병원**	
	솔향기공원(1분)	이마트 하월곡 (3분)	현대백화점 미아 (2분), 롯데백화점 미아 (4분)	고려대안암병원	
종합	**평가:** 지하철이 가깝고 길음뉴타운 내 실거주가 좋은 단지. **함께 살펴볼 만한 단지:** 장위뉴타운 래미안퍼스트하이, 래미안장위포레카운티 등.				

지어지고, 본격적으로 뉴타운이 추진되며 7~9단지가 추가되었는데 이 단지들이 모두 길음뉴타운이 되었습니다.

율하쌤 길음뉴타운의 대장주는 길음역과 가까운 6단지 아닌가요?

현웅쌤 저도 개인적으로 길음역이 가까운 6단지와 8단지를 좋게 봅니다. 3~4년 전만 해도 2003년도에 지어진 길음 1단지는 6단지와 8단지와 비교해 가격이 저렴한 편이라 지하철이 가까운 이점이 있는 1단지 투자도 유행했었지만, 지금은 1단지 가격도 많이 비싸졌어요.

율하쌤 맞아요. 그런데 아쉬운 것이 길음뉴타운도 이제 노후단계에 접어들었다는 부분입니다. 가장 최근에 지어진 8, 9단지가 벌써 지어진 지 10년이 넘었지요? 그래서 대장주 자리는 최근 신축한 아파트에 넘겨준 것이고요. 최근에 건립된 래미안길음센터피스와 앞서 언급한 길음역 롯데캐슬클라시아가 가격적으로 대장주 자리를 이어받았고 이 아파트들과 합쳐져서 길음뉴타운이 완성된다고 볼 수 있겠죠.

현웅쌤 래미안길음센터피스의 경우 2017년도만 하더라도 조합원 물건을 5~6억 원대에 매수할 수 있었는데 지금은 16억 원 정도니 많이 올랐습니다.

새로운 옷으로 갈아입을 준비를 하는 유흥가 부근

현웅쌤 길음역 주변에 갭투자를 시도할 만한 물건으로 2번 출구 쪽에 위치한 돈암동부센트레빌이 있습니다. 아파트 주변에 내부순환로가 지나가고 특히 유흥가가 위치해 길음뉴타운 쪽에 비해 평가가 안 좋았던 곳이죠.

매매가가 낮은 반면 길음역이 워낙 가까워 전세가는 비교적 높아 매매가와 전세가 사이의 갭이 적은 아파트였습니다.

율하쌤 그런데 사람들이 길음뉴타운 부근에서 가장 아쉬운 점으로 여기던 유흥가 지역도 주상복합단지로 탈바꿈할 예정이잖아요?

현웅쌤 맞아요. 그래서 돈암동부센트레빌 32평(전용 80㎡) 투자는 꽤 괜찮은 선택이라 생각해요.

율하쌤 어찌 보면 성북구 길음동, 종암동 일대 부동산 가격이 낮았던 이유 중 하나가 유흥가로 인해 상대적으로 주거지로서 좋은 평가를 받지 못했기 때문이니까요.

현웅쌤 그런데 앞으로 이 유흥가가 주상복합단지로 개발될 것이니 주변 단지들에게 큰 호재인 것이죠. 실제 비슷한 사례를 떠올려보면 청량리도 유흥가가 정리되고 난 후 부동산 가격이 좋아졌죠!

율하쌤 청량리 너무 좋아졌죠. 곧 길음동 유흥가도 새로운 모습으로 바뀌고 재평가받을 수 있겠어요. 업무시설과 새로운 아파트가 들어서게 되면 이곳에 대한 투자자들의 관심도 더 높아지겠네요.

현웅쌤 길음동 유흥가 부근의 행정구역상 정확한 명칭은 하월곡동입니다. 이곳 유흥가는 용도가 상업지역으로 분류돼 있고 지하철역과 가까워 개발만 되면 향후 멋지게 변화할 거예요.

율하쌤 상업지역이라는 것은 허용된 용적률이 높아 기존의 건물 위에 높게 건축을 하여 일반분양을 많이 할 수 있으니 조합원의 수익이 커지게 된다는 이야기죠! 예를 들어 용산역 앞의 래미안용산더센트럴, 청량리역의 롯데캐슬SKY 등의 조합원들이 큰 이익을 얻었잖아요?

현웅쌤 네. 사실 이런 곳들을 개발해 소유자에게 수익을 가져다주는 게 유해시설 소유자에게 이익을 가져다주는 것과이 다름없다는 비판도 있었는데요. 이런 우려와는 달리 투자자 입장에서 투자를 고려한다면 앞서 언급한 길음역 롯데캐슬클라시아처럼 소액으로 투자할 만한 빌라 등의 물건은 많지 않습니다.

율하쌤 맞아요. 이 부근 건물의 형태가 대부분 단독주택이나 다가구 건물이기 때문이죠. 앞서 용산과 청량리 사례를 볼 때 자금력이 있는 분들은 길음역 유흥가 부근의 주택이나 다가구 건물을 사서 새 아파트와 상가를 받는 것을 고려하셔도 좋겠네요.

현웅쌤 상업지역 개발은 항상 주목할 만한 이슈죠. 불운했다고나 할까 길음동 유흥가 바로 옆에 주상복합 동일하이빌뉴시티가 생각나네요. 동일하이빌뉴시티는 분양 당시 내부순환로와 인접하고 유흥가도 바로 옆에 있었는데요. 그런데 분양가가 40평대가 8억 원 이상이어서 미분양 물량이 많았었죠.

율하쌤 그렇지만 결국 길음동 유흥가가 주상복합단지로 바뀐다면 돈암동일하이빌도 주변환경 개선으로 상승 효과를 기대할 수 있겠네요!

현웅쌤 그렇죠. 우리가 함께 살펴본 돈암동부센트레빌뿐 아니라 주변의 다른 24평 아파트에 대한 투자도 긍정적으로 생각해볼 수 있겠습니다.

상가 투자의 정석으로 불리는 '항아리 상권'

현웅쌤 길음역을 빠져나가기 전에 '항아리 상권'에 대해 얘기해볼까요?

율하쌤 상가 투자자들 사이에 '가장 좋은 상권은 항아리 상권이다'라는 말이 있잖아요. 주변에 주거지로 기능하는 배후세대가 있고 그 가운데 상권이 형성되어 있는 곳을 말하죠.

현웅쌤 상가 주변을 배후세대들이 둘러싸고 있는 모습이 항아리를 닮았다 하여 항아리 상권이라는 이름이 붙었는데요. 상가 투자에서 가장 좋은 지역으로 손꼽힙니다.

율하쌤 아무래도 항아리 상권에서는 인근 거주민들과 유동인구가 외부로 이탈하지 않고 지역 내에서 소비하는 독립적인 상권으로 안정적인 수익 창출이 가능하기 때문이라고 봐야죠?

현웅쌤 그런 부분이 있죠. 서울에서 길음뉴타운 내 상권이 대표적인 항아리 상권입니다. 길음역을 중심으로 길음뉴타운이 언덕 지형으로 자리를

: 대표적인 항아리 상권인 길음뉴타운 지역

잡고 있어요. 뒤는 북한산이고 다른 인근 지역 최대 상권은 광화문, 성신여대, 수유역 상권인데요. 광화문 상권은 직장인들 위주의 상권이고 성신여대와 수유역 상권은 대학생들과 젊은 층들 위주의 상권이라고 합니다.

율하쌤 아무래도 길음뉴타운 주민들은 길음뉴타운 내에서 소비를 많이 하는 경향이 있으니까요. 코로나 팬데믹 이후 자영업자와 더불어 상가 상권이 너무 힘든 시기이지만 이 부분도 기억해두면 좋겠네요!

성신여대입구역 근처 미아동 점집을 아세요?

현웅쌤 길음역이 아파트 단지 위주의 지역이라면, 성신여대입구역은 신구의 조화 그리고 성신여대 상권 지역이라 볼 수 있어요. 이쪽은 특별한 대장주 아파트는 없는데요. 그래도 서울에서 상당히 재미있는 지역입니다.

율하쌤 성신여대입구역 인근을 미아리고개라고 하잖아요?

현웅쌤 네. 혹시 미아동 점집이라고 들어보셨나요? 미아리고개에는 재밌는 역사가 있어요. 조선시대에 포천, 의정부에서 넘어와 미아리고개에 다다르면 서울 도성이 보였거든요. 반대로 서울에서 이 미아리고개를 넘어가면 도성을 떠나는 것이 되고요. 이쪽에 점집이 많은 이유, 인근에 보문사 등 절이 많은 이유가 조선시대 한양 밖으로 걸어서 오고 가는 지점이었기 때문입니다. 당시 미아리고개가 한양에서 가까운 나들이를 할 수 있는 외곽이었던 것이죠. 그래서 1970~1980년대만 하더라도 이 미아리고개 안쪽으로 주거지를 잡으려 했답니다.

율하쌤 교통이 발달한 지금은 전설 같은 이야기지만 재미있네요. 사실 서울에서 한옥은 거의 다 소멸했는데요. 현재 남아 있는 곳은 광화문 주변의 북촌과 서촌인데, 북촌에서 조금 외곽으로 이동하면 나오는 성신여대 인근 성북구 동소문동 지역에 한옥의 흔적이 남아 있는 것도 이러한 배경에서 이해할 수 있겠네요. 현재 남아 있는 서촌과 북촌의 한옥은 가격이 상당히 높잖아요?

현웅쌤 맞아요. 특히 북촌은 한옥이 타운을 이루고 있어 비싸지만, 동소문동의 한옥들은 이미 주변이 빌라로 개발되고 몇몇만 남아 있어 그냥 주변의 땅값으로 거래가 됩니다.

현웅쌤 성신여대입구역 부근은 종로, 광화문 업무지구와 위치가 가까운데요. 비교적 평지에 있는 삼선동코오롱아파트와 약간 언덕에 위치한 돈암힐스테이트, 동소문한신휴플러스는 광화문으로 출퇴근하는 직장인들의 수요가 늘 있어 24평형 매매를 생각해보시는 것도 괜찮습니다.

병풍 아파트가 생긴 이유

율하쌤 그런데 이 지역에서 가장 눈에 띄는 아파트는 병풍처럼 펼쳐져 있는 돈암동한신한진아파트 아닌가요? 아래에서 올려다보면 산보다 높아 보이는 곳이에요.

현웅쌤 실제로 보면 이 아파트가 산 위에 높게 지어져 있어요. 1998년에 건축되었거든요. 요즘에는 언덕을 깎거나 단지 내 엘리베이터나 에스컬

레이터를 만들어 단지가 고도 차이가 나도 입주민들이 이동하기 편하게 만듭니다. 그런데 한성대입구역 쪽에서 이 아파트로 올라가는 길은 겨울에 눈이라도 온다면 대단히 미끄러운 길이 되곤 합니다. 언덕이 상당해서 부동산 상승기에도 가격이 잘 오르지 않았는데 2019년부터 이곳도 가격도 많이 올라주었습니다.

율하쌤 결국 '대세 상승장'에서는 시간차는 있지만 부동산 시장 가격이 전체적으로 골고루 올라준다는 것이겠죠. 역시 부동산 시장의 흐름은 꾸준하게 관찰하는 것이 중요하네요! 한신한진아파트의 미래는 어떻게 되려나요?

현웅쌤 그래도 대단지이고 서울뷰 하나는 상당히 좋은 아파트거든요. 건축기술이 발달한 지금 나중에 시간이 흐르고 다시 멋진 아파트로 변신하길 바라는 마음입니다.

: 병풍 아파트의 모습을 보이는 돈암동한신한진아파트

강북에서 가장 꾸준한 성신여대입구역 상권

율하쌤 아까 길음뉴타운 상권이 항아리 상권이라는 얘기를 했는데, 성신여대입구역 상권에 관한 이야기를 나누지 않을 수 없겠죠?

현웅쌤 네. 강북 최대 상권을 꼽자면 '건대 상권'을 꼽을 수 있고요. 꾸준한 상권을 꼽는다면 성신여대 상권을 꼽을 수 있을 것 같아요. 급성장하는 상권은 아니지만 꾸준히 사람들이 모이는 상권이거든요.

율하쌤 코로나로 인해 모든 상권이 고전을 면치 못하고 있지만, 이 사태가 진정되면 예전처럼 좋은 흐름을 보일 수 있겠네요. 성신여대입구역 주변 다가구 투자는 어떻게 보시나요? 이쪽은 성신여대 학생들로 인해 월세 수요가 있잖아요?

현웅쌤 맞아요. 성신여대입구역 주변의 월세나 다가구 투자에 대한 질문을 많이 받는데요. 예전에는 서울 대학가 주변 월세가 나오는 다가구 투자를 많이 선호했었거든요.

율하쌤 요새는 대학가 주변으로 원룸도 많이 생긴 상황이고 자체 기숙사를 늘린 곳도 있어서 대학가 수요만 보고 투자하는 것은 위험할 수 있다는 생각이 드는데요.

현웅쌤 성신여대입구역 주변의 다가구 투자는 대학생 수요도 있지만 오히려 종로나 광화문으로 출근하는 찾는 직장인들을 대상으로 하는 다가구 투자로 접근하시는 것을 추천합니다.

율하쌤 성북구 얘기를 하다 보니 떠오르는데 성북동 고급 주택가 투자에 대해서도 궁금해하시는 분들이 있을 겁니다. 성북동은 일제강점기까지

: 성신여대입구역 인근 상권

한적한 외곽이었는데 과거부터 풍광이 좋아 몇몇 양반들의 별장이나 저택이 있고 나머지는 산악 지형이었다고 해요.

현웅쌤 성북동은 1960년부터 삼청터널과 북악산길이 개통된 뒤 도심과의 교통이 원활하게 이루어지면서 급속도로 개발됐다고 해요. 그래서 과거의 고택과 1960년대 지어진 저택들이 모여 있고 풍광이 멋지고 광화문이 가까워 각국의 대사관과 대사관저가 총 25개소 정도 존재합니다. 또 최고의 사립 미술관으로 꼽히는 간송미술관, 법정스님이 열반하신 길상사, 만해 한용운 선생의 심우장, 멋진 찻집으로 바뀐 수연산방 등 과거와 현재가 공존하는 곳이죠.

율하쌤 종로구 평창동, 용산구 한남동, 성북구 성북동 지역이 서울에 남아 있는 고급 주택가라 할 수 있는데 어떻게 보시나요?

현웅쌤 가끔 부동산 불황이 찾아와 이런 고급 주택들이 경매로 나와 관심이 생기신 분이나, 고급 주택에 실거주하면서 시세가 오르길 기다리는 건 어떤지에 대한 질문을 받습니다. 결론부터 말하자면 이번 부동산 상승기에 반포 아크로리버파크, 대치 래미안대치팰리스 등의 아파트들은 크게 이슈가 되었지만, 성북동과 평창동의 고급 주택들에 대한 언급은 없었어요. 단독 주택가는 시세 상승보다는 우수한 실거주지로서의 성격이 강하다고 볼 수 있어요.

율하쌤 성북동은 고급 주택만 있는 것은 아니고 산악 지형이기에 과거부터 낡은 주택들도 많은데요. 총 4개의 재개발구역이 있는데 2021년 3월 29일 공공재개발 2차 후보지로 선정된 성북1구역, 성북동에서 사업 진행이 가장 빠른 성북2구역, 정비구역에서 해제되었다가 다시 재개발을 추진하는 3, 4구역 등이 있습니다.

현웅쌤 맞아요. 성북동의 재개발 구역은 언덕 지형에 사업성이 떨어진다는 평가를 받아서 사업이 더디게 진행됐던 지역이에요. 예를 들면 성북2구역은 재개발 사업을 벌였을 때 대상지가 '1종 주거지역'이거나 '자연경관지구' 등으로 묶여 고도제한을 받아요. 그래서 일반분양분의 사업성이 좋지 않아 신월곡1구역과 재개발 수익을 공유하는 결합 개발을 추진하는 방법으로 돌파구를 모색하기도 했는데 최근의 상승장으로 인해 각각의 대상지에서 활발하게 재개발 사업을 진행하고 있습니다. 이곳의 모습도 수년 후에는 주택들과 아파트가 공존하는 멋진 곳으로 바뀌기를 희망해봅니다.

율하쌤 왠지 성북구의 부동산 변화를 살펴보니 대한민국 부동산의 변화가 느껴지는걸요?

현웅쌤 과거 1970~1980년대까지만 해도 강북의 중심으로 종로구, 성북구가 최고의 주거지였습니다. 강남이 본격적으로 개발되고 압구정동, 반포동, 대치동으로 중심이 옮겨가고 좋은 일자리와 우수한 학군, 편리한 편의시설이 새롭게 조성되며 최고의 주거지도 바뀌는 모습을 보았죠. 현재는 좋은 직장들이 경기 남부 쪽에 대거 분포하고 있습니다.

율하쌤 강남을 대체할 정도는 아니지만, 판교 IT밸리에는 네이버, 다음, 넥슨 등 젊은 층에게 인기 있는 기업들이 있고요. 수원, 화성, 평택의 삼성전자, 이천의 하이닉스 등 최고의 실적을 기록하는 대기업들이 경기 남부에 자리를 잡고 있죠. 판교신도시, 광교신도시, 동탄신도시 등 주거와 교육환경, 자연환경이 잘 조성된 신주거지도 조성되었고요.

현웅쌤 부동산 상승장이 다시 찾아오면 이러한 곳들이 이슈가 될지 모릅니다. 서울 성북구를 포함한 강북은 문화와 역사가 숨 쉬는 우수한 지역인데요. 이 지역에 좋은 일자리와 학군 등을 형성해 활력이 넘치는 지역으로 되살리면 좋을 텐데 정부의 적극적인 검토가 없는 것이 아쉽긴 해요.

율하쌤 지금까지 강북 지역 중심지인 성북구의 길음역, 성신여대입구역 도장깨기를 해봤는데요. 긴 세월 많은 부침을 겪은 성북동을 살펴보니 문득 선생님께서 5년마다 가지고 있는 부동산의 가치와 위치를 다시 한 번 평가해보라는 자주 말씀하셨던 게 생각나네요.

현웅쌤 맞아요. 본인이 좋아하는 지역 한곳에서 오래 머무를 수도 있지만 늘 5년 정도의 주기로 부동산 환경이 어떻게 바뀌는지 살피면서 투자의 방향을 설정하는 것도 좋을 듯합니다.

성북구 핵심 포인트

- 성북구는 광화문 및 종로 도심과 가까워 언제든 도약할 수 있는 지역
- 천지개벽할 길음 유흥가 부근 주목! 유흥가가 사라지고 크게 발전할 가능성
- 길음뉴타운은 강북구에서 꾸준한 인기 지역, 불황시기가 기회
- 성북동 재개발 구역은 자연과 신축아파트가 어우러진 멋진 곳으로 재탄생 기대
- 우수한 학군의 유치가 시급

08

고덕역·상일동역

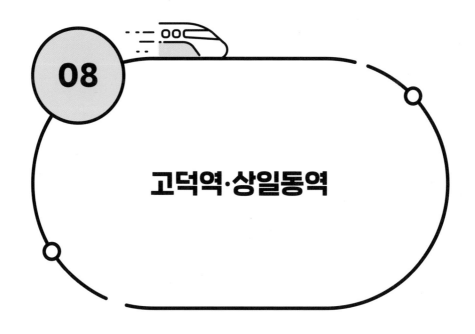

현웅쌤 이번에 저희가 탐방할 곳은 강동구인데요. 강동구 하면 어떤 이미지가 떠오르세요?

율하쌤 고덕그라시움아파트와 고덕아르테온아파트, 2021년 9월 청약 당시 아주 핫했던 진행한 e편한세상강일어반브릿지까지 '신흥 주거지'라는 생각이 떠오르네요!

현웅쌤 그렇다면 한마디로 '젊다'고 정리할 수 있을까요? 사실 나이가 좀 있으신 분들은 강동구는 서울 중심지에서 좀 떨어진 곳이라 생각하시거든요. 근데 상대적으로 젊은 분들은 신흥 주거지나 신혼 생활하기 좋은 곳이라고 생각하시더군요.

: 고덕역·상일동역

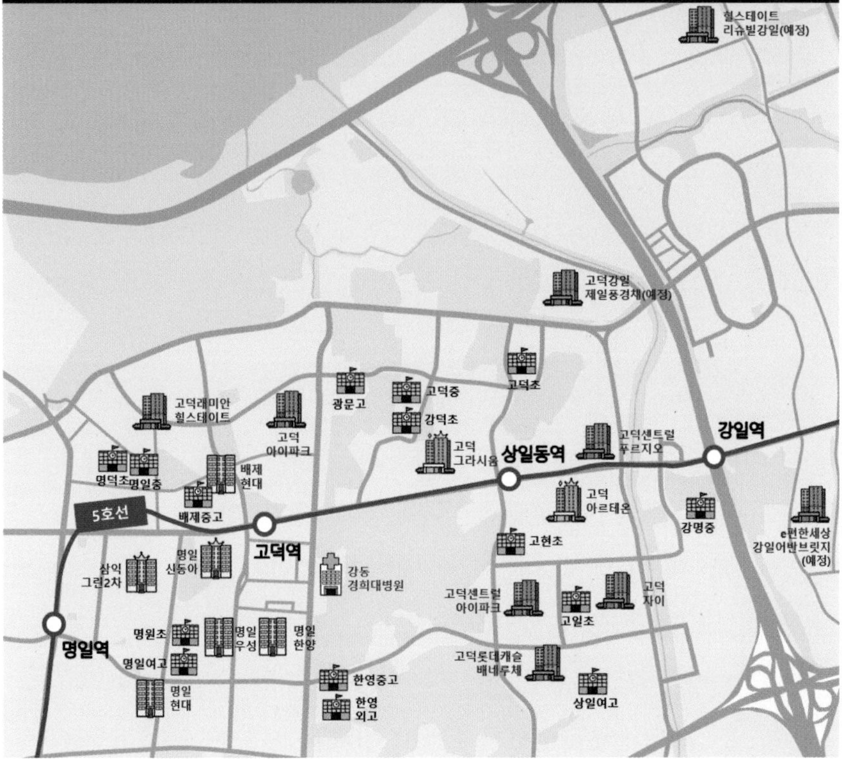

율하쌤 맞아요. 예전에는 서울 광화문이나 종로, 서울역 쪽에 일자리가 많았기 때문에 당시 분들은 강동구를 외곽으로 여길 수도 있겠어요.

현웅쌤 네. 그런데 직장이 강남구와 송파구 또는 미사 업무지구나 판교 테크노밸리에 있다면 상황이 달라지죠. 이쪽으로 출퇴근하시는 분들은 강동구를 새롭게 떠오르는 깔끔한 주거지로 생각하시는 경향이 있죠. 그 중심에 상일동역과 고덕역이 있고요.

율하쌤 그럼 저희가 상일동역과 고덕역을 중심으로 강동구 지역의 과거와 현재를 살펴보면서 부동산 투자 포인트를 짚어보죠. 상일동역에서 출발해볼까요?

현웅쌤 최근에 상일동역을 자주 방문하셨었나요? 상전벽해라는 표현이 딱 맞는 곳이에요. 새 아파트들이 쭉 들어서서 미니 신도시가 됐거든요.

율하쌤 네. 이 아파트들이 과거 5층짜리 저층 아파트였던 고덕주공 단지들을 새롭게 재건축한 곳들이잖아요? 우선 상일동역의 대장주로 유명한 그라시움아파트부터 가봐야겠죠? 고덕그라시움아파트는 고덕주공2단지를 재건축한 아파트인데요.

현웅쌤 고덕그라시움아파트는 놓치신 분들 입장에서 참 아까운 아파트예요. 2016년 11월 분양을 했는데, 34평(전용 84㎡) 기준으로 8억 원 정도였거든요. 지금은 분양권 매매를 엄격하게 통제하지만, 당시에는 분양권 전매가 가능했습니다. 2017년 5월 무렵 프리미엄이 8,000만 원 정도였으니 9억 원 정도면 34평형을 살 수 있었죠.

율하쌤 이때 놓친 분들은 지금도 생각이 나겠어요.

현웅쌤 그렇죠. 분양 이후로 두 번째 기회도 있었는데 2018년 9월 13일 강력한 부동산 규제가 나왔었잖아요? 이때 종합부동산세를 인상하였고 2주택자는 신규대출 담보에 대한 규제가 강화되는 등 당시로는 정말로 강력했습니다. 뭐, 사실 지금은 부동산 규제가 더 강화되어 저 정도는 규제도 아닌 것 같다는 느낌인데요. 아무튼 이 규제가 발표되고 2019년도 1월에 드디어 부동산 가격이 한두 달간 조정을 받았죠.

율하쌤 이때 34평 가격이 12억 원 아래로 무너졌었던 것이고요. 그때 고민하다가 못 잡으신 분은 너무 아쉬우실 것 같은데요. 지금은 34평이 17~18억 원 가량입니다. 굳이 저희가 과거 가격들을 되짚어보는 이유는 부동산 가격이 몇 년 동안 많이 올랐고 2021년도에도 상승세를 이어나갔지만, 시장이 항상 좋을 수만은 없기 때문이에요.

2020년 2월 부동산 가격이 중요한 이유

현웅쌤 부동산은 늘 과거와 지금의 가격을 비교하면서 평가해야 합니다! 서울 부동산의 경우 2020년 2월의 시세를 기억해두시면 좋아요. 왜냐하면 2020년 2월 이후부터 2021년까지 부동산 급등은 내부적 문제, 예를 들어 수요와 공급의 불균형과 각종 부동산 관련 이슈에 더하여 코로나 사태로 각국이 시장에 유동성을 공급하면서 급등으로 이어졌다고 봐야 하거든요. 만약 세계적 팬데믹 사태가 일어나지 않았다면 부동산 가격은 2020년 2월 이후 조정을 받았을 확률이 큽니다.

율하쌤 그렇다면 팬데믹이 진정된다면 부동산 시장도 하락하는 양상을 보일 수 있으니 2020년 2월의 가격을 염두에 두고 시장을 분석하는 것이 좋겠군요.

현웅쌤 2021년까지의 부동산 급등기는 크게 두 시기로 구분할 수 있어요. 먼저 2017년 5월 새로운 정부 출범 이후 2020년 2월까지. 이 기간은 정부의 각종 규제 발표와 부동산 시장 참여자들이 규제에 대응하는 과정에서 가격이 오르는 시기였습니다. 두 번째 시기가 2020년 2월 이후 팬데믹 사태 이후 유동성 과잉으로 인해 실물자산에 대한 선호도가 급상승하며 대표적인 실물자산인 부동산 가격이 급등한 시기예요.

: 문재인 정부 부동산 대책 타임라인

발표일자	주요 내용
17.06.19	• 조정대상지역 확대 • 전매 제한 기간 강화 • 대출 규제 강화(LTV 60%, DTI 50%) • 조정대상지역 재건축 조합원 소유 주택수 규제
17.08.02	• 투기지역, 투기과열지구 지정 및 대출 규제(LTV 40%, DTI 40%) • 분양가 상한제 확대 및 재건축 초과이익환수제 시행 • 재개발 등 조합원 분양권 전매 제한 • 다주택자 양도세 가산세율 적용 • 1가구 1주택 양도세 비과세 실거주 요건 강화 • 자금조달계획 의무화
18.09.13	• 종합부동산세 세율 조정 • 2주택 이상 보유자 대출 규제 • 신규 임대사업자 혜택 축소
19.12.16	• 공시가격 현실화 및 종합부동산세 세율 상향 • 시가 9억 원 초과 주택 LTV 20% • 15억 원 초과 주택 주담대 금지 • DSR 관리 강화 • 분양가 상한제 지역 확대 • 전제자금 대출 후 신규 주택 매입 제한
20.02.20	• 조정대상지역 확대(수원, 안양, 의왕 일부 지역) • 조정대상지역 주담대 LTV 규제 강화 (9억 원 이하 50%, 9억 원 초과 30%) • 조정대상지역 1주택세대 주담대 실거주 요건 강화
20.06.17	• 조정대상지역, 투지과열지구 확대 • 부동산 법인 규제 강화 • 갭투자·대출 규제 • 토지거래허가구역 지정 • 자금조달계획서 제출대상 확대 • 규제지역 내 주담대 취급 시 전입 및 처분 요건 강화 • 보금자리론 실거주 요건 부과 • 재건축 안전진단 시·도 권한 강화
20.07.10	• 다주택자 양도세, 취득세 인상 • 생애 최초 특별공급 대상 주택 범위 및 공급비율 확대 • 신혼부부 특별공급 소득기준 완화 • 실수요자 LTV, DTI 완화
20.08.04	• 재건축·재개발 규제 완화(공공기관 참여 시 용적률 300~500%, 최대 50층)
21.02.04	• 83만 6,000가구 신규 주택 공급 추진

율하쌤 여기서 잠시 2020년 2월 이전 부동산 정책과 부동산 시장의 흐름을 살펴봐요. 가격이 쉽게 내려가지 않는 지금의 시장 상황은 과거 정책과 그 대응을 살펴보면 이해되는 부분이 있어요. 앞으로 부동산 가격이 내릴 것인지 오를 것인지 예측할 수 있는 실마리를 찾을 수도 있고요.

현웅쌤 문재인 정부 출범 이후 크고 작은 부동산 정책이 발표됐지만 가장 먼저 기억해야 할 정책은 2017년 8월 2일 부동산 대책이에요. 출범 이후 최초로 크게 발표한 부동산 대책이죠. 이 정책에서 특히 부동산을 매매할 때 내는 세금인 양도소득세 규제하기 시작합니다. 부동산이 급등한 지역을 규제지역으로 분류하고, 이 규제지역부터 2주택 이상 다주택자는 주택 양도 시 기본세율에 10%를 가산하고 3주택자는 기본세율에 20%를 가산하게 됩니다.

율하쌤 이전에는 1주택인 경우 2년 보유 시 비과세 혜택(공시지가 9억 원 이하)을, 다주택자인 경우 1년 이상 보유 시 일반세율을 적용했었죠.

현웅쌤 또한 양도소득세 비과세 혜택 실거주 요건을 발표합니다. 2017년 8월 3일 이후 조정대상지역에서 취득하는 주택에 대해서는 양도소득세 비과세를 위해선 2년 이상 거주해야 한다는 조건이 생겼습니다. 이렇게 강력한 정책에도 부동산 가격은 잡히지 않고 오히려 반대의 현상이 나타납니다. 다주택자 중과세를 하니 좋은 집 한 채, 똘똘한 집 한 채라는 말이 유행하게 되었어요.

율하쌤 상황이 이렇다 보니 여러 채를 보유한 다주택자 상태로 있는 것보다 세금 면에서 좋은 집 한 채를 가진 게 유리해졌고, 좋은 부동산 위주로 보유한 부동산을 정리하는 모습이 나타났죠?

현웅쌤 다주택자들이 좋은 부동산, 즉 서울이나 수도권 부동산을 선택하게 되면서 지방 부동산 시장은 침체를 맞이해요. 이와 더불어 양도소득세 비과세를 받기 위해서는 실거주 요건을 만족해야 하니 매매나 전세 매물이 서서히 줄어드는 현상이 나타나기 시작했고 이 흐름은 지금까지도 영향을 미치고 있죠.

현웅쌤 부동산 가격이 여전히 잡히지 않자 2018년 9월 13일 부동산 대책을 발표합니다. 이번에는 양도세율 인상 말고도 종합부동산세의 세율을 올리기 시작합니다. 종합부동산세는 부동산 보유세 외 일정 금액이 넘는 부동산(당시 1세대 1주택자 9억 원, 2022년 3월 기준 11억 원)에 부과하는 세금입니다. 따라서 부동산을 보유하게 되면 일반적인 보유세와 고가 주택에 대한 종합부동산세를 납부하게 되는데요, 2019년 1월 1일부터 조정대상지역 내 2주택자와 3주택 이상 보유자의 종합부동산세 세율을 인상하기 시작했습니다.

율하쌤 강화된 세금 정책으로 인해 2주택 또는 3주택보다는 하나의 주택을 보유했을 때 세율이 유리하므로 다시 똘똘한 집 한 채 선호 현상이 나타났고, 자연히 안전자산으로 여겨지는 서울, 특히 강남권 부동산 가격이 다시 한 번 올라가는 현상이 벌어지게 되었다고 볼 수 있죠?

현웅쌤 네. 그리고 2019년 12월 16일에는 2주택자, 3주택자 소유의 종합부동산세뿐만 아니라 1주택자의 세율도 상당히 올렸습니다. 이와 더불어 부동산 세금의 기준이 되는 공시지가를 현실화하기 시작했고요.

율하쌤 부동산의 공시지가는 일반적으로 매매되는 부동산 시세보다 낮게 책정해서 정책적으로 각종 부동산 세금을 완화해주는 역할을 하는데 이를 현실화하기 시작했다는 말이지요?

현웅쌤 그러다 보니 1주택자도 거주요건을 충족하지 못하거나 다주택 상황을 만들면 세금 혜택을 보지 못하는 상황에서 부동산을 절대 팔지 않는 가운데 부동산 매물이 잠기는 모습이 나타났어요. 강력한 12·16 대책에 의해 부동산 시장은 안정화되고 정부의 강한 규제책에 의해 부동산 가격이 잡히는 분위기가 되었습니다.

율하쌤 부담되는 세금으로 인해 많은 사람들이 향후 부동산 시장이 안정되리라 예상했죠. 그런데 누구도 예상하지도, 경험해보지도 못했던 사태가 2020년 2월에 터졌네요! 우리나라뿐만 아니라 세계가 한 번도 경험하지 못한 시대에 살게 되었는데요. 앞서 말했듯 각국에선 많은 돈을 풀어서 팬데믹 사태를 해결하고자 하였습니다. 이로 인해 유동성이 풍부해져 안전자산으로 여겨지는 부동산에 자금이 몰렸고 이번에는 전국적으로 부동산 가격이 상승했어요.

현웅쌤 맞아요. 또 다시 전국적으로 부동산 가격이 급상승하자 정부는 투기수요를 원인으로 판단하여 2020년 7월 10일 부동산 대책을 내놓았는데 가히 세금 폭탄이라 할 만큼의 대책이었어요. 주택을 1년 이내에 매매할 때 세금을 70% 부과, 2021년 6월 1일 이후 부동산 규제지역에서 매도 시 2주택자는 기본세율 외 20% 가산, 3주택자는 30% 가산 최대 약 70%의 세율이 발생하게 됩니다.

율하쌤 다주택자와 법인의 취득세율도 인상됐죠? 조정대상지역 내 1주택자가 기존주택 보유 시 다른 주택 취득할 경우 8%, 3주택자 주택취득 시 12%, 법인이 주택을 취득할 경우 대략 12%의 취득세가 부과되고 다주택자가 기존 주택을 모두 매도하고 1주택자가 되었다 하더라도 1주택자가 된 시점부터 2년을 추가로 보유한 경우에만 1세대 1주택 비과세 혜택을 받을 수 있는 강력한 부동산 규제책이었어요.

현웅쌤 특히 세입자의 1회 계약갱신요구권을 보장해 계약기간을 4년

(2+2)간 보장받도록 한 임대차 3법의 개정으로 전셋값이 급등하는 현상과 맞물려 전세가가 상승했고 이로 인해 부동산 시장 전체가 상승하였습니다. 여기에 풍부한 유동성으로 작은 호재도 가격상승으로 이어지는 모습이었죠. 그렇게 2021년도까지 상승장은 이어졌습니다. 그러나 과거 부동산 시장의 흐름을 보건대 상승장이 언제까지나 이어지진 않아요. 특히 유동성 공급의 원인인 팬데믹 사태가 진정되면 부동산 시장도 하락세를 보일 수 있죠. 특히 윤석열 정부의 공약인 '주택임대시장 정상화' 공약에 의해 임대차 3법이 개정된다면 다시 전세시장이 안정될 가능성도 큽니다.

아파트 도장깨기: 강동구 대장주, 고덕그라시움과 아르테온

율하쌤 자, 이제 다시 상일동역 이야기로 돌아와봐요. 그라시움아파트 분양이 큰 이슈가 되면서 이 지역에 분양 훈풍이 이어졌었죠? 고덕주공5단지를 재건축한 고덕센트럴아이파크와 고덕주공7단지를 재건축한 고덕롯데캐슬베네루체가 분양했었잖아요?

현웅쌤 당시 고덕센트럴아이파크의 분양가가 고덕그라시움아파트보다 조금 비싼 8억 5,000만 원 정도였는데요, 그라시움아파트보다 지하철 접근성이 떨어지는데 너무 비싼 것 아니냐는 이야기가 나왔었는데. 뭐, 지금은 그런 논쟁이 무색해질 정도로 많이 올랐죠.

율하쌤 고덕센트럴아이파크에 이어서 서울승합차고지 부지를 개발한 고덕센트럴푸르지오가 분양했고, 고덕주공3단지를 재건축한 아르테온아파

: 고덕그라시움아파트

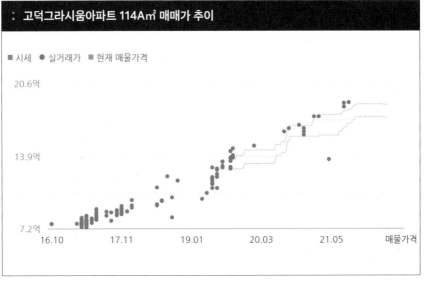

: 고덕그라시움아파트 114A㎡ 매매가 추이

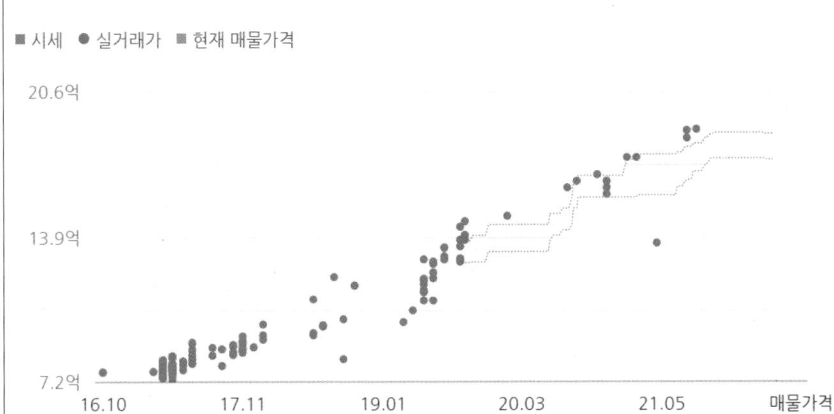

출처: 네이버

: 고덕그라시움아파트 단지정보

기본정보	아파트명 (입주연도)	주소	전용면적(㎡)	실거래 시세 (2022년 3월 기준)	
	고덕그라시움 아파트 (2019.09)	서울시 강동구 고덕동 693	59, 74, 84, 98, 113, 128, 133, 143, 175	13억 3,000만 원 (22.03/3층/ 59㎡)	
주거환경	세대수	용적률	건폐율	주차장(세대당)	지대
	4,932세대 (53개동)	249%	20%	7,167대(1.45대) 지하 3층(연결O)	평지
직주근접 (주요 환승)	지하철역	강남역	광화문역	여의도역	판교역
	상일동역 (도보 3분)	41분 (천호-잠실)	39분	52분	59분 (오금-양재)
학군	초등학교	중고등학교	강명중 학업성취도 및 진학률	상일여고 학업성취도 및 진학률	학원가
	강덕초 (도보 3분), 고덕초 (도보 6분)	고덕중, 강명중, 광문고, 상일여고	79.7%(8위), 2.0%(10위)	88.4%(9위), 50.3	고덕역(114개), 한영외고(23개), 명일역(31개)
생활환경 (차량 시간)	공원	대형마트	백화점(자차)	종합병원(자차)	
	무지개공원(1분) 명일공원(3분)	이마트 명일(3분), 홈플러스 강동 (8분), 코스트코 하남 (10분)	현대백화점 천호 (12분), 스타필드 하남 (12분)	강동경희대병원 (3분), 서울아산병원 (15분)	
종합	**평가:** 강동구의 대장주 아파트로 젊은 층에게 인기가 있어 부동산 불황이 와서 가격이 조정된다면 매매에 관심을 가져야 할 아파트. **함께 살펴볼 만한 단지:** 신천동 파크리오.				

트 그리고 고덕주공6단지를 재건축한 고덕자이아파트가 분양했습니다.

현웅쌤 2015년 8월에 이 지역에서 가장 먼저 분양했던 곳은 명일공원을 끼고 있는 과거 고덕주공4단지를 재건축한 고덕숲아이파크아파트였습니다. 당시 분양가는 6억 5,000만 원대였죠. 이렇게 고덕주공 단지들이 모두 재건축을 마쳐서 이 일대가 으리으리하게 바뀌었습니다.

율하쌤 신혼부부들이 선호하는 지역으로는 잠실동의 엘스, 리센츠, 트리지움이 있는데요. 이 아파트들은 연식이 10년 이상인데 상일동 주변의 아파트들은 거의 신축이라 경쟁력이 있죠. 참고로 현재 강동구의 대장주는 고덕그라시움아파트와 아르테온아파트인데 다른 단지들보다 1억 원 정도 비쌉니다.

아파트 도장깨기: 개포주공과 강동구 주공

현웅쌤 지금은 상일동역 주변이 상전벽해를 이루었지만 2016~2017년즈음만 해도 개포동과 강동구의 저층 주공 중에서 대부분의 투자자들은 개포주공만 좋게 평가했었습니다. 강동구 주공은 너무 강동구 외곽이고 미사쪽에 붙어 있다는 의견이 많아 미래가치를 좋게 평가하지 않았죠.

율하쌤 당시 고덕주공의 경우 투자금이 적게 필요했었죠? 개포주공을 못 잡은 분들이 아쉬운 마음에 차선책으로 투자하는 경우가 있었는데 지금 와서 보면 아주 성공적인 투자였네요. 그라시움아파트 위쪽으로 단독주택과 빌라가 모여 있는 지역이 있는데요.

현웅쌤 네. 이쪽은 재건축을 추진하던 구역이었는데요. 2014년 무렵 구역이 해제되었던 곳입니다. 현재 고덕2-1, 고덕2-2 지구라고 부릅니다. 지금이야 여기 계시는 주민들이 그라시움아파트를 부러워하겠지만 2013년에서 2014년은 부동산 가격이 크게 오르는 시기가 아니었어요. 고덕2-1, 2-2 지구는 단독주택이나 다가구주택이 큰 덩어리 형태로 있는 곳이에요. 그래서 주민들이 굳이 새 아파트로 바꾸려는 생각을 적극적으로 하지 않았었는데요. 요새 화두인 공공재개발 구역으로 추진하는 움직임을 보여서 공공재개발 후보지에 올랐지만, 주민들의 반대로 2021년 3월 29일 공공재개발 후보지에서 탈락하였네요.

율하쌤 아마도 이곳은 강일지구 등 주변의 대단지들이 자리를 잡으면 단독주택이나 다가구 등이 위치한 곳이니, 음식거리나 문화거리로도 바뀔 수 있어 주민들이 신축아파트 개발보다는 자체 개발을 선택한 것 같아요.

: 고덕2-1지구 모습

율하쌤 고덕2-1, 2-2 지구 북측에는 2021년 서울 분양 시장에서 이슈가 되었던 고덕강일지구가 있습니다. 서울 내 신규 분양물량이 고갈된 상태에서 상대적으로 저렴한 분양가격이라 힐스테이트리슈빌강일, 고덕강일제일풍경채, e편한세상강일어반브릿지 등 3개 단지가 분양시장 최고의 이슈로 떠올랐었죠.

현웅쌤 고덕강일지구는 3개 지구로 구성되는데 강동구 고덕동, 강일동, 상일동 일원에 약 50만 평 규모 1만 2,057세대를 조성하는 사업입니다. 전체 주거단지는 14단지로 구성되어 있어요. 뒤에서 자세히 언급하겠지만 1지구는 고덕동에 위치하며 상업시설과 업무시설 위주로 조성하는데, 이곳에 상업 및 업무시설을 많이 배치하다 보니 주거단지는 2개만을 조성합니다.

율하쌤 네. 그래서 1지구의 경우 고덕비즈밸리라는 명칭으로 불리우죠? 1지구의 고덕강일제일풍경채는 2021년 2월 분양한 민간주택인데요. 2021년 인기리에 분양했던 고덕아이파크디어반과 이케아 고덕점 등 업무시설들이 일대 주거단지와 상일동역 주변의 아파트 단지에 긍정적인 영향을 줄 듯합니다.

현웅쌤 상일동역 주변은 아파트들과 고덕비즈밸리 업무지구 등이 어우러지면서 젊은 층들에게 우수한 실거주지로 자리매김할 듯해요. 자, 이제 상일동을 빠져나와 고덕역으로 가볼까요?

고덕역 근처 눈물 나는 아파트?

율하쌤 이제 저희는 고덕역 근처로 이동했는데요. 아까 고덕역 근처에 비운의 아파트, 눈물의 아파트가 있다고 하셨었죠?

현웅쌤 맞아요! 지금은 해당되지 않지만 바로 고덕아이파크입니다. 고덕아이파크는 고덕주공1단지를 재건축해 2009년도에 분양했었어요. 당시 분양가가 평당 2,500만~3,000만 원 정도였었고요. 34평형 기준 7억 5,000만 원이었습니다. 이때는 2016년 부동산 상승장 이전에 있었던 2000년대 부동산 상승장의 최절정기였죠. 그런데 분양 이후 시장 분위기가 급격히 냉각되면서 가격이 하락했고 분양받으신 분들이 이후 한참이나 후회도 하고 불안해하셨습니다. 지금으로서는 절대 상상할 수 없는데, 심지어 건설사가 미분양 물량을 최대 41% 할인까지 해서 말이 많았었어요.

율하쌤 2015년도에 강동시영을 재건축하여 분양한 고덕래미안힐스테이트 분양가격이 34평 기준 6억 5,000만~7억 원 정도였으니 당시 고덕아이파크아파트를 분양받으셨던 분들은 비싸게 샀다는 생각에 마음이 복잡하셨겠어요.

현웅쌤 그렇죠. 지금은 '로또 분양'이라고 해서 분양 열풍인데요. 사실 부동산 시장이 불황기에 접어들면 분위기가 또 확 달라집니다.

율하쌤 상일동역 주변 저층 아파트였던 고덕주공 단지들의 재건축이 모두 완료되었어요. 그리고 이제 고덕역 주변에 중층 아파트 재건축 단지들이 잔뜩 순서를 기다리고 있습니다. 앞으로 이 고덕역 주변 아파트들이 화제의 중심이 되겠죠?

현웅쌤 아무래도 저층 아파트가 재건축 시 일반분양분이 많이 나와 사업성이 좋아 좀 더 적극적으로 먼저 진행되었다고 볼 수 있고, 이제 고덕역 주변의 중층 아파트로 그 분위기가 옮겨온 것 같네요.

아파트 도장깨기: 명일신동아와 명일삼익그린2차

현웅쌤 고덕역 역세권 이야기를 할 때 자주 비교 질문을 받는 두 아파트가 있습니다. 30평형대 기준으로 대단지를 이루고 있는 명일삼익그린2차(삼익그린맨션2차)가 좋을지, 아니면 고덕역과 가까운 명일신동아가 좋을지, 하는 부분이에요.

율하쌤 두 아파트의 가격은 비슷하잖아요? 왠지 더 마음이 끌리는 것으로 선택하는 것이 정답이라고 하셨을 것 같은데요?

현웅쌤 딩동댕! 그런데 두 아파트의 성격은 조금 다르다는 부분은 늘 말씀드리죠. 대단지의 장점을 생각하면 삼익그린2차가 우수하고요. 명일신동아는 고덕역 역세권이지만 34평형이 몇 세대 없고 45평형 위주의 대형 평수들로 이루어진 단지예요.

율하쌤 반면에 명일삼익그린2차는 23평, 27평, 30평, 40평 등 다양한 평수로 이루어져 있어 비교적 작은 평형이 필요하신 분들의 수요가 있겠네요. 학군은 아무래도 명일신동아가 더 우수하지요?

현웅쌤 아무래도 명일신동아의 경우 명원초, 배재중, 한영중으로 배정을 받을 수 있어서 인기가 있는 측면이 있죠.

율하쌤 명일신동아는 지하철역이 가깝고 학군이 우수하고 반면에 명일삼익그린2차는 대단지의 장점과 재건축 사업 진행이 조금 더 빠르다는 측면이 있으니 어느 하나를 선택하기가 어렵네요. 가격대는 비슷하니 본인이 어떤 부분을 더 중요하게 여기는지 생각하여 좀 더 끌리는 선택을 하면 되겠습니다. 둘 다 좋은 곳은 분명하니 말이에요.

: 명일신동아

: 명일신동아 전용 81㎡ 매매가 추이

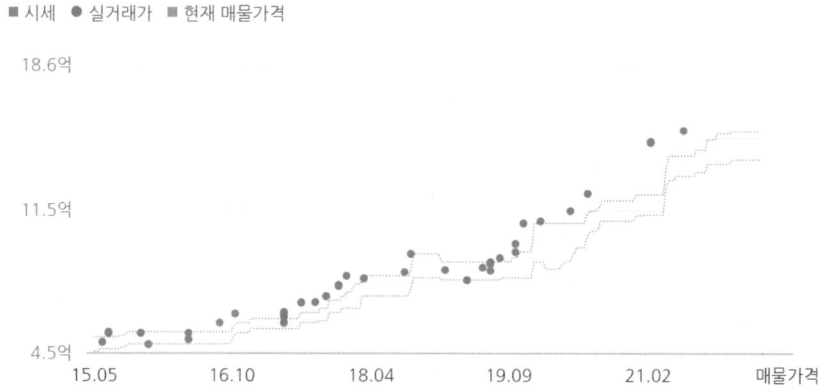

출처: 네이버

: 명일신동아 단지정보

기본정보	아파트명 (입주연도)	주소	전용면적(㎡)	실거래 시세 (2022년 3월 기준)	
	명일신동아 (1986.02)	서울시 강동구 명일동 44	81, 112, 127	18억 5,800만 원 (21.12/8층/127㎡)	
주거환경	세대수	용적률	건폐율	주차장(세대당)	지대
	570세대 (7개동)	179%	14%	600대(1.05대) 지상주차	평지
직주근접 (주요 환승)	지하철역	강남역	광화문역	여의도역	판교역
	고덕역 (도보 3분)	37분 (천호-잠실)	38분	51분	54분(천호- 복정-이매)
학군	초등학교	중고등학교	명일중 학업성취도 및 진학률	배재고 학업성취도 및 진학률	학원가
	명원초 (도보 6분)	배재중, 명일중, 배재고, 명일여고	89.9%(1위), 3.1%(2위)	82.9%(4위), 58.8%	고덕역(114개) 한영외고(23개) 명일역(31개)
생활환경 (차량 시간)	공원	대형마트	백화점	종합병원(자차)	
	원터공원(1분), 명일공원(4분)	이마트 명일점(1분), 홈플러스 강동 (4분), 이마트 천호(10분)	현대백화점 천호 (10분), 스타필드 하남 (13분)	강동경희대병원 (2분), 강동성심병원(8분)	
종합	**평가:** 강동구 5층의 저층 아파트 재건축이 마무리되고 다시 찾아올 재건축 시기에 강동구에서 가장 주목 받을 단지. **함께 살펴볼 만한 단지:** 송파 방이역 인근 오금현대아파트. 둘 다 재건축 상승 시기에 각 지역 부동산 시장을 주도할 아파트.				

아파트 도장깨기: 고덕역 근처 재건축 예정지들

율하쌤 명일신동아와 명일삼익그린2차 말고도 고덕역 아래쪽으로 비슷한 대지지분을 가진 재건축 연한에 도달한 중층 아파트들이 모여 있습니다. 바로 명일동우성, 고덕현대아파트, 명일한양이죠! 모두 연식이 20년이 넘었고 용적률 180% 내외입니다.

현웅쌤 명일우성은 명일신동아랑 묶어서 재건축하면 좋아질 위치이고요. 고덕현대아파트는 명일한양이랑 묶어서 재건축하면 좋을 텐데 어떻게 될지는 아직 모를 일이죠.

율하쌤 더 아래쪽으로 내려오면 이제 마지막 남은 고덕주공9단지가 있어요. 이 아파트는 32평형 단일 평수죠?

현웅쌤 네. 고덕주공9단지는 고덕역과 좀 멀어서 앞서 언급했던 아파트보다 항상 가격이 낮았는데요. 최근에 9호선 연장선인 한영고역 건립이 확정되었으니 주목해봐야 할 것 같아요.

율하쌤 고덕역 1번 출구 쪽으로 나오면 고덕현대(배재현대)가 보이네요.

현웅쌤 고덕현대는 제가 4년 전부터 강의를 나가면 갭투자 금액이 1억 5,000만 원 정도로 부담스럽지 않으니 관심을 가져보시라고 추천해드렸던 아파트죠.

율하쌤 맞아요. 지하철역이 가깝고 리모델링할 수 있는 장점이 있는데 지금 가격이 많이 올랐습니다. 윤석열 정부에서도 수요가 있는 곳에 공급을 늘린다는 공약 하에 '리모델링법'을 신설해 신속한 리모델링 추진을 지원하겠다고 하였으니, 정책 면에서도 추이를 지켜봐야죠.

현웅쌤 일단 강동구 지역에 대해선, '웃픈' 얘기라고 할까요? 호황 때는 늘 '강남 4구'라고 같이 묶여서 얘기되곤 하는데요. 불황 때는 강남 3구라는 말만 들리고 쏙 빼버리는 지역입니다. 또한 주변에 대규모 아파트 단지들이 몰려 있어 물량 자체가 다소 많다는 점이 있어요.

율하쌤 맞아요. 하남 쪽으로 미사지구, 감일지구, 교산지구까지 자리 잡고 있죠. 인접한 지역에 대규모 신도시들이 많이 자리 잡고 있는데 부동산 시장이 침체되면 또 어떤 평가를 받을지가 궁금합니다.

현웅쌤 지하철 9호선 연장선 이야기가 나왔으니 말인데 강동구는 지하철 연장선으로 톡톡히 수혜를 보고 있는 지역입니다.

율하쌤 맞아요. 지하철 9호선 3, 4단계 연장사업, 제4차 국가철도망 구축계획에 반영된 강동하남남양주선, 그리고 지하철 8호선 연장사업인 별내선 연장까지 강동구 전체가 지하철 접근성이 좋아지고 있죠. 먼저 2009년 12월 첫 삽을 떠서 2018년 12월 1일 개통을 한 지하철 9호선 3단계 연장구간 '종합운동장역~중앙보훈병원역' 구간이 있네요.

현웅쌤 전체 구간은 '종합운동장역~삼전역~석촌고분역~석촌역~송파나루역~한성백제역~올림픽공원역~둔촌오륜역~중앙보훈병원역'이죠. 둔촌오륜역이 생김으로써 재건축 진행 중인 둔촌주공의 가치가 더 높아졌고 중앙보훈병원역 인근에 있는 둔촌신성미소지움, 리모델링 아파트인 둔촌현대, 기존 아파트인 둔촌푸르지오 등 인근 아파트들이 수혜를 봤습니다.

율하쌤 다음은 지하철 9호선 4단계 연장구간이 한창 진행 중인데, 9호선 4단계 연장구간은 서울시 2015년 10개년 도시철도망구축 기본계획 반영되었고 2018년 5월 예비타당성조사를 통과하여 현재 공사 중입니다. 역사는 강동구 '중앙보훈병원역~길동생태공원역~한영고역~고덕역~고덕강일

1지구역' 입니다. 총 4.12km 구간에 4개 역을 신설하는 사업이죠. 이 연장선은 서울시에서 공사를 주관하는데 2028년 준공 예정이네요. 2021년 8월 한영고역~고덕역 구간을 착공하였고 길동생태공원사거리역, 고덕강일1지구역은 2021년 12월 착공하여 4단계 전 구간이 공사 중입니다.

현웅쌤 이 노선으로 인해 길동생태공원역 인근의 신동아 1, 2차 아파트, 길동GS강동자이가 수혜를 보고요. 한영고역이 생기면서 인근의 고덕주공9단지 가로주택정비사업 신축아파트인 고덕아르테스미소지움, 상일동 현대빌라, 삼성빌라 등이 좋은 가격을 형성하고 있네요.

율하쌤 신설 고덕강일1지구역으로 인해 고덕강일1지구의 고덕강일제일풍경채와 업무시설이 수혜를 봅니다. 9호선 4단계 이후 구간인 고덕강일1지구~강일동 구간(1.25km 9호선 4단계 추가연장)은 남양주 왕숙지구 광역교통개선대책에 포함되어 연결되고, 이 노선은 제4차 국가철도망 구축계획에 반영된 강동하남남양주선 18.1km 신규추진 사업으로 연결됩니다.

현웅쌤 다음은 지하철 8호선 연장사업 별내선이 있는데 강동구 지역에는 출발역인 암사역과 선사역이 있습니다. 별내선은 서울 강동구 암사동(8호선 암사역)~경기도 남양주시 별내동을 연결하는 사업으로 서울 선사역 1개소, 경기도 5개 정거장을 건설하는 사업이에요 전체 공사 기간은 2017년 8월에서 2023년 9월이고요, 총사업비 1조 3,403억 원이 투여되고 2021년 6월 한강하저터널 상하행 관통했습니다. 빠르게 진행되고 있는 사업이죠.

율하쌤 강동구 지역에 선사역이 신설되는데 이 선사역으로 강동현대홈타운과 강동롯데캐슬퍼스트아파트 등이 좋아지게 됩니다. 이처럼 외곽이라는 이미지가 강했던 강동구는 속속 지하철 연장사업이 진행되며 주거 편익성이 좋아지고 있는 모습이네요!

신흥 주거단지 강동구와 하남시의 미래

현웅쌤 강동구와 경기도 하남은 재건축과 새로운 택지개발, 신도시 개발로 인해 신축 주거벨트로 자리를 잡고 있습니다. 과거 그린벨트로 묶여 카페나 음식점들이 자리를 잡은 이곳에 새 아파트 단지들이 들어섰어요.

율하쌤 상일동역, 강동역 인근의 주공아파트 재건축이 완료되었고 이 인근으로 강일지구가 있습니다. 청약에 관심이 있으셨던 분들은 2020~2021년 주변 시세보다 낮은 분양가격으로 세간의 주목을 받았던 힐스테이트리슈빌강일(강일 계룡리슈빌), 고덕강일제일풍경채, e편한세상강일어반브릿지 등 인기리에 분양했던 강일지구 아파트들이 기억나실 텐데요?

현웅쌤 고덕강일 공공택지지구는 2011년 5월 이명박 정부 시절 추진했던 5차 보금자리 지구로 지정되었습니다. 서울 강동구 고덕동, 강일동, 상일동으로 나눠 개발되고 3개 지구 전체 규모는 50만 평 정도 됩니다. 총 14개 단지지요.

율하쌤 인근에 경기도 하남시 망월동, 풍산동, 선동, 덕풍동 일대의 그린벨트를 해제하여 조성한 미사지구가 있는데요. 2009년부터 개발해 최근까지도 개발하였고 170만 평 4만 세대 규모죠. 미사지구 인근으로는 부동산 가격이 급등하자 공급대책으로 2017년 12월 3기 신도시로 발표된 교산신도시가 준비 중입니다. 190만 평 규모 인구 8만 명을 수용하게 됩니다.

현웅쌤 이처럼 강동구와 하남시에 걸쳐서 '신주거벨트'가 형성될 예정이라 앞으로 천지개벽할 것으로 예상되네요. 강남구와 송파구의 부동산보다는 저렴하면서 대부분 신축아파트라 이 지역은 서울 중산층의 주거지 역할을 할 듯합니다.

율하쌤 하지만 아무래도 아쉬운 점으로 단기간 내에 강동구 지역 인근에 많은 물량이 들어선 것을 들 수 있겠죠?

현웅쌤 그래서 2000~2010년대 부동산 시장을 살펴보면 호황일 때는 강동구 지역은 강남구, 송파구와 더불어 상승하는 패턴을 보였지만 부동산 시장이 불황일 때는 한동안 가격 침체의 시기를 겪곤 했습니다. 하남시는 더 침체된 모습을 보이기도 했죠. 이렇듯 강동구와 하남시 지역은 불황일 때 위험성도 있는 지역임을 염두에 두셔야 합니다. 물론 불황이 오더라도 과거에 비해서는 잘 극복할 수 있는 지역입니다.

율하쌤 정리하자면 '과거 서울 중심에서 조금 벗어나 있고 지하철 접근성이 안 좋다는 인식이 있었다. 그러나 지금은 송파, 강남, 판교 등을 중심 업무지구로 보았을 때 위치도 좋고 교통이 획기적으로 개선되고 있다. 또 새 아파트 단지를 중심으로 학군 또한 형성되고 있어 미래가치도 밝다'고 할 수 있겠네요!

강동구 핵심 포인트

- 강동구 신축아파트는 젊은 층에 최고의 인기
- 고덕비즈밸리 주목! 강동구 지역 아파트 시장에 긍정적 영향
- 지하철 연장선 주변의 아파트들을 공략하기
- 지하철 연장선 주변은 아파트뿐 아니라 건물 투자도 유망
- 부동산 불황기 때 조정이 올수 있으나 이때가 매수의 기회임을 명심

09

대림역·신풍역

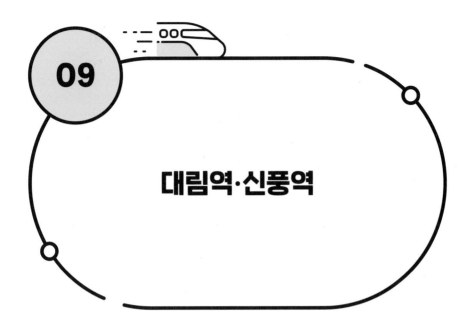

율하쌤 이번엔 행정구역상 영등포구에 속하는 신풍역과 구로구에 속하는 대림역 주변 부동산을 살펴보기로 해요. 사실 보라매역은 많이 들어봤는데 신풍역은 좀 낯설게 느끼시는 분들이 많죠.

현웅쌤 맞아요. 서울에서만 지냈던 저도 신길뉴타운 하면 바로 '아!' 하는데, 신풍역은 익숙하지 않은데요. 그만큼 이쪽 지역이 그동안 서울 내에서 주목받지 못했던 곳이라는 뜻이기도 합니다.

율하쌤 지금은 신풍역을 중심으로 래미안에스티움, 신길파크자이, 신길센트럴자이, 보라매sk뷰 등 신축아파트들이 즐비하게 들어섰잖아요?

현웅쌤 네. 바로 신풍역 주변이 신길뉴타운을 접하고 있어요. 신길뉴타

: 대림역·신풍역

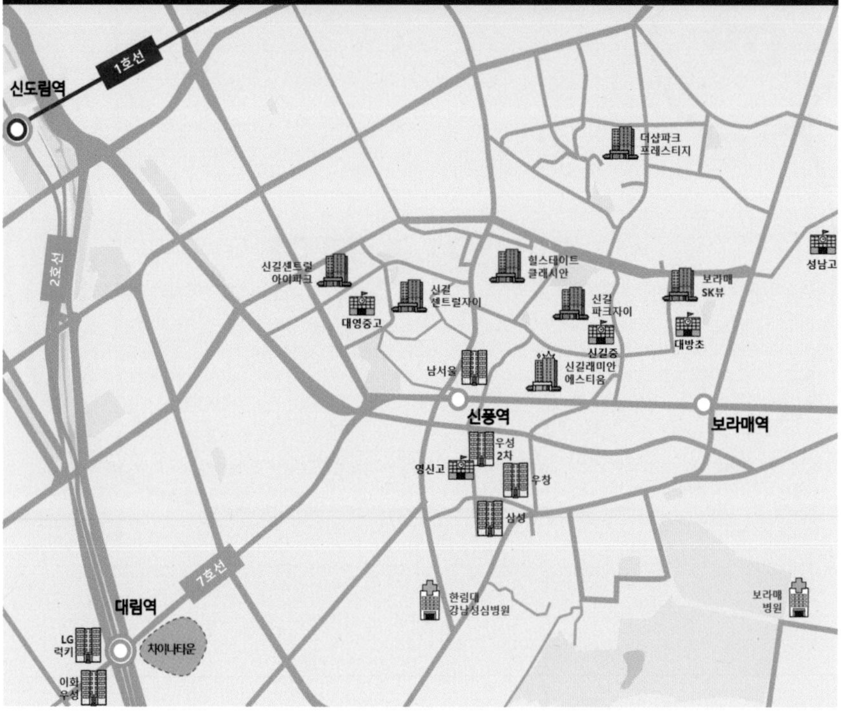

운은 서울시 뉴타운 사업지 중에서도 장위뉴타운 다음 두 번째로 큰 사업지예요. 이곳의 대표 아파트인 래미안에스티움이 2022년 3월 기준 34평(전용 94㎡) 시세가 16~17억 원 정도 하니 신길뉴타운도 결국 성공한 사업지라고 볼 수 있죠!

율하쌤 그런데 지금이야 다들 인정하는 성공한 재개발 사업지이지만, 개발되기 전에는 많은 사람들이 '새롭게 변해봐야 가격이 많이 상승할까'라는 의구심을 가진 것도 사실이잖아요? 실제로 신길뉴타운 대장 격인 래미안에스티움은 2014년 11월 분양했었는데요. 신풍역 6번 출구 바로 앞이에요. 34평형이 6억 원대였고 2017년 7월에 입주하였을 때 가격이 8억 원 정도였는데 많은 분들이 좀 높지 않냐고 이야기했었죠. 그랬던 래미안에스티움이 2021년 10월 기준으로 34평이 17억 8,500만 원까지 실거래되었어요. 과거에 이곳을 저평가했던 시선들이 있었는데요. 신풍역 주변이 입지적으로 부족한 곳이라고 보시나요?

현웅쌤 일단 이 부분부터 풀고 갔으면 해요. 신길동은 지역적으로 어떤 의미를 가진 곳이었을까요? 우스갯소리지만 신길동에 새 아파트들이 들어설 때 아파트 이름에 신길동보다는 여의도를 붙이고 싶어 했다는 말이 있었어요. 비슷한 예로 목동과 가까운 신정동도 대체로 아파트 명칭에 '목동'이란 말을 쓰고 싶어 하고요. 그렇다면 왜 과거 신길동이 좋은 평가를 받지 못하다가 지금은 좋은 평가를 받는지에 대해 알아야겠지요. 그래야 이 지역을 제대로 이해할 수 있으니까요. 혹시 '영동개발'이라고 들어보셨어요?

울하쌤 지금의 강남이 있기 전에 강남개발을 영동개발이라고 했었죠.

현웅쌤 영동은 영등포의 동쪽을 말해요. 여기서 말하는 영등포 지역은 지금의 양평동, 문래동, 당산동 지역을 말하는데요, 그쪽의 동쪽 부분을 개발한다고 하여 영동개발이라 한 것이었죠. 이것이 무슨 소리냐? 1950~1960년대 강남개발 이전에는 영등포가 서울의 중심지였다는 겁니다. 1950~1960년대에는 서울·경기권에 크게 두 개의 공장벨트가 존재했습니다. 경인선이란 말이 괜히 나온 게 아닌 것이, 인천에서 영등포에 이르는 동서 방향의 지역과 영등포에서 구로, 안산 남쪽으로 이어지는 공장지대가 위치했던 것이죠. 지금의 20~30대에게 서울의 중심은 강남이고 영등포는 공장과 아파트가 산재한 곳으로 보이지만 1950~1960년대 일제강점기와 6·25전쟁을 거치고 난 후의 서울은 아주 작은 도시였어요.

율하쌤 그러고 보면 오늘날 용산의 동부 이촌동도 1960년대 한강을 매립해 탄생한 곳이잖아요? 서울의 종로구 정도가 중심가였고요. 종로구를 중심으로 주변에 마포구, 용산구가 변두리 지역 그리고 영등포구는 서울의 물자를 대는 공장들이 있었던 곳이었죠.

현웅쌤 지금이야 공장들은 이전하고 그곳에 다른 빌딩이나 지식산업센터가 들어섰지만, 1950~1960년대 영등포는 서울의 공업지이면서 중심지이기도 했어요.

율하쌤 그렇다면 신길동, 대림동, 구로동이 영등포 공업지대, 업무지대 배후 주거지역으로서의 역할을 했다고 볼 수 있겠네요. 과거의 이야기는 늘 흥미로워요.

현웅쌤 부동산은 시간이 필요한 분야예요. 호황기 때는 부동산에 투자하면 바로 돈 버는 기회를 잡을 수 있지만, 불황기도 반드시 옵니다. 이 시기에 잘 대처하는 것이 중요한데요. 부동산 시장을 오랫동안 경험하고 꾸준히 공부해야만 불황기를 슬기롭게 보낼 수 있는 판단력이 생겨요.

율하쌤 다시 이야기로 돌아와서, 신길동은 결국 지리적으로 과거 서울 중심지의 배후 주거지였던 거네요. 하지만 주거지 자체가 낡았던 것이고 이곳을 광역적으로 개발하니 지금처럼 가격이 높아진 것이고요.

현웅쌤 네. 마찬가지로 지금 영등포 양평동, 문래동, 당산동에 들어서는 신축아파트들의 시세가 높은 것도 비슷한 이유입니다. 공장들이 많아 주변환경이 쾌적하지 못했던 곳에 신축아파트들이 들어서며 좋은 가격을 형성하는 것이죠.

율하쌤 결국 서울 내 좋은 위치였지만 공업지대의 배후 주거지역으로서 오랜 시간 기능하면서 노후화되고, 자연히 낮은 평가를 받았다가 신축아파트들이 생겨나며 새로운 평가를 받는 것이군요.

현웅쌤 맞아요. 그래서 신풍역 주변의 신길뉴타운 투자가 성공한 투자가 된 것이죠.

개발사업의 신흥 강자, 신속통합기획재개발

율하쌤 재개발과 관련하여 요즘 화제가 되고 있는 것이 서울시의 '신속통합기획'인데요. 2021년 오세훈 시장 재선 이후 서울시는 부동산 공급부족을 해결하기 위해 5월 26일 주거정비지수제 폐지 등 '6대 재개발 규제완화'를 발표합니다. 내용은 2025년까지 24만 호 주택공급을 본격화하기 위해 ① '주거정비지수제' 폐지, ② '공공기획' 전면 도입을 통한 정비구역 지정기간 단축, ③ 주민동의율 민주적 절차 강화 및 확인단계 간소화, ④ 재개발해제구역 중 노후지역 신규구역 지정, ⑤ '2종 7층 일반주거지역' 규제완화를 통한 사업성 개선, ⑥ 매년 '재개발 구역 지정 공모' 통한 구역 발굴 등 6가지 방안입니다.

현웅쌤 간단히 말하면 정비구역 지정을 간소화하고 용적률 혜택도 줘서 빠르게 개발을 진행하겠다는 겁니다. 구체적으로 서울시에선 2021년 12월 28일 창신동, 청파동, 공덕동 등 신속통합기획 재개발 구역 21곳을 발표하였어요. 신속통합기획재개발은 공공이 주도하는 공공재개발사업, 공공주도 3080+대도시권 주택공급사업과 달리 민간이 주도하는 사업이고 공공은 단지 절차가 빠르게 진행되도록 지원하는 형식으로 보면 됩니다. 유연한 도시계획 기준을 적용하고 용적률 완화 등 민간에게 유리한 수익을 보장해 최대한 재개발을 독려하고 있지요. 수익적인 측면 때문에 다른 방식들에 비해 선호받게 되었으며, 서울시에서도 매년 추가로 지역을 선정한다고 밝혔고 재개발 사업의 '신흥 강자'로 떠올랐어요.

신길뉴타운의 16개의 사업구역

율하쌤 자, 그럼 여전히 개발이 이루어지는 신길뉴타운 신풍역에서부터 출발해 본격적으로 살펴볼까요? 신길뉴타운은 총 16개 구역으로 나누어져 있어요. 그러다 보니 사업이 마무리된 곳도 잇고 사업이 멈춘 곳, 다시 사업을 재개한 곳 등 여러 구역이 섞여 있는 모습이에요.

현웅쌤 우선 사업이 끝난 구역들이 있는데요. 이 아파트들이 자리를 잡으면서 지금의 신길뉴타운이 말끔한 신도시 느낌을 주게 됐죠.

율하쌤 우선 가장 먼저 자리 잡은 단지는 신길11구역을 개발하여 2015년 12월 입주를 한 래미안프레비뉴이고요. 그다음 신풍역을 나가면 바로 위치한 신길7구역이 2017년 4월 래미안에스티움으로 바뀌었습니다. 14구역이 2019년 2월 신길센트럴아이파크, 12구역은 2020년 2월 신길센트럴자이가 되었고요. 5구역이 2020년 1월 보라매sk뷰, 9구역이 2020년 10월 힐스테이트클래시안아파트, 8구역이 2020년 12월 신길파크자이가 들어섰죠. 3구역은 2022년 7월 더샵파크프레스티지라는 이름으로 입주 예정입니다.

현웅쌤 새 아파트들이 즐비한 신길뉴타운은 이제 여의도나 인근에 직장이 있는 사람들이 매우 선호하는 지역이 되었습니다. 예전에 위에서 언급한 재개발 지역 물건을 사신 분들은 너무나 성공적인 투자를 하셨다는 이야기겠지요.

율하쌤 지금은 새로 건립된 아파트보다 사업진행이 더디게 진행되는 지역에 투자자들의 관심이 쏠려있는 것 같아요. 신길뉴타운에서 1, 2, 4, 6, 15, 16구역은 해제가 되었잖아요?

현웅쌤 지금 투자자들이 관심을 가지는 이 구역들을 살펴보면 그중 신길뉴타운 2구역은 별다른 움직임은 없습니다. 6구역은 보라매역이 가까워 신축 건물들이 많이 들어서 있는 상태라 그대로 존치할 듯하고요.

율하쌤 1구역과 16구역은 요즘 핫한 공공재개발을 신청한 구역이죠?

공공재개발과 3080+ 재개발

2020년 5월 6일 국토부를 통해 발표된 공공재개발 사업의 배경은 부동산 폭등이었다. 집값 상승의 원인이 세금 부담으로 매물이 잠기고 규제로 인한 공급 부족이라는 시장의 동향을 귀담아듣지 않다가, 각종 규제책을 내놓아도 집값이 잡히지 않자 결국 정부도 공급 부족을 해결해야 한다고 인식한 것이다.

방향을 전환한 정부의 대책이 2020년 5월 6일 수도권 주택공급 기반 강화 방안이다. 핵심은 3기 신도시 조기이행과 추가로 7만 호의 도심 내 물량 공급이다. 도심에 7만 호를 공급하는 방안 중 하나가 공공재개발 사업인데, 가장 큰 특징은 용도지역, 용적률 등의 규제를 완화해 주고 대신 조합원 분양분을 제외한 물량의 절반을 공공임대, 공공지원 민간임대 등으로 공급하는 것이다. 이때 공공기관인 LH, SH가 주요 사업자로 참여하지만 여전히 사업의 주체는 민간인 조합이다.

규제완화를 통해 임대물량이 증가하지만, 이 부분 이외의 수익은 조합원들에게 돌아가는 구조여서 공공재개발 지역으로 선정된 지역은 사업을 반기는 편이다. 2020년 9월 17일 국토부의 공공재개발 공모 과정을 거쳐서 2021년 1월 14일 1차로 8곳, 3월 29일 2차로 16곳이 선정되었다. 경기도에서도 지난 2021년 7월 16일 공공재개발 후보지로 광명7구역, 원당6, 7구역, 화성진안1-2구역 등 4곳이 선정되었다. 일반적으로 공공재개발 구역으로 선정되면 부동산 가격상승 요인으로 받아들인다.

공공재개발 사업과 3080+재개발 사업의 공통점은 공공기관이 참여하고 규제를 완화해 공급량을 확보해 임대아파트를 공급한다는 것이다. 그렇지만 두 사업은 태어난 배경도 내용도 다른 사업이다. 원래 정부는 2020년 5월 6일 수도권 주택공급 방안을 추진하고 있었다. 앞서 언급한 대로 여기서 공공재개발이 등장했다. 그런데 3기 신도시 지정으로 수도권 외곽의 공급량은 어느 정도 늘어났지만, 도심 내부의 공급이 획기적으로 늘어나지 않는다는 비판이 있었다. 이에 새롭게 국토부 장관이 된 변창흠 장관의 의지와 결부되어 비슷하지만, 완전히 다른 새로운 방식의 재개발 사업이 탄생하게 된 것이 3080+재개발 사업이다. 기반은 2021년 2월 4일 발표한 '공공주도 3080+대도시권 주택공급 획기적인 확대방안'이다. 3080의 뜻은 서울 30만 호, 전국 80만 호 공급의 의미다. 공공이 개입하는 정도에 따라 크게 4가지 유형으로 분류할 수 있다.

① 공공이 직접시행하는 재개발·재건축 사업

② 공공이 시행뿐 아니라 사업대상지를 일단 수용했다가 다시 토지주에게 신축아파트로 공급하는 도심공공주택복합사업

③ 민간자율 원칙으로 하되 토지주 동의로 공공 직접시행이 가능한 소규모 정비사업

④ 도시재생사업

2022년 3월 기준 현재 정부가 강력하게 추진하고 있는 사업방식은 두 번째 방식인 '도심공공주택복합사업'이다. 즉 소유권이 공공에 한 번 넘어가는 방식이다. 2021년 7월 20일 「공공주택특별법」 5장의 3으로 신설되어 이 근거법에 따라 시행되고 있다. 2021년 3월에서 2022년 1월까지 약 8회에 걸쳐 서울 52곳, 인천 4곳, 경기 12곳, 부산 4곳, 대구 3곳, 울산 1곳 등 총 76곳의 후보지를 발표하였다. 통상 언론에서 말하는 3080+재개발 후보지는 현재까지는 이 76곳을 가리킨다. 주민들의 동의로 예정 사업대상지가 본격 사업대상지로 확정된다. 사업이 확정되면 대상지의 소유권은 일단 공공기관으로 이전되고 정부는 파격적인 용적률 상향 혜택과 토지주 등에게 각종 세금 감면과 혜택을 준다. 이곳에 임대아파트 같은 공공 물량을 최대한 확보하고 토지주는 싼값에 새 아파트를 받는다는 문재인 정권의 프로젝트인 것이다. 핵심은 공공재개발은 공공이 관여하되 민간이 주체가 되는 것이고, 3080+재개발은 완벽히 공공이 주도한다는 것이다.

두 사업은 서울경기권의 핵심 도심에 부동산 물량이 충분치 않다는 고민에서 출발하였다고 볼 수 있겠다. 도심 전체 용적률을 높일 수 없으

니 해당 지역의 용적률을 높여주고 대신 수익의 일부를 공익으로 환수 한다는 개념이고 해당 대상 지역으로 선정된 부동산 지역은 대체로 긍정적으로 받아들이고 있다.

현웅쌤 맞아요, 4구역과 15구역은 또 각각 재개발을 추진하고 있습니다. 이미 새 아파트가 들어선 지역에 진작에 투자했다면 적은 금액으로 지금 새 아파트를 얻을 수 있었겠지만요. 지금은 너무 많이 올랐죠.

율하쌤 재개발 투자란 것이 늘 그래요. 결국 아파트가 세워진 시점에서야 성공 여부를 판단할 수 있지만, 과거 시점으로 돌아가 재개발에 투자해도 될지 자문한다면 사업이 잘 진행될지 아닐지 불안할 수밖에 없죠. 신길1구역은 결국 2021년 3월 29일 2차 공공재개발 후보지로 선정되었고 신길16구역은 공공재개발 후보지에서 보류되었네요.

현웅쌤 신길뉴타운은 뉴타운 사업과 공공재개발 사업이 섞인 지역이 된 건데요. 여기서 기존의 뉴타운 사업과 공공재개발 사업에 대해 살펴볼게요. 재개발 사업은 원래 어느 지역이 낡으면 지역 주민들이 자체적으로 개발을 하거나 주택을 개량하는 것이 원칙이에요. 그런데 다양한 이유로 진행이 쉽지가 않아요. 그래서 정부가 일정한 구역을 지정해줘요. 이를 '정비구역 지정'이라 하는데 정비구역으로 지정된 곳에서 아파트 등을 짓게 만들죠.

율하쌤 이 정비구역에서 아파트 사업을 벌이면 조합원들을 위한 부동산 외에 일반적으로 추가적인 일반분양 물량이 나오는 것이고, 그 판매 수익으로 사업비 등을 충당해서 신축아파트를 짓는 구조잖아요. 정부는 특정 지역이 슬럼화되는 것을 막고 조합원들은 최소의 비용으로 신축아파트를 갖

: 래미안에스티움

: 래미안에스티움 전용 84㎡ 매매가 추이

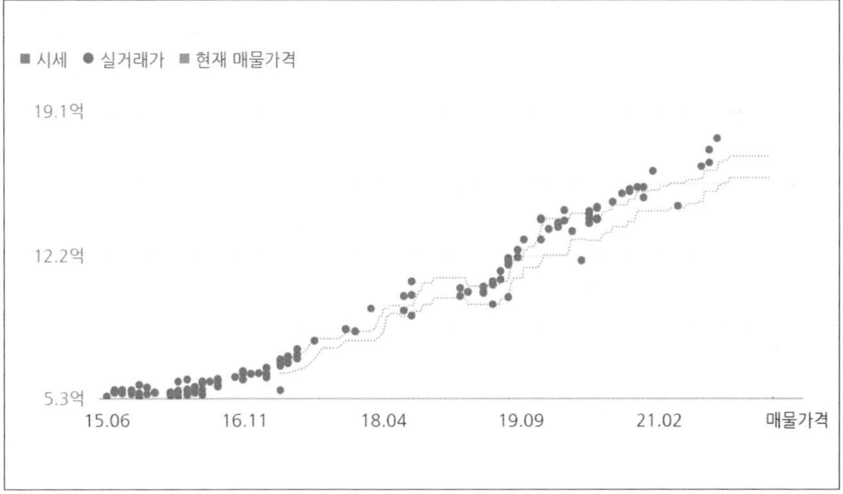

출처: 네이버

: 래미안에스티움 단지정보

기본정보	아파트명 (입주연도)	주소	전용면적(㎡)	실거래 시세 (2022년 3월 기준)	
	래미안에스티움 (2017.04)	서울시 영등포구 신길동 4950	39, 49, 59, 84, 118	13억 2,000만 원 (21.12/18층/59㎡)	
주거환경	세대수	용적률	건폐율	주차장(세대당)	지대
	1,722세대 (19개동)	252%	19%	2280대(1.32대) 지하 3층(연결O)	일부 약한 경사
직주근접 (주요 환승)	지하철역	강남역	광화문역	여의도역	판교역
	신풍역 (도보 3분)	32분 (대림)	41분 (대림-충정로)	28분 (대림-영등포구청)	49분 (고속터미널-양재)
학군	초등학교	중고등학교	대영중 학업성취도 및 진학률	대영고 학업성취도 및 진학률	학원가
	대방초 (도보 6분)	신길중(신설), 대영중, 영신교, 대영고	59.3%(11위), 100%(6위)	62.5%(7위), 43.5%	성남고(24개), 신대방삼거리역 (39개)
생활환경 (차량 시간)	주변지역	대형마트	백화점	종합병원	
	신풍역소공원 (1분), 노량진공원 (10분)	이마트 영등포 (7분), 이마트 신도림 (7분), 홈플러스 신도림 (8분), 여의도 IFC몰 (10분)	롯데백화점 관악 (5분), 롯데백화점 영등포 (6분), 신세계 영등포 (7분), 현대백화점 디큐브시티(8분)	강남성심병원(3분), 보라매병원(4분), 고대구로병원(9분), 여의도성모병원 (10분)	
종합	**평가:** 지하철역이 가깝고 여의도 업무지구와 가까워 실수요가 두터움. **함께 살펴볼 만한 단지:** 문래자이아파트. 역시나 영등포구에서 지하철역과 가깝고 실수요가 좋은 아파트.				

게 되는 사업인 것이죠.

현웅쌤 그리고 이러한 재개발 사업을 광역적으로 지정하면 통칭 우리가 말하는 뉴타운 사업이 되는 것이고요! 뉴타운 사업은 이전에 이명박 서울시장 시절, 오세훈 서울시장 시절에는 활발히 사업을 벌였으나 박원순 서울시장 재임 때는 전면개발보다는 보존개발을 우선하며 서울에서 더 이상 광역적 정비구역 지정을 하지 않았죠. 그러다 2016년 이후 부동산 가격이 급등하고 원인으로 '공급량 부족'이라는 말이 나오니 부랴부랴 방향을 수정했어요. 2020년 8월에는 공공재개발 사업지를 선정하겠다 발표했고요.

율하쌤 공공재개발 사업은 기존의 정비사업, 뉴타운에서 보통 용적률을 상향해서, 즉 일반분양 물량을 늘려서 조합원들의 일정 수익을 보장해주지만 늘어난 부분의 절반 정도를 임대아파트로 짓게 만드는데요.

현웅쌤 늘어난 용적률의 절반을 임대아파트로 짓는다고 해도 신축 부동산 가격이 워낙 좋아요. 그래서 투자자들이 공공재개발 예상지를 찾아 투자에 나서는 모습입니다.

아파트 도장깨기: 신풍역 신길남서울

현웅쌤 자, 신풍역을 떠나기 전에 언급을 안 하고 가면 매우 아쉬운 아파트가 하나 있습니다. 바로 신풍역 바로 앞에 있는 신길남서울입니다.

율하쌤 1974년에 건립된 17평(전용 54㎡ 내외) 정도의 작은 평형들로 구성된 오래된 아파트잖아요? 위치는 지하철역과 엄청 가깝고요!

: 남서울아파트 단지 전경

현웅쌤 이 아파트가 각 세대 당 대지지분이 17평형 기준 10평 전후로 재건축 때 소유자 세대가 3~4억 원 정도의 추가 분담금을 부담해야 해서 사업이 지지부진했었는데요. 현재 대우건설과 사업을 진행하면서 17평형의 가격이 9억 원 전후가 되었어요.

율하쌤 신풍역 남쪽 2번 출구 쪽의 신길우성2차와 신길우창, 신길삼성 쪽은 어떻게 보시나요?

현웅쌤 이 아파트들은 자체적인 큰 변화는 없는데 신길뉴타운이 개발되고 주변환경이 좋아지며 같이 가격이 좋아졌죠. 가만히 있다가 같이 가격이 오른 아파트들이라고 할까요?

율하쌤 그렇군요. 한편 신길우성2차와 신길우창은 연합하여 재건축을 추진하는 모습이네요.

대림역 차이나타운 다가구주택

율하쌤 발길을 신풍역에서 대림역 쪽으로 돌려볼게요. 대림역으로 가는 길에 중국어로 된 간판들이 빼곡한데요.

현웅쌤 대림역 일대가 조선족 분들이나 한국에 일하러 온 중국인들이 거주하는 거리가 되었는데요. 특히 대림역 12번 출구로 나가면 영화에 많이 등장했던 대림동 차이나타운 거리를 볼 수 있습니다.

율하쌤 대림역 일대 투자 포인트는 어떤 것이 있을까요? 중국어 간판도 많고 중국 관련 거주자들이 많은 곳인데 대림역 일대의 낡은 다가구 주택 가격이 매우 저렴했었잖아요?

현웅쌤 네. 대림역이 2호선과 7호선 환승역이잖아요. 대림역 주변 다가구를 사서 교통이 편리한 환승역을 통해 출퇴근하는 사람들에게 월세를 받는 것이 기본적인 투자법이었죠. 사실 15년 전만 해도 대림동이 이렇게까지 중국인이 많고 중국과의 관련성이 높지는 않았어요. 이때 당시 저도 이 지역 다가구주택과 빌라가 저렴하게 경매로 나올 때마다 낙찰받으러 다녔었는데 중국과 관련한 분들이 많지는 않았습니다.

율하쌤 아무래도 사회적으로 저임금 노동자들에 대한 수요가 많아져서 일까요? 예를 들면 이모님이라고 아이를 돌봐주시는 베이비시터분들 있잖아요. 이분들을 필요로 하는 수요가 서울 강남권에 많은데 강남은 주거비용이 비싸니 강남과 연결된 2호선 라인 중 그 당시 임대료가 가장 저렴했던 대림동 지역으로 집중된 것일지도 모르겠네요.

현웅쌤 네 중국인, 중국교포 노동자들이 강남권으로 출퇴근하기에 편리한 주거지로서 대림동이 자리매김을 한 셈이고요. 이분들이 오랜 시간 우리나라에 지내면서 대림동에 하나둘씩 자리를 잡다 보니 지금의 모습이 된 것이죠. 그런데 옛날에는 중국분들이 세 들어 사는 경우가 많았지만요 지금은 상황이 달라졌어요. 이분들의 경제력이 상당해졌거든요. 사실 이 일대 다가구나 건물 소유자 중 다수가 중국과 관련된 분들입니다.

율하쌤 그리고 이분들이 한국에서 돈을 벌면 신길뉴타운 지역의 신축아파트를 상당히 매수하고 싶어 한다고도 하지요.

대림역 주변 오피스텔과 지식산업센터

현웅쌤 대림동 중국 관련 이야기는 여기까지 하고요. 대림역 자체가 강남 출퇴근이 쉽고 7호선이 환승역이라 주변에 있는 아파트들이 항상 월세나 전세가 잘 나옵니다. 대림역 근처에 있는 구로이화우성이나 대림역 바로 앞에 있는 구로럭키는 투자금이 적게 들어가는 아파트였죠. 지금도 지켜보시면 좋을 듯해요.

율하쌤 대림역 인근에는 대한민국 1호 아파트형 공장, 지금은 지식산업센터로 부르는 구로디지털지식산업센터가 자리 잡고 있잖아요? 이 지역의 아파트들에 대한 선호도도 좋죠?

현웅쌤 구로디지털단지는 대한민국 1세대 지식산업센터였고 과거에는 아파트형 공장이라 불렀습니다. 사무실이 많다 보니 주변의 월세나 전세, 매매 수요를 소화할 수 있었죠.

율하쌤 그래서 지식산업센터 인근의 구로삼성래미안 같은 곳들의 작은 평형은 투자자들에게 월세 받기 좋은 아파트로서 인기가 꾸준한 거죠! 2020~2021년 지식산업센터의 가격이 급격히 상승하면서 많은 사람들에게 부동산 투자처로 알려졌는데요. 지식산업센터 투자는 크게 산업단지 안과 산업단지 밖 투자 두 가지로 구분되는데 이에 대해 알아볼까요?

현웅쌤 핵심은 산업단지 안 투자는 임대보다는 실수요 목적으로 지식산업센터를 분양받거나 매매하는 것이 수월하고, 임대수익이나 시세차익이 목적이라면 산업단지 밖의 지식산업센터 분양이나 매매가 더 수월하다는 것입니다.

율하쌤 서울에는 세 곳의 산업단지가 있죠. 국가산업단지인 서울디지털산업단지, 일반산업단지인 마곡산업단지와 온수산업단지입니다. 서울디지털산업단지는 구로동 1단지, 금천구 가산동 2단지와 3단지 등 3곳으로 나뉘고 경기도 국가산업단지 4개소, 일반산업단지 165개소 등이 있는데요. 그러면 산업단지와 산업단지 밖의 투자는 구체적으로 어떤 차이가 있을까요?

현웅쌤 산업단지의 지식산업센터는 현재도 입주기업에 대해 세제나 대출 등 여러 혜택이 주어지고 있어요. 산업단지 내에서 공장등록을 하고 사업을 운영했을 경우 누릴 수 있는 이점이죠. 대신 산업단지 지식산업센터 내 입주기업에 대한 관리는 산업단지공단이 담당하고 있습니다. 즉 산업단지 내 지식산업센터의 경우 관련 공단이 자격취득, 운영, 관리 등 절차 전반에 대해 엄격하고 까다롭게 관리한다는 이야기죠. 다시 말해 실수요로 운영하려는 경우 외에 임대가 수월치 않다는 이야기인데요. 산업단지 내 지식산업센터는 실제로 이곳을 운영하려는 사람들이 매매하라는 의도입니다. 산업단지 내 지식산업센터는 취득해 임대사업을 바로 할 수 없어요. 제조업, 지식기반산업, 정보통신산업 등의 사업을 위한 공장설립을 위한 완료신고 또는 사업개시 신고 후 임대사업을 하여야 합니다. 즉 한 번은 내가 사업신고를 해야 한다는 점입니다. 이 부분이 신경을 써야 할 부분인데, 원칙이 정해져 있지만 조금만 신경 써서 준비하신다면 충분히 매수하여 임대할 수 있습니다.

율하쌤 산업단지 밖에 있는 지식산업센터는 해당 시군구 지자체가 관리하는데요. 산업단지 밖 개별 입지에서는 입주자에 대한 업종은 제한되어도 소유자에 대한 제한이 없으며 임대사업이 합법입니다. 입주자는 개인이어도 되고 법인이어도 되고 소유자는 사업자이면 되죠. 즉 산업단지 밖 지식산업센터의 취득, 매매, 임대는 비교적 자유로워요! 참고로 지식산업센터가 산업단지 안에 속하는지 밖에 속하는지 확인하려면 부동산의 이용 상태를 나타내는 '토지이용계획확인원'을 발급하시면 됩니다. 토지이용계획확인원은 부동산 사이트 토지이음 등 많은 곳에서 확인할 수 있죠.

현웅쌤 정리해보자면, 신풍역은 신길뉴타운이 조성되면서 이 지역의 새로운 주거지로 떠오르는 곳, 대림역 주변은 유동인구가 많은 월세가 나오는 주거지로 가볍게 정리해볼 수 있겠습니다. 역시 두 지역의 단점이라면 떠오르는 학군이 없다는 점과 아직 주변이 낡은 빌라와 오래된 다가구가 산재해 있다는 점인데 시간을 두고 개선하면 좋을 부분이겠죠.

율하쌤 어쨌든 여의도와 마포가 가깝고 교통이 편리한 주거지로서 장기적으로 미래가치는 좋다는 점을 긍정적으로 볼 수 있겠네요. 이번에는 신풍역과 대림역 주변의 부동산을 알아봤지만, 서울 서부권도 전반적으로 많은 주목을 받고 있어요. 영등포구와 구로구를 연결하는 경기도 광명시도 새롭게 평가받고 있고요. 서부권은 과거 공장들로 인해 저평가를 받았던 지역인데 넓게는 여의도 업무지구, 구로디지털단지, 가산디지털단지와 광명역세권 개발과 어우러져 신축아파트들이 들어서면서 좋은 가격을 형성하고 있습니다. 앞으로도 성장가능성이 있는 지역이니 이들 지역도 꾸준히 관찰하시면 좋을 듯해요.

신안산선 효과를 누릴 영등포구 지역

현웅쌤 영등포 근방은 교통도 좋아질 예정이잖아요. 경기도 안산, 시흥에서 서울 여의도까지를 잇는 44.7km 지하철 노선인 신안산선이 2024년 말 개통될 예정입니다. 신안산선으로 인해 영등포 지역은 모든 지역에서 지하철 접근성이 개선되는 효과가 나타날 것으로 보여요.

율하쌤 신안산선은 최대 시속 110km 속도로 운행하는 광역철도죠. 이 노선은 Y자 갈래로 된 복선전철입니다. 한 지선은 화성 송산역에서 광명까지 이어지는데 원시~시흥시청 구간은 소사~원시선과 노선을 공유하며, 시흥시청~광명 구간은 월곶~판교선과 노선을 공유해요. 다른 지선은 안산 한양대 에리카 캠퍼스에서 시작해 광명까지 이어지게 되고요.

현웅쌤 이 노선으로 화성 송산동과 경기도 안산, 시흥 지역의 교통이 획기적으로 개선될 것이라 지역 주민들이 기대도 큽니다. 영등포 쪽은 '대림삼거리역~신풍역~도림삼거리역~영등포역~여의도역'으로 연결될 예정인데요. 신설되는 대림삼거리역 주변의 아파트들과 도림삼거리역 주변에 좋은 영향을 미칠 것으로 보이고 신길동과 신길뉴타운에도 긍정적인 효과가 있겠네요.

영등포구·구로구 핵심 포인트

- 신길뉴타운 사업구역에서 해제된 곳을 항상 주목!
- 신설되는 신안산선 주변 부동산에 꾸준하게 관심 갖기
- 구로디지털단지역 인근 지식산업센터는 노후 대비용 월세가 잘나오는 우수한 수익형 부동산
- 가격 대비 월세 수요가 좋은 구로디지털단지역 주변 오피스텔
- 신길뉴타운은 여의도 업무지구의 배후지역으로 날로 좋아질 것으로 예상

10

용산역·삼각지역

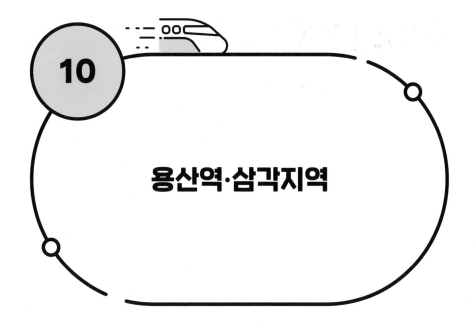

율하쌤 서울특별시 전체 지도를 보면 정확히 한가운데 용산구가 있습니다. 풍수에서 배산임수라는 말이 있죠. 용산의 동북쪽에 남산이 있고 아래로는 한강이 흐릅니다. 한남동에 집을 지으면 건물의 뒷쪽이 동북쪽이고 현관이 서남쪽을 향하면서 물을 보게 되어 40년간 엄청난 재운이나 경사가 넘치게 된다는 풍문까지 있어요.

현웅쌤 용산은 서울의 중심에 위치해 강북과 강남 어느 지역으로도 이동하기 쉬워요. 이것이 용산의 기본적인 경쟁력이죠. 입지만으로도 미래가치는 긍정적인데 더불어 여러 가지 개발 호재가 있습니다. 가장 큰 이슈는 용산역세권 '용산국제업무지구 개발사업'이고요. 한국철도공사가 용산역

: 용산역·삼각지역

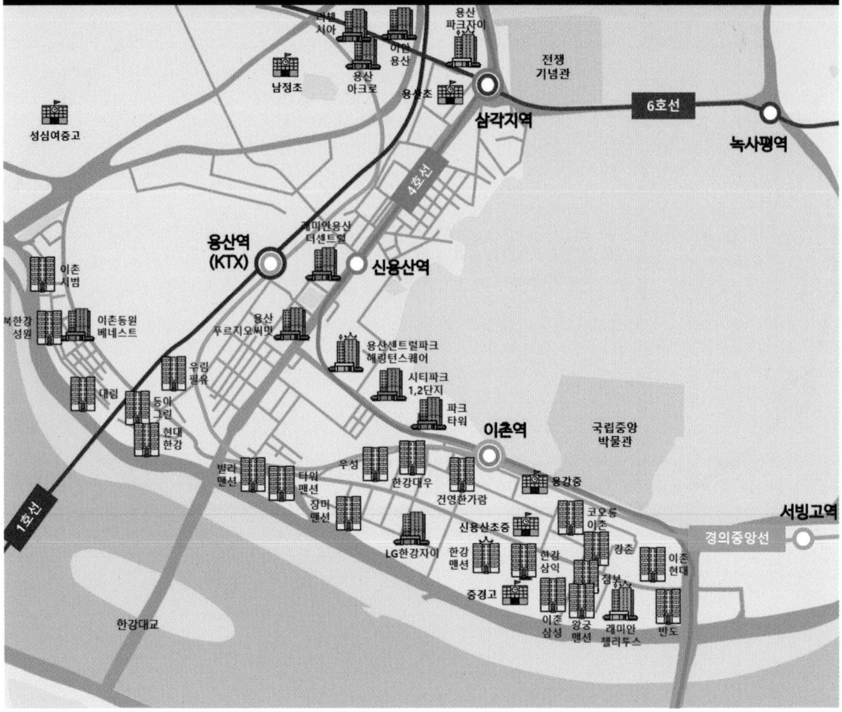

인근에 보유한 부지 약 17만 평에 국제적인 업무시설, 주상복합아파트, 호텔, 백화점 등의 복합단지를 건설하는 사업입니다. 2006년 당시 건설교통부가 용산역세권 개발을 확정 짓고 2007년 서울시가 '용산역세권 국제업무지구 조성 기준'을 마련하면서 본격화되었습니다.

이때 계획대로 되었다면 용산은 정말 국제적인 지역이 되었을 겁니다. 2008년 글로벌 금융위기를 겪으면서 문제가 생겨 2012년 9월 개발사업은 전면 중단되었고 2018년 6월 다시 이 부지의 소유권이 한국철도공사로 넘어오는 등 우여곡절을 겪었죠. 앞으로 어떻게 개발될지는 지켜봐야 하지만 이곳의 개발계획에 따라 용산 또는 서울의 부동산 시장의 판도가 바뀔 수 있습니다.

율하쌤 다음으로 용산공원 개발 호재가 있죠. 일제강점기 시절 일본군 병영이었던 용산 미군기지가 용산공원으로 바뀔 예정인데요.

현웅쌤 과정을 살펴보면 2003년 한미정상회담으로 미군기지 이전이 합의되었고 2007년 「용산공원 조성 특별법」이 조성되어 진행되고 있습니다. 미군기지 완전반환 여부 등의 우여곡절이 있지만, 미군기지가 용산공원으로 재탄생할 예정이고 전체 면적이 약 100만 평이나 되는 큰 사업입니다.

율하쌤 한편 용산은 최고급 주거지로 거듭나는 중이죠? 2011년 준공된 한남더힐아파트 뒤를 이어 2019년 준공된 나인원한남, 그리고 한남뉴타운 개발이 대기 중이잖아요? 이와 더불어 1960년대부터 고급 주거지였던 동부이촌동 지역도 개발을 앞두고 있습니다. 이 지역들을 연결하면 용산은 최고급 주거지라는 위치를 더욱 공고히 하겠네요.

현웅쌤 용산은 사통팔달 교통의 요지가 될 예정이에요. 기존의 지하철 노선 외에도 GTX-A 노선의 서울역, GTX-B 노선의 용산역 그리고 신분당선 연장선까지 그야말로 '강남에는 강남구, 강북에는 용산구'로 불리며 '서울 2대 지역'으로 발전하고 있습니다.

율하쌤 지금 용산역 주변에는 래미안용산더센트럴, 용산푸르지오써밋, 용산센트럴파크(해링턴스퀘어) 등 대표적인 고급 주상복합아파트들이 있어요.

현웅쌤 10여 년 전 용산에는 대한민국의 어떤 주상복합아파트보다 고급으로 불리던 용산시티파크와 용산파크타워가 있었습니다. 용산시티파크는 2007년에 준공했고 용산파크타워는 2009년에 준공했습니다. 2000년대 부동산 최고 정점기 때 지어진 주상복합아파트였어요. 지금 생각해보면 당시 이들의 위상이 대단했었습니다. 한강이나 용산공원 조망이 가능해 중간 평수 기준 앞으로 20~30억 원까지 간다 했었는데 2010년부터 불황이 오니 긍정적인 시선은 사라지고 평가가 달라지더라고요.

율하쌤 그래서 이 두 아파트의 가격이 상당히 많이 내려갔었죠? 2015~2016년이 최저점이었네요.

현웅쌤 2016년 9월에 용산시티파크1단지 전용 34평, 공급면적으로는 44평 정도 되는 물건을 아시는 분이 11억에 원 낙찰을 받았었죠. 이때 전세를 9억 원에 줬으니 투자금은 단 2억 원이었습니다. 지금은 28억 원 정도 하죠! 지금 생각하면 말도 안 되지만 그때 감정가 11억 3000만 원에 한 번 유찰이 되어서 9억 원대라 11억 원을 써낸 것인데 그때는 그것도 비싸다고 하는 사람들이 많았다니까요?

: 용산역세권 국제업무지구 조감도

율하쌤 맞아요. 용산의 주상복합아파트가 지금과 비교해 터무니없이 저렴할 때가 있었죠! 대체 과거와 지금 무엇이 달라졌는지 의문을 같이 풀어가 봐요. 용산역 용산국제업무단지 이야기를 해볼까요? 만일 2007년도에 계획되어 2012년도에 무산된 용산국제업무지구 사업이 지금 완성 단계를 밟고 있다면 어땠을까요? 지금은 다시 사업을 재개하기 위해 준비 중이지만요.

현웅쌤 아마도 서울의 전반적인 위상이 정말 어느 나라 부럽지 않았을지 모르죠. 참 아쉬워요.

율하쌤 용산국제업무지구는 용산구 한강로3가, 이촌동에 있는 용산역의 철도 차량사업소와 주변 지역을 철거하여 시행하려고 했던 대규모 사업이었잖아요? 위쪽으로는 철도사업부지 아래로는 현재 이촌동의 북한강성원아파트, 이촌동 대림아파트까지 구역에 해당하였네요. 그런데 2008년 리먼 브라더스 사태로 발생한 글로벌 금융위기로 인해 사업이 무산되고 말았습니다.

현웅쌤 삼각지역 쪽으로 이동해볼까요? 삼각지역 주변 역시 주상복합아파트 단지들과 주상복합 오피스텔이 모여 있는데요. 이 지역의 대장주는 용산파크자이와 월드마크주상복합아파트(용산대우월드마크)와 오피스텔이라고 볼 수 있습니다. 용산파크자이가 2005년, 용산대우월드마크는 2007년에 건립되었어요.

율하쌤 둘 다 연식이 조금 있지만 조망이 너무 훌륭하고 삼각지역과 가까워 대장주 자리를 꽉 잡고 있죠. 삼각지 고가차도를 건너가면 주변으로 용산아크로, 용산CJ나인파크, 용산이안, 용산리첸시아 등 주상복합아파트와 오피스텔이 즐비하게 있고요.

현웅쌤 사실 지금이야 주상복합아파트와 오피스텔을 좋게 평가하지만 부동산 가격이 한창 오를 때인 2017년에도 이 주변 주상복합아파트와 오피스텔들은 가격이 그다지 오르지 않았어요. 2017년 무렵 강남, 송파, 목동, 마포의 아파트들이 오를 때도 이곳 주상복합아파트들은 가격이 더디게 오르고 조용했었습니다. 특히 주상복합은 불황 때 가격이 낮아지면 매매가와 전세가가 비슷해집니다. 전세가는 주거의 편익성이 좋아 높은 거죠. 그래서 갭투자에 좋은 대표적인 종목이 됩니다.

율하쌤 2018년부터 다른 지역 부동산까지 한참 오르고 난 후 용산의 주상복합도 상승 대열에 합류했는데요. 2022년 현재 기준 가격이 너무 많이 올라 적은 금액으로는 투자가 아예 불가능하게 되었네요.

현웅쌤 주상복합아파트들은 주로 상업지역에 위치해 단지형 아파트들보다는 가격상승이 더딘 것이 사실입니다. 대신 '대세 상승기'에는 적은 금액으로 갭투자가 가능해 각종 호재가 있는 곳의 주상복합아파트가 매력적인 투자처가 된다고 볼 수 있습니다.

율하쌤 개발 호재가 강한 지역의 주상복합아파트도 좋은 투자 대상이 된다는 점, 꼭 기억해야겠네요. 삼각지역을 지나가면서 인근에 정부가 추진하는 청년주택도 볼 수 있는데요. 앞으로 청년주택이 어떤 평가를 받는지도 지켜봐야 할 부분이네요! 용산은 앞으로도 개발 호재가 많아 앞으로도 좋은 평가를 받을 것으로 예상됩니다!

현웅쌤 다만 용산 또한 떠오르는 학군이 없고 아파트 가격이 많이 오른 곳이라 막상 투자할 종목이 마땅치 않다고 아쉬운 평가를 받는 곳이기도 하고요.

용산에 날개를 달아줄 미군기지용산공원개발

현웅쌤 용산 개발의 화룡점정은 용산 미군기지를 용산공원으로 개발하는 사업이죠. 미군기지 부지에 공원 말고 임대아파트를 세우자는 의견도 있지만, 서울에 멋진 국제적 수준의 공원이 있는 것도 좋을 것 같아요. 용산 미군기지의 크기는 약 300만m^2, 90만 평입니다.

율하쌤 90만 평은 매우 넓은 부지인데요. 크게 두 지역으로 나뉘어요. 녹사평역에서 삼각지역에 이르는 도로를 중심으로 북측의 메인포스트 지역과 남쪽의 사우스포스트 지역입니다. 메인포스트 지역에는 전쟁기념관이, 사우스포스트 지역은 국립중앙박물관과 용산가족공원이 자리 잡고 있어요.

현웅쌤 2007년부터 「용산공원 조성 특별법」이 제정되어 메인포스트와 사우스포스트를 모두 활용해 메인공원으로 만들고 유엔사, 수송부, 캠프킴 부지를 주거 및 상업시설로 개발한다는 계획이 세워졌습니다. 가장 큰 쟁점은 미군기지 시설 전체의 반환 여부인데요. 2021년 기준 전체 반환대상 총 80여 곳 가운데 68여 곳이 반환되었고 나머지 10여 곳은 지켜봐야겠지요. 반환이 완료되면 용산은 새롭게 도약할 듯합니다.

율하쌤 용산은 서울의 중심부잖아요. 강북, 강남, 경기 어느 지역으로도 이동하기 좋은 위치에 여러 개발 호재들도 존재해서 호황기 때는 물건을 전혀 잡을 수가 없어요. 대신 시장이 조금이라도 침체되는 시기가 온다면 용산의 개발 사업은 굵직굵직한 사업이고 시간이 오래 걸리는 사업이라 용산의 부동산이 하락하기도 하는데 이때를 놓치지 마시고 매수 타이밍으로 삼으시면 좋을 듯합니다.

: 용산 미군기지 현황

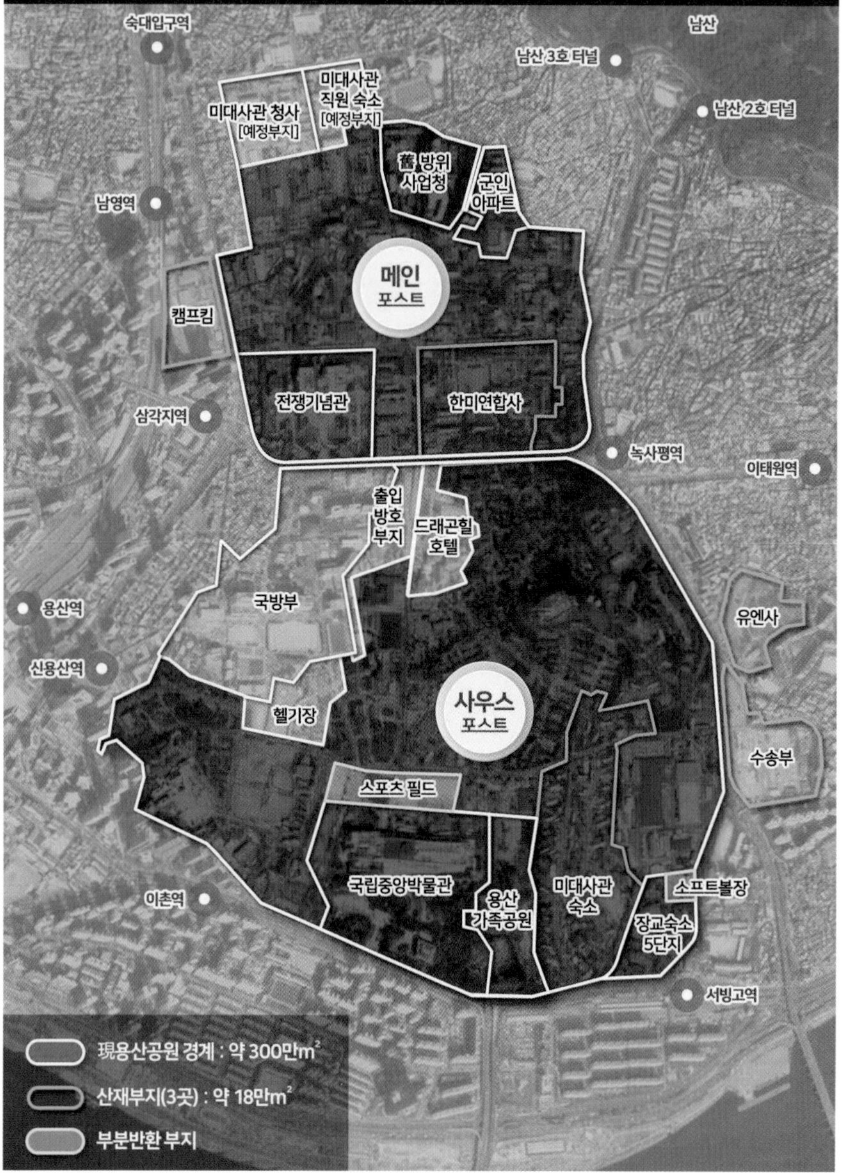

출처: 국토부 보도자료(21.12.08)

아파트 도장깨기:
투자 포인트, 서부 이촌동

현웅쌤 리먼 브라더스 사태 때를 떠올려보면, 그때 이촌동 일대 아파트를 포함해 지구지정을 하여 용산국제업무지구 사업을 추진했잖아요. 지금 한강 변에 보이는 북한강성원아파트나 대림아파트를 매매할 경우 청산을 당해 한동안 거래되지 않았었던 것이 기억나네요. 이 국제업무지구는 사업이 무산된 이후도 우여곡절이 많았었는데, 2013년 10월 서울시가 이 지역 지구지정을 취소해 이쪽 부동산들은 다시 자유롭게 매매가 가능해졌습니다.

율하쌤 최근의 상황은 이촌동 부분을 뺀 철도청 부지 중심으로 2020년 5월 6일 '수도권 주택공급 기반 강화 방안'을 발표하면서 이 철도청 부지 중심에 8,000세대 가량의 주택을 공급하기로 했는데 공급되는 8,000세대는 주상복합으로 추진되며 이 가운데 2,400세대는 임대주택으로 짓는 방향으로 잠정 결론이 난 상태네요.

현웅쌤 여기에 아파트만 짓는 것은 아니고요. 업무 및 상업시설도 건설한다고 하여 여전히 주목받는 지역이죠. 저는 2008년도의 사업이 성공했으면 어땠을까? 하는 아쉬움이 남습니다. 그래도 철도청 부지를 중심으로 개발계획이 있으므로 용산역 주변에 투자한다고 하면 이 부근이 포인트가 되는 것이죠. 이곳에서 꼼꼼히 살펴봐야 할 곳이 서부 이촌동이고요.

율하쌤 이촌동은 한강대교를 중심으로 동쪽을 이촌1동이라 해서 동부 이촌동, 서쪽을 이촌2동이라 해서 서부 이촌동이라고 부르죠. 동부 이촌동은 오래전 개발이 잘 되어 있는 상태로 자리를 잡아 주거환경이 우수한 곳이잖아요?

현웅쌤 맞아요. 먼저 살펴볼 지역은 서부 이촌동입니다. 서부 이촌동은 주거지 한가운데를 철길이 가로질러 한동안 개발이 정체되었던 곳이에요. 서부 이촌동 지역의 투자는 기존 아파트와 재건축아파트로 나누어 생각할 수 있습니다. 서부 이촌동 가운데 쪽을 보면 이촌동원베네스트라는 아파트가 있어요. 2017년 34평(전용 84㎡)이 매매가 9억 원, 전세는 6억 원이어서 3억 원 정도로 투자할 수 있었는데 2022년 3월 기준 34평형 시세가 20억 원 정도 하네요. 전세가는 7~8억 원이고요.

율하쌤 그리고 강변북로를 따라 내려가다 보면 보이는 북한강성원아파트와 이촌대림 그리고 현대한강이 있죠. 2016년도만 해도 북한강성원 24평이 6억 원대였는데요. 정말 이때가 기회였죠. 2022년 3월 기준으로 북한강성원은 24평(전용 59㎡)이 시세가 18억 원 이상합니다. 지금은 이 한강 변 아파트들은 한창 리모델링을 준비 중이죠.

현웅쌤 그런데 또 그때 당시는, 다들 북한강성원이 너무 강변북로 대로변에 인접해 있고 이웃인 동부 이촌동에 비해 학교 등 기반시설이 열악하다며 매수를 꺼리는 부분도 있었어요. 이촌동에는 4곳의 재건축 구역이 있는데 이 지역에 투자자들의 관심이 집중되어 있습니다. 가장 먼저 강변북로를 따라가다 보면 길가에 거의 쓰러져 가는 아파트들이 보이는데 이것이 이촌시범중산아파트(중산시범아파트)이고 중산시범지구이죠.

율하쌤 중산시범아파트는 1970년에 준공했는데, 사실 건물은 개인 소유지만 토지는 서울시 소유잖아요?

현웅쌤 맞아요. 1970년대를 생각해보셔요. 아파트에 대한 개념조차 없을 때였어요. 그러니 건물은 개인, 토지는 서울시가 소유한 모양새가 됐던 거죠. 지금은 거의 사라졌지만, 예전엔 서울에 이런 아파트들이 널려 있었

: 북한강성원

: 북한강성원 전용 59㎡ 매매가 추이

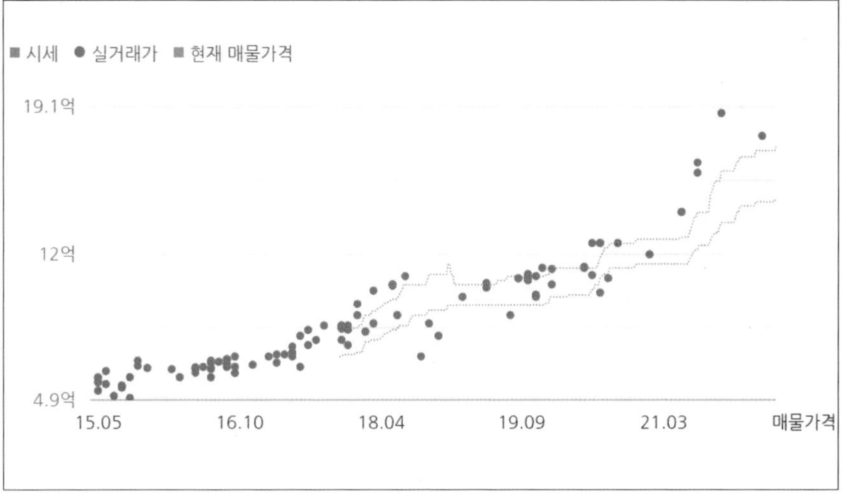

출처: 네이버

: 북한강성원 단지정보

기본정보	**아파트명 (입주연도)**	**주소**	**전용면적(㎡)**	**실거래 시세 (2022년 3월 기준)**	
	북한강성원 (2001.08)	서울시 용산구 이촌동 422	59	17억 7,000만 원 (22.03/6층/59㎡)	
주거환경	**세대수**	**용적률**	**건폐율**	**주차장(세대당)**	**지대**
	340세대(2동)	376%	23%	205(세대당 0.6대) 지하 2층(연결X)	평지
직주근접 (주요 환승)	**지하철역**	**강남역**	**광화문역**	**여의도역**	**판교역**
	용산역(1호선, 경의중앙선)	37분 (이촌-사당)	20분 (공덕)	14분 (노량진)	50분 (옥수-양재)
학군	**초등학교**	**중고등학교**	**성심여중 학업성취도 및 진학률**	**성심여고 학업성취도 및 진학률**	**학원가**
	남정초 (도보 25분)	선린중, 성심여중, 성심여고	90.3%(2위), 0.0%(8위)	88.4%(4위), 44.9%	효창공원앞역 (7개), 마포학원가 이용
생활환경 (차량 시간)	**주변지역**	**대형마트**	**백화점**	**종합병원**	
	노들나루공원 (5분), 노량진공원 (8분)	이마트 용산점 (4분), 이마트 마포공덕 (6분)	아이파크몰(3분) 더현대서울(7분)	여의도성모병원 (6분), 중앙대학교병원 (8분)	
종합	**평가:** 한강 조망이 우수한 아파트면서 리모델링을 추진했을 때 가치가 더 높아질 수 있는 아파트. 용산업무지구개발 사업이 완료되면 주변 인프라도 누릴 수 있어 가치 상승 전망. **함께 살펴볼 만한 단지:** 마포한강삼성아파트, 용산 강변삼성스위트아파트. 둘 다 한강에 인접하여 리모델링 가능성 있음. 단점으로는 소음과 강변북로의 미세먼지 등을 꼽을 수 있는데 한강 조망이라는 큰 장점과 아쉬운 점이 공존.				

는데 서울시에서 이 아파트들은 매입해 공원이라든가 다른 건물들로 바꾸었죠.

울하쌤 중산시범아파트의 경우 개발되지 않고 여전히 남아 있는데 재건축이 지연되는 이유가 결국 건물은 개인 것이지만 토지가 시유지라 서울시로부터 땅을 매입해야 하는 문제 때문이네요. 조합원들이 바라는 매입가와 서울시가 생각하는 매수가에는 당연히 큰 차이가 있을 것이고요.

현웅쌤 그 부분에서 합의점을 찾는 것이 관건이에요. 합의만 된다면 미래가치는 좋은 단지죠. 그다음은 '이촌시범 미도연립 특별계획구역'이에요. 중산구역의 예를 따를 듯하고요. 이촌1구역이 이 지역에서 큰 재건축 구역인데 단점은 사업진행은 더딘데 매매 호가는 매우 비싸다는 것입니다. 마지

: 이촌동 중산시범아파트 전경

막 한 곳은 강변강서 재건축 구역인데 구역이 너무 작아서 사업성이 잘 안 나오는 지역이라 사업이 더딘 측면이 있었는데 2021년 4월 7일 국토부는 이 곳을 공공재건축 선도사업 후보지로 결정했네요.

율하쌤 4개 구역의 장점은 모두 호재가 많은 용산역과 한강 변에 위치해 재건축만 성공적으로 된다면 미래가치가 높다는 게 되겠어요.

현웅쌤 네. 반면 현재는 지분당 호가가 매우 비싼 상태인 거죠.

KTX 기찻길 바로 옆 아파트 괜찮을까?

현웅쌤 여러 곳에서 강의하며 많은 수강생분들을 만나는데요. 용산구는 다들 좋게 보시고 용산구 물건을 가지고 싶어 하세요.

율하쌤 지리적으로도 서울의 중심부, 마용성의 용이잖아요! 정말 용산은 호재와 가능성이 철철 넘쳐나는 곳이에요. 그럼 용산역, 삼각지역 인근 아파트들을 좀 더 자세히 살펴볼까요?

현웅쌤 용산역 철길을 따라 한강 쪽으로 지나가는 길에 한강로우림필유아파트하고 이촌동아그린아파트가 있거든요. 이 두 아파트는 사실 KTX 열차가 5분 간격으로 지나다니는 철길 바로 옆에 있습니다. '저기 사는 사람은 얼마나 시끄러울까?' 누구나 딱 그 생각이 먼저 들죠. 저도 그래서 '시끄러운데 이 아파트들이 과연 가격이 오를까?'라고 늘 생각했습니다.

율하쌤 결과는 기찻길 소음을 뚫고 올랐다! 맞죠? 동아그린 104동 같은 경우 KTX가 바로 앞을 지나가는 동이잖아요? 놀랍게도 2016년 무렵만 하더라도 24평(전용 59㎡)이 4~5억 원대였는데 2022년 3월 현재 기준으로 14억 대 이상이에요. 한강로우림필유는 2016년 무렵 34평(전용 84㎡)이 6억 원대였는데 지금은 18억 원 정도 하고요. 여전히 철길이 지나가는 시끄러운 곳인데 왜 가격이 꾸준히 오르고 있을까요?

현웅쌤 철도가 있어 소음이 시끄러운데 아파트 가격은 상승하는 이유가 무엇일까요? 결론적으로 용산개발이라는 매우 강한 호재가 단점을 넘어설 만큼 크게 영향을 끼친 것입니다.

율하쌤 주변 여건이 안 좋지만, 호재가 단점을 넘어서면서 아파트 가격이 올라준 상황이네요. 강한 개발 호재는 주변의 악조건도 이겨낸다! 라고 기억할 수 있겠습니다. 자, 다시 용산역 앞으로 가볼까요?

현웅쌤 오래전 용산의 모습을 기억하시는 연세가 있으신 분들은 지금의 용산역 앞을 가시면 깨끗해진 주상복합단지들 때문에 놀라실 겁니다. 반면에 젊은 분들은 지금은 상상을 못 하겠지만, 예전에 용산역 앞에 소위 말하는 유흥가가 있었거든요. 그 유흥가를 허물고 2017년 래미안용산더센트럴 아파트와 오피스텔이 자리 잡았고 비슷한 시기에 용산푸르지오써밋이 멋지게 들어선 것이고요.

현웅쌤 당시 재미있었던 건 래미안용산더센트럴 오피스텔 전용 10~12평이 4억 5,000~5억 원대로 분양을 해서 상당 기간 피가 낮게 형성되었던 것입니다. 한동안 실패한 투자라는 말이 돌았는데 지금은 7억~8억 원 정도 하죠. 늘 놓친 것은 아쉽지요.

율하쌤 그리고 이 맞은편에는 으리으리하게 지어진 아모레퍼시픽 사옥과 2017년 분양 당시 부동산 시장을 들썩이게 했던 용산센트럴파크해링턴스퀘어가 자리를 잡았죠? 해링턴은 당시에는 비싼 분양가였지만 지금은 너무 성공한 투자라고 평가할 수 있겠어요.

현웅쌤 이처럼 용산역 주변은 멋진 주상복합단지들이 조화를 이루고 있으면서 여전히 개발의 여지가 왕창 남아 있는 곳이죠. 하지만 지금은 물건들의 가격이 너무 많이 올라 투자가 여의치 않죠.

율하쌤 이쪽에서 그나마 적은 금액으로 투자할 만한 물건은 아무래도 찾기 힘들겠죠?

현웅쌤 시간을 거꾸로 돌리지 않는 한 힘들 것 같아 슬프네요. 대신 용산역 주변에 있는 오피스텔인 한강로대우디오빌이나 한강로벽산메가트리움이 어떨까 싶어요. 월세도 잘나가고 꾸준히 가격이 올라주는 종목이죠.

아파트 도장깨기: 최고의 주거단지, 동부 이촌동

율하쌤 이번에는 용산역 오른쪽에 있는 동부 이촌동으로 이동해볼까요? 동부 이촌동은 신축과 재건축을 할 아파트 그리고 리모델링하는 아파트들이 공존하는 멋진 곳이죠. 한강대교 북단을 중심으로 동쪽에 위치하고 행정구역으론 이촌1동이에요.

현웅쌤 사실 이 동부 이촌동이 대한민국 최초의 신도시였던 거 아세요? 1960년대 이곳은 백사장이었다고 해요. 백사장이었던 곳이 대지가 되었던 것은 '한강 개발 3개년 계획'으로 구체화되었죠. 1968년 '한강 변 공유수면 매립공사'와 강변북로를 건설하고 나니 모래사장이었던 곳에 대지가 조성되었고 이곳에 지금의 동부 이촌동을 건립한 것이거든요. 어떻게 보면 최초의 신도시였던 것입니다. 이곳에 공무원 아파트, 외국인 아파트와 지금도 떡하니 재건축을 앞둔 한강맨션 아파트들이 지어졌고 이 동부 이촌동을 개발한 경험으로 1970년대 강남개발이 본격화되었다고 이야기합니다.

율하쌤 동부 이촌동은 개발 초기부터 중산층과 상류층을 대상으로 분양을 해서 넓은 평수의 아파트 비중이 높죠. 또 초기부터 일본인들이 주로 이주해와 국내 일본인 최대 주거지로 알려져 있죠. 지금도 이 일대에는 한국에 자리 잡은 일본인이 하는 맛집들이 많잖아요?

현웅쌤 맞아요. 제가 좋아하는 일본식 소시지구이 집이 있는데 생각나네요! 동부 이촌동의 상징적인 아파트는 단연 재건축을 기다리고 있는 이촌한강맨션아파트입니다.

율하쌤 동부 이촌동의 첫 아파트 단지는 1968년에 지어진 공무원 아파트였고, 중산층을 상대로 한 고급아파트인 한강맨션은 1970년대 준공됐네요.

현웅쌤 한강맨션은 처음부터 당시의 중산층을 대상으로 분양했고 대형평형인 27~57평형 위주였습니다. 고급아파트라서 영화배우, 정치인, 기업총수들도 많이 입주했다고 해요. 한강맨션의 성공 이후 빌라맨션, 타워맨션, 장미맨션, 현대맨숀 등 70~100평형의 당시로는 대형 고급 아파트들이 지어졌습니다.

율하쌤 지금 이 맨션과 아파트들은 모두 재건축이나 리모델링 사업을 추진 중이죠. 동부 이촌동은 전체적으로 부지가 작은데 한강에 인접한 장점이 있습니다. 한강 너머로는 강남과 가깝고 강북도 접근이 쉬워 강북 지역으로 출퇴근하는 고소득층의 최적의 주거지로 볼 수 있겠죠!

현웅쌤 현재 부동산 투자 관점에서 동부 이촌동을 살펴보면 신축아파트 재건축아파트 그리고 리모델링을 할 아파트로 나눌 수 있어요. 우선 신축으로는 한강외인아파트를 재건축한 LG한강자이(2003년 준공), 복지아파트를 재건축한 이촌동부센트레빌(2001년 준공), 렉스아파트를 재건축한 래미안첼리투스(2015년 준공)가 있습니다.

율하쌤 누구나 갖고 싶어 하는 아파트들이죠? 단연 으뜸은 래미안첼리투스이고요. 래미안첼리투스는 최고 56층의 높이인데 이런 높이는 이촌동 재건축 단지에서 법이 바뀌지 않는 한 앞으로 나올 수가 없다고 해요. 래미안첼리투스는 2015년 7월 준공된 3개 동의 단지로 460세대 규모네요. 최저층 36층~최고층 56층으로 50평형 3가지 타입으로 이루어져 있습니다. 용적률은 328%로 매우 높고요.

현웅쌤 래미안첼리투스는 1974년 준공한 이촌동 렉스아파트를 일대일 재건축한 아파트에요. 일반분양 없이 조합원 가구만큼 추진하는 방식이다 보니 추가분담금이 5억 4,000만 원이나 되었죠. 래미안첼리투스를 보면 101동의 높이가 56층이고 용적률이 328%로 매우 높은데 2013년 4월 서울시가 한강 파노라마가 보이는 건축물 높이를 35층으로 제한하기 전 재건축을 추진해 한강 변 초고층 아파트가 되었습니다. 현재는 오세훈 시장의 2040서울플랜에서 도시공간 재구조화 방안으로 일률적인 35층 높이 기준 삭제를 예고하고 있어 제 2, 3의 래미안첼리투스 탄생이 예고되고 있습니다.

저 같은 경우 개인적으로 두 번 정도 첼리투스를 살 기회가 있었거든요. 2013년 재건축 직전의 렉스아파트가 9억 원이었는데 이때가 첫 번째 기회였어요. 그런데 당시 분담금 5억 원은 정말 크게 느껴졌었어요. 그때 압구정 현대아파트 32평형이 12억 원 정도였으니까 어느 정도인지 감이 오시죠? 두 번째 기회는 첼리투스가 다 건축되고 난 후 101동 한강 조망이 최고로 잘 나오는 호수가 20억 원 정도 했었을 때였습니다. 조망은 정말 멋있었는데 지금처럼 호가가 40억 원까지 치솟을 줄 누가 쉽게 예측할 수 있었을까요?

율하쌤 정말 아쉬우시겠어요. 불확실한 미래를 예측하는 것은 늘 어렵고, 신중하게 접근해야 하는 부분입니다. 앞으로 동부 이촌동에서 재건축해야 할 아파트로는 한강맨션, 한강삼익, 이촌왕궁, 이촌반도가 대표적이죠? 이곳의 재건축 대장주는 한강맨션 아파트가 되겠고요! 한강맨션은 1971년 입주 총 23개 동 660세대이고 재건축 조합설립이 되어 있는 단지입니다. 가장 큰 특징은 한강과 바로 인접해 있고 대상 단지의 용적률이 낮아 사업성이 매우 우수하다는 부분일 것 같은데요.

현웅쌤 맞습니다 한강맨션은 아마 오세훈 시장이 추진하고 있는 2040 서울플랜의 가장 큰 수혜 단지가 될 가능성이 커요. 수변중심 공간재편의 핵심지역이고 35층 제한도 사라지면 다채로운 한강 변 스카이 라인의 주인공인 될 듯해요. 계획안이 발표된 이후로 연일 상한가를 치고 있는 단지입니다. 한강맨션을 수주하는 GS건설에선 무려 68층의 특화설계안까지 제시했는데, 물론 실제로 이렇게 추진되려면 비용이나 여타 문제를 해결해야 하지만요.

율하쌤 한강맨션을 제외한 나머지 재건축 단지는 대지가 작다는 단점이 있어요. 삼익아파트는 1979년 입주 2개 동 525세대 규모로 마찬가지로 재건축 조합이 설립되어 있는데요. 이촌왕궁은 1974년 입주 총 5개 동 세대수 250세대로 재건축 조합이 설립되어 있습니다.

현웅쌤 네. 이촌왕궁은 중경고등학교가 조망을 가리지 않아 재건축 시 조망이 좋을 듯합니다. 이촌왕궁은 용적률이 148%로 나쁘지 않은 데다가 역시 한강 조망이 보장되는 장점이 있죠. 반도아파트는 1977년 준공 2개동 세대수 192세대로, 재건축 추진 예정지이나 용적률이 213%로 매우 높아 더디게 진행되고 있습니다.

율하쌤 이촌동에는 리모델링 사업을 진행하는 단지들도 있습니다. 앞서 언급한 1970년대 지어진 단지들은 대지가 작고 대형 평수라 재건축보다는 리모델링을 진행하는 것을 선호합니다. 좀 살펴볼까요? 1973년 준공된 타워맨션은 60세대 규모이고요, 1974년 준공된 빌라맨션은 70세대, 1975년 준공된 장미맨션은 66세대, 1974년 준공된 점보아파트는 144세대로 모두 리모델링 추진 예정입니다. 점보아파트는 이촌왕궁과 통합하여 재건축하면 좋은데 여의치 않아서 리모델링을 추진하네요.

현웅쌤 리모델링 관련 가장 으뜸 단지는 역시 이촌현대(현대맨숀)아파트입니다. 1974년 준공된 이촌현대는 총 8개 동 653세대 단지인데요, 리모델링 공사를 이미 시작했어요. 시공사는 포스코이고 2021년 12월 이주를 하고 있었죠. 서울 권역에서 비교적 대단지면서 중형 평수 리모델링 사례라 이 단지가 조성되고 난 후의 모습을 반드시 참고할 필요성이 있는 아주 중요한 단지예요. 마지막으로 지금 당장 리모델링을 하지 않아도 주거 측면에서 우수한 단지인 동부이촌동우성, 한강대우, 한가람아파트, 이촌강촌아파트가 있습니다.

율하쌤 이 단지들은 1995~2000년도에 지어져서 실주거로도 우수하죠? 그래도 연식이 20년 이상이 되는 아파트들이 있어 리모델링 이야기가 나오고 있습니다. 2018년대 5개 단지 총 5,000가구가 대규모로 통합 리모델링을 추진했었는데요, 주민들 간의 의견충돌이 있었고, 현재는 단지별로 리모델링 사업을 다시 추진 중이에요. 이렇게 동부이촌동 아파트 단지들은 한 단지 한 단지가 다 알차네요.

: 한가람아파트

: 한가람아파트 전용 84㎡ 매매가 추이

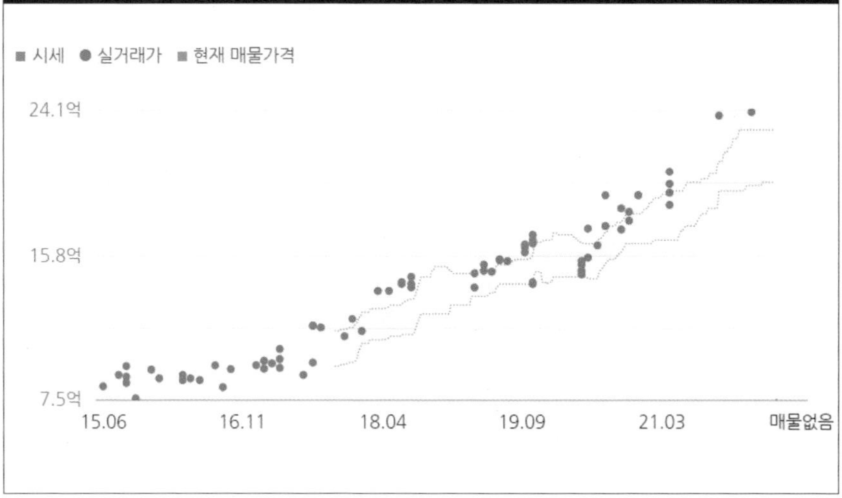

출처: 네이버

: 한가람아파트 단지정보

기본정보	**아파트명 (입주연도)**	**주소**	**전용면적(㎡)**	**실거래 시세 (2022년 3월 기준)**	
	한가람아파트 (1998.09)	서울시 용산구 이촌동 404	59, 71, 77, 84, 114	24억 원 (22.02/17층/84㎡)	
주거환경	**세대수**	**용적률**	**건폐율**	**주차장(세대당)**	**지대**
	2,036세대 (19개동)	358%	23%	2,173대(1.06대) 지하 2층(연결X)	평지
직주근접 (주요 환승)	**지하철역**	**강남역**	**광화문역**	**여의도역**	**판교역**
	이촌역 (도보 3분)	36분 (사당)	24분 (공덕)	21분 (공덕)	21분 (옥수-양재)
학군	**초등학교**	**중고등학교**	**용강중 학업성취도 및 진학률**	**중경고 학업성취도 및 진학률**	**학원가**
	신용산초 (도보 8분)	용강중, 중경고, 용산고	90.9%(1위), 7.2%(1위)	57.5%(7위), 48.2%	효창공원앞(7개), 마포 학원가 이용
생활환경 (차량 시간)	**공원**	**대형마트**	**백화점**	**종합병원**	
	까치산공원(5분), 노량진공원 (10분)	이마트 용산(3분), 이마트 마포공덕 (10분)	아이파크몰(4분), 더현대서울(10분)	중앙대학교병원 (7분)	
종합	**평가:** 대단지이고 이촌역이 가까워 실거주로 매우 선호됨. 초등학교와 중학교도 인근에 있어 교육여건도 좋고 리모델링의 호재. **함께 살펴볼 만한 단지:** 한강 맞은편에 있는 명수대현대아파트와 한강현대아파트. 두 아파트 모두 1988년 준공하여서 재건축 논의가 있지만, 용적률이 매우 높아 리모델링 언급이 나오는 단지. 모두 한강 변에 인접해 우수한 단지들.				

현웅쌤 용산구 삼각지역과 용산역 중심으로 도장깨기를 해봤는데요. 책에는 다 담기 어려울 만큼 용산구 곳곳이 부동산 투자 측면에서는 우수한 지역이니 상승장이든 불황이든 항상 관심을 가지고 지켜보세요.

용산구 핵심 포인트

- ✔ 한강 변 재건축 단지들은 윤석열 정부와 2040서울플랜 수혜지가 될 가능성 높음
- ✔ 부동산 상승장에 모든 단지들이 오르는 용산구
- ✔ 삼각지역, 용산역의 주상복합아파트들은 불황 시 매매가와 전세가가 비슷해지는 시기가 오는데 이때를 놓치지 말 것!
- ✔ 용산국제업무지구의 개발사업의 영향을 받는 아파트를 알아보자!
- ✔ 한강을 남향으로 조망이 가능한 이촌동 아파트들은 항상 유망

3부

미래 도시철도의 핵심, GTX 도장깨기

01

GTX 노선 파헤치기

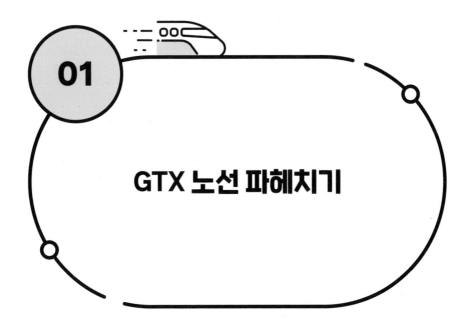

고양시 일산동구 킨텍스 인근의 킨텍스원시티, 인천 송도 인천대역 주변 아파트, 서울 도봉구 창동역 주변 아파트, 안양 인덕원역 주변 아파트. 이들의 공통점은 무엇일까요? 바로 이번 부동산 상승장 때 GTX 개발 호재로 인해 부동산 가격이 크게 상승한 지역들입니다. GTX 통과 여부에 따라 서울과 경기도 부동산 시장이 울고 웃었던 지난 몇 년이었습니다. 3부에서는 부동산 가격을 쥐락펴락하는 메가톤급 파급력이 있는 GTX 노선에 대해 상세히 알아보고, 각 노선의 주요 역사와 투자 포인트를 살펴보겠습니다.

우선 우리가 통상 부르는 GTX의 정식 명칭은 'Great Train eXpress'의 약자인데요, '수도권광역급행철도'를 뜻합니다. 명칭이야 어떻든 핵심은 평균

: GTX-A, B, C 예상 노선도

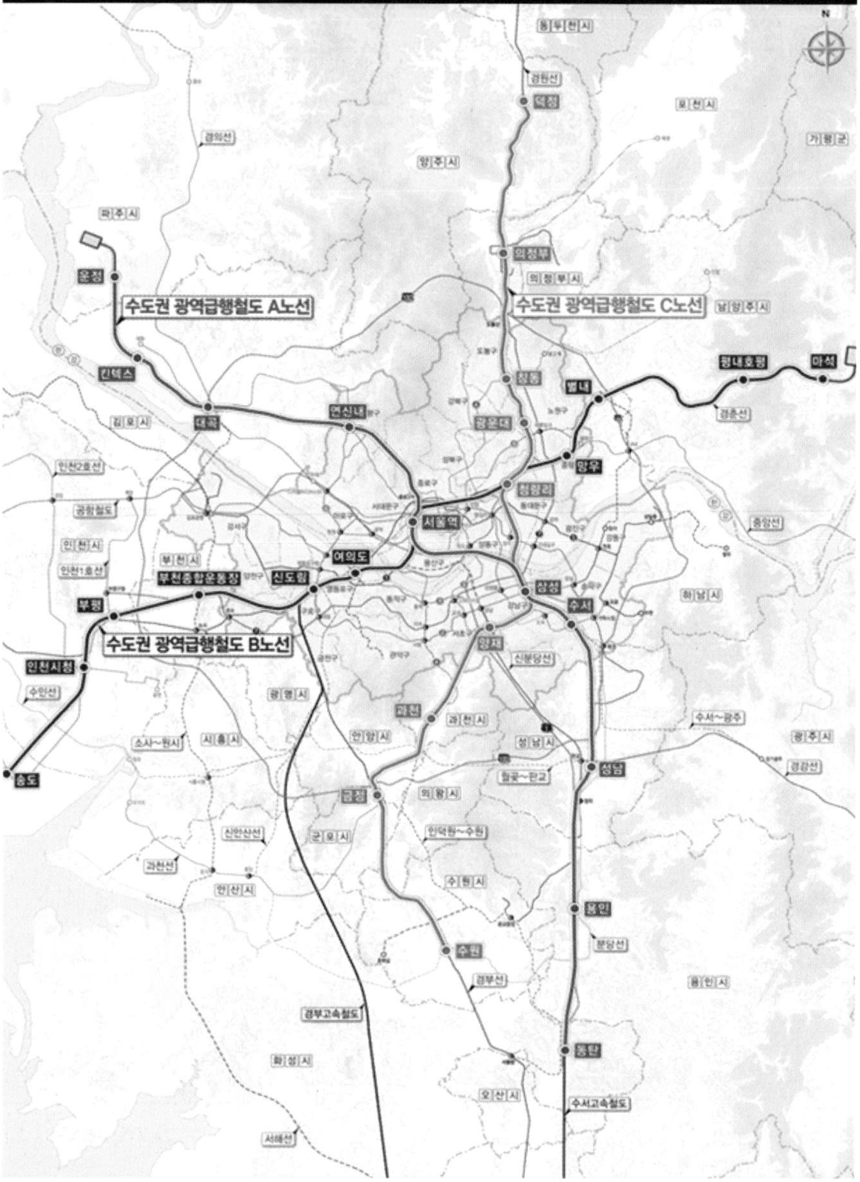

출처: 경기도청

속도 약 30~40km/h 수준의 기존 도시철도에 반해 수도권 핵심지역을 최고 180km/h, 평균 100km/h에 가까운 빠른 속도로 연결하는 고속전철이라는 점입니다. 수도권 외곽에서 서울 도심까지 20분대로 단시간에 연결한다는 것에 부동산 시장은 열광합니다.

GTX 사업이 추진된 배경에 대해서는 여러 가지 말이 있지만 2000년대 초반 발표된 2기 신도시 사업이 발표되고 난 후 2기 신도시들을 연결하는 광역급행철도의 필요성으로 인해 태동하게 됐다는 의견이 지배적입니다.

일단 기원은 1기 신도시로 거슬러 올라갑니다. 1989~1995년 사이 1기 신도시 사업이 완료됩니다. 고양 일산, 부천 중동, 안양 평촌, 성남 분당, 군포 산본 등 5개 신도시가 우여곡절 끝에 성공적으로 마무리되면서 1990년대 집값 안정에 이바지했습니다. 공급량 증가로 부동산 가격을 안정시킨 측면이 있었으나 비판도 많았습니다. 그중 하나는 자족기능이 없어서 신도시라는 이름에 걸맞지 않게 서울로 출퇴근하는 사람들의 베드타운 역할을 한다는 비판이었고, 다른 하나는 당시의 교통체계로는 새로 조성된 신도시에서 서울 중심부까지 접근성이 상당히 떨어진다는 점이었습니다.

예를 들어 일산신도시에는 서울지하철 3호선이 통과하지만, 서울 핵심지역까지는 우회하는 노선으로 진입까지 오래 걸리고, 중동신도시 같은 경우에는 조성 당시 중동신도시를 관통하는 7호선이 없었습니다.

시간이 지나 1990년대 말 IMF라는 국가위기가 오고, 이 시기를 극복하고자 여러 시도를 하는 가운데 정부는 유동성 공급, 거품 경제 등을 일으켜 수요를 진작시키는 정책을 펼칩니다. 이러한 상황에서 1기 신도시 건설 이후 안정되었던 집값은 2000년대 초반 다시 급등하지요. 집값이 한 해 한 해 폭등하자 당시 노무현 정부는 2기 신도시를 발표하죠. 수도권에 성남 판교신도시, 화성 동탄 1·2 신도시, 김포 한강신도시, 파주 운정신도시, 수원시과 용인, 그리고 광교신도시, 양주 신도시, 서울 송파구 및 성남, 하남에 걸친 위례신도시, 평택 고덕국제신도시, 인천 서구 검단신도시 등을 발표합니다.

2기 신도시는 1기 신도시의 비판을 수용하여 일자리 기능과 교육환경을 대폭 개선하였습니다. 문제는 위치입니다. 1기 신도시는 행정구역상 서울을 기준으로 30~40km 이내지만 2기 신도시는 대규모로 개발하기 위해 토지값이 저렴한 외곽에서 추진되었습니다. 이러다 보니 서울 및 경기도 다른 신도시와의 접근성이 안 좋다는 문제가 생겼죠. 이 점을 보완하기 위해 도심을 광역적으로, 급행으로 연결해야 한다는 이야기가 대두되었죠.

GTX 사업이 공식적으로 처음 등장한 것은 2011년 4월에 발표된 '제2차 국가철도망 구축계획'에서였습니다. 당시 발표안에서는 국가철도망 구축 신규 사업으로 '수도권광역급행철도'라는 말을 쓰는데 총 3개 노선이 발표됩니다. 일산~수서(동탄) 구간 46.2km 복선전철, 송도~청량리 구간 48.7km 복선전철, 의정부역~금정역 구간 45.8km 복선전철로 지금의 GTX 노선들과 비슷한 구상이었죠.

이어서 2016년 6월에 발표한 '제3차 국가철도망 구축계획'에서는 대도시권 교통난 해소사업으로 2차 계획에는 반영되었으나 추진되지 않은 사업으로 수도권광역급행철도 송도~청량리, 의정부~금정 사업을 제시하고 있고 기존 진행 사업으로 삼성~동탄 구간은 킨텍스~삼성(파주~삼성), 삼성~동탄 2개의 구간으로 진행한다고 발표했습니다.

2021년 7월에 발표한 '제4차 국가철도망 구축계획'에서는 신규 사업으로 수도권 교통혼잡해소사업 아래 소위 GTX-D 노선으로 일컬어지는 서부권

광역급행철도 장기역~부천종합운동장역 사업이 등장합니다. 여기서 수차에 걸쳐서 국토부는 정식 명칭으로 3개 노선을 수도권광역급행철도로 지칭하고 일반적으로 이를 통칭해서 GTX-A, B, C 노선이라 일컫습니다. 우리가 말하는 GTX-D 노선은 국토부는 서부권광역급행철도라고 지칭합니다.

이처럼 GTX 사업은 한순간에 반영된 것이 아니라 느리지만 한 단계 한 단계 진행되면서 이번 부동산 상승기 때 폭발적으로 영향력을 미치게 된 것입니다. 명칭이야 어떻든 GTX 사업은 국토부에서 정식으로 2011년부터 추진한 사업임을 알 수 있습니다. 여기서는 일반적으로 언급하는 GTX-A, B, C, D 노선이라는 표현을 쓰겠습니다. 그렇다면 이런 GTX 노선의 사업은 현재 어디까지 진행되었을까요?

GTX-A 파헤치기

2021년 12월 기준 GTX-A 노선은 두 개의 공정으로 나누어 공사 중입니다. GTX-B, C는 사업이 상당 부분 진행 중이고 GTX-D는 사업구체화 단계라 할 수 있습니다. GTX-A는 공사의 진척률과 개통 시기에 주목해야 합니다. 파주 운정~삼성 구간과 삼성~동탄 구간 등 크게 두 구간으로 나눌 수 있고 진척이 빠른 일정 구간의 경우 머지않아 첫 운행을 맞이할 수도 있습니다.

GTX-B, C는 진행단계를 검토해야 합니다. 2022년 3월 기준 아직 착공 전이지만 두 사업 모두 예비타당성조사를 통과했고 GTX-C는 사업자 선정까지 마쳤기에 착공 시기가 최대 관심사입니다. GTX-D의 경우 노선도 변경될 수 있고 일단 사업구체화에 신경 써야 하는 단계입니다. Y자 모양의 노선을 제안했던 경기도, 인천광역시 등 해당 지역의 반발이 계속되는 가운데 국토부는 김포 장기역~부천 부천종합운동장역 구간으로 진행하겠다는 입장입니다. 한편 윤석열 정부의 GTX 공약에 의하면 GTX-D 노선의 경우 다시 누운 Y자 모양으로 갈라지게 됩니다. 공약을 보면 부천종합운동장에서 사당, 삼성, 잠실을 거쳐 교산, 팔당과 연결되고, 다른 방향으로는 삼성, 수서, 광주, 여주를 잇는 노선입니다. GTX-D는 앞으로 노선에 대한 정확한 정리가 필요한 상황입니다.

각 노선의 상황을 좀 더 자세히 살펴보겠습니다. GTX-A는 파주 운정에서 화성 동탄에 이르는 노선입니다. 이미 공사를 진행하고 있고 GTX-B와 마찬가지로 국가 재정사업과 민자사업 혼합으로 진행됩니다. 2022년 1월 기준 확정된 정거장은 10개소입니다. 향후 고양 창릉역 신설된다면 11개의 역사를 가지게 됩니다. 2022년 1월 기준 공사 중인 10개 정차역은 '파주 운정역~고양 킨텍스역~고양 대곡역~은평구 연신내역~중구 서울역~강남구 삼성역~강남구 수서역~성남 성남역~용인 용인역~화성 동탄역'입니다. 이처럼 현재는 10개 역이고 대곡역과 연신내역 사이 창릉역 신설도 거의 확실시되어 총 11개 역입니다.

창릉역은 GTX-A 원안에는 없었던 역입니다. 2021년 5월 13일 국토부가 창릉신도시 사업시행자 부담 조건으로 역 신설을 검토 중이라 발표했고 국토부에 의해 2021년 8월 창릉역 신설이 승인되었습니다. 아무래도 창릉신도시의 교통을 고려한 것이죠. LH가 사업비의 전액을 부담하는 조건입니다. 비용은 1,500억 원에서 2,000억 원 정도 예상됩니다.

「철도의 건설 및 철도시설 유지관리에 관한 법률」 21조 3항에 의하면 "국가 이외의 자의 요구에 의하여 철도건설 사업을 하는 경우에는 필요한 비용의 전부 또는 일부"를 요구자가 부담한다고 나와 있는데요. 필요한 경우 창릉역처럼 LH가 사업비를 부담하고 역사를 신설하는 게 가능합니다. 대신 역사가 추가되면 노선의 전체 운행시간이 길어지는 현상이 있겠죠. GTX-A 노선은 의도했던 바는 아니지만 현재 독특하게 3구간으로 나누어져 공사가 진행 중입니다. 이에 따라서 개통 시기도 구간별로 차이가 있을 거고요.

GTX-A 노선은 원래는 총길이 83.1km이고 운정~삼성 42.6km, 삼성~서울 사업구간 1km, 삼성~동탄 39.5km입니다. 총사업비 5조 2,928억 원이고 예상 개통 시기는 2028년 4월 완전개통입니다. 당초 2024년 6월로 예상했는데 삼성역 신설 문제 때문에 전체 개통 시기가 늦어졌습니다. GTX-A는 한 개의 노선이지만 2016년 제3차 국가철도망 구축계획에 의해서 두 방향에서 공사를 진행합니다. 우선 기본적으로 GTX 공사는 대규모 지하굴착 공사가 많아서 초반 작업속도가 더디고 갈수록 공사속도가 빨라집니다. 2022년 3월 기준, 전반적으로 공사 진척률은 낮은데요. 먼저 공사를 시작한 구간은 2016년 10월에 착공을 한 삼성~동탄 구간입니다. 이 구간은 정부 재정사업으로 진행됩니다. 이 구간을 정부 재정사업으로 먼저 진행하는 이유는 삼성역~수서역 구간은 노반을 새로 건설해야 하지만 수서역~동탄역 구간은 SRT가 운영하는 수서~평택선 선로를 공유할 예정이거든요. 따라서 이미 구축된 선로에 신설 역사 등을 건립하면 되기 때문에 이 구간을 먼저 착공한 것입니다. 이 구간의 개통 계획은 2023년 12월로 생각보다 빠를 것으로 예상합니다.

정거장 5개소의 파주 운정~삼성 구간은 민자사업으로 건설됩니다. 시행

법인은 에스지레일로 총사업비는 2조 7,000억 원이며 2024년 6월 개통 예정입니다. 민간이 운영하고 30년 후 정부가 소유권을 가지게 됩니다. 2019년 6월 착공하였고 국토부에서는 2023년 개통하겠다 했지만 시공사 계약에는 2024년 6월 완공으로 되어 있어 2024년 6월 개통을 예상하는데요. 현장에서 문화재가 발견되며 지체되고, 지하에 GTX가 통과하게 될 곳 주민들이 반대하는 등 여러 문제가 발생해 실제로는 더 늦어질 것으로 보입니다.

GTX-A의 문제는 이처럼 지연되는 개통입니다. 원래라면 나눠서 진행되는 두 구간이 늦어도 2024년에는 개통돼야 하는데 전체 개통이 2028년 정도로 늦어졌습니다. 국토부는 2016년부터 '영동대로 복합개발사업'을 추진 중이던 서울시와 협의를 통해 삼성역~동탄역 구간에서 삼성역 정거장을 서울시가 건설하되 개통 일정에 차질이 없도록 노력한다는 협약을 맺었습니다. 즉 삼성역 건설만큼은 국토부가 아니라 서울시가 진행한다는 뜻이죠. 한데 서울시는 복합환승역인 삼성역 사업기간을 설계만 22개월이 걸리는 '국제설계공모'로 진행하고 영동대로 복합개발사업과 맞물려 삼성역 정거장 개통이 늦어지는 것입니다.

이런 문제가 대두되자 2021년 11월 16일 감사원은 국토부와 서울시에 GTX-A 노선이 조속히 완전하게 연결, 운영될 수 있도록 특단의 대책을 마련할 것을 통보하였어요. 당시 '국가 철도공단 정기감사 보고서'에 의하면 "삼성~동탄 광역급행철도 및 수도권 광역급행철도 A-노선 개통 일정 관리 부적정"이라는 의견을 감사원이 통보했는데, GTX-A 노선은 순차적으로 개통을 하여 2023년 12월 수서~동탄 구간 개통, 2024년 6월 운정~서울역 구간 개통, 2025년 11월 삼성역 무정차 통과, 2028년 4월 삼성역 완전개통을 권고하였습니다. 2022년 2월 24일 국토부 보도자료에 의하면 파주 운정

~삼성 구간은 2024년 6월, 삼성~동탄 구간은 2023년 12월 준공이 목표라 밝혔는데요. 결론적으로 GTX-A는 각 구간별 순차 개통이 예상됩니다. 전 구간이 개통된다면 킨텍스~서울역 구간은 16분, 동탄~삼성 구간은 22분 정도로 예상됩니다.

GTX-B 파헤치기

GTX-B 노선은 아직 계획이 만들어지고 있는 노선입니다. 2019년 8월 예비타당성조사를 통과하였고 잠정 노선은 송도~마석 총 82.7km의 구간입니다. GTX-B도 정부 재정사업과 민자사업 구간이 병행됩니다. 2022년 3월 22일 국토부는 GTX-B 노선의 재정사업 구간의 사업계획을 먼저 발표하였습니다. 이에 따르면 용산~상봉 구간은 재정사업으로 정거장 총 4개소를 신설하게 되고 나머지 구간은 인천대 입구~용산, 상봉~마석 구간은 민자사업 방식으로 사업을 추진하게 됩니다. 자료에 의하면 정거장은 잠정 '인천대입구역~인천시청역~부평역~부천종합운동장역~신도림역~여의도역~용산역~서울역~청량리역~상봉역~별내역~왕숙역~평내호평역~마석역 총 14개 정거장이 언급되고 있지만, 최종 정거장은 GTX-C 노선처럼 민자사업구간 계획에 따라 달라지는 것이죠. 민자사업구간은 2022년 2월 24일 국토부 보도자료에 의하면 한국개발연구원에서 검토를 진행 중이고 이후 민간투자사업심의위원회를 통해 확정하며, 추가 역은 지자체 의견 수렴 등을 거쳐 사업자가 제안하도록 할 방침이라 밝힌 바 있습니다. GTX-B 노선의 경우도 현

: GTX-B(용산~상봉) 기본계획 확정·고시 수록 GTX 노선도

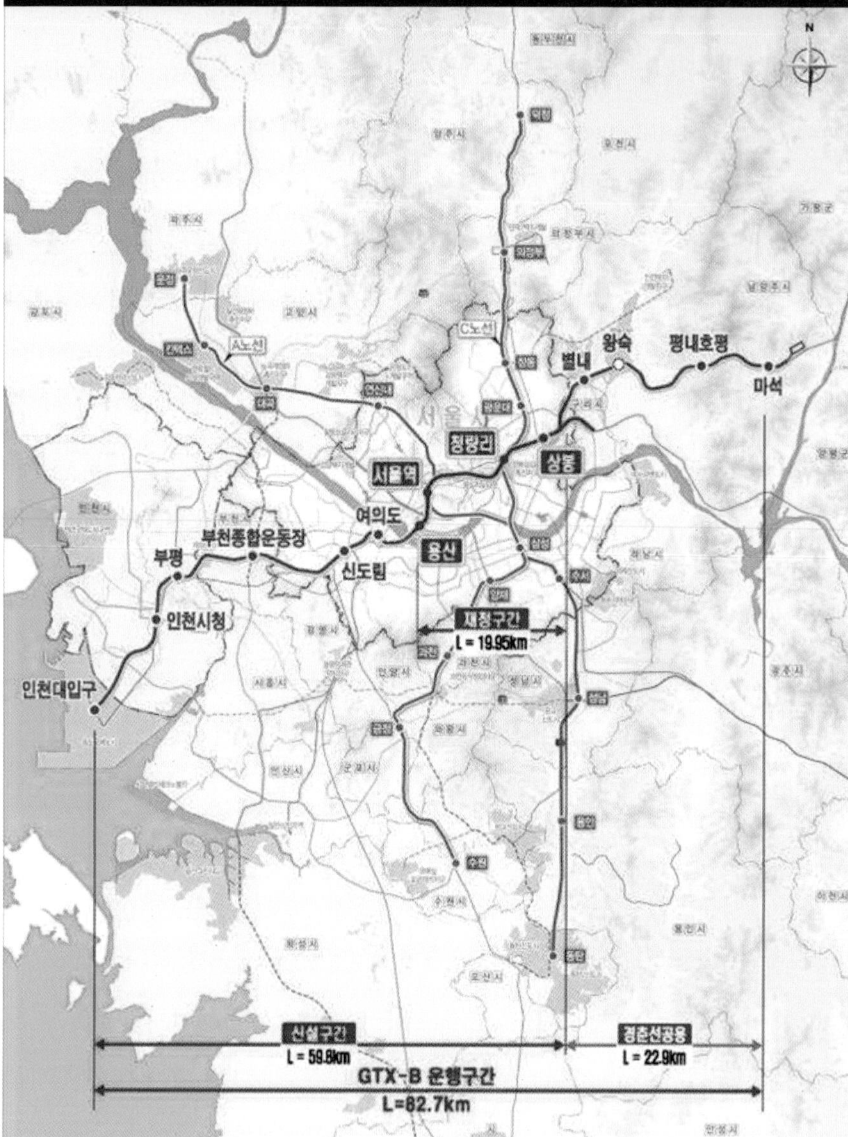

출처: 국토부 보도자료(22. 03. 22)

재 각 지자체의 정차역 추가 요구가 거세지고 있어 유동적이라 할 수 있어요. GTX-B 노선이 실현되면 일반 지하철보다 3~5배 빠른 최고 180km의 속도로 주파해 서울 도심까지 도달 시간이 현재의 3분의 1 수준으로 줄어들 것으로 전망됩니다. 인천 송도에서 서울역까지는 기존 82분에서 27분으로 단축되고, 여의도에서 청량리 구간은 기존 35분에서 10분으로, 송도에서 마석까지의 구간은 130분에서 50분으로 단축될 것입니다.

GTX-C 파헤치기

GTX-C 노선은 GTX-A, B 노선과 달리 유일하게 전 구간을 민자사업으로 진행하고 있어요. 2018년 12월 예비타당성조사를 통과하였고 2020년 12월 '수도권광역급행철도 C노선 민간투자대상사업 지정 및 시설사업기본계획'을 국토부가 고시했는데, 이 고시문이 GTX-C 노선에 대해 자세히 살펴볼 수 있는 자료입니다.

사업구간은 경기도 양주시 덕정역에서 수원역까지 약 74.8km 구간이고 연장 구간까지 총 74.8km, 차량기지 1개소입니다. 사업비는 4조 3,857억원(2019년 12월 31일 기준 불변가격)에 공사기간은 착공일로부터 60개월입니다.

민간사업자가 민간자금으로 건설 후 투자비를 회수하게 되는데 관리운영권은 개시일로부터 40년입니다. 기본계획상으로 정차역은 '양주 덕정역~의정부역~창동역~광운대역~청량리역~삼성역~양재역~정부과천청사역~금정역~수원역'으로 총 10개 역입니다.

이때 사업신청자는 추가 정거장 설치를 제안할 수 있는데 추가 정거장의 개수는 3개소 이하로 계획하여야 한다고 되어 있었습니다. 단 추가 정차역을 포함해 모든 정거장에서 삼성역까지 30분 이내가 되어야 한다고 언급되어 있습니다. 이에 우선협상대상자로서 현대건설 컨소시엄이 가장 높은 점수를 받아 2021년 6월 18일 우선협상대상자로 선정되었습니다. 당시 현대건설 컨소시엄에서는 인덕원역과 왕십리역 추가를 제시했고 2026년 말 완공으로 사업제안서에 제시하였습니다. 이렇게 GTX-C 노선은 12개 역사로 확정되는가 싶더니만 의왕역 추가 여부가 논의되게 됩니다.

국토부는 2021년 3차 신규 공공택지 후보지로 경기도 '의왕군포안산지구' 조성과 함께 GTX-C 노선 의왕역 신설 계획도 발표하였습니다. 이에 더해 2022년 2월 24일 국토부 발표로 상록수역이 추가되었습니다. 우선협상대상자가 제안한 4개역(왕십리, 인덕원, 의왕, 상록수)에 대해 적격성이 확보되어 실시협약(안)에 반영하게 되었고 GTX-C 노선의 경우 총 14개 정거장으로 진행될 예정입니다. 2022년 착공이 순조롭게 시작되면 2027년 완공될 것으로 보이지만 현대건설 컨소시엄과 국토부가 실무협상을 통해 노선의 정거장과 공사방법, 운영방식 등 제반 사항에 대한 협상이 길어지면서 사실상 착공은 빨라야 2023년에나 가능할 것으로 보입니다. GTX-C 노선은 공유되는 노선이 많은데 도봉산 이북구간은 경원선과 공유, 인덕원~금정~의왕 구간은 과천선, 경부선과 선로를 공유하게 됩니다. 특히 GTX-C 노선은 노선연장에 대한 지자체의 민원이 빗발치고 있는데 북으로는 동두천역, 남으로는 안산과 평택역과의 연결 요구가 있어요. 하지만 아마도 14개 정거장으로 공사가 진행될 것으로 보입니다.

: GTX-D 예상 노선도

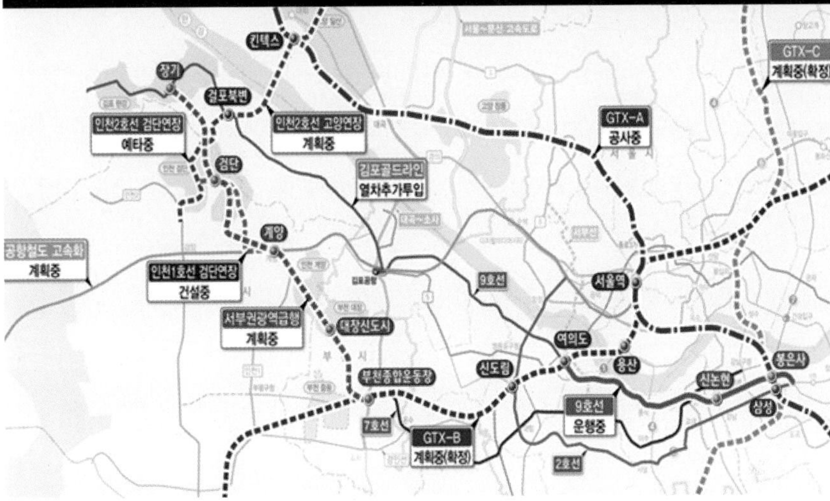

자료: 국토부

GTX-D 파헤치기

GTX-D 노선은 2021년 7월 제4차 국가철도망 구축계획 발표 이후 해당되는 지자체에서 원안을 유지하라는 민원이 빗발치고 있는 노선입니다. 지자체들의 제안을 살펴보면 경기도 제안 노선으로는 김포부터 부천, 서울남부, 하남을 연결하는 노선이, 인천시 제안 노선은 영종~청라~검단을 경유하는 Y자 모양이었습니다. 그러나 국토부는 확정된 제4차 국가철도망 구축계획에 따라 김포시 장기~검단~계양~대장~부천시 부천종합운동장 구간 건설로 발표를 하고 사업을 진행하고 있습니다. 2021년 12월 기준 국토부는 사전타당성 조사업체 선정을 진행하고 있으며 결과는 약 12개월 후인

2022년 말에 나올 예정이고 국토부는 이후 GTX-D에 대한 예비타당성조사 절차에 들어갈 계획이라 밝혔습니다. 2022년 2월 국토부 발표에 따르면 GTX-D의 경우 원안을 고수하여 예비타당성조사 신청을 목표로 사업관리에 만전을 기하고 있다고 밝힌 바 있습니다. 그러나 이는 과거 문재인 정부 정책이고 윤석열 정부의 후보 시절 GTX 공약에 의하면 GTX-D는 삼성역을 기준으로 다시 누운 Y자 모양으로 갈라지게 되는데 논란이 많은 노선이니만큼 GTX-D는 아직 갈 길이 멀었다고 할 수 있습니다.

GTX는 워낙 파급력이 커서 지자체에서 사활을 걸고 있는데요. 특히 윤석열 정부가 후보자 시절 기존 GTX 노선의 연장도 언급한 바 있습니다. GTX-A는 동탄역에서 평택까지, GTX-B의 경우 마석에서 강원도 춘천까지, GTX-C의 경우 양주 덕정에서 동두천, 수원에서 천안까지 연장을 공약했습니다. 이에 국토부는 「대도시권 광역교통 관리에 관한 특별법」 시행령에서 현재 대도시권 중심부로부터 반경 40km 이내까지만 건설할 수 있도록 규정된 광역철도 기준을 50km까지 완화하는 방안으로 공약이 실현되도록 노력하는 모습을 보이고 있어 GTX 연장과 관련된 논의가 새롭게 진행될 가능성이 높습니다.

또한 윤석열 정부는 GTX-E, F에 대한 공약도 했었는데요. GTX-E 노선은 인천 검암부터 계양~김포공항~마포DMC~종로~평창~광운대~신내~다산을 잇는 노선입니다. GTX-F는 수도권을 순환하는 노선입니다. 고양 대곡~의정부~왕숙~덕소~교산~정자~기흥~수원~시흥시청~김포공항을 거쳐 다시 고양 대곡으로 이어지는 노선으로 발표되었는데요. GTX-E, F 노선은 향후 진행방향을 예측하려면 시간이 필요할 것 같습니다.

02

GTX-A 킨텍스역, 운정역

GTX-A 노선의 수혜를 가장 크게 받은 지역을 꼽자면 경기 고양시 일산동구에 있는 킨텍스역 예정지 주변 아파트 단지들일 겁니다. 1기 신도시였던 일산신도시는 같은 1기 신도시인 분당과 늘 비교되는 곳입니다. 신도시 초기 분당은 강남 주민들의 이주를 목표로 하였고 일산은 광화문과 공덕동 일대 업무지구 종사자들을 위해서 조성되었다는 말이 있었습니다. 규모는 분당이 크지만, 일산도 분당 못지않은 크기를 자랑합니다.

일단 1기 신도시가 입주를 시작하였던 1990년대 중반부터 2000년대 중반까지 일산과 분당의 아파트 가격은 비슷했습니다. 이때를 일산신도시의 전성기였다고 말하시는 분들도 있는데요. 사법고시가 절정이던 시기 사법연수원이 있었던 일산신도시는 예비 법조인들의 주거지로 최고의 인기를 구가했고 방송국이 있어 연예인들도 많이 거주하였어요. 일산동구 정발산동의 주택단지는 아침 교양프로 단골 촬영지로 연예인들과 전직 대통령도 거주할 만큼 인기가 많았습니다.

전성기를 구가하던 일산도 서서히 쇠퇴를 맞이하였습니다. 2000년대 초반 IMF를 극복하는 과정에서 광화문, 여의도, 마포 등의 업무지구에 자리 잡고 있던 대기업들이 강남으로 대거 이전하고 신생 벤처기업들은 새로 조성된 판교테크노밸리에 자리를 잡으면서 점점 일산과 분당의 부동산 가격 차이가 벌어졌고 2010년을 정점으로 일산신도시 아파트 가격은 하락세를 면치 못하였습니다.

과거 전국에서도 알아주던 학군으로 유명했던 오마중학교, 백석고등학교 등 일산의 유명 학군들도 지역 내 우수한 학군으로만 머무르는 침체의 나날이었죠. 그러던 중 고양시 일산동구 업무지구로 조성했던 택지에 2005년 킨텍스 전시장이 개장했고 2010년에는 현대백화점 킨텍스점이 문을 열었습니다. 킨텍스 인근의 부지는 원래는 상업·업무시설 분양이 예정되어 있었으나 분양이 지지부진하자 업무·상업용지를 2010년대 중반에 건설회사들에 분양하였고 건설회사들은 이곳에 오피스텔과 아파트를 지었는데 현재 공사 중인 킨텍스역 주변으로 일산더샵그라비스타, 힐스테이트일산, 일산한류월드유보라더스마트 단지와 킨텍스꿈에그린, 킨텍스원시티 등이 자리 잡게 되었습니다. 그리고 2010년대 후반 GTX가 본격적으로 논의되면서 다시 한 번 화제가 되기 시작했죠.

GTX 킨텍스역은 킨텍스 1/2전시장 쪽으로 붙여달라는 얘기도 있었고 현대백화점-레이킨스몰 앞에 생겨야 한다는 등 역사 위치에 대해 말이 많았

: GTX-A 킨텍스역 조감도

출처: gtx-a.com

습니다. 최종적으로 킨텍스원시티 103동 인근으로 결정되었고 현재 공사 중입니다.

당연히 킨텍스원시티 인근 단지들이 엄청난 수혜를 받았지요. 2015~2016년 분양 당시만 하더라도 킨텍스원시티는 전용 84m^2 기준 5억 5,000만 원, 킨텍스꿈에그린은 전용 84m^2 기준 5억 원 선이었어요. 당시 일산은 부동산 시장 분위기가 워낙 침체되어 있어 고분양가 논란에 휩싸이기도 했는데요. 2019년 6월 파주 운정~삼성역 구간이 착공하고 부동산 상승기와 맞물리면서 킨텍스원시티 전용 84m^2 시세가 현재 15억 원에 이르는 등 이 지역 부동산이 급등하였습니다. GTX-A가 개통되면 킨텍스역에서 삼성역까지 20분 이내에 주파할 수 있으므로 킨텍스역 일대 아파트가 불황 때 가격이 하락한다면 매수의 기회로 삼아도 좋다고 봅니다.

일산의 중심이 될 GTX 킨텍스역

킨텍스역이 개통되면 일산의 중심이 킨텍스역 주변으로 재편될 가능성이 매우 높습니다. 일대 아파트나 오피스텔뿐만 아니라 인접하고 있는 구도심 단지인 문촌마을 단지들, 특히 17, 18, 19단지가 수혜받을 것으로 보이고, 리모델링 호재가 있는 장성마을 단지들도 킨텍스역 접근성이 우수한 단지들입니다. 상대적으로 저렴한, 조금 떨어져 있는 2000년대 초반에 조성된 대화마을 또한 수혜를 입을 듯합니다. 킨텍스역 인근에 2025년까지 일산테크노밸리와 장항택지지구, 일산방송영상밸리가 들어설 예정인데 이들 상업시설과 주거단지는 킨텍스역을 통해 교통이 좋아질 듯합니다.

킨텍스역 주변에는 주거지 외에도 디엠씨티스카이뷰 등의 업무시설도 있는데 이처럼 역과 가까운 업무시설에 대한 투자도 좋겠네요. 현재는 킨텍스 꿈에그린이나 힐스테이트 오피스텔의 1층의 상업시설 자리가 비어 있는 경우도 많으나 향후 인근의 상권도 개통 시기와 맞물려 킨텍스역 주변으로 재편될 가능성이 있습니다.

GTX로 기회를 맞이한 운정신도시

GTX-A 운정역은 명칭이 같은 경의중앙선 운정역과 헷갈리는 걸 주의해야 해요. GTX-A 운정역은 원래 원안에는 없었습니다. A 노선은 본래 킨텍스역까지만 지어질 예정이었거든요. 그런데 예비타당성조사 통과가 늦어지고 운정신도시를 포함하면 평가값이 좋아질 수 있었고, 더불어 운정신도시 주민들의 요청으로 추가된 역입니다.

운정신도시 전체로 보았을 때 역사의 위치는 약간 좌측입니다. 운정신도시는 1, 2, 3지구까지 있는데 3지구 중심에 역사가 들어설 예정입니다. 이러다 보니 오히려 교하지구와 가까워지는 효과가 생겼죠.

1990년대 후반 파주시 문발동, 동패동, 다율동 일원에 62만 평 규모의 교하지구 신도시 조성계획이 발표됩니다. 2000~2006년 동안 14개 공동주택 단지를 건설했어요. 당시 교하신도시는 지금의 평가와는 달리 인기가 많았습니다. 1기 신도시 이후 새롭게 조성되는 신도시라 매우 주목 받았거든요. 그래서 분양 때 많은 인원이 몰리기도 했습니다. 그러나 2000년대 초반 급등하는 부동산을 잡고자 경기도 여러 지역에서 동시다발적으로 2기 신도시

: GTX-A 운정역 조감도

출처: gtx-a.com

를 발표하자 교하지구의 인기가 시들해졌습니다. 특히 교하신도시 사업을 추진하던 가운데 2000년대 초반 파주시 동패동, 목동동, 야당동, 와동동 일대 286만 평에 운정신도시 1, 2지구 개발계획이 발표되었는데 이 발표로 인해 사람들의 시선은 운정신도시로 쏠리게 되었죠.

운정신도시는 초기에는 교하동 동쪽인 운정 1, 2, 3동 만을 지칭했으나 운정3지구 사업이 확정됨에 따라 지금의 모습을 갖추게 되었고요. 운정 1, 2지구는 4만 6,000세대 12만 5,000명 수용, 운정 3지구는 3만 2,000세대 8만 명 수용 예정입니다. 3지구뿐만 아니라 교하지구와도 인접하게 된 운정역 주변으로는 상업지구들이 자리 잡을 예정입니다.

가장 큰 수혜 단지는 운정역 주변 신규 분양 아파트와 상업시설, 업무시설 등일 것입니다. 신축아파트로서 운정신도시아이파크(한울마을1단지), 운정신도시센트럴푸르지오 등이 이미 분양 당시보다 큰 폭으로 올랐습니다. 이 단지들은 신설될 운정역까지 도보로 갈 수 있어 미래가치가 우수합니다. 이를 반영하듯 2017년 분양한 한울마을아이파크 전용 84㎡가 분양가 4억 5만 원 선이었는데 지금은 10억 원에 이릅니다.

운정신도시 자체가 매우 크고 GTX 운정역이 운정신도시 가운데 위치하지 않아 운정 1, 2지구 쪽은 상승폭이 생각보다는 크지는 않았습니다. 오히려 15년 이상의 연차가 있는 교하지구 단지들이 신설 운정역과 가깝고 교하지구 14단지가 직선거리로는 운정역과 가까워요. 앞으로 GTX-A 운정역이 신설된다면 운정신도시와 교하신도시 모두 다시 한 번 활기를 띨 것으로 보이네요.

03

GTX-A 동탄역, 용인역

용인은 면적이 매우 넓습니다. 행정구역으로는 수지구, 기흥구, 처인구 등 3개 구로 나뉘고 아파트가 밀집한 수지구가 중심지입니다. 현재 처인구에 위치한 시청도 수지구에 집중된 기능을 분산시키기 위해서였다는 말도 나돌 만큼 용인 부동산의 메인 지역이라 할 수 있죠. 이번 부동산 상승기 때도 수지구 아파트들이 두드러졌습니다.

그런데 지금과 달리 과거에 용인은 난개발의 대명사로 불렸었는데요, 1990년대 초반 1기 신도시인 분당신도시가 조성될 즈음 용인, 특히 수지구 쪽에서는 민간 건설회사들이 개별적으로 대지를 사들여 개발을 했었습니다. 1990년대 초반부터 2000년때 초반까지 수지구를 중심으로 개발이 진행되며 용인에 많은 아파트들이 들어섰죠. 다만 지금의 신도시처럼 계획된 개발이 아니었기 때문에 포도처럼 군데군데 산발적으로 개발했다고 해서 '포도송이 개발'로 불리곤 했습니다. 다른 신도시처럼 학교나 도로 등의 기반시설 없이 개발이 이루어져 2000년대 초반에 이르자 난개발의 대명사로 불리게 됐었습니다.

하지만 차츰 기반시설이 갖춰지고, 서울과 연결되는 도로망과 교통이 정비되면서 2000년대 중후반 부동산 상승기때 대형 평수를 지닌 신축급 아파트로 이루어진 수지구에 부동산 붐이 일어나기도 하였습니다. 특히 당시 용서고속도로 개통 호재로 인해 수지구 성복동, 신봉동 지역에 고분양가 대형 아파트 붐이 일었죠. 하지만 2010년 다시 부동산 불황기를 맞으면서 용인은 깊은 침체에 빠집니다.

변화의 바람을 가져온 신분당선 개통

서울 남쪽에 위치한 용인은 분당신도시에 밀리고 서울 강남에서 밀려난 사람들이 사는 곳으로 인식되던 때가 있었습니다. 새로운 변화의 바람을 가져온 것은 수지구를 가로지르는 신분당선 개통이었습니다. 신분당선은 서울 강남역과 경기도 수원시 영통구 이의동에 있는 광교역을 잇는 광역철도 노선으로 2005년에 착공을 하여 2011년 10월 강남역~정자역 구간을 개통하였고 2016년 1월 정자역~광교역 구간을 개통하였습니다. 신분당선 개통으로 수지구 교통은 숨통이 트였고 동천역~수지구청역~성복역 주변의 부

: 예상 신설역을 포함한 신분당선 노선

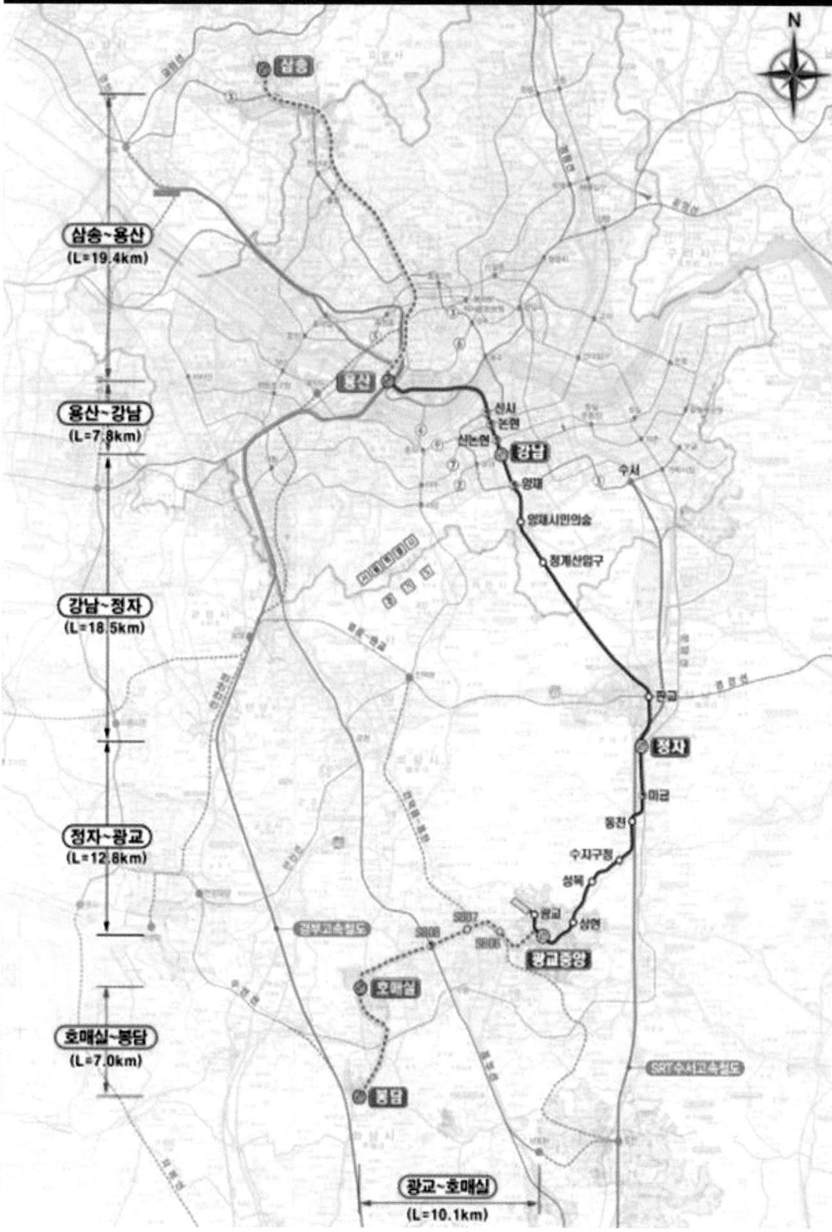

자료: 국토부 보도자료(21.12.28)

동산이 좋은 평가를 받게 되면서 가격도 많이 올랐습니다. 남부 연장 2차 구간은 광교신도시~호매실지구 구간입니다. 이 구간은 2020년 1월 15일 예비타당성조사를 통과하고 2023년 착공예정입니다. 광교~수원월드컵경기장~수성중학교~화서역~호매실 구간입니다. 남부 연장 3차 구간은 2021년 4월 22일에 발표된 제4차 국가철도망 구축계획에 호매실역~봉담역 구간이 반영되어 있었죠. 이처럼 신분당선 노선은 남쪽으로의 연장이 활발히 진행 중입니다.

신분당선 연장 북부사업으로는 북부로는 용산에서 은평뉴타운을 거쳐 삼송신도시까지 연결하는 사업입니다. 특히 북부연장구간은 2000년대 중반 추진했던 용산국제업무지구 개발과 연계해 추진했었는데 핵심은 용산국제업무지구 개발과 연계해서 용산과 강남을 연결하는 사업이었습니다. 2014년 12월 용산국제업무지구 개발 사업의 중단으로 아쉬움이 남았는데요. 한강 이남인 신사~강남 구간의 강남역~신논현역~논현역~신사역을 2016년 8월 착공해 2022년 5월 개통하고 한강 이북인 신사~용산 구간은 원래 2019년 착공, 2025년 개통할 예정이었습니다. 그런데 신사~용산 구간은 용산미군기지 반환문제로 인해 현재 착공도 못 하고 있습니다. 역사의 위치는 우여곡절이 있었지만, 신사역~동빙고역~국립박물관역~용산역 구간으로 잠정 추정됩니다. 나머지 신분당선 서북부연장구간, 즉 용산~삼송 구간은 제4차 국가철도망 구축계획에서 최종 발표되었습니다. 노선은 잠정적으로 용산역~서울역~시청~상명대~독바위~은평뉴타운~삼송으로 이어지는 노선으로 표기되어 있습니다. 이 신분당선 서북부 노선이 개통된다면 용산~고양시 삼송역까지는 25분 만에 이동할 수 있죠.

수지구 아파트들은 원래 비싼 분양가로 미분양되거나 인기가 없었는데 신분당선의 파급력은 대단했습니다. 예를 들어 2016년 전용 84㎡ 기준 5억 원대로 비싸단 평가를 받으며 미분양이 됐던 동천자이는 2022년 3월 기준 시세가 12억 원 선에 이릅니다. 성복역 인근의 2015년 전용 84㎡ 기준 4억 7,000만 원에 분양한 e편한세상수지, 2015년에 전용 84㎡ 5억 원대로 분양한 성복역롯데슬골드타운 등이 현재는 14억 원에 이르죠. 이처럼 강남을 20분대로 주파하는 신분당선의 파급력은 매우 컸으며 역 주변의 단지들은 2021년까지 이어진 부동산 상승기 때 집값이 2~3배 상승하였지요.

아직까진 판교신도시와 분당신도시 다음으로 고려하는 지역이지만 수지구청역 주변으로 학원가도 크게 형성되면서 서서히 경쟁력을 높여가고 있었습니다. 그런데 수지구가 다이나믹하게 변화하는 동안 맞은편 기흥구의 부동산은 침체를 면하지 못하며 조용히 있어야만 했습니다. 왜 그럴까요?

기흥구는 분당선이 관통하고 있었습니다. 분당선은 1990년대 초 노태우 정부의 핵심 공약으로 1기 신도시 건설에 따른 교통난을 해소하고자 추진한 노선이었습니다. 원안은 분당 오리역에서 서울 왕십리역을 잇는 노선이었는데 우여곡절 끝에 1994년 9월 수서역~오리역 구간이 개통하였고 이후 노선을 확장하였습니다. 용인 쪽으로는 2007년 12월 오리역~죽전역 구간 개통, 2011년 12월 죽전역~기흥역 구간이 개통했습니다.

기흥구에 분당선이 개통하였지만 2011년 당시 분당선으로도 기흥구에서 강남 진입까지 시간이 오래 걸렸습니다. 수지구의 문제처럼 기흥구 또한 난개발로 학교나 공원 같은 기반시설이 부족했고 소규모로 아파트를 개발해서 평가가 좋지 못했죠. 그러던 중 GTX-A 노선인 용인역이 구성역과 환승역이 되는 걸로 발표가 나고 구성역 인근, 즉 용인역 방면 아파트들이 빛을 보게 되었습니다.

GTX-A 용인역과 용인플랫폼시티

GTX-A 용인역의 정확한 위치는 경부고속도로 인근입니다. GTX-A와 노선을 공유하는 SRT 수서~평택선이 보상문제 등으로 선로가 경부고속도로 아래에 위치하고 있기 때문에 용인역 역사가 고속도로 인근이며 구성역과는 연결통로로 환승하게 됩니다. 따라서 기존 아파트들 중 구성역 인근에 위치한 1999년 준공된 연원마을엘지(LG자이), 2000년에 준공된 연원마을블루밍구성더센트럴(삼호벽산)이 가장 큰 수혜지라 할 수 있습니다. 꼭 이곳이 아니어도 기흥구 연원마을 단지들 모두 좋은 평가를 받고 있어요.

용인역 인근에는 용인플랫폼시티가 새롭게 조성될 예정입니다. 용인플랫폼시티 사업은 용인시가 2018년부터 자체적으로 야심차게 추진한 사업인데요. GTX, 지하철, 고속도로가 교차하는 수도권 남부 최적의 요충지로서 산업, 상업, 주거, 문화, 복지 등 다양한 활동의 기반으로 삼고자 하고 있죠. 판교나 분당처럼 주거와 업무 기능을 모두 아우를 수 있는 신도시로 만들고 싶은 마음에 시작된 사업입니다.

용인시 기흥구 보정동·마북동·신갈동, 수지구 상현동·풍덕천동 일원, GTX 용인역을 한가운데 두고 추진합니다. 83만 평에 달하는 면적에 계획인구는 1만 1,151세대를 조성하려는 사업입니다. 용인플랫폼시티의 중심은 GTX 용인역입니다. 수지구가 신분당선을 따라 새로운 변화를 맞이하였듯이 용인 전체가 GTX 용인역을 따라 새로운 변화를 준비하고 있는 것이죠.

: GTX-A 용인역, 용인플랫폼시티 예정지

출처: 한국반도체산업협회 및 경기도시주택공사 용인플랫폼시티 소개서

경기 남부의 새로운 연결점이 될 GTX-A 동탄역

동탄은 1신도시와 2신도시로 나뉩니다. 1지구와 2지구는 인접해 있지만, 신도시 조성 역사와 시기가 다른 곳입니다. 동탄1신도시는 2000년대 초반 급등하는 부동산 가격을 잡고자 발표됐는데 그때만 해도 개인적으로 '저 엄청난 규모에 주거단지를 조성한다니?' 하고 놀랐던 기억이 나네요. 동탄1지구는 2001년 12월 발표됐고 화성시 석우동, 반송동, 능동 일대 270만 평 규모의 면적에 12만 명을 수용하는 사업이었습니다. 동탄1지구를 비롯한 경기도 여러 지역의 2기 신도시가 발표되고 2004~2005년 무렵 부동산 가격이 어느 정도 잡히게 됩니다. 그러다 2006년 부동산 가격이 다시 급등하자 동탄2신도시 조성사업이 발표되었죠.

2지구의 조성에 대해선 2008년 7월에 발표됐는데, 720만 평 규모로 동탄1지구보다 약 2.5배 큰 규모에 28만 명을 수용하는 사업이었습니다. 당시에는 다들 '동탄1지구의 물량도 많은데 저 많은 공급량을 감당할 수 있을까?' 라고 의문을 가졌어요. 하지만 지금은 그런 의문이 언제 있었냐는 듯, 부동산 상승기 때 가장 축복받은 지역이 되었습니다.

동탄1신도시 지역은 그간 부동산 가격이 크게 상승하던 곳은 아니었습니다. 현재의 동탄2신도시에 비하면 빛을 많이 못 보았는데, 분양 당시인 2002~2003년 무렵 시범아파트 단지들의 분양가는 전용 84㎡ 기준 2억 7,000만 원~3억 원 선 정도였습니다. 분양 이후 한동안 84㎡의 가격이 4억 원 전후였기에 크게 값이 올랐던 지역은 아닙니다. 반면 동탄2신도시의 대장주 역할을 하는 동탄역시범더샵센트럴시티의 분양가는 2013년 당시 84㎡

기준 3억 5,000만 원 선이었습니다. 2022년 3월 기준 13억 원 정도니 동탄2신도시의 아파트들은 동탄1신도시의 아파트들보다 큰 수익을 가져다준 것이죠.

동탄2신도시 선전의 가장 큰 배경은 SRT, GTX의 환승역인 동탄역입니다. 동탄은 경기 남부권이고 서울에서 봤을 때 수원보다 더 멀어요. 때문에 시장가가 높다는 생각이 들 수도 있는데요. 이런 거리상의 단점에도 불구하고 두 곳의 운명을 가른 것은 1신도시는 신도시를 관통하는 지하철이 없었고 2신도시는 수서역까지 직행하고 향후 삼성역까지 15분대로 주파할 수 있는 SRT, GTX 환승역인 동탄역이 인근에 있다는 부분입니다.

실제로 동탄역을 논외로 하면 동탄1신도시에서 현재 이용할 수 있는 가장 가까운 지하철역은 수도권전철 1호선 병점역입니다. 향후 인덕원역과 동탄역을 연결하는 동탄인덕원선이 동탄1, 2신도시를 연결하지만, SRT와 GTX의 환승역인 동탄역이 두 신도시의 운명을 갈라놓았다 해도 과언이 아닙니다. 특히 동탄2신도시는 2013년 시범단지 분양을 시작으로 2015년부터 이어지는 부동산 상승장과 맞물려서 청약 수요자에게 기회와 꿈을 주는 도시로 자리매김하였습니다.

낮은 분양가에 반해 가격이 큰 폭으로 상승했기 때문에 큰형 격인 동탄1신도시 주민들은 동생 격인 동탄2신도시를 부러워했을지도 모르겠습니다. 그리고 동탄2신도시는 동탄1신도시보다 6~7년 늦은 신도시라 상대적으로 자체적인 경쟁력이 좋았어요. 7개의 큰 테마로 특별계획에 의해 들어서게 되는데 커뮤니티 시범단지, 광역비즈니스콤플렉스, 문화디자인밸리, 동탄테크노밸리, 워터프론트콤플렉스, 신주거문화타운, 의료복지시설 7개의 테마구역입니다. 이렇게 각 테마에 맞추어 구역을 나누고 기능을 분산했습니다.

GTX 동탄역은 광역비즈니스콤플렉스 안에 위치하고요. 이렇게 계획적으로 분양하다 보니 자족기능을 갖춘 성공적인 신도시가 되었습니다. 이제 동탄2신도시의 분양도 거의 마무리 단계인데 2022년 이후는 신주거문화타운 쪽에 일부 분양물량이 남아 있습니다.

삼성전자와 같은 우수한 기업이 경기 남부에 대거 자리 잡고 있기에 서울이 아닌 경기 남부를 중심으로 본다면 동탄을 새로운 중심지로 볼 수 있습니다. 그리고 동탄역과 경기 남부, 충청권의 여러 철도 노선들이 연결된다면 경기 남부와 충청권에서 GTX 노선을 통한 빠른 서울 진입이 가능해질 것입니다.

04

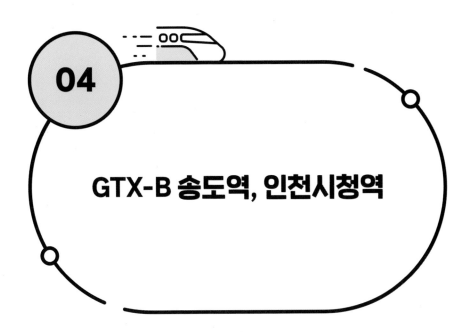

GTX-B 송도역, 인천시청역

GTX-B는 2019년 8월 예비타당성조사를 통과하고 국토부에 의해 한창 사업이 진행되고 있는 노선입니다. 이미 착공을 한 GTX-A와 달리 정차역 추가나 세부적인 역사 위치 등이 변경될 가능성이 있는데요. 이를 전제로 GTX-B 노선의 송도역을 살펴보겠습니다.

GTX-B 송도역의 위치는 인천지하철 1호선 인천대입구역 인근으로 현재로선 인천대입구역과 환승을 한다고 알려져 있습니다. 역사명은 수인분당선에 송도역이라는 역명이 있으므로 아마도 새로운 이름으로 탄생할 듯합니다. 2022년 3월 국토부 발표자료에선 인천대입구역으로 지칭이 되었는데 여기서는 GTX-B 송도역이라 칭하겠습니다.

: GTX-B 송도역 조감도

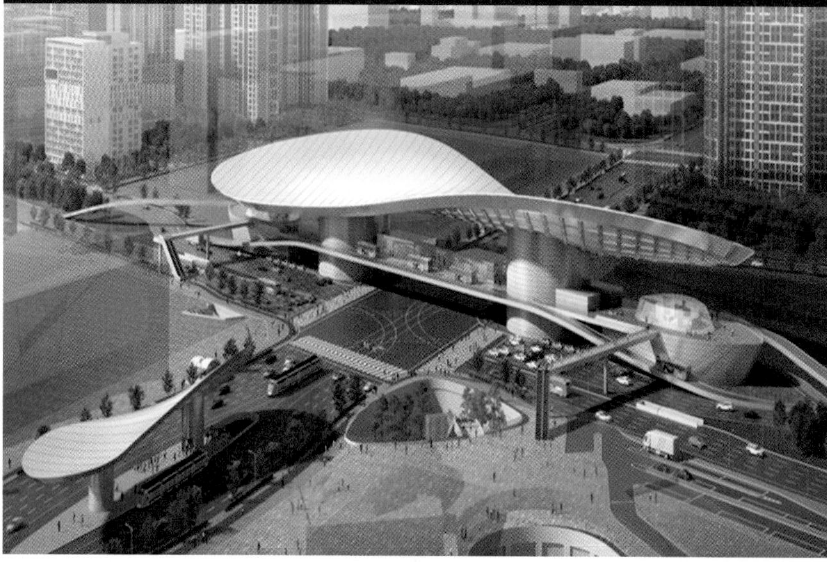

: GTX-B 송도역 예상 환승체계

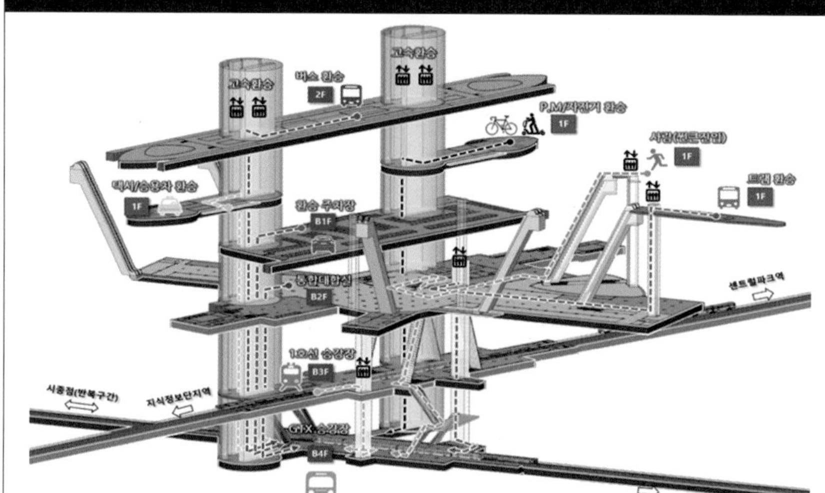

출처: 인천광역시

송도역은 GTX-B 노선의 출발역입니다. 개통된다면 송도 국제신도시는 그야말로 날개를 달게 됩니다. 송도 국제신도시는 현재 우리나라에서 개발한 가장 큰 규모의 국제신도시입니다. 면적은 약 1,600만 평으로 분당과 일산신도시를 합친 것보다 더 큰 규모입니다. 내국인 22만 명 외국인 8만 명을 합쳐 약 30만 명을 수용할 예정이고 20만 세대에 달하는 주거지를 건립할 예정입니다. 사업기간은 2003년부터 2022년 현재까지 조성을 진행 중입니다. 엄청난 대규모 사업이죠.

사업구간은 총 11개 공구로 나누어 개발되는데 2022년 3월 기준 1, 2, 3, 4, 5, 7공구가 개발이 거의 완료된 상태입니다. 초기 시가지 조성단지로 개발 완료된 2공구, 국제업무지구 배후의 주거 및 상업지구를 이루는 1, 3공구, 개발 초기부터 업무지구와 배후 주거지구가 형성되어 있던 4공구, 그리고 인천글로벌캠퍼스 등 교육시설과 주거지구가 있는 7공구, 바이오클러스터가 중심이 된 첨단업무지구와 주거단지가 위치한 5공구 등은 개발이 완료되거나 완료 중에 있습니다. 6, 8, 9, 10공구는 현재 개발이 진행 중이고 11공구는 공사 중입니다.

팔방미인 송도국제신도시에 날개를 달아줄 GTX 송도역

송도국제신도시는 훌륭한 일자리와 교육, 주거지, 문화, 공원 등을 모두 갖춘 거의 완벽한 신도시입니다. 특히 신도시 성공에 매우 중요한 요소인 일자리, 즉 업무시설이 송도에 많이 있습니다. 포스코건설, 삼성바이오로직스, 동아제약, 셀트리온 등의 국내 유수 기업들이 있고요. 해외 기업으로는 아지모도제넥신, 엠코테크놀로지 등이 자리 잡고 있어 일자리를 자체적으로 해결할 수 있는 곳입니다. 이에 더해 지식정보산업단지도 조성되어 일자리가 만들어내는 수요로 평가가 좋아지는 모습입니다. 자연히 상업시설도 들어서게 되는데 신계백화점과 롯데몰이 들어갈 예정입니다.

송도는 국제도시를 지향하므로 다양한 국제기구를 비롯해 미국, 중국, 독일, 호주, 네덜란드, 스위스, 일본 등 다국적 기업과 우수한 교육시설들이 입주해 있습니다. 미국 명문 사립학교 채드윅스쿨의 분교인 채드윅인터내셔널이 있고 연세대 국제캠퍼스, 인하대학교 분교 등이 있죠. 한국뉴욕주립대학교, 한국조지메이슨대학교 등 국제학교도 있습니다. 이처럼 모든 방면에서 자족기능을 탄탄히 갖춘 신도시는 우리나라에서 찾아보기 힘든데요. 그래서 인천의 강남이라고도 불립니다.

송도가 아주 재미있는 것이, 개발이 거의 20년 동안 진행되고 있어서 그 시간 동안의 아파트 분양 역사를 한 도시 안에서 볼 수 있다는 점입니다. 가장 먼저 조성되었던 2공구 시가지화 조성단지 쪽을 가보면 2005년에 입주한 풍림아이원 단지들이 있습니다. 저는 이때부터 이곳을 조사하러 다녔었는데 당시 분양가가 전용 84㎡ 기준 2억 7,000만 원 선이었던 것으로 기억합니다. 2010년대까지도 3~4억 원 정도에 머물렀던 것으로 기억하는데요. 최근에 송도에서 분양했던 아파트와 비교하면 격세지감이지요.

2020년도에 분양을 했던 힐스테이트송도더스카이, 더샵송도센터니얼, 힐스테이트레이크송도3차, 그리고 2021년도에 분양을 했던 송도자이크리스탈오션, 더샵송도마리나베이, 송도아리스타프라임 등 모두 최근 분양 시장에서 이슈가 되면서 인기를 끌었던 단지들입니다. 최근 신축아파트는 내부

구조와 단지배치 등 많은 것들이 이전과 눈에 띄게 달라졌습니다. 분양가도 2021년 송도자이크리스탈오션 전용 84㎡ A타입이 7억 6,000만 원대로 상승했고요. 이처럼 개발 20년의 시간이 담긴 송도에서 대장주 지역을 꼽자면 단연 인천지하철 1호선이 위치한 인천대입구역 주변입니다. 송도에서 가장 중심에 있으면서 2017~2018년 입주한 신축 단지들로 송도컨벤시아가 있고, 롯데몰 건립이 예정되어 있습니다. 이 부근 34평형(전용 84㎡)의 가격은 2022년 1월 기준 14억 원에 이릅니다. 송도국제신도시 지역 아파트 가격을 살펴볼 때 이들 아파트 가격을 중심으로 살펴보시면 좋습니다.

송도의 가장 큰 단점은 서울 중심부와 상당히 멀리 떨어져 있다는 점입니다. 인천 내에서도 해안가 지역인 것이죠. 그래서 전체적으로 부동산 호황과 불황에 영향을 많이 받는 지역입니다. 특히 부동산 불황기였던 2010~2015년 동안에는 부동산 가격이 전혀 오르지 않았던 시기를 겪었고, 이 당시 조성은 잘되었지만 서울에서 너무 멀어서 인천 거주자들만 선호하는 곳이라는 평가를 받았습니다. 이처럼 갖출 걸 다 갖춘 곳이라 호황 때는 많은 주목을 받지만, 불황기엔 그림자가 드리우는 곳이었죠. 이런 곳에 GTX-B 노선이 개통된다면 앓던 이가 빠지는 격입니다.

인천대입구역에 GTX-B 노선의 송도역이 개통된다면 인천지하철 1호선 역사가 위치한 주변의 아파트가 모두 살아나게 됩니다. 지식정보단지역, 센트럴파크역 등에서 송도역으로 환승을 해야 하지만 이는 큰 문제가 아닙니다. 송도역에서 서울역까지 27분이면 주파하니 부천이나 서울과의 접근성이 좋아져 획기적인 변화가 가능하죠. 서울에서도 이주를 고려하는 지역이 될 수도 있을 듯 하고요.

인천구도심 부활의 시작, GTX-B 인천시청역

GTX-B 노선 예상 정차역인 인천시청역은 구도심이라 할 수 있는 미추홀구와 남동구의 중심에 위치합니다. 현재도 인천도시철도 1, 2호선이 교차하고 인천시청, 인천시교육청 등 공공시설이 밀집된 곳이죠. 역사가 생길 예정인 인천 남동구는 GTX-B 노선 통과를 학수고대하는 분위기입니다.

인천 남동구에서 미리 발표한 GTX-B 노선의 인천시청역사의 조감도를 보면 도시공원 내 위치한 역사의 특성을 잘 반영하고 있습니다. 인천중앙공원 조각원지구 인근으로 공원의 동서 간 높이차를 이용하여 공원 속에 버스, 택시, 개인형 이동수단 등이 연계된 친환경 환승센터를 계획했습니다. 높은 주거인구 비율을 고려하여 도서관, 체육시설 등 지역주민과 환승객을 위한 열린 공간도 구상되어 있고요. GTX-B 인천시청역이 개통된다면 인천동구, 미추홀구, 남동구 등의 구도심이 새롭게 평가받을 듯합니다.

과거 인천의 투자 포인트는 '얼마나 서울과 인접해 있는가'였습니다. 서울의 위성도시로 성장한 인천은 인천항, 서울 구로나 영등포 등 공업지대와 인천의 공업지대의 배후 주거지로서 성장한 곳이었습니다. 그래서 아무래도 제1경인선 주변, 인천에서 구로까지 이어지는 1호선 라인을 따라 투자처로 주목받곤 했습니다. 그런데 아무래도 오래전 건설된 경인선을 따라 성장하다 보니 역 주변으로 자연스럽게 생겨난 상업지구와 배후지가 얽혀 있는 상태라 아주 좋은 평가를 받기는 어려웠어요.

이런 인천에 변화가 찾아왔는데, 바로 1989년 발표된 제1기 신도시인 부천 중동신도시 개발이었습니다. 중동신도시는 행정구역상 부천이지만 인천

: GTX-B 인천시청역 조감도

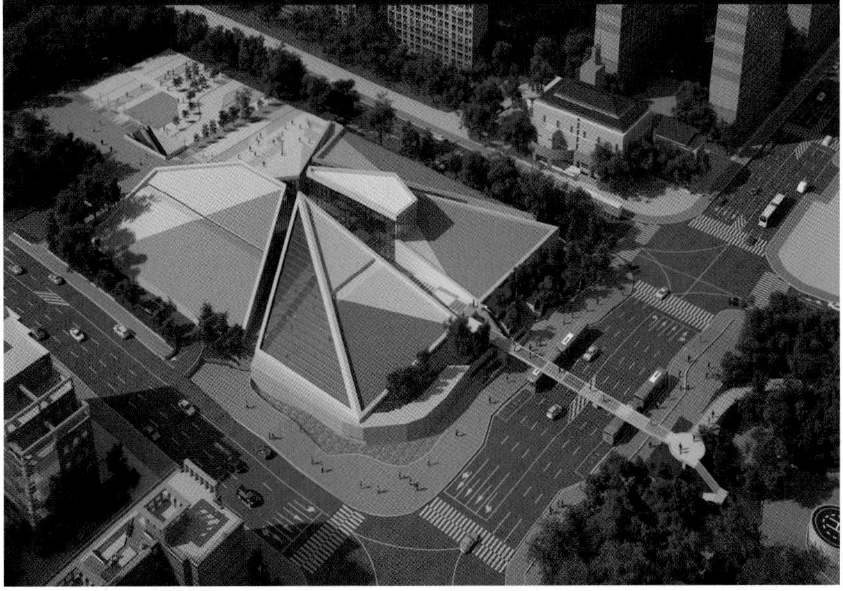

자료: 인천광역시

: GTX-B 인천시청역 예상 환승체계

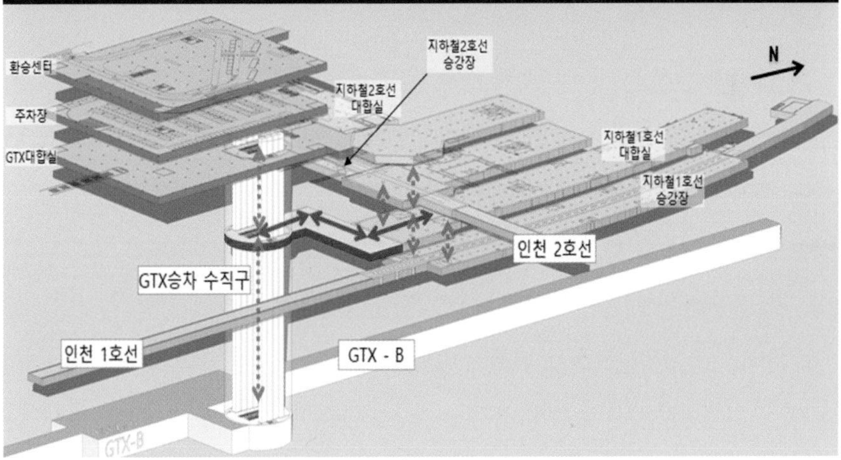

출처: 인천광역시

과 매우 인접해 있고, 서울과 가까운데 그 규모가 지하철 두 정거장이면 끝날 정도로 매우 협소했죠. 중동신도시가 개발될 무렵 인근 상동신도시도 1990년대 중반부터 개발을 시작했습니다. 상동신도시와 중동신도시는 약 10년 차이가 나는데, 상동신도시가 개발되자 또 바로 인근의 인천 삼산동 지역이 2000년대 초반부터 개발되었습니다. 그래서 인천에서 부천으로 이어지는 삼산동, 상동, 중동이 하나의 주거벨트를 이루게 된 것이죠. 그리고 이에 더해 지하철 7호선 연장선인 온수역~부평구청역 구간이 2012년 10월 개통하면서, 이 지역이 인천과 부천의 우수 주거지로 주목을 받게 되었어요. 한 가지 사례이지만 부평구에 있던 현대백화점도 중동으로 이전하기도 했습니다. 또한, 과거 대우자동차(현 GM) 공장이 있는 부평구 지역은 일자리로 인해 주거지로서 인기를 끌며 성장했습니다. 인천 계양구는 서울 강서구 인근으로 서울로 출퇴근하는 수요를 흡수하면서 주거지역으로 자리 잡았습니다.

이렇게 인천의 각 지역이 성장하는 가운데 인천의 대표적인 구도심인 남동구 미추홀구는 깊은 침체에 빠지게 되었죠. 2000년대 초반이 되자 2기 신도시인 송도국제신도시, 청라국제신도시 조성계획이 발표되어 공사가 진행되기 시작했습니다. 발표되자마자 인천의 모든 시선은 새로 조성되는 두 신도시로 향했죠. 특히 송도는 세계적 신도시를 꿈꾸면서 인천 거주민들의 관심을 한몸에 받았습니다. 여기에 인천 서구 검단신도시 조성 발표, 그리고 영종국제신도시 조성 등 새로운 신도시 개발 붐이 일어났습니다. 이 두 신도시는 최근까지도 분양시장에서 인기를 끌었습니다.

대조적으로 인천동구 미추홀구 남동구 지역은 사람들의 인식에서 낡은 빌라가 모여 있는 곳 교통이 불편한 곳으로 생각되었는데, 2008년 주안 뉴타운이 지정되면서 새로운 분위기가 조성되었습니다. 2016년 7월 인천지하철 2호선 인천 서구 검단오류역에서 남동구 운연역까지 개통했고, 특히 2014년 인천 아시안게임이 열리고 아시아선수촌을 건립하면서 주변 지역이 새롭게 평가를 받기 시작했습니다. 현재는 과거 지지부진했던 주안 뉴타운 지역의 개발이 한창이어서 주안캐슬앤더샵에듀포레, 힐스테이트푸르지오주안 등 새로운 분양단지들이 사업에 속도를 내며 좋은 평가를 받고 있습니다. 그럼에도 미추홀구 남동구는 지하철을 이용해도 서울까지의 접근성만 놓고 봤을 때는 아쉬웠었는데, GTX-B 인천시청역 정차는 이 구도심지의 교통상의 단점을 단숨에 해결해줄 수 있는 획기적인 소식입니다.

05

GTX-B 상봉역, 별내역

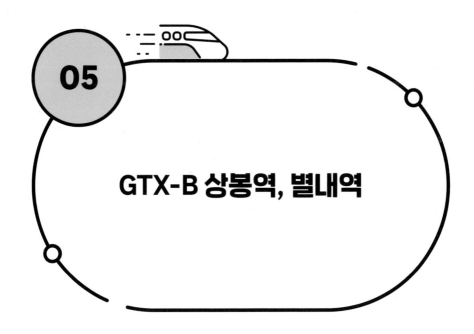

GTX-B 노선의 상봉역은 과거 망우역이라고 부르기도 했지만, 2022년 3월 22일 국토부가 발표한 '수도권광역급행철도 B노선(용산 · 상봉) 기본계획 확정 · 고시'를 보면 상봉역이라고 표기하고 있는데요. GTX-B 상봉역의 위치는 대략 망우역과 상봉역 사이 홈플러스 인근일 것으로 예상됩니다.

기존 상봉역은 경춘선과 경의중앙선, KTX, 그리고 지하철 7호선의 환승역입니다. 여기에 GTX-B 노선까지 연결되면 서울 동부권의 새로운 요충지가 됩니다. 상봉역이 위치한 중랑구는 서울에서 인기가 많은 지역은 아니었습니다. 건대입구역, 구의역, 광나루입구역이 있는 광진구는 동부권에서 나날이 발전하는 지역이고, 중랑구보다 도심으로의 접근성이 떨어지는 노원구도 상계주공, 중계주공, 하계동 재건축 단지 위주로 부동산 상승장에서 아주 좋은 흐름을 보였죠. 인접한 동대문구도 청량리역 개발로 인해 강북 부동산 시장에서 주목을 받았고 신규 분양단지들도 연일 화제였습니다.

중랑구를 강북의 신데렐라로 만들어줄 상봉역

상봉역이 위치한 중랑구는 경기 동북부의 도시들과 서울을 연결하는 관문 역할을 합니다. 서울에서는 비중이 작은 구이고 이 일대 부동산은 서울에서는 저렴한 편입니다. 이처럼 서울만 놓고 보면 상봉역 신설역 부근은 중심에서는 벗어난 지역이지만, 경기 동북부 지역에서 바라보는 중랑구, 그리고 상봉역 인근은 다르게 느껴지죠. 2021년 3월 경의중앙선 양평역 주변에서 한라비발디의 전용 84㎡ 신규 분양가가 4억 원 선이었는데 인기가 있었습니다. 경의중앙선은 구리를 지나 남양주 한강 상류 상수원보호구역을 따라 노선이 지나가는데, 이 지역에서 서울 쪽을 바라본다면 상봉역은 서울과의 연결점이고 새로운 출발지가 됩니다. 이 경의중앙선을 따라 자리 잡은 곳들은 서울 시민의 상수원 근거지라 상당히 강한 강도로 개발이 억제됐는데, 서울의 높은 부동산 가격으로 인해 이들 지역 부동산에도 관심이 쏠리고 있죠. 그 중심에 GTX-B 상봉역이 있습니다.

경춘선은 춘천~가평~마석~평내호평~퇴계원~별내~망우~상봉으로 이어지는데요. 군사시설들로 인해 발전이 더딘 경기 동북부를 연결해주는 유일한 노선이며, 경춘선의 서울 관문이 바로 상봉역인 것이죠. GTX-B 노선을 이용하면 청량리역은 한 정거장, 서울역까지는 두 정거장이 되겠네요. 여기서 서울 서부권으로 이동을 하든, 강남으로 이동을 하든 빠른 시간 내에 서울의 중심부로 진입할 수 있습니다. GTX-B 상봉역이 생긴다면 멀게는 강릉과 속초 지역 부동산에도 영향을 미칠 수 있을 듯합니다.

2018평창동계올림픽을 계기로 KTX 서울역~강릉역이 개통되었는데요. 상봉역에서 강릉까지는 약 1시간 10분 정도 걸립니다. KTX 개통 이후 강릉 지역의 부동산 가격상승이 기대되었지만, 생각보다 상승률이 낮았는데 절대적 거리라는 것이 쉽게 극복하기 힘들고 상봉역 진입 후에도 서울 중심으로까지의 이동시간이 많이 소요되기 때문이기도 했습니다. 이 상황에서 GTX-B 상봉역이 개통된다면 강릉에서 바라보는 상봉역은 서울 주요 권역을 신속하게 연결하는 새로운 시작점이 될 가능성이 큽니다. 그렇다면 서울에 일자리를 두면서도 자연환경이 훌륭한 주거지를 선택하는 사람들로 인해 강릉도 새로운 도약의 계기를 맞이할 수도 있고 KTX 연장 예정인 강릉~속초 라인의 속초 부동산 시장에도 훈풍이 불 것입니다.

중랑구에서 강남, 여의도, 공덕과 같은 업무지구로 가려면 시간이 상당히 걸리는데요. 강남까지 가는 7호선은 꽤 많은 정차역을 거쳐야 하고, 여의도, 마포까지도 경의중앙선으로 가려면 시간이 오래 걸립니다. 그래서 이쪽으로 출퇴근하는 사람들은 중랑구를 주거지 리스트에 올리기가 힘들었죠. 앞으로 GTX가 개통된다면 환승하여 삼성역까지는 세 정거장, 여의도역까지는 네 정거장이면 접근할 수 있으니 값비싼 강남, 여의도의 우수한 대체 주거지가 될 수 있습니다. 또한 낡은 주택과 빌라들이 밀집해 있던 면목동과 상봉동 일대도 속속 공공재개발구역과 도심공공주택복합사업 그리고 서울시의 신속통합재개발사업 후보지로 선정되면서 탈바꿈을 준비하는 모습이네요. 이처럼 중랑구 지역은 GTX-B 상봉역 신설을 기다리며 새롭게 변모할 준비를 하고 있습니다.

경기 동북부의 중심지로 떠오를 별내역

별내신도시는 경기 북부의 꽤 성공한 신도시입니다. 2기 신도시로서 사업기간은 2005~2018년이고 지금도 별내역 주변으로 상업시설이 분양되고 있어요. 면적은 약 150만 평 규모인데, 2만 7,000세대에 약 7만여 명을 수용할 수 있는 신도시입니다. 별내신도시는 신도시 안의 대부분의 단지가 산으로 둘러싸인, 자연친화적인 환경이라고 할 수 있어요. 별내카페거리는 서울 강북구, 노원구에서도 찾아오는 명소죠. 별내신도시가 한창 분양 중이던 2010년 당시 강북구, 노원구, 중랑구 등 서울 동북권 주민들에게도 많은 주목을 받았었죠. 태릉과 인접했고 산으로 둘러싸인 숲세권 단지들은 자연과 어우러진 신축아파트를 원하는 사람들에게 안성맞춤이었습니다. 심지어 광진구와 송파구에서도 별내신도시를 분양받고 싶어 해서 단지들이 들어서자 이곳으로 이주하기도 했습니다.

그런데 부동산 가격 측면에서는 아쉬운 점이 많은 곳입니다. 늘 같은 남양주 내에 조성된 보금자리주택지구인 다산신도시와 비교되곤 했는데요. 별내신도시가 부동산 가격 측면에서 다산신도시에 못 미치는 이유는 별내신도시의 분양 시기 때문입니다. 별내신도시의 대부분의 아파트들은 2010년 전후에 분양됐는데, 이때가 본격적으로 부동산 침체기로 접어드는 시기였기 때문이죠. 2000년대 초반부터 상승과 하락을 반복하며 지속적으로 상승했던 부동산 가격이 2008년 발생했던 세계금융위기로 인해 2010년도 무렵에선 서서히 상승장이 막을 내리는 시기였습니다. 별내신도시의 많은 단지가 입주를 하였던 2012~2013년은 부동산 가격이 가장 침체되었던 시기라 한동안 별내신도시는 하락장에서 벗어나질 못하였습니다. 반면 다산신도시의 분양은 대부분이 2014~2016년 무렵이었습니다. 이 시기는 4~5년간 침체되어 있던 부동산 시장이 살아나는 시기로 다산신도시 입주 시점인 2017~2018년 무렵에는 부동산 시장이 상승 랠리를 탔습니다. 별내신도시는 다산신도시의 화려한 상승을 지켜봐야 했죠. 이러한 과거가 있었던 별내신도시도 2022년 기준으론 부동산 가격이 많이 올랐습니다.

별내신도시의 단점 역시 서울 도심으로의 접근성입니다. 자동차를 이용하면 수도권 제1순환고속도로나 동부간선도로를 타고 강남이나 종로, 마포 쪽으로 접근하기 나쁜 건 아니지만 실질적으로 도로가 막히지 않는 시간대나 야간에만 통행이 수월하고 교통량이 몰리는 경우가 많습니다. 다른 신도시에 비해 지하철 접근성도 많이 열악하고요. 유일한 철도인 경춘선을 타자니 시간도 오래 걸리고 여러 번 갈아타야 강남에 갈 수 있다는 단점이 있었습니다. 비슷한 시기 조성된 판교나 광교가 강남 접근성이 좋은 신분당선 개통으로 가격이 상승한 것과는 대조적인 모습이죠.

이러한 지하철 교통 낙후를 보완하기 위해 8호선 암사역에서 연장하는 별내선 연장선이 한창 공사 중이고 2023년 개통을 앞두고 있습니다. 8호선을 이용해 잠실까지 진입한다면 기존의 경춘선을 이용하는 것보다 낫겠지만 여전히 강남까지 진입이 쉽지 않습니다. 그런데 GTX-B 별내역이 들어서면 삼성역까지 단 세 정거장이, GTX-C 왕십리역 연결 시 네 정거장이면 진입할 수 있게 됩니다.

한편 별내역이 자리 잡은 남측과 별내역까지 가는데 시간이 오래 걸리는 북측의 교통여건이 문제로 대두되고 있습니다. 북측은 4호선 연장선 별내별가람역이 2022년 3월 개통했지만 8호선 별내역과의 연결이 문제가 되어 제4차 국토철도망 구축계획에서 별가람역~별내역 연결이 추진되고 있습니다. 별내신도시 인근으로는 많은 신도시들이 자리 잡고 생겨날 예정인데, 신설되는 GTX-B 별내역은 주변 신도시의 새로운 중심이 될 것으로 보입니다. 이미 구리 갈매지구, 다산신도시 진접지구 등이 있고 왕숙 1, 2지구도 새로 조성될 예정입니다. 왕숙신도시 내부로도 GTX-B 역사가 생길 듯하지만 별내역은 이들 신도시의 관문으로 자리 잡을 것입니다.

: 8호선 연장 별내선 예상 노선도

자료: 서울시

06

GTX-C 의정부역, 창동역

2022년 3월 기준 GTX-C 노선은 우선협상대상자인 현대건설 컨소시엄과 국토부가 세부적인 조항들을 협상 중입니다. 이 때문에 역사의 위치가 바뀔 수 있는 상황이지만 의정부역과 창동역은 기존 역사에 환승하는 체계로, 예정대로 정차역으로 진행될 가능성이 큽니다.

의정부는 아주 옛날부터 경기 북부의 관문을 담당하는 곳이었습니다. 대한민국이 남과 북으로 나뉘기 전 연천, 동두천, 양주를 따라 서울로 통하는 관문이었던 거죠. 의정부를 지나면 도봉구를 통해 서울 중심부로 향하게 되어 있습니다. 만약 우리나라가 분단되지 않았다면 굉장히 발달한 지역이 되었을 겁니다.

분단 이후 경기 북부는 전략적으로 우리나라와 미군의 군주둔지가 되면서 개발 자체가 제한되어 있었습니다. 군사 보호지역으로 개발보다는 대한민국 안보의 전략적 요충지로서의 역할을 요구받았고 그 중심에 의정부시가 있었죠. 이렇게 전략적 요충지인 의정부이지만 도심 자체는 점차 커져가고 있었습니다.

의정부 도심 발달은 다른 지역들처럼 처음에는 수도권지하철 1호선을 따라 망월사역, 회룡역, 의정부역, 녹양역을 중심으로 구도심지가 발달하였습니다. 지하철을 따라 도심이 형성되었던지라 쾌적한 주거지 형성은 미흡했는데, 철도가 가로질러 도심을 나누었고 심지어 의정부의 중심인 의정부역 인근에 미군부대가 자리 잡아 구도심은 주거의 쾌적성보다는 지하철을 따라 자연스레 조성되었습니다. 그래서 부동산 측면에서도 서울 중심으로 진입하기 어려운 북부의 저렴한 주거지로 인식되었는데, 변화는 의정부 동쪽 지역 개발에서부터 시작됐습니다.

도심개발과 미군부대 반환이 불러온 변화

1990년대 후반부터 의정부시 신곡동, 금오동 지역이 개발되기 시작했습니다. 이 부근으로 새로운 주거단지가 조성되면서 경기도청 북부청사도 이전했습니다. 더 동쪽으로는 의정부 민락동, 낙양동 일원이 2005년 보금자리주택지구로 지정되어 택지개발을 하였고 이곳에 민락신도시가 자리를 잡았습니다. 민락신도시는 약 80만평 규모이고 1만 5,000세대 인구 4만

4,000명을 수용합니다. 민락지구 동쪽으로는 2015년 보금자리주택지구에서 공공택지지구로 바뀐 고산지구가 한창 개발 중입니다. 의정부 부동산 가격은 최근 많이 올라서 고산지구 신축아파트 전용 84㎡ 시세가 8~9억 원대를 형성하고 있죠.

이처럼 의정부는 의정부역, 녹양역을 중심으로 하는 구도심지와 동쪽으로 개발된 신주거지로 나뉩니다. 행정타운이 자리 잡은 신곡동, 금오동 민락신도시, 고산신도시로 많은 사람들의 관심이 이어졌습니다. 또한 산재했던 미군부대 이전이 의정부를 활력 있게 만들었는데, 평택 미군기지 조성사업의 일환으로 전국 곳곳에 있는 미군기지의 반환이 이루어졌기 때문입니다. 2007년 4월 5월 의정부역 인근에 있는 캠프 라과디아, 캠프 홀링워터 반환, 2007년 5월 기능역 인근의 캠프 에세이욘 반환, 2007년 5월 광역행정타운 예정지인 캠프 카일, 캠프 시어즈 반환, 그리고 2020년 12월 캠프 레드 크라우드 반환, 2022년 이후 캠프 잭슨, 캠프 스탠리 반환 결정 예정으로 의정부에 있는 미군기지가 속속 반환되었습니다.

반환된 미군기지 부지에는 여러 주요시설들이 입주하였는데, 캠프 에세이욘 자리에는 을지대학교 의정부캠퍼스 및 부속병원, 경기북부교육청이 들어왔고, 캠프 카일과 캠프 시어즈 자리에는 광역행정타운이 조성 중입니다. 캠프 라과디아는 주상복합업무시설로, 타 반환예정지 또한 관광단지, 문화예술공원 등 주민 편의시설이 조성될 예정입니다.

이렇게 신도시 조성과 더불어 미군기지의 반환으로 군사도시라는 과거의 이미지에서 벗어나고 있는데, 미군기지 이전과 더불어 의정부 구도심이라 할수 있는 의정부동과 낙양동 구도심 지역의 개발사업도 활발히 일어났습니다. 2018년부터 의정부에 신규 분양도 많이 이루어졌는데 대표적으로

2018년 11월 탑석센트럴자이, 12월 의정부더샵파크에비뉴, 2019년 8월 의정부역센트럴자이앤위브캐슬, 2020년 5월 의정부롯데캐슬골드포레, 6월 힐스테이트의정부역, 2020년 9월 의정부역스카이자이 등이 성공적으로 분양을 마치며 부동산 시장을 달구었습니다. 특히 의정부 구도심은 중앙 1, 2, 3 재개발 구역이 있는데, 중앙2구역은 센트럴자이앤위브캐슬이 2022년 7월 입주 예정이고 중앙3구역은 의정부역푸르지오더센트럴이 2023년 입주 예정입니다. 센트럴자이앤위브캐슬은 84㎡가 10억 원을 넘어서는 등 의정부 부동산 시장이 새롭게 발전 중이네요. 이러한 가운데 새로 생겨날 GTX-C 의정부역은 의정부 지역을 경기 북부 군사도시에서 자연과 쾌적함이 어울리는 새로운 도시로 변화시키는 데 큰 역할을 할 것입니다.

화려했던 1990년대 부활을 꿈꾸는 창동역

1990년대 무렵 잠실의 5층 아파트와 창동의 신축아파트라는 갈림길에서 창동을 선택한 분들이 꽤 있다는 사실을 아시나요? 창동은 1990년대 무렵 새로 조성된 노원구의 상계주공 단지, 중계주공 단지와 더불어서 서울 강북 지역에 자리 잡은 신도시였습니다. 주된 수요층은 종로와 광화문 업무지구로 출퇴근하는 사람들이었죠. 이마트 1호점이 창동역에 설립될 만큼 서울의 신도시로서 자리매김한 시절이 있었지만, 호황도 잠시 1990년대 후반 IMF 위기가 찾아오고 2000년대 초반 무렵 강북에 남아 있던 회사들이 강남으로 대거 이전하면서 인접한 노원구와 더불어 창동의 부동산은 깊은 침체의 시간을 보내게 됩니다.

노원구 상계동, 중계동 지역은 우수한 학군으로서 명맥을 이어나가게 되고 7호선 개통으로 노원구 전체가 다시 도약을 맞이하는 가운데 창동은 아쉬움이 가득한 시간을 보냈죠. 창동에서 강남 쪽으로 이어지는 지하철은 서울지하철 1호선인데 이 노선으로 강남에 진입하려면 시간이 오래 걸립니다. 1호선이 지상으로 지나는 녹천역, 창동역, 방학역에 이르는 지역은 서울 내에서 부동산이 저렴한 곳으로 사람들의 관심을 받지 못했죠. 2010년 무렵에는 '노도강'이라 하여 서울 동북부 지역의 노원구, 도봉구, 강북구 지역의 상승으로 창동도 잠깐 상승을 한 적이 있었으나, 연식이 20년 이상인 창동의 주공아파트들은 다시 가격이 하락하였습니다. 이 무렵 북쪽에 있는 의정부 지역의 신축아파트에 가격이 밀리는 현상이 나타나기도 했는데, 이런 우울한 나날을 보내는 가운데 창동에도 기회가 왔습니다.

2015년부터 조금씩 상승하던 서울 부동산이 2016년부터 본격적으로 상승하면서, 2017년 새 정부 출범 이후 강한 부동산 규제책이 발표되었는데요. 한 번 오른 상승세는 꺾이지 않았죠. 강남이 오르고 마용성이 오르고 사람들은 '이제 집값이 안 오른 지역이 없다' 했습니다. 그렇게 2018년이 되자 사람들 눈에 재건축 가능성이 있으면서 상대적으로 저렴한 노원구가 들어왔습니다. 소형 평수 위주이지만 주공아파트로서 대단지이고 재건축 가능성이 있는 노원구의 상계주공, 중계주공 아파트 가격이 급등하기 시작했는데, 도봉구 창동 주공아파트는 노원구 아파트와 바로 붙어 있어 형제자매 같은 사이라 창동도 드디어 상승 대열에 합류했습니다.

그렇게 2018년 12월 무렵 GTX-C 노선의 예비타당성조사 통과 소식이 들리자 예상 정차역사가 위치하는 창동역 주변 부동산은 한 번도 경험하

: 창동역 서울아레나 조감도

출처: 서울시

: 동부간선도로 지하화 관련 사진

출처: 서울시

지 못한 가격상승이 일어납니다. 늘 노원구에 부동산 가격으로 조금씩 뒤처졌었는데 역전하게 된 것이죠. 사람들은 깜짝 놀랐습니다. 강남에 이르는 동부간선도로의 체증이 있고 지하철 접근성이 떨어진다는 창동 지역에 GTX-C 노선이 건설되면 삼성역까지는 세 정거장, 왕십리역 통과 시 네정거장으로 10분 이내에 주파할 수 있게 됩니다. 이것이 GTX의 위력이었고 그야말로 단번에 창동역 주변 부동산의 모든 서러움을 털어내게 되는 이슈가 되었습니다.

앞으로 구체적인 내용이 나와봐야겠지만 창동역사는 기존 1, 4호선의 환승역과 더불어 GTX-C 노선의 복합환승역으로 건설될 가능성이 큽니다. GTX-C 창동역은 인근 노원구, 도봉구, 강북구 지역에서 이용할 복합역이 될 것으로 보이는데, 인근 부동산 투자에 있어 역시 가장 먼저 살펴봐야 하는 단지는 재건축 가능성이 있는 창동주공 3단지와 19단지입니다. 두 단지는 창동역으로 도보로 이동 가능한 거리며 단지도 크고 인근에 초등학교와 중학교가 있어 우수한 단지죠. 특히 3단지는 다른 단지들에 비해 대지지분도 높아 재건축만 된다면 단숨에 대장주 자리를 차지할 듯 합니다.

녹천역 인근에 있는 창동주공 17, 18단지도 다음 투자처로서 좋습니다. 창동주공4단지는 한 단지가 도로로 나뉘어 다른 창동주공 단지들보다 저렴하지만, 녹천역이 가까워 좋은 단지입니다. 기존 아파트로는 1992년 준공한 창동삼성(창동삼성래미안), 1988년 입주한 창동동아도 좋습니다. 창동동아그린, 창동동아청솔도 가격이 많이 오르면서 인근 창동 서울아레나복합시설 건설로 기대를 더하고 있습니다. 창동은 2022년 잠시 숨고르기를 하는 모습입니다. 그러나 곧 GTX-C 노선의 착공 소식이 들린다면 다시 한 번 1990년대의 멋진 모습을 보여줄 것으로 기대됩니다.

07

GTX-C 금정역, 수원역

금정역은 수도권지하철 1호선과 4호선의 환승역인데 GTX-C 노선이 들어서면 3개 노선의 환승역이 됩니다. 서울의 서남부 및 수도권 서남부 지역은 늘 억울한 부분이 있었습니다. 이곳에는 공장 위주의 산업체들이 많은데, 제조업 국가였던 우리나라의 근간이 되는 일자리가 많았지만 공장이 많단 이유로 주변 부동산들은 늘 저평가를 받았거든요. 지금은 우리나라가 제조업 중심의 산업구조와는 거리가 있지만 최근 일본의 반도체 소재 수출 거부 사태, 중국의 요소수 대란을 통해 느꼈듯 전통적인 제조업을 기반으로 하는 산업이 여전히 아주 중요한 것도 틀림없습니다.

서울과 경기도 서남부 지역은 이처럼 전통적인 제조업 산업체들이 아주 예전부터 자리 잡았던 곳입니다. 구로공단은 구로디지털단지로 바뀌었고 가산디지털단지 산업시설, 금천구 시흥 유통단지, 기아 소하동 공장, 석수 광명산업단지, 안양 동안구 호계동 산업단지, 금정역 인근의 안양 IT 단지, 군포 제일공단, 군포 IT 밸리, 의왕 물류 터미널 단지로 이어지는 벨트를 형성하고 있죠. 재미있는 점은 이 산업벨트는 수도권지하철 1호선을 따라 발전하고 성장했다는 점입니다.

수도권 서남부 지역에서 산업도시로서 우열을 다투는 세 도시를 꼽자면 안양, 군포, 의왕입니다. 가볍게 서열을 정해본다면 어떻게 될까요? 아마 안양이 첫째 형, 군포가 둘째 형, 의왕이 막내가 될 것 같습니다. 세 지역은 모두 공업, 산업, 유통시설들이 발달하였습니다. 그리고 배후 주거지로서 주택단지들이 조성되었죠. 그래서 주목받지 못했던 서남부 지역에 큰 변화의 계기가 있었는데, 1989년 안양과 군포에 1기 신도시로서 평촌신도시와 산본신도시가 조성된 것이었습니다. 1기 신도시 조성 당시를 떠올려볼까요? 1980년 중반 세계적인 3저 현상인 '저달러, 저금리, 저유가' 상황으로 우리나라 경제는 급성장했는데, 88서울올림픽을 성공적으로 마친 이후 부동산 가격이 급등하여 사회적으로 문제가 되었던 시기가 있었습니다. 이 집값을 잡고자 우선적으로 발표한 신도시가 부천시 중동신도시, 안양 평촌신도시, 군포 산본신도시였죠. 이 세 곳은 기존 주거지 사이의 빈 부지에 신도시를 조성하여 면적이 작고 수용인구가 많지 않았습니다. 대략 크기가 150만 평 전후 정도고, 면적순으로 '중동〉평촌〉산본' 신도시입니다. 이 신도시들만으로는 집값을 잡기 어렵다는 판단에 추가로 새로운 땅을 찾아 대규모로 개발을 한 것이 바로 일산과 분당이죠.

산업시설 배후 주거지로 성장한 안양, 군포에 평촌과 산본 같은 우수 주거지가 생기면서 구도심지는 침체에 빠졌습니다. 지금은 전체적으로 안양이 좋은 평가를 받지만, 평촌신도시가 조성되기 전의 안양 구도심지는 우수 주거지와는 거리가 멀었고 공장지대인 호계동 지역 배후 주거지로 인식되었습니다. 같은 안양시였던 평촌신도시도 과거 안양시라는 느낌보다 평촌신도시라는 독자적인 이름으로 불리기를 원했을 정도였죠. 지금은 안양 구도심 재개발 사업이 활발히 진행되어 구도심의 중심인 안양동 지역이 날개를 달아 이번 부동산 상승기 때는 오히려 평촌신도시보다 더 주목을 받기도 했습니다.

마찬가지로 군포는 산본신도시가 조성되었지만, 분당신도시와 비교해 중소형아파트 비율이 전체 신도시 50% 이상으로 높았고, 안양산업단지 군포 제일공단에 둘러싸여 있는 형국이라 큰 주목을 받지 못했었습니다. 특히 산본신도시 서쪽으로 수리산이 있어 도심 발달이 확장되지 못했습니다. 그래도 공업단지의 배후 주거지라는 이미지가 강했던 군포시에 산본신도시는 작은 보석과도 같은 존재로 군포 시민들이 선망하는 신도시였습니다.

수도권 서남부 지역 왕좌를 꿈꾸는 금정역

수도권지하철 4호선 산본역과 1호선 금정역은 평가가 달랐습니다. 당연히 산본신도시를 중심에 품고 과천역, 사당역을 거쳐 빠르게 2호선과 환승이 가능한 4호선 산본역이 군포시의 중심이 되었고 군포시 주민들의 산본역 사랑은 대단했습니다. 산본신도시에 군포 주민들 60%가 거주하듯이 산본

GTX-C 금정역 설립 예정 부지

출처: 군포시청

GTX-C 금정역 환승센터 조감도

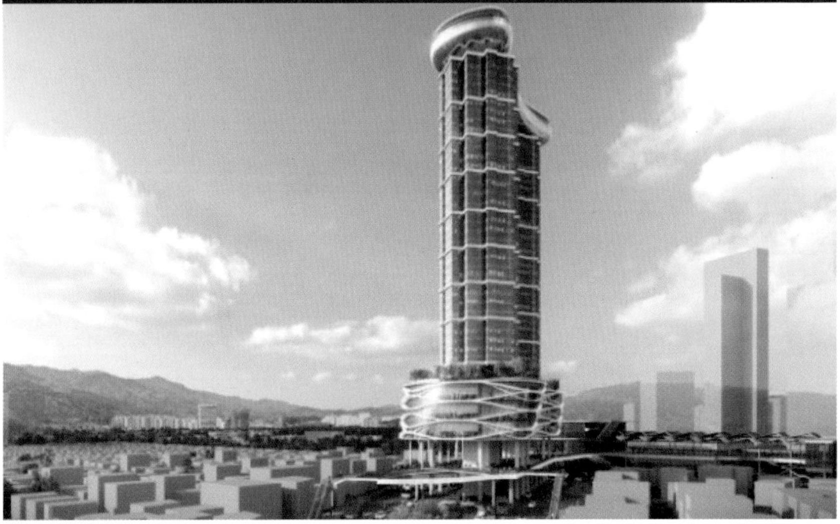

출처: 군포시청

금정역 역세권 정비계획 추진현황

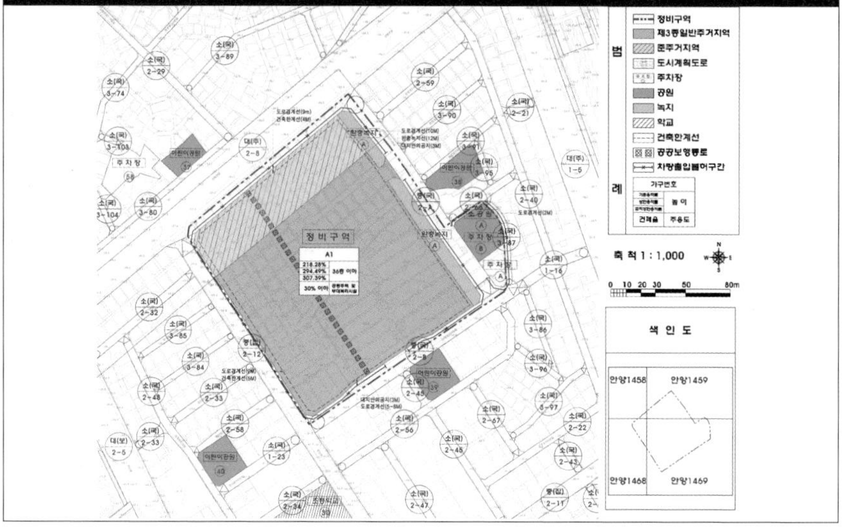

출처: 군포시청(군포시 고시 제2021-125호, 21.12.30)

금정역 인근 산본1동1지구 정비계획 추진현황

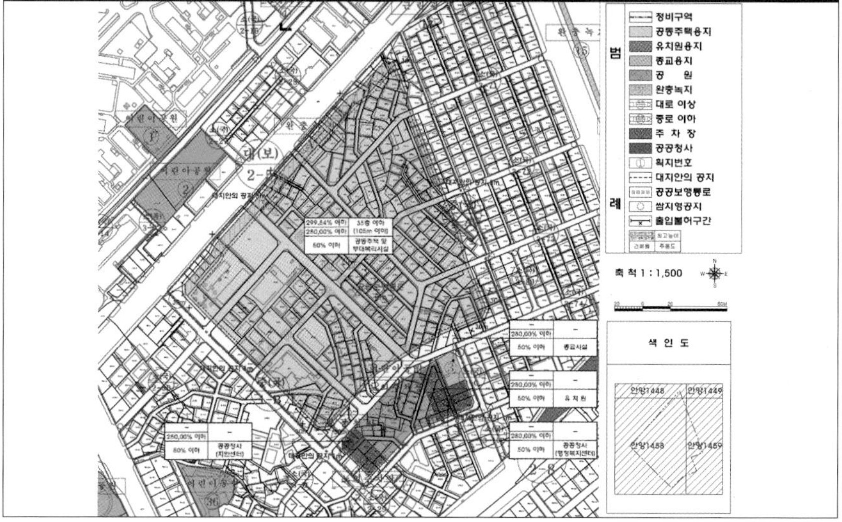

출처: 군포시청(군포시, 고시 제2021-126호, 21.12.30)

역 상권은 작지만, 산본 사람들이 이용하는 항아리 상권으로 군포 시민들이 자주 가는 중심가가 되었습니다. 반면 금정역은 지하철 노선이 외부로 노출되어 있어 맞은편 공업지대와 주거지역이 분리되는 곳, 금정역 인근의 산업단지 종사자들의 출퇴근 역으로 이용되는 곳으로 두 역은 대비되었습니다.

그런데 앞으로 GTX-C 금정역이 생기고 GTX-C 금정역이 복합역사로 개발된다면 삼성역까지 네 정거장이면 이동할 수 있게 됩니다. GTX-C 금정역 개통으로 안양보다 주춤했던 군포가 중심에 설 수 있는 계기가 될 것으로 보입니다. 안양 거주민들은 지하철 1호선, 4호선을 역으로 타고 와서 금정역을 이용할 가능성이 높아지겠죠. 또한, 산본역 중심으로 바라봤던 군포 투자 포인트가 금정역 중심으로 이동할 듯합니다.

: 금정역 인근 산본1동2지구 현황

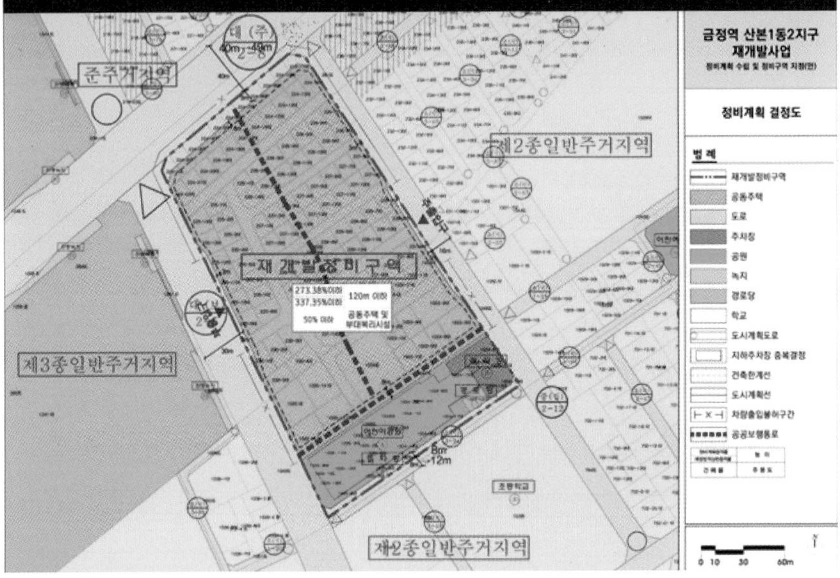

자료: 군포시청(군포시 공고 제2021-995호, 21.07.28)

아직 GTX 공사가 시작도 안 했는데 금정역 주변은 하루가 다르게 변화하는 모습입니다. 옛 보령제약 부지를 개발한 힐스테이트와 오피스텔, 주변 공장지대를 둘러보면 새로운 느낌이 납니다. 금정역 주변의 제조업 공장들이 속속 사무실 위주의 지식산업센터로 변모하고 있는 모습이죠.

군포의 대장주는 10년 이상의 연식이 있지만, 산본주공 1, 2단지를 2010년에 재건축한 래미안하이어스와 산본강남아파트를 2007년에 재건축한 e편한세상금정역에코센트럴아파트(산본e편한세상2차)입니다. 이 두 아파트를 산본역을 중심으로 볼 때와 GTX-C 노선 금정역을 중심으로 볼때는 평가가 달라지죠. 금정역 인근의 구시가지 개발도 한창인데, 산본1동1지구 재개발, 금정역 북부역세권 개발사업, 안양 삼성아파트, 세경아파트 그리고 인근 빌라 등을 한데 묶어서 사업을 진행하는 금정역세권 재개발 사업, 산본1동2지구 개발사업 등 금정역 주변의 개발사업이 한창입니다. GTX-C 금정역 개통과 함께 새로운 평가를 받을 부동산들이 기대됩니다.

삼성전자를 품은 GTX-C 수원역

경기도 중남부의 경기도 최대 도시인 수원은 약 360만 평으로 분당신도시를 약 6개 합쳐놓은 크기이죠. 인구도 118만 명이나 되는 핵심 도시입니다. 규모가 매우 크다 보니 행정구역도 장안구, 팔달구, 영통구, 권선구 4개 행정구역으로 나뉘어 있습니다. 각 행정구역별로 시장에서 받는 평가도 다양합니다. 그러나 기본적으로 수원시는 부동산 시장에서 경기도 메이저 지역으로 꼽히지는 않았습니다. 가장 큰 이유는 역시나 서울과 멀다는 부분 때문입니다. 경기도는 일단 서울과 가까운 지역 위주로 더 많이 성장한 측면이 강합니다. 마찬가지로 부동산 투자 측면에서도 위성도시로서 서울, 특히나 '강남'과 접근성이 얼마나 좋은지를 따졌고, 이를 기준으로 가격이 차등적으로 형성되어 왔습니다. 예를 들어 강남 접근성이 뛰어난 과천시 부동산들은 항상 서울 못지않은 가격을 형성했으며, 직선거리로 강남과 가까운 분당도 경기도의 최우수 주거지역으로 평가를 받았죠. 그다음으로 거리가 가까운 안양시와 용인시 수지구도 서울과 가까운 단지들은 좋은 평가를 받았습니다.

이런 측면에서 수원의 부동산은 높이 평가받지 못했는데, 대신 수원은 경기도의 다른 도시들과 달리 서울에 대한 의존도가 낮은 자립형 도시로서의 성격이 강합니다. 경기도 다른 지역에 비해 서울로 출퇴근하는 인구의 비중이 적은데 서울의 배후지로서의 성격과는 거리다 멀다는 이야기죠. 일반화할 수는 없지만 저의 경험상 타 경기도 거주민에게 출신지를 물어보면 일산이나 분당에는 토박이보다는 다른 지역에서 이주해온 사람들이 많은 경향이 있는데요. 반면 수원은 어릴 때부터 태어나고 자란 곳이 수원이라 답하는 경우가 상대적으로 많았습니다.

수원시는 수도권지하철 1호선을 따라서 인천, 서울, 구로, 영등포, 안양, 군포, 의왕, 수원에 이르는 산업지대 벨트 모습을 형성하면서 산업지구의 배후 주거지 역할을 했습니다. 수도권의 최우수 주거지로는 평가받지는 못했지만 이번 부동산 상승장에서 상당히 좋은 평가를 받아 인접한 남부 신도시인 분당, 평촌에 필적한 만한 도시로 성장하였습니다. 수원의 4개의 행정구가 어떻게 성장했나 살펴보겠습니다.

우선 영통구는 수원의 중심이자 남부권 부동산 시장에 매우 중요한 영향력을 미치는 삼성전자 본사가 있습니다. 삼성전자 사업장은 지역경제와 상가 부동산 등에 직간접적으로 영향을 미치는데 이번 부동산 상승장에서 수원이 좋은 평가를 받았던 것도 삼성이 성장을 거듭하고 있다는 게 컸습니다. 영통구는 1990년대 중반부터 분당선 영통역에서 망포역에 이르는 영통택지개발지구가 자리 잡았지만, 높은 임금을 받는 삼성전자 근로자들 때문에 상급 부동산에 대한 수요가 발생하고 있었습니다. 이때 영통구에 2기 신도시로 광교신도시가 발표되었고 삼성전자 임직원들이 대거 이주를 계획했죠. 자연히 이번 부동산 상승장에서 광교 분양시장은 로또 당첨으로 불릴 만큼 뜨거운 인기가 있었습니다.

현재 영통구는 이렇게 훌륭한 택지개발지구로 인식되어 있는데. 여기에 새롭게 환골탈태하여 새로운 택지개발지구가 된 곳이 있으니 바로 팔달구입니다. 팔달구는 2016년부터 시작된 부동산 상승장에서 수원을 이슈의 중심으로 올려놓았죠. 팔달구의 구도심 개발사업은 문화재인 화성행궁을 침해하지 않는 한에서 활발하게 진행하여 이제 마무리 단계에 접어들었습니다. 팔달6구역은 힐스테이트푸르지오수원으로 2022년 6월 입주 예정이고, 팔달10구역은 수원센트럴아이파크자이로 2023년 7월 입주 예정입니다. 팔달8구역은 매교역푸르지오SK뷰로 2022년 6월 입주 예정, 권선6구역은 래미안아파트로 신축 예정이네요. 수원역 주변 고등지구는 수원역푸르지오자이로 2021년 입주했습니다. 이렇게 구도심이 신축아파트로 바뀌면서 현재는 팔달구 구도심의 낡은 이미지가 없어지고 미니 신도시 느낌이 나죠. 팔달구는 유네스코 세계문화유산에 등재된 화성행궁의 주변을 벗어나 있는 지역들이 활발히 재개발하여 이곳에 투자하였던 투자자들에게 큰 수익을 가져다주었습니다. 그동안 논밭과 비행장이 있어 가장 발달이 더디었던 권선구 지역은 이슈가 되었죠.

수원에서도 외곽이라는 평가가 있는 2004년에 지정된 호매실지구가 성공적으로 개발을 마쳤습니다. 호매실지구는 약 90만 평 규모 2만 세대의 미니 신도시지만 수원 외곽이라는 평가에서 벗어나 2011년 입주가 시작되어 2019년 거의 입주가 완료되었습니다. 권선구에서 2010년대 신흥 주거지로 조성된 권선동 수원아이파크 단지 옆 논밭으로 비어 있던 곳이 수원 하늘채 더퍼스트 단지들로 새롭게 조성되기도 했죠. 수원시 장안구는 신분당선 연장선 노선계획으로 들썩였고, 강남에서 분당, 광교로 이어지는 신분당선이 지나가는 주변 부동산 시장도 뜨거웠습니다. 현재 신분당선은 광교중앙역~호매실 연장이 활발히 진행되고 있습니다. 예상되는 역사는 '광교중앙역~수원월드컵경기장역~수원 수성중학교사거리(수성역)~화서역~호매실역' 입니다. 사업이 구체화되면서 해당 지역 주변 부동산이 좋은 평가를 받았습니다. 특히 화서역은 1호선만 지나가는 노선에서 신분당선 환승역이 됩니다.

수원시의 최근 변화들에 더해 앞으로 GTX-C 수원역이 예정되어 있습니다. GTX-C노선 수원역에서 양재역까지는 다섯 정거장이고, 삼성역까지는 여섯 정거장입니다. 최고의 기업인 삼성전자와 함께 하루가 다르게 발전하는 수원시에 GTX-C 수원역이 추가된다면 그동안 서울과의 거리적 단점까지 극복하는 계기가 되어, 수원시는 경기 남부의 중추 핵심도시로 거듭날 것으로 기대됩니다.

08

GTX-D 장기역

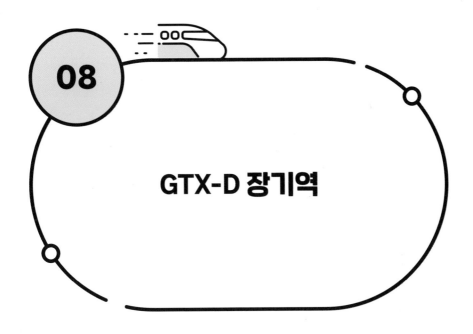

GTX-D 노선은 2021년 제4차 국가철도망 구축계획에서 '장기역~검단역~계양역~대장역~부천종합운동장역'으로 연결한다고 발표한 서부권광역급행철도를 말합니다. 이 노선은 향후 GTX-B와 노선을 공유하여 '신도림역~여의도역~용산역'까지 연결되어, 길게는 장기역에서 용산역까지 이어지도록 추진한다고 2022년 3월 현재 알려져 있습니다.

정식 명칭은 서부권광역급행철도입니다. 그런데 GTX-D 노선이라 불릴 수 있는 이유는 현재 GTX 노선의 건설방식과 속도 등이 비슷하기 때문입니다. 현재 추진 중인 GTX 노선들처럼 대도심 지하 40m에 설계하고 지하의 대심도 터널로 연결하며 운행속도 기준에서 현재 GTX 수준을 따른다라고 관계자들이 밝히고 있어 GTX-D 노선이라 불러도 좋을 듯합니다.

GTX-D는 GTX 노선들 중 향후 가장 논란이 될 것으로 예상됩니다. 이 노선의 발표가 되고 김포, 하남, 인천 주민들의 반발이 여전히 계속되고 있고 대선에서도 국토부 발표안과 달리 표를 얻기 위해 여야 후보들이 연장사업을 공약으로 내걸었던지라 향후 노선과 정차역이 어떻게 변경될지 가장 유동적인 노선입니다.

이 노선을 살펴보면 특징과 목적이 보입니다. 발표되고 난 후 가장 반발이 큰 지역은 아마도 김포, 하남, 인천 거주민일 듯합니다. 특히 김포신도시 지역 주민들의 실망감이 큰 것 같습니다. 그런데 이 노선의 과거 기획안을 보면 김포나 하남, 인천은 노선에 없었습니다. 이 노선은 서울시가 지하철 2호선 라인이 통과하는 남부순환로의 교통정체 완화를 위해 구상했던 '남부광역급행철도' 원안과 일치하거든요.

과거 서울시의 요청으로 남부광역급행철도가 구상된 적이 있습니다. 2013년 무렵에는 강남을 중심으로 하는 2호선 라인의 남부순환로 교통체증이 심각했습니다. 당시 서울시 제안으로 서울지하철 2·7·9호선, 인천1호선, 경인선의 혼잡도를 완화하고 남부순환로 정체 완화를 위해 기점을 부천종합운동장역, 종점을 잠실역으로 하고 신림역에서 잠실역까지는 2호선 하부에 저심도 복층 건설을 하는 노선으로 논의한 적이 있었죠. 이것이 서부권 광역급행철도의 원조격 노선입니다. 즉 원안의 목적은 지하철 2호선 라인의 지하철과 지상 교통의 혼잡도 완화였고, 김포, 하남 등은 무관했습니다.

그러다 2019년 10월 대도시권광역교통위원회에서 '서부권 급행철도'가 발표되고 제4차 국가철도망구축 계획을 수립하고 반영하고자 지자체의 의견을 듣자 하니 각 지자체는 안을 내기 시작합니다.

경기도가 과거 남부 광역급행철도 노선을 참고로 '김포~장기~계양~부천종합운동장~구로~사당~강남~잠실~하남' 노선을 국토부에 건의하였고 인천시는 김포와 인천공항을 기점으로 하남까지 잇는 Y자 노선을 국토부에 건의하였습니다. 여러 논의가 있었지만 결국 지자체가 제안한 GTX-D 노선들은 제4차 국가철도망 구축계획 초안에 반영되지 못하고 현재의 서부권 광역급행철도로 남게 된 점입니다.

이 노선이 채택되지 않은 이유들이 밝혀지고 있는데 원안이 과거 2호선의 혼잡도 개선을 위해 구상된 노선이지만 이 노선이 건설된다면 현재 유일한 흑자 노선인 2호선이 적자로 돌아설 가능성이 크고 결국 서울교통공사로서는 요금 인상이 불가피하다는 점, 그리고 김포에서 여의도, 공덕 등 서울로 향하는 인구는 많으나 강남까지는 아직 수요가 부족하다는 이유 등으로 밝혀져 과거와 사뭇 다른 평가를 받는 노선이라는 생각이 들기도 하였습니다. 특히 아이러니한 점은 과거 2호선의 혼잡도를 분산시키기 위해 구상되었는데 지금은 반대의 목적으로 논의된다는 점입니다. 아무튼 여러 경제적 이유로 국토부는 원안을 유지하고 싶어 합니다. 이러한 논의 속에서 아직까지 정확한 역사의 위치, 심지어 정차역도 변경될 가능성이 있어서 이 책에서는 출발역인 장기역만 언급해보겠습니다.

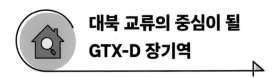

대북 교류의 중심이 될 GTX-D 장기역

장기역은 김포한강신도시 중심에 있습니다. GTX-D 노선의 장기역이 건설된다면 김포골드라인 장기역과 환승역이 됩니다. 김포한강신도시는 2003년에 발표한 2기 신도시입니다. 한강신도시는 김포시 장기동, 운양동, 구래동, 마산동 일원입니다. 지하철역은 김포골드라인 양촌역에서 운양역 일대에 이르는 구간으로 전체 면적은 대략 358만 평, 세대수 5만 6,000세대, 수용인구 15만 명 규모입니다. 현재는 김포골드라인 구래역과 운양역을 중심으로 손을 맞잡은 모습으로 가운데인 김포 석모리 일대가 비어 있지만 계획 당시는 이 석모리 부분이 포함된 498만 평 규모의 대규모 신도시 계획이었습니다. 2003년 발표 당시 계획은 이러했으나 당시 김포는 북한과 가깝고 군사시설이 많은 곳이라 국방부의 반발로 인해 150만 평 규모로 대폭 수정되기도 하였습니다. 이후 2005년 점차 확장되어 현재의 모습을 갖추게 된 2기 신도시입니다. 현재는 경기 북부 수도권의 핵심도시로 성장했죠.

한강신도시는 조성된 순서대로 보면 3개의 섹터로 구분되는데, 가장 먼저 조성된 지역은 김포골드라인 장기역을 기준으로 조성된 장기지구입니다. 가장 먼저 개발하여 2008~2012년 사이 대부분 입주를 마쳤습니다. 장기지구에 거의 마지막으로 입주한 단지로는 2017년 입주를 마친 한강센트럴자이 1,2단지가 있습니다. 돌아보면 장기지구는 한강센트럴자이를 제외하곤 부동산 시장이 불황으로 접어들었을 무렵에 입주를 마쳐 큰 호재를 만나지 못하였습니다. 또 이 당시는 김포도시철도 또한 개통되지 않았지요. 현재는 김포한강신도시도 가격이 많이 상승했는데, 장기지구의 아파트 단지들은 한강센트럴자이를 제외하면 10년 이상의 연식이라 운양동 지역보다는 가격이 조금 떨어지고 운양동 아파트들에게 대장주 자리를 내주었습니다. 운양역을 기준 삼아 자리 잡은 운양지구는 장기지구보다는 3~4년 늦게 조성됐고 대부분 아파트들이 2014~2017년 입주를 마쳤습니다. 운양지구는 부동산이 본격적으로 오르기 시작한 2016년과 입주시기가 맞물려 상당히 운이 좋았던 지구죠. 운양지구에는 한강신도시가 발표되기 전에 있었던 2000년대 초반의 전원마을이 함께 있습니다.

구래역을 기준으로 자리 잡은 구래지구는 한강신도시 지구 내 위치상 가장 안쪽에 있어 부동산 가격 측면에서는 저렴합니다. 이렇게 한강신도시는 구례지구, 장기지구, 운양지구가 자리를 잡았지만, 구래지구는 매우 안쪽에 있고 장기지구는 노후도가 있어 강변을 따라 서울접근이 용이한 운양지구 쪽 부동산을 선호합니다. 김포신도시의 가장 큰 단점은 서울과 연계되는 지하철 노선이 없었다는 점입니다. 그 문제를 해결하고자 한국토지주택공사가 한강신도시 입주자 부담으로 건설비용을 조성하여 대부분의 금액을 부담하고 김포도시철도, 즉 김포골드라인을 건설합니다. 2014년 3월 착공을 하여 2019년 9월 양촌역에서 김포공항역에 이르는 도시철도를 만들지만, 이 노선은 경전철로 출퇴근 시 많은 사람들을 수용할 수 없다는 단점이 있습니다.

그런데 향후 GTX-D 노선이 들어와 서남부 지역을, 특히 강남까지 신속히 연결한다니 김포시 또는 한강신도시 주민들의 기대는 부풀었고 이것이 무산되자 실망감이 큰 것이죠. 아무튼 서부권광역급행철도의 출발점인 장기역은 호재입니다. 아직은 계획단계이나 장기역이 건설된다면 복합환승역이 될 가능성이 큽니다. 또한 장기지구는 운양지구에 비해 노후도가 있어 밀렸는데 GTX-D 노선이 개통된다면 단숨에 김포한강신도시의 중심이 장기역으로 재편될 가능성이 있어 이 일대 부동산에는 호재입니다. 아직 많은 과정이 남아 있지만. 장기역 주변의 상가 또한 좋아질 가능성이 클 것으로 예상합니다.

장기역으로 걸어 다닐 수 있는 단지들의 미래가치가 좋을 것으로 보이는데 고창마을신영지웰, 한강신도시어울림(고창마을자연앤어울림) 같은 가능한 단지들이 우선적으로 좋은 평가를 받겠지요. 장기역 인근에 있는 2000년대 초반에 준공해 연식이 있는 청송마을 청송현대홈타운2단지도 미래가치가 좋아 보입니다. 현재 장기동의 대장주 역할을 하고 있는 2017년 준공된 e편한세상캐널시티가 있습니다. 이 단지에는 잘 조성된 김포수로와 이 김포수로 인근 상가들로 인해 생활권이 좋은데, 바로 인근에 2012년 준공된 초당마을래미안한강이 있습니다. 두 단지는 단지의 조망과 편익성이 뛰어나지만, 장기역과는 거리가 멀다는 단점이 있죠. 여기서 조금 더 떨어진 곳에 2017년 준공된 한강센트럴자이가 있는데, 역시 장기역과는 거리가 멉니다. 앞으로 GTX-D 노선 장기역이 개통된다면 한강신도시의 평가가 달라질 것 같네요.

여기서 한 가지 생각해봐야 할 점은 한강신도시의 조성 이유입니다. 서울의 중심에서 한강신도시는 서북권입니다. 강남과의 연결 가능성을 본다면 먼 지역이지만, 원래 한강신도시 조성의 목적은 남북교류거점 도시입니다. 2000년대 초반 당시는 대통령들이 남과 북을 오고 가고 교류가 활발했던 시기인데, 이때는 개성공단도 조성되고 파주 등의 새로운 공단조성 논의가 활발히 오고갔던 시기죠. 그 일대 입주 기업의 배후 주거지로서 조성된 측면이 강했던 것입니다. 세월이 흐르고 사정이 변하였지만 한강신도시는 다시 변화의 시기가 왔을 때 그 중심에 있을 수도 있으며 GTX-D 장기역이 핵심 역세권이 될 수도 있다는 생각을 해봅니다.

4부

숨어 있는 금맥을 찾아라, 경전철 도장깨기

01

서울경전철 개발의 흐름

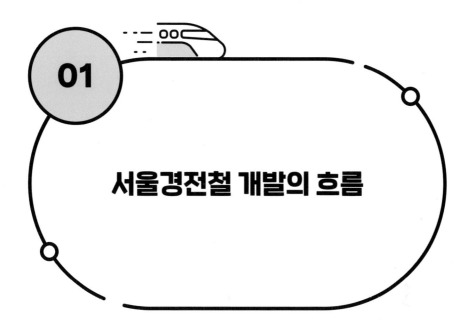

2009년 우이신설선 경전철이 착공할 무렵, 강북구 우이동·수유동, 성북구 정릉동은 당시 서울의 다른 지역들에 비해 부동산 가격이 저렴했습니다. 아파트나 빌라가 북한산 아래로 자리 잡았었고 무엇보다 지하철 접근성이 떨어졌기 때문인데요. 교통이 불편해 선뜻 투자하기에 망설여지는 지역이었죠. 과연 우이신설선이 신설되면 다른 지하철 노선 개통처럼 이 지역 부동산 가격이 획기적으로 변할지, 기존 지하철보다 적은 2~4량으로 운행하는데 파급력은 어느 정도일지 궁금했습니다. 시간이 흘러 2022년 3월 기준, 우이신설선은 운행 중이고 동북선은 공사 중이며 신림선은 개통을 앞두고 있지요. 이 노선들이 부동산 시장에 미치는 영향에 대해서는 차후에 언급하기로 하고 우선 '서울경전철'에 대해 살펴보겠습니다.

서울경전철은 기존의 서울지하철(1~9호선)과 비슷하기도 하고 다르기도 합니다. 서울의 주요 지역을 지하로 연결한다는 점에선 비슷하고, 차량이 2~4대의 경량으로 구성됐다는 측면에서는 차이가 있습니다. 서울경전철을 1990년대 후반에 구상한 '3기 지하철 사업'의 변경된 사업이라고 간혹 부르기도 하는데요. 서울시는 1~4호선을 1기 지하철, 5~8호선을 2기 지하철로 불러도 경전철 노선들을 3기 지하철 노선이라고 표현하지 않습니다. 이미 9호선이 2009년 개통하였고 기존의 지하철과 건설 방식과 운행 방식이 다르기 때문이기도 하고요. 경전철 노선들은 서울 전역의 교통이 소외된 지역에 건설하는 경량급의 도시철도 또는 지하철 건설사업, 서울시의 독자적인 경전철 사업이라 통칭하는 것이 좋을 듯합니다.

서울시의 경전철 건설사업은 현재 10년 단위 서울시 도시철도망 구축계획에 의해 반영되어 건설되고 있습니다. 「도시철도법」 제5조 제1항에 의하면 "특별시장은 해당 도시교통 권역에서 도시철도를 건설, 운영하려면 시도지사와 협의하여 10년 단위의 도시철도망 구축계획을 수립하여야 하고 계획을 수립하거나 변경하려면 국토부 장관의 승인을 받아야 한다"고 되어 있습니다. 이 근거법에 따라 서울특별시는 10년 단위의 도시철도망 구축계획을 발표하고 있죠.

현재는 '제2차 서울특별시 도시철도망 구축계획'에 의거 경전철 사업들이 진행되고 있습니다. 참고로 2008년 발표한 '서울특별시 10개년 도시철도 기본계획'과 2015년 발표한 '서울특별시 10개년 도시철도망 구축계획 변경'을 합쳐서 '제1차 서울특별시 도시철도망 구축계획'이라 부릅니다. 그리고 2020년 11월 '제2차 서울특별시 도시철도망 구축계획'을 발표하였고 현재 이 계획에 의해 경전철 사업이 진행되고 있습니다. 여기에 서울시의 도시철도 구축 전반에 대해 나와 있으나 주된 사업이 경전철 사업이고 여기서는 경전철 사업만 살펴보겠습니다. 3개의 계획안을 살펴보면 각각의 사업들이 구체화되거나 폐지, 신설되면서 경전철 사업이 진행되고 있음을 알 수 있습니다.

2008년 11월 발표된 '(제1차)서울특별시 10개년 도시철도 기본계획' 발표된 경전철 관련 노선 5개의 내용은 다음과 같습니다.

- **신림선(7.82km)**: 여의도~대방역~보라매역~신림역~서울대 구간
- **목동선(10.87km)**: 신월동~서부트럭터미널~오목교역~목동~당산 구간
- **면목선(9.05km)**: 청량리역~면목동~신내동 구간
- **동북선(12.34km)**: 왕십리역~고려대역~미아삼거리~월계역~은행사거리 구간
- **서부선(12.05km)**: 새절역~신촌역~광흥창~여의도~노량진~장승배기 구간

현재도 중요하게 여겨지는 노선들이 모두 발표되었는데, 이때 경전철이 본격적으로 논의되기 시작했다고 볼 수 있습니다. 계획안에는 우선순위도 표시되어 있는데, 당시 계획 상으로는 신림선, 목동선, 면목선, 동북선, 서부선 순서입니다. 이중 신림선, 동북선은 현재 공사 진행 중입니다. 또한 경전철 관련 2개의 별도추진 노선도 언급되었습니다.

- **우이신설연장선(3.53km)**: 우이역~쌍문동~방학동~방학역 구간
- **DMC경전철(6.5km)**: 수색역~상암 7단지~하늘공원~월드컵경기장~수색역 구간

현재 개통한 우이신설선은 2008년에 발표한 기본계획 이전부터 구체화한 노선이었고 경전철 중 가장 사업성이 좋다는 평으로 발표 당시 상당 부분 사업이 진척되어 있어 제1차 서울특별시 10개년 도시철도 기본계획에서는 빠져 있습니다. 오히려 이 계획에서는 우이동에서 도봉구 방학동 쪽으로 지선으로 연결되는 우이신설연장선이 언급되고 있습니다. 또 이때 언급되었던 DMC경전철은 사업성 문제로 흐지부지되었다가 현재는 DMC 트램 노선으로 계획되어 있고요.

2015년 6월 '제1차 서울특별시 10개년 도시철도망 구축계획 변경안'이 발표됩니다. 이 계획은 2008년 수립된 '제1차 도시철도 기본계획'에 대한 재검증 목적으로 5년마다 수립하는 계획으로 기존에 선정한 노선을 중심으로 사업의 경제적 타당성 재확인과 여건 변화에 따른 노선 추가 검토를 수행한 법정계획이라 밝히고 있습니다. 여기서 기존에 발표한 노선들의 수정, 보완, 신설이 이뤄졌습니다. 살펴볼까요?

- **동북선**: 기존 12.34km 노선에서 1km 증가 및 상계역까지 연장
- **신림선**: 기존 7.82km 노선에서 0.24km 증가 및 정거장 1개소 추가
- **서부선**: 기존 12.05km 노선에서 서울대입구역까지 3.72km 연장, 신림선과 연계 (0.39km)
- **면목선**: 기존 청량리~신내동 노선은 동일, 차량기지 계획 변경
- **목동선**: 기존 신월동~당산역 10.87km 구간은 경제적 타당성 재검토
- **우이신설연장선**: 기존 우이동~방학역 3.53km 구간은 동일, 경제적 타당성 재검토
- **난곡선**: 보라매공원~난향동 4.08km 구간으로 2011년 기본계획 추진노선으로 추진하다 2015년 도시철도망 구축계획에 반영

여기서 기존 동북선, 신림선, 서부선은 조금씩 연장구간이 생기고 면목선, 목동선, 우이신설연장선은 2008년 안과 동일 그리고 난곡선은 신설 노선으로 계획에 반영됩니다.

그리고 2020년 11월 '제2차 서울시 도시철도망 구축계획'이 발표되었습니다. 이 계획에 의해 발표된 경전철 노선들도 살펴보겠습니다.

- **강북횡단선**: 청량리역~목동역
- **서부선**: 새절역~서울대입구역
- **목동선**: 신월동~당산역
- **면목선**: 청량리역~신내역
- **난곡선**: 보라매공원~난향동
- **우이신설연장선**: 우이동~방학역
- **서부선 남부연장**: 서울대입구역~서울대 정문
- **신림선 북부연장**: 샛강역~여의도(서부선)

신규 노선인 강북횡단선이 발표되어 이슈가 되었는데 나머지 노선들의 경우 기존 노선을 개량하거나 개선하여 "기존 도시철도가 서로 조화를 이루는 완성형 도시철도망 구축"을 지향한다고 하였습니다. 위 내용들이 현재 진행되고 있는 서울경전철 사업의 상황입니다.

서울은 도시철도망을 확장하는 사업을 꾸준히 진행해왔습니다. 그래서 대부분 지역에서 지하철 접근성이 좋고 이것이 서울을 경쟁력 있는 도시로 만든 원동력입니다. 서울시의 2018년 발표에 의하면 서울 도시철도는 1일 약 800만 명, 연간 약 29억 명이 이용하며 서울시 전체 교통수단 분담률의

40%를 담당한다는 발표를 하였죠.

서울의 지하철 접근성은 이미 좋은데, 여전히 경전철 건설이 필요한가? 라는 의문점을 가질 수 있지만 여전히 대중교통에서 소외된 곳들이 많습니다. 경전철 사업을 통하여 접근성을 보완할 필요성이 있습니다.

지하철 접근성이 떨어지면 부동산 가격이 상대적으로 낮게 형성됩니다. 이후 지하철 역사가 건립되면 상권의 중심이 지하철역 부근으로 이동하고 주변 부동산들도 새롭게 평가받게 되죠! 4부에서는 우이신설선, 신림선, 동북선, 서부선, 목동선을 통해 앞으로 통해 앞으로 새롭게 기회가 될 경전철 지역에 대해서 함께 살펴보도록 하겠습니다.

02

우이신설선

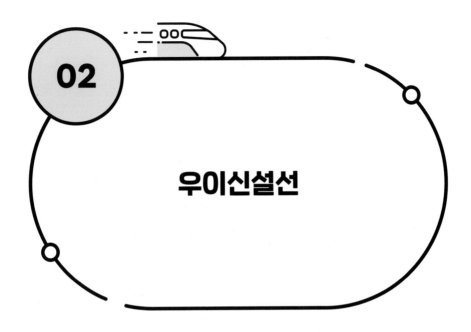

지금은 주거용 부동산 투자처로 아파트를 최우선으로 고려하지만, 자금이 넉넉하지 못했던 시절에는 가격이 비교적 저렴한 빌라에도 눈을 많이 돌렸었습니다. 물론 빌라도 마포구, 송파구 등 재개발 호재가 있는 유망지역의 경우 항상 가격이 만만치 않았지만요. 그런데 상대적으로 강북구 우이동이나 수유동, 삼양동, 성북구 정릉동의 빌라는 가격이 좀 낮았는데, 거기에는 이유가 있었습니다. 바로 이 지역을 관통하는 지하철이 없었기 때문이었죠.

그러다 2009년 착공하여 2017년 개통한 경전철 우이신설선이 생기며 상황이 바뀌었는데요. 서울지하철의 공식적인 열 번째 노선인데, 주요 경유지는 기존에 지하철 접근성이 떨어졌던 강북구와 성북구 일대입니다. 노선 길이는 11.4km이고, 2량에 총 13개 역사입니다. 민자노선으로 우이신설경전철 주식회사에서 30년간 운영 후 서울특별시에 귀속시키기로 되어 있죠.

노선을 살펴보면 북한산우이역을 기점으로 삼양역, 솔샘역, 정릉역, 성신여대입구역, 보문역 등을 거쳐 신설동역까지 이어집니다. 신설동역이 종점이죠. 우이신설선은 계획 당시 강북구 수유동, 삼양동 등 지하철 접근성이 떨어지는 지역을 관통해 사업성이 좋다는 평가를 받았습니다. 우여곡절 끝에 8년 정도 공사를 거쳐 개통했지만 예상보다 이용객이 적었고, 서울의 명산인 북한산에 이르는 노선이라 우대권 승객의 비율이 높아 최근까지 적자 문제가 대두되기도 했어요. 그래도 이용객은 늘어나는 추세입니다. 강북구 주민들은 우이신설선이 개통되기 전에는 4호선을 이용하기 위해 역사까지 버스를 이용하느라 이 지역 버스들은 출퇴근 시간에 늘 혼잡했는데, 이러한 부분은 개선되었죠. 또 그동안 교통이 불편하여 부동산 투자에서 외면받던 강북구 우이동, 수유동, 삼양동, 성북구 정릉동 지역의 여건도 좋아졌습니다. 이 지역들은 그동안 낡은 빌라나 단독주택들이 모여 있었는데, 지하철 개통 이후 재개발 사업 바람이 불었습니다. 주민들은 정부와 서울시에서 추진하는 여러 재개발 사업의 대상지에 선정되기 위해 노력하고 있고 이 대상지에 대한 투자도 일어나고 있죠.

이를 반영하듯 2021년 4월 발표된 '3080+ 주택공급 방안 2차 저층주거지 선도사업 후보지 선정'에서 덕성여대 인근 구(舊) 수유12구역이 선정되었고, 삼양역 북측도 선정되었습니다. 이처럼 우이신설역을 따라 위치해 있는 낡은 주거지들이 공공재개발이나 3080+ 선도사업 후보지 또는 '서울시 신속통합기획 재개발 사업' 신청을 준비 중인 모습인데요. 이 대상지들을 투자처로 살펴보는 것도 좋겠죠.

우이역에서 삼양사거리역에 이르는 노선은 거의 주거지역을 관통하여 역사를 건설하였고 역 주변임에도 아직 서울 다른 지역에 비해 저렴한 편입니다. 역에서 걸어서 5~10분 거리에 낡은 주택이나 다가구 부동산들이 많은데 우이신설선 역사들 주변으로 성신여자대학교, 서경대학교, 국민대학교 등의 대학교가 있어 월세 수요도 충분하다고 볼 수 있습니다. 따라서 역 주변 30~50평 정도 되는 낡은 주택이나 다가구를 매수해 작은 평수의 원룸으로 꾸민다면 월세 수익을 낼 수 있는 투자처가 되겠죠.

우이신설선 개통으로 강북구 미아동, 성북구 정릉동 지역의 아파트들이 수혜를 보았는데요. 특히 솔샘역 주변으로 SK북한산시티, 두산위브트레지움 그리고 북한산보국문역 인근 정릉힐스테이트3차 같은 대단지 아파트들이 많습니다. 원래 이 단지들은 언덕에 자리를 잡은 데다가, 지하철 접근성 부재로 그간 가격이 낮은 편이었습니다. 우이신설선 개통 이후는 이 대단지 아파트들의 숨통이 트였죠. 또 정릉역 주변의 아파트들도 여건이 많이 좋아졌습니다. 정릉힐스테이트1단지나 정릉꿈에그린 아파트단지의 경우 버스를 타고 4호선까지 가던 번거로움이 없어졌거든요. 불편한 교통으로 낮은 평가를 받았던 강북구 우이동, 수유동, 삼양동, 성북구 정릉동 지역은 부동산 주류 시장에 발을 들여놓게 되었습니다.

우이신설선은 연장이 꾸준히 논의되고 있는 노선입니다. 우선 2008년 발표된 '제1차 서울특별시 10개년 도시철도 기본계획'에 우이신설연장선 '우이역~쌍문동~방학동~방학역' 신설이 발표된 이후 2020년 '제2차 서울특별시 도시철도망 구축계획' 안에서도 확인되어 진행 중입니다. 노선이 길지는 않지만 신설된다면 그간 저평가받았던 쌍문동, 방학동 인근의 아파트 단지들이 수혜를 보겠습니다.

: 연장이 논의되고 있는 우이신설선

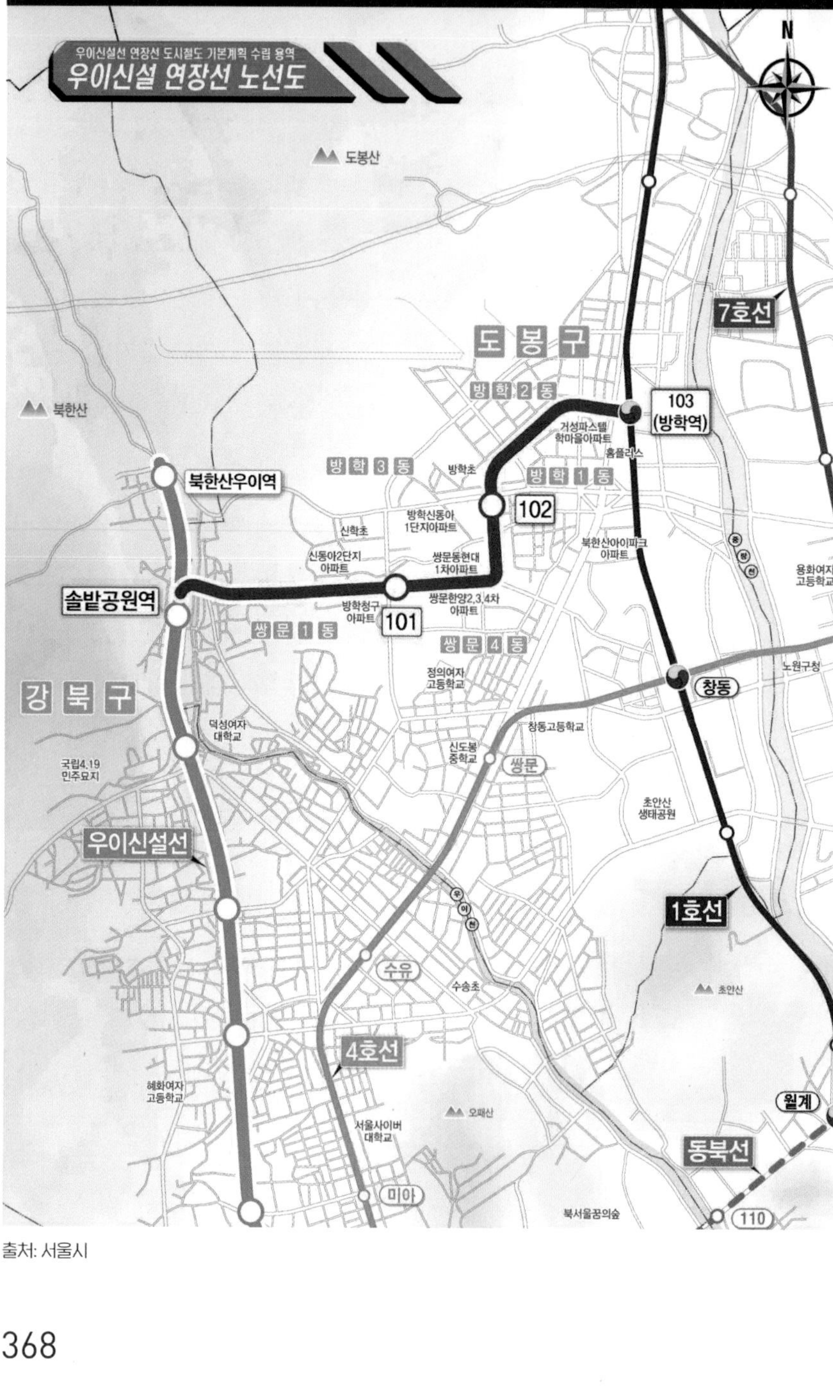

출처: 서울시

더 나아가 우이신설연장선이 개통되어 방학역까지 연장되고, 다시 방학역에서 상계역까지 연결되면 서울경전철 동북선과 연결될 가능성이 있고 이에 대한 논의도 있습니다. 남측으로는 신설역에서 향후 GTX-C 노선이 지나가게 될 왕십리역까지 연결하는 안도 논의되는 상태입니다. 만약 우이신설선의 종착역이 대부분의 노선으로 환승이 가능한 왕십리역까지 연결된다면 파급력이 더 높아지는 것은 명백하므로 이에 대한 요구가 크고 꾸준하게 이루어지고 있죠. 우이신설선을 강남까지 연장하는 논의도 있는 등 하나의 철도나 지하철 노선이 생기면 그 뒤를 이어서 노선의 연결 여부가 숙원 사업이 되기도 합니다.

03

신림선

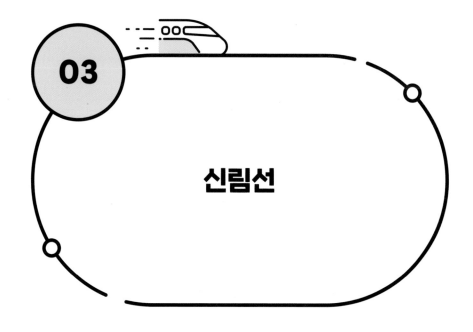

불과 얼마 전까지도 변호인이 되려면 사법시험에 합격해야 했습니다. 지금은 로스쿨 도입으로 변호사 시험이 신설되면서 사법시험은 역사 속으로 사라졌죠. 이 사법시험과 흥망성쇠를 같이한 지역이 바로 관악구 신림동 지역입니다. 과거 판검사의 위세는 대단했죠. 사법시험에 합격하면 시골뿐 아니라 서울에서도 동네에 현수막이 걸리던 시절이 있었습니다. 법대를 나오는 것이 유리하지만 꼭 법대생이 아니어도 응시할 수 있었기에 꿈을 가진 사람들이 전국에서 신림동 고시촌으로 몰려들었습니다. 신림동에 원룸이나 고시원 또는 다가구를 가지고 있으면 월세가 꾸준히 들어오니, 이 시절 고시원 하나를 가지고 있으면 중소기업이 부럽지 않다는 말도 했었어요. 그래서 신림동 일대에 고시원이나 원룸을 신축하는 붐이 일기도 했었고 신림동에 고시원이나 원룸을 가지고 있다고 하면 다들 부러운 눈으로 쳐다봤죠.

2018년부터 사법시험이 폐지되면서 법학전문대학원 시험을 준비하는 방향으로 바뀌었고 신림동의 행복했던 시절도 저물기 시작했어요. 부동산 투자 측면에서 고시생들이 사라지고 수많은 고시원과 다가구들이 경매 매물로 나왔을 때 과연 어떻게 평가해야 할지. 고시생 없는 신림동 지역에 대한 미래가치를 어떻게 생각할지 많은 이들이 고민했죠.

이런 시점에 신림동 지역에 경전철 신림선이 한창 공사 중입니다. 신림선은 총 7.8km 길이 11개 역사로 이루어져 있습니다. 원래 샛강역에서 관악산(서울대)역에 이르는 구간이지만 보라매공원역에서 출발해 종점이 난향역이 되는 난곡지선을 가지게 됩니다. 그리고 2020년 확정된 '제2차 서울특별시 도시철도망 구축계획'에 따라 관악산역에서 경전철 서부선과 환승을 하게 되죠.

신림선은 2017년 본격적인 공사에 들어가 2022년 3월 기준 막바지 공사가 한창입니다. 샛강역~관악산역 구간은 2022년 5월 개통을 목표로 하고 있고 보라매공원역~난향역 구간은 2026년 개통 예정이고요. 신림선은 3량 1편성으로 최고속도 70km/h 158명 정원입니다. 신림선이 완공되면 출퇴근 시 3분 30초, 평시 4~10분 간격으로 운행되며 정차시간을 제외하면 여의도에서 서울대까지 20분이면 도착할 수 있습니다. 고시를 준비하는 사람들이 빠져나가고 자칫 침체될 수 있었던 신림동 지역은 신림선을 통해 평가를 받을 듯합니다.

신림선 운영은 주식회사 남서울경전철에서 30년간 맡습니다. 전체 노선을 살펴보면 '샛강역(101)~대방역(102)~서울지방병무청(103)~보라매역

(104)~보라매공원역(105)~보라매병원역(106)~당곡역(107)~신림역(108)~서원역(109)~서울대벤처타운역(110)~관악산역(서울대)(111)'이 됩니다. 영등포구 대방동, 신길동 일대가 큰 수혜를 받을 것으로 보이는데, 이 지역들은 여의도 업무지구의 배후 주거지 역할을 하는데 정작 여의도까지의 접근은 여의대방로를 따라 버스를 이용했었죠. 앞으로는 지하철을 이용할 수 있게 되겠네요.

서울지방병무청역 앞에 있는 대방대림아파트는 대방동 지역의 대장주로 불리었는데 바로 단지 앞에 지하철역이 생기게 됩니다. 1997년 준공한 신길동 삼환아파트, 한성아파트도 가격이 비교적 높지 않아 신혼부부나 젊은 층에 인기가 많은데 단지 인근에 지하철역까지 생기니 호재지요. 신풍역을 기점으로는 신길뉴타운에서 지하철 접근성이 떨어진다고 평가 받았던 신길뉴타운의 신축아파트 보라매SK뷰도 아쉬운 점을 극복하게 되었습니다. 신림선은 향후 관악산역에서 서부선과 환승하여 마치 경전철 순환선의 모습을 띄게 될 예정인데, 앞으로 지하철 연결성이 높아질 신림동 지역을 기대해봐도 좋을 것 같아요.

04

동북선

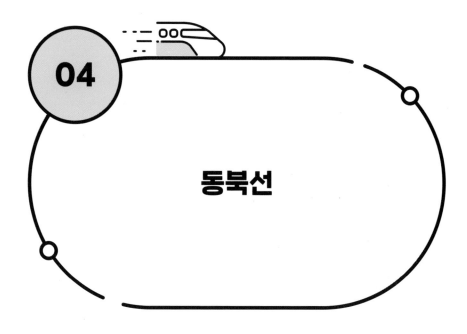

과거 서울의 3대 학원가라고 부르는 강남구 대치동, 양천구 목동, 노원구 중계동 학원가 인근으로 임장을 가서 주변을 탐방하다 보면 의문이 생기곤 했어요. 일반적으로 지하철역이 가까운 단지가 교통이 불편한 곳에 비해 시세가 높은데 중계동 은행사거리 주변은 예외적인 시세가 형성되거든요. 은행사거리 학원가와 가까운 중계주공5단지와 지하철 7호선 초역세권인 중계무지개아파트, 중계그린 시세를 동일 평형을 기준으로 비교해보면 오히려 지하철역과 거리가 먼 중계주공5단지가 가격이 더 비쌌습니다. 지금은 재건축 호재로 중계동 단지들의 비교가 무의미하지만, 당시에는 은행사거리 학원가의 파워가 지하철 접근성을 이겼나, 생각하기도 했습니다. 그리고 중계동 학원가 인근으로 지하철역이 생긴다고 하면 지금보다 더 좋은 평가를 받겠구나 했었죠. 그런데 정말 중계동 은행사거리에 동북선 경전철 은행사거리역이 생기게 되었습니다.

서울경전철 동북선 노선의 총 길이는 13.4km로 2021년 2월 노선 공사를 착공하여 2025년 개통할 예정입니다. 역사의 명칭은 가칭이고 아직 정식으로 정해지지 않아 언론상 많이 등장하는 말로 소개할게요. 전체 노선은 '상계역(116)~불암산역(115)~은행사거리역(114)~대진고역(113)~하계역(112)~월계역(111)~우이천역(110)~북서울꿈의숲동문삼거리역(109)~신미아역(108)~미아사거리역(107)-종암사거리역(106)~숭례초교역(105)-고려대역(104)~제기동역(103)~마장동우체국역(102)~왕십리역(101)'으로 이어지며 총 16개 역사입니다. 차량은 2량 1편성으로 운행 최고속도 70km/h에 172명 정원입니다. 동북선 도시철도주식회사에서 30년 운영 후 서울특별시에 소유권을 귀속하게 되어 있습니다.

가장 수혜를 입을 곳은 중계동 지역입니다. 특히 중계주공 단지들에게 호재입니다. 인근의 창동주공은 1호선과 4호선 접근성이 좋고 상계주공은 4호선과 7호선 접근성이 좋은 반면 중계주공은 대부분 단지가 지하철 접근성이 떨어져 늘 상계주공, 창동주공 다음으로 꼽히는 측면이 있는데 동북선은 큰 호재이지요.

우선 불암산역이 생기면 중계주공5단지에 비해 단지가 작고 학원가와 조금은 떨어져 있어 가격이 낮았던 중계주공 2단지, 4단지가 수혜를 볼듯합니다. 중계주공2단지는 다른 중계주공 단지들보다 가격이 저렴했는데 좋은 기회가 될 듯합니다. 은행사거리역이 생기면 이 주변 아파트들은 날개를 단 격입니다. 학원가 수요로 부동산 가격도 좋았는데 지하철역까지 생기니까요.

: 동북선 예상 노선도

출처: 서울시 2018년 자료

재건축 아파트로서는 중계주공 대장주인 5단지가 최고로 평가받을 듯하고 인근의 중계주공 6, 7단지, 은행사거리의 민영아파트인 1990년대 중반 중형 평수로 건립된 중계라이프청구신동아아파트, 동진신안, 중계청구3차도 좋아질 듯합니다. 대진고역은 대형 평수 단지로 구성된 하계한신동성과 하계삼익선경아파트에게 큰 호재입니다. 이 일대는 주변 학군은 최고로 우수하나 지하철 접근성이 떨어진다는 단점이 있었었는데 단숨에 이를 극복하게 됩니다.

중계동을 넘어 장위뉴타운에도 호재인 동북선

중계동을 떠나 다른 지역으로 이동하면 우이천역이 생김으로써 그간 교통 소외지였던 인근의 강북구 번동과 노원구 월계동 아파트들의 숨통이 트이게 됩니다. 강북구 번동, 노원구 월계동은 1호선 월계역을 이용했었습니다. 월계역을 이용하지만 전반적으로 지하철 접근성이 떨어져 서울 내에서 부동산 가격이 낮게 형성되어 있었는데 투자 대상지로 급부상하게 됩니다. 롯데캐슬루나의 경우 우이천역이 단지 바로 앞에 들어서게 되는데요. 번동주공1단지는 우수 재건축 단지로 그 기능을 하고 미래가치도 좋아질 겁니다. 인근의 장위참누리아파트도 중소형 단지로 부동산 가격이 저렴했었는데 바로 인근에 지하철역이 생기게 됩니다. 신축아파트로서는 장위뉴타운5구역을 개발한 래미안퍼스트하이도 도보로 지하철역 이용이 가능하게 됩니다. 이처럼 동북선은 장위뉴타운 북측 지역 단지들에도 큰 호재입니다.

북서울꿈의숲역이 생기면 장위2구역을 재건축한 꿈의숲코오롱하늘채아파트와 2008년에 준공한 꿈의숲대명루첸 지하철 접근성이 좋아지고 장위뉴타운 북부의 아파트들도 살아나게 됩니다. 또한 많은 사람들이 북서울 꿈의 숲 공원을 이용할 수 있게 되죠.

신미아역이 생기면 래미안월곡과 2002년 분양 당시 미분양이 났었던 미아 한일유앤아이아파트의 지하철 접근성이 좋아집니다. 또한 이 역사 주변의 낡은 빌라들은 2021년 4월 14일 발표됐던 3030+대도시권 주택공급방안 관련 도심 공공주택 복합사업 2차 후보지 2곳, 즉 구 미아 16구역과 송중동 주민센터 인근이 선정되어 새아파트 단지로 변모를 준비 중입니다. 또한, 동북선은 성북구 종암동 지역을 관통하게 됩니다.

종암사거리역이 생기게 되면 래미안세레니티, 래미안종암, 종암SK제2(종암SK뷰2차), 종암SK 등 종암동 일대 아파트들의 지하철 접근성이 좋아지게 됩니다.

종암역이 생기면 고려대 직원들이 많이 거주하는 종암2차아이파크의 지하철 접근성이 좋아지며 종암극동아파트는 인근에 지하철역이 생기게 되는 것이죠.

마장동우체국역이 생기면 청계벽산에 이르는 마장동 지역 주택가들의 개발사업이 활발하게 진행할 수도 있게 됩니다. 이처럼 동북선이 통과하는 지역은 그간 부동산 시장에서 비교적 저렴하게 접근할 수 있는 지역으로 인식된 곳입니다. 2025년 완공까지는 아직 시간이 많이 남아 있으니 위에서 언급한 아파트들이 좋은 기회로 다가올 수 있을 것입니다.

05

서부선

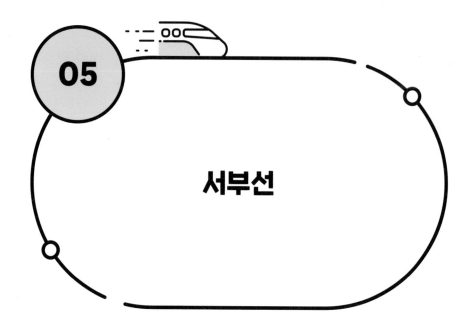

홍대입구역 3번 출구로 나가면 예쁘게 조성된 경의선 숲길과 함께 삼삼오오 몰려다니는 사람들로 붐비는 모습과 연남동 일대 상권이 펼쳐집니다. 연남동 상권은 나날이 강북 최고 상권으로 진화하고 있죠. 마포에서 홍대입구역에 이르는 주변 상권은 과거부터 최고로 쳐주었는데, 지금은 이와 함께 특색 있는 음식점과 카페, 테마상가 등이 경의선 숲길과 어우러진 연남동 상권이 꾸준히 인기입니다. 유명 연예인들이 건물을 사고팔아 큰 수익을 내기도 했던 곳이기도 하죠.

2014년 무렵만 해도 연남동 일대는 지금과는 모습이 매우 달랐습니다. 돼지 불고기 백반집, 감자탕 가게, 기사식당 등 저렴한 음식점들이 많이 모여 있는 곳이었지 지금처럼 유명 상권은 아니었습니다. 경의선 숲길 또한 사람들을 불러들이는 공원의 모습이 아니라 철길이 방치된 흔적이 남은 상태였죠. 이 무렵에는 일대 상가가 대로변을 기준으로 평당 2,500만 원대, 대로변 안쪽으로는 평당 1,500만 원 정도의 시세를 형성했습니다. 50평 전후의 주택이나 건물을 8억 원에서 15억 원 정도면 매수할 수 있었다는 이야기인데요. 서대문구 연희동 주택가는 상대적으로 연남동보단 가격이 저렴했습니다. 당시 비교적 가격이 저렴한 연희동 쪽을 살펴보며 아무래도 지하철 접근성이 떨어져서 이 주택가 쪽까지 연남동 상권이 확장될 수 있을까 의문을 가졌습니다. 이곳까지 홍대, 연남동 상권이 연결될지 의문이었던거죠.

그런데 이곳에 서부선 경전철이 들어오게 되었습니다. 원래 계획은 새절역에서 서울대입구역까지 구간인데 총 길이는 17.95km이고 정거장은 16개소입니다. 예상 사업비는 1조 6,000억 원이고, 운행속도 70km/h, 최고속도 80km/h이고 3량 1편성 좌석 18명 입석 34명입니다. 지하철 역사명은 가칭으로 소개하겠습니다. 전체 노선은 '새절역(101)~백련산입구역(102)~명지대입구역(103)~연희역(104)~연세대역(105)~신촌·서강대역(106)~광흥창역(107)~서여의도역(108)~한국거래소역(109)~동여의도역(110)~노량진역(111)~장승배기역(112)~신상도역(113)~현대시장역(114)~은천역(115)~서울대입구(116)역' 16개 역사입니다. 여기에 2019년 2월 제2차 서울특별시 도시철도망 구축계획에 의해 기존 종점이었던 서울대입구역에서 1.72km 연장해서 신림선의 관악산역과 연결하게 되면, 총 17개의 역사가 되겠네요.

서부선 출발지인 새절역은 고양은평선과 연결되게 됩니다. 국토부는 2019년 5월 7일 창릉신도시 계획발표 당시 새절역~고양시청역까지 노선인 고양은평선을 신설하여 서부선과도 연계한다고 발표했습니다. 서부선과 고

: 서부선 예상 노선도

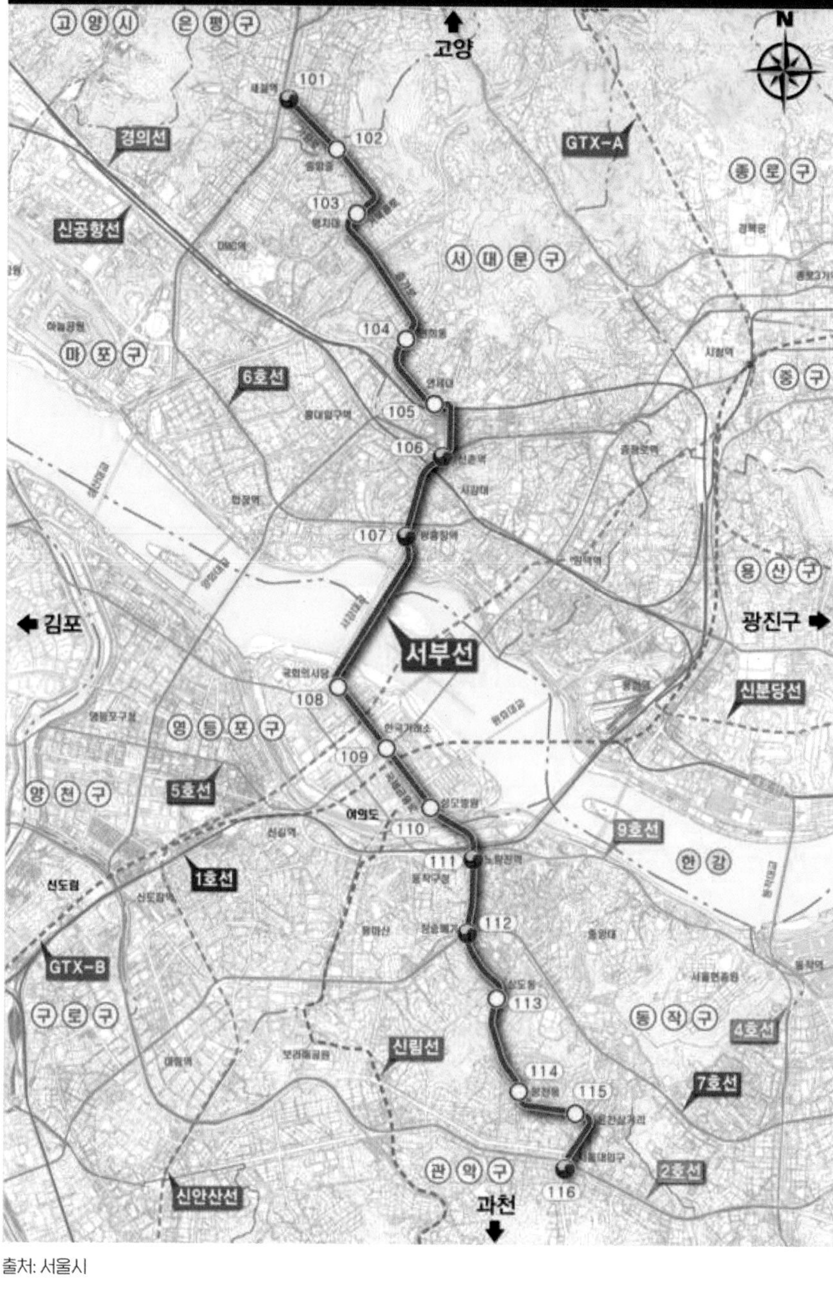

출처: 서울시

양은평선을 이어보면 고양시청역에서 관악산역까지 연결되는 노선이 되는데요. 서부선은 2023년 착공과 2028년 개통을 목표로 한창 사업이 진행되고 있습니다. 2022년 3월 기준, 아직 착공은 안했지만 매우 기대되는 노선이죠.

그렇다면 서부선에서 눈여겨볼 투자 포인트는 무엇일까요? 우선 백련산입구역은 응암동 백련산힐스테이트 단지들의 숨통을 트여줄 겁니다. 백련산힐스테이트 1, 2차는 2011년 부동산 불황기에 조성되면서 한동안 가격이 좋지 못했는데요. 반면 힐스테이트백련산4차아파트와 백련산파크자이는 부동산 상승기 때 분양해 분양자들에게 만족감을 안겨주었지요. 역 앞에 힐스테이트홍은포레스트가 한창 공사 중인데 향후 편의성이 높을 것으로 보여요. 응암동 지역의 빌라와 주택가들도 지하철 접근성이 높아지겠습니다.

명지대입구역이 생기면 DMC센트럴아이파크와 DMC에코자이, 역사 주변 남가좌동 빌라들의 교통이 좋아지겠습니다. 연희동은 서울에서 몇 안 남은 대지가 넓은 단독주택들로 이루어진 지역으로, 토지용도가 1종으로 개발을 하더라도 실익이 크지 않아 존치되고 있던 측면이 컸는데요. 그런데 연희역이 생기면 투자자들의 관심을 받으며 다양한 모습으로 변모할 것이 기대됩니다. 연세대역은 이 일대 원룸 주택가에 호재이며, 기존 신촌상권과 다른 새로운 연세대 상권이 조성되는 것도 기대해볼 수 있습니다.

서여의도역에 동여의도역까지 생기면 여의도는 전 지역이 걸어서 5~10분 거리에 지하철역이 있는 곳이 되는데요. 여의도의 재건축 단지로는 여의도삼부와 여의도시범아파트가 꼽힙니다. 예전에는 여의도시범아파트가 대장주였지만, 지하철 5호선 여의나루역이 상대적으로 여의도삼부 인근으로 자리 잡아 여의도시범아파트가 여의도삼부에 조금 밀리는 느낌이었죠. 그런데 동여의도역이 생기면 단숨에 여의도시범아파트가 다시 재건축 대장주 자리를 차지할 듯합니다. 물론 인근 재건축 단지인 여의도한양, 여의도삼익, 여의도은하 모두에 호재입니다.

신상도역이 생긴다면 상도7재개발 구역으로 말이 많다는 지역주택조합으로 진행되며 10여 년간 진통을 겪으며 우여곡절 끝에 새 아파트로 탄생한 상도역롯데캐슬파크엘에 가장 호재일 듯합니다. 원래 상도역까지 언덕을 돌아서 가야 했는데 새로운 역사가 생긴다면 편리해지겠죠. 언덕에 위치하고 상도역과도 거리가 있어 평가가 좋지 않았던 신상도역 주변의 주택가도 주목할 만합니다.

현대시장역은 서부선의 가장 큰 수혜지입니다. 이번 부동산 상승기 때 관악구도 좋은 평가를 받아 34평형 기준 10억 원을 돌파한 아파트 단지들도 많았습니다. 그래도 관악구는 언덕 지형이라 불황이 되면 2호선 라인을 제외한 지역은 가격하락을 걱정하는 곳인데, 그 단지들 한가운데 현대시장역이 생기는 것이죠. 관악드림타운, 관악벽산블루밍, 봉천두산 단지가 수혜를 받을 것으로 보입니다.

06

목동선

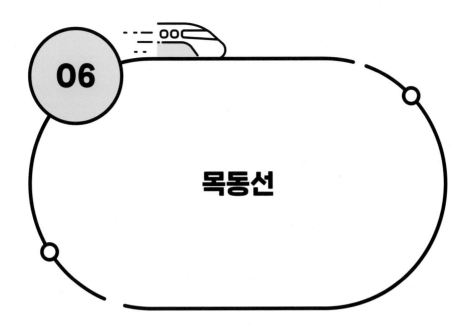

행정구역상 양천구 신정동에 2000년 무렵 지어진 신트리아파트 단지들이 있습니다. 인근에 신트리공원과 계남근린공원이 있는 '공세권' 단지죠. 단지 옆으로는 목동신시가지 10단지, 11단지가 인접해 있습니다. 신트리아파트는 단지가 지어진 2000년대 초반에는 인기를 꽤 누렸습니다. 목동신시가지 단지 바로 옆의 새로운 단지로 신목동 단지라는 이름을 붙이기도 했었죠. 20년이 지난 지금 명성은 예전만 못하지만, 다시 한 번 리모델링으로 뛰어오를 준비 중입니다. 지금도 목동의 신시가지 단지보다 저렴한 가격이 장점인 이 일대로 임장을 가보면 아쉬운 점이 생기는데요. 단지 위로 김포공항을 오가는 비행기가 다니는데 생각보다 상당히 낮게 다닌다는 부분입니다. 즉 비행기 항로에 위치해 있는 것이죠.

비행기 항로의 영향을 받는다는 건 신월동 신정동 일대, 즉 목동 9~13단지와 신정뉴타운, 신월동 일대의 공통적인 문제점이고 부동산에 어떤 영향을 미치는지 눈여겨보는 부분이지만요. 오랫동안 일정 부분 불편함을 감수하는 주민들을 위해 이쪽 동네에 보상이 있으면 좋겠다는 생각이 들고는 했는데 이곳을 관통하는 경전철 목동선이 들어서게 되었습니다.

목동선은 한창 계획 중인 노선으로 '제2차 서울특별시 도시철도망 구축계획'에 역사가 잠정적으로 표시되어 있으며 전 구간 지하화 건설이 예정된 노선입니다. 계획에 따르면 기점은 신월역, 종점은 당산역으로 전체 노선의 길이는 10.87km로 12개 역사 예정입니다. 운행속도 70km/h에 3량 1편성, 좌석 18명에 입석 34명으로 예정되어 있네요. 논의되고 있는 노선의 역을 가칭으로 나열해보자면 '신월역(101)~신월사거리역(102)~서서울호수공원역(103)~오솔길실버공원역(104)~강신중교역(105)~금옥중고교역(106)~신트리공원역(107)~양천구청역(108)~오목교역(109)~SBS방송센터앞역(110)~목동종합운동장역(111)~당산역(112)' 12개 역사입니다.

2022년 착공, 2028년 개통 예정으로 한창 사업이 진행 중인데요. 앞서 언급한 대로 김포공항으로 인해 인근 주민들이 불편을 감수하며 지냈던 지역을 통과합니다. 그동안 항공 고도제한 등으로 대대적인 개발과는 거리가 있던 곳들이죠. 신월역과 신월사거리역이 생기면 서울 내에서 상당히 저렴한 편인 역사 주변의 나홀로 아파트와 빌라 등에 호재입니다. 신월사거리역 인근에는 신월시장이 있는데, 이곳은 행정구역상 신월3동으로 낡은 주택가 밀집지역입니다. 이 부근에 신월사거리역이 생긴다면 재개발 사업도 탄력을 받을 것으로 보입니다.

: 목동선 예상 노선도

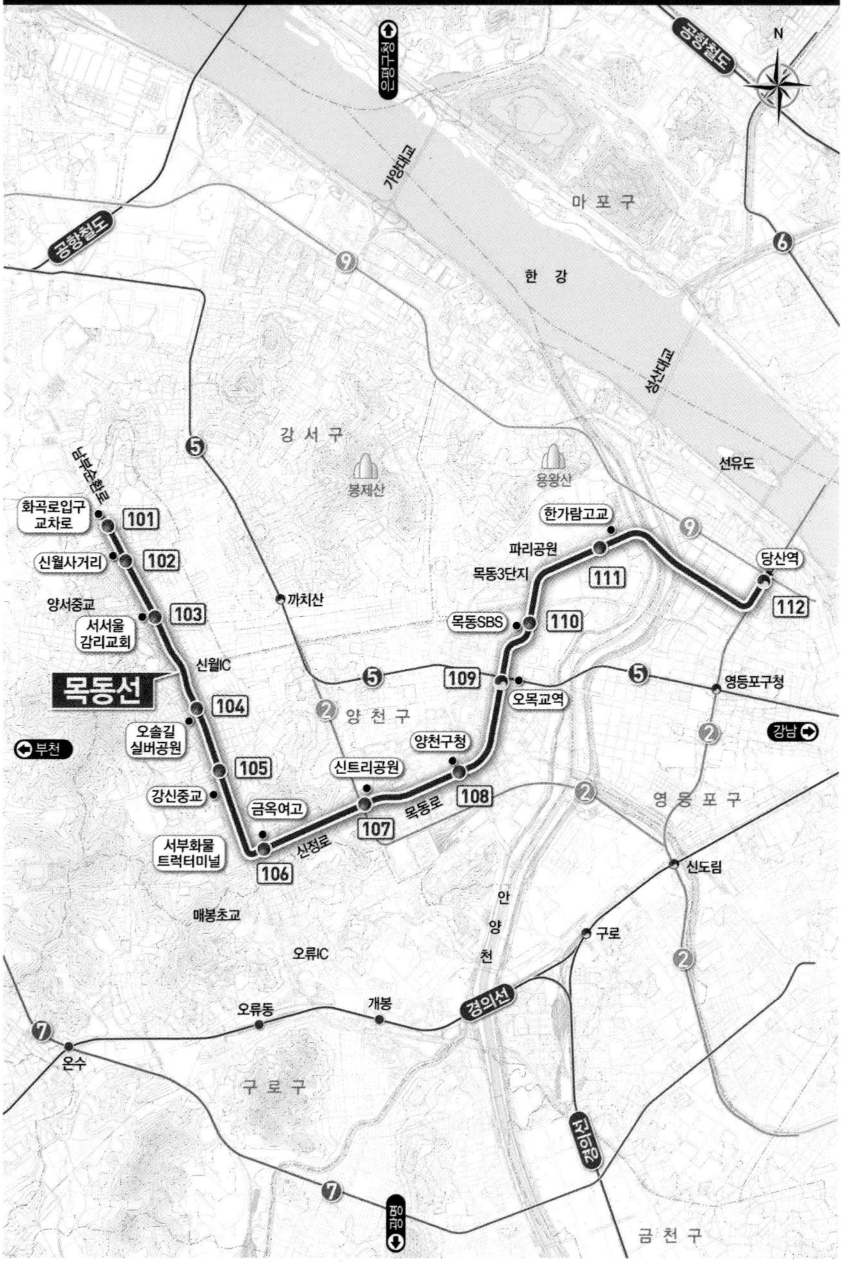

출처: 서울시 2015년 자료

오솔길실버공원역 인근으로는 2021년 3월 29일 공공재개발 2차 후보지로 선정된 신월7-2 구역과 2021년 12월 28일 서울시에서 추진하는 신속통합기획 적용 민간재개발 후보지로 선정된 신월7-1 구역이 있습니다.

재미있게도 한 곳은 정부가 추진하는 공공재개발 방식, 다른 한 곳은 서울시에서 주관하는 신속통합기획 민간재개발 방식인데요. 차후 어떤 사업방식이 더 좋은 결과를 낼지 비교할 수 있는 좋은 사례지가 되지 않을까 싶습니다. 이렇게 이곳은 변모를 꿈꾸고 있습니다.

그리고 단지 안에 넓은 공원을 끼고 있는 신월시영아파트도 호재를 누릴 듯합니다. 오솔길실버공원역 인근 신월4동의 작은 나홀로 아파트들도 긍정적인 영향을 받겠고요. 강신중교역으로는 신정뉴타운 내 신월동 지역을 개발해 2020년에 입주한 목동센트럴아이파크위브아파트 1~4단지들이 자리잡고 있습니다. 신정뉴타운 내에서 맞은편 래미안목동아델리체에 비해 지하철 접근성이 떨어진다 했었는데 강신중교역이 생기면 긍정적이죠.

금옥중고교역이 생기면 서부트럭터미널 개발과 관련하여 인근 신정동동일하이빌아파트, 학마을아파트, 신정6차현대에도 희소식이죠. 서부트럭터미널은 꾸준히 개발이 논의되다가 최근에는 극장, 대형마트, 문화공연장 등 복합문화시설로 개발이 예정되었고 순조롭게 진행된다면 신정동의 중심적인 문화공간이 될 듯합니다.

신트리공원역이 생기면 벌써 준공한 지 20여 년에 접어든 신트리아파트 리모델링 사업에 추진 동력을 제공할 것으로 보입니다. 또한 역사 인근 목동 10단지, 11단지의 지하철 접근성도 좋아집니다. SBS방송센터앞역, 목동종합운동장역이 생기면 목동이라는 브랜드만으로도 좋은 지역이었던 목동 4단지, 5단지의 지하철 접근성이 개선되는 효과도 기대됩니다.

: 신속통합기획 적용 민간재개발 후보지 신월7-1

: 공공재개발 2차 후보지 신월7-2

5부

반드시 알아야 할 제4차 국가철도망 구축계획

01

국가철도망 구축계획이란?

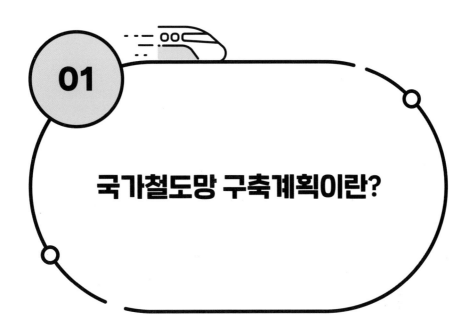

과거와 달리 요즘 부동산 투자는 정답을 아는 상태에서 문제를 푸는 것과 같습니다. 내가 거주하는 곳이나 앞으로 이사할 곳과 관련해 부동산에서 영향력이 가장 큰 지하철 계획에 대해 미리 알 수 있기 때문이죠. 서울시, 각 지방자치단체, 국토부에서 발표하는 철도망 구축계획을 보면 해당 지역의 지하철이나 철도 계획을 사전에 알 수 있습니다. 이미 발표된 계획을 바탕으로 발 빠르게 투자에 나서는 사람들도 많죠.

예를 들어 서울시의 경우 앞선 장들에서 언급했듯 '서울특별시 10개년 도시철도망 구축계획'을 발표하고 있습니다. 국가 단위로는 국토부에서 중장기 단위(10년)로 계획을 발표하고, 계획이 수립된 날부터 5년마다 타당성을 검토하여 변경하는 '국가철도망 구축계획'이 있습니다. 가장 최근으로는 2021년 7월 5일에 '제4차 국가철도망 구축계획'이 확정·고시되었죠. 이 계획을 살펴보면 기존의 철도망과 앞으로의 신설 철도망 계획에 대해 알 수 있는데, 이러한 내용을 숙지한 상태에서 투자에 임하시면 정답을 알고 부동산 투자에 임하는 것과 같습니다.

국가철도망 구축계획은 전국을 대상으로 고속철도, 일반철도, 광역철도 계획을 발표합니다. 예를 들어 서울시를 기준으로 본다면 서울시 내의 철도 계획은 서울시가 주도하고 그 이외의 철도망 구축사업은 국가철도망 구축계획으로 사업을 진행하게 됩니다.

주의할 점은 말 그대로 계획이기 때문에 향후 상황에 따라 계획이 수정, 변경되는 일이 생기기도 한다는 점입니다. 그렇지만 일단 국가는 발표대로 계획을 성실히 이행하려 노력하며 이 계획에 나와 있지 않은 노선들이 추진되는 경우는 거의 없습니다. 따라서 부동산 투자자들에게 국가철도망 구축계획은 사전처럼 참고할 자료입니다.

국가철도망 구축계획이 발표되기 직전에는 당연히 여러 진통을 겪는데, 일반적으로 정부는 다음 국가철도망 구축계획을 수립하기 약 2년 전부터 각 지방자치단체의 의견을 듣는 과정을 거칩니다. 각 지자체들이 조금이라도 자기 지역에 유리한 계획들을 발표하고 여러 안들을 국가에 제안하기도 합니다. 지방자치단체에서 임의로 제안하거나 발표한 노선들로 인해 해당 지역 주민들은 계획이 확정된 것처럼 기대를 하게 되고 특히 부동산 호황기에는 확정되기도 전에 해당 지역의 부동산 가격이 상승하기도 하지요.

하지만 노선의 채택 여부는 예산과 지역균형 측면을 고려할 수밖에 없습니다. 결국 경제적, 정치적으로 다양한 변수들에 의해 결정됩니다. 이후 국가철도망 구축계획의 반영 여부에 따라 해당 지역의 희비가 교차하기도 합니다. 이번 제4차 국가철도망 구축계획은 크게 '7대 추진방향'을 모토로 하고 있습니다. 이 부분을 잘 살펴보면 정부가 앞으로 국가의 철도를 어떤 방향으로 세워나갈 것인지, 더불어 지역 배분에 대한 고심의 흔적까지 엿볼 수 있습니다.

제4차 국가철도망 구축계획의 7대 추진방향

7대 추진방향은 ① 철도운영 효율성 제고, ② 주요 거점 간 고속 연결, ③ 비수도권 광역철도 확대, ④ 수도권 교통혼잡 해소, ⑤ 산업발전 기반 조성, ⑥ 안전하고 편리한 이용환경 조성, ⑦ 남북·대륙철도 연계 준비입니다. ②~⑤를 유의 깊게 살펴볼 필요성이 있습니다.

②번 추진방향의 목적은 대도심을 고속으로 연결하는 것입니다. 과거에는 서울과 수도권을 지방과 연결하는 가운데 철도를 지방성장의 축으로 바라봤다면, 이제는 각 지방자치단체의 핵심 도시권 사이를 연결하여 각 지역의 거점을 중심으로 성장을 이끌어나간다는 계획입니다. 예를 들어 대구와 부산 사이, 대전과 대구 도심 사이, 광주와 목포, 울산과 포항, 월곶과 판교, 삼척과 강릉 사이의 고속연결을 들 수 있겠죠. 지방 대도심권끼리 연결해 각 지자체의 경쟁력을 갖추어 나가겠다는 것이죠.

③번은 비수도권 광역철도 확대입니다. 기존의 광역철도망인 경부선, 호남선 등을 이용해 지방권과 지방 대도시권을 연결하는 것입니다. 즉 기존의

광역철도망과 지방권을 더 세밀하게 연결하는 사업이죠. 예를 들면 경부선 구미에서 경산을 연결하고 계룡에서 신탄진을 연결하고, 새로이 동탄역에서 청주공항을 연결하고, 용문에서 홍천을 연결하고, 서대구에서 의성까지 연결하는 등 기존 광역철도망의 연계성을 확대하는 것입니다.

④번은 수도권 교통혼잡 해소입니다. 이 책에서 중점적으로 다룬 매우 중요한 요소입니다. 말 그대로 대한민국 경제와 문화의 중심지인 수도권의 교통을 더 촘촘히 연결하는 사업입니다. 신규 광역철도망 확대, 도시철도 연장형 광역철도 등을 통해 2, 3기 신도시 등 수도권 외곽의 주요 개발지역과 서울 간의 이동을 개선하려는 목적을 가지고 있어요. GTX 3개 노선을 차질 없이 추진하고 서부권역에 광역급행철도 노선(GTX-D)을 신설하여 수혜지역을 확대할 계획인데요. 계획대로만 되면 서울과 경기도의 교통망이 평준화되면서 부동산 시장에서 수도권의 서울에 대한 의존도를 낮추는 요인으로 작용할 가능성이 큽니다. 광역급행철도 역사를 중심으로 복합환승센터 등을 건설해 버스와 같은 다른 교통수단과 연계하고 수도권 거점으로 육성한다는 목표를 가지고 있는데요. 이렇게 되면 경기도의 상권과 경제가 광역급행철도 역사를 중심으로 재편될 가능성이 크겠죠. 수도권 중심의 경제를 지방으로 이전하여 대한민국을 균형적으로 발전시켜야 하는 것도 중요한 과제이지만 우리나라가 핵심지역인 수도권의 교통이 세밀해질수록 국가경쟁력이 한층 더 높아질 수 있기에 꾸준히 추진하고 있는 사업입니다.
⑤번인 산업발전 기반 조성은 주요 산업단지와 항만의 물동량을 원활하게 하기 위한 물류 인프라를 마련하려는 목적입니다. 예를 들어 새만금선, 동해신항선, 부산신항 연결 지선 등이 있습니다.

제4차 국가철도망 구축계획에서 주목해야 할 신규 사업들

제4차 국가철도망 구축계획에는 추진 예정인 신규 사업들도 담겨 있는데요. 크게 3가지로 나눌 수 있습니다. 한번 살펴볼까요?

우선 신규 광역급행철도 사업입니다. 앞서 '수도권 교통혼잡 해소' 추진 방향과 관련 있는 부분으로 장기역에서 부천종합운동장역을 연결하는 서부권광역급행철도 1개 노선을 신설한다는 것인데 소위 말하는 GTX-D 노선입니다.

다음으로 신도시 광역철도 개선사업으로 5개 신사업이 있습니다. 별내선 연장(별내역~별가람역), 송파하남선(오금~하남시청), 강동하남남양주선(강동~하남~남양주), 위례과천선(복정~정부과천청사)입니다.

신규 광역철도 사업으로는 9개 사업이 있습니다. 인천 2호선 고양 연장(인천서구~고양 일산서구), 위례삼동선(위례~삼동), 신분당선 연장(호매실~봉담, 용산~삼송), 대장홍대선(부천대장~홍대입구), 제2경인선(청학~노온사), 신구로선(시흥대야~목동), 일산선 연장(대화~금릉), 분당선 연장(기흥~오산)입니다. 이 사업들이 앞으로 진행될 예정이며 이 구간을 잘 살펴보는 것이 바로 '정답'을 미리 보는 과정이라고 할 수 있겠습니다.

이미 시행 중으로 공사 중인 노선으로는 수인선(수원~인천), 신안산선(안산~여의도, 여의도~서울), 신분당선(용산~강남), 진접선(당고개~진접), 수도권광역급행철도(GTX-A, B, C), 별내선(암사~별내), 하남선(상일~검단산) 구간이 있습니다.

계획 중인 노선으론 신분당선(광교~호매실), 수도권광역급행철도(송도~마석, 수원~덕정), 도봉산포천선(옥정~포천) 구간이 있습니다.

: 제4차 국가철도망 구축계획 제안사업 노선도

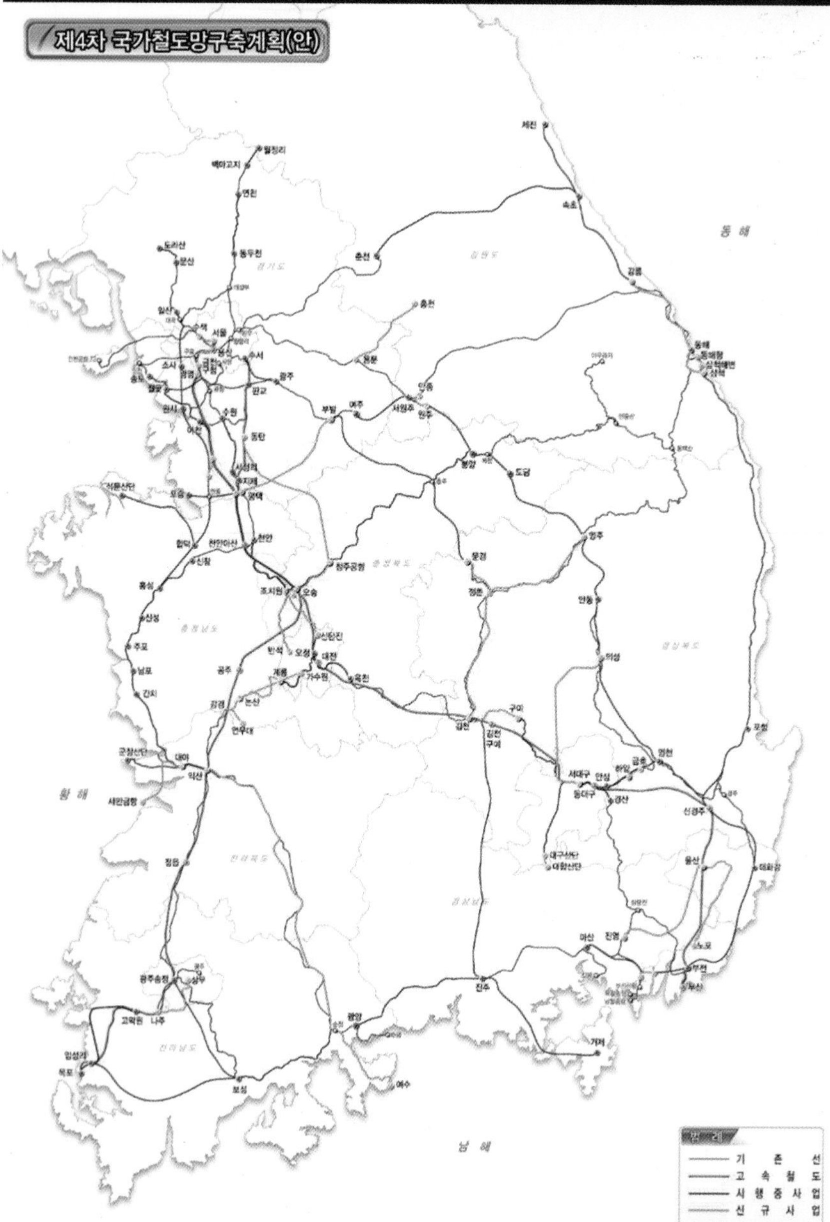

출처: 국토부(2021년 자료)

시행 중인 사업은 오래전부터 알려졌던 구간이고 많은 노선이 준공을 앞두고 있어 이미 시장에 가격이 반영된 상태입니다. 그래서 새로 추진되는 신사업을 잘 파악하는 것이 좀 더 중요하다고 할 수 있겠죠.

위와 같은 내용이 제4차 국가철도망 구축계획의 내용입니다. 국가철도망 구축계획은 3~4차 계획까지는 반드시 지도와 함께 여러 번 살펴보며 노선을 숙지하여야 하며, 특히 토지 투자자라면 바이블처럼 늘 참고해야 하는 계획입니다. 이 책에서는 '수도권 교통혼잡 해소' 사업의 일환으로 신설되는 중요 노선 중 몇 가지를 살펴보고자 합니다. 단 국가철도망 구축계획은 개략적 발표이고 세부 역사와 노선에 대한 사항은 차후 계획의 구체화 단계에 따라 달라지거나 심지어 노선 자체도 폐지될 수 있으니 정부 발표에서 확인된 개략적 노선도를 따라 해당 역사를 살펴보는 선에서 살펴보겠습니다.

02

위례과천선

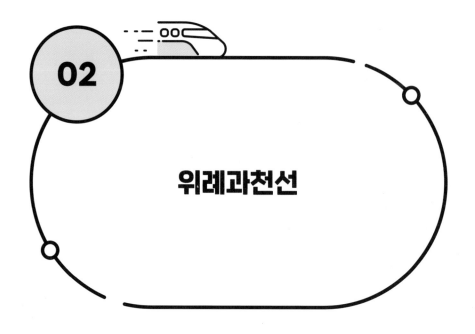

제4차 국가철도망 구축계획에 있는 많은 노선들 중 우리가 주의 깊게 봐야할 노선들 중 첫 번째로 위례과천선에 대해 얘기해보려 합니다. 위례과천선은 수도권 8호선인 송파구 복정역에서 4호선인 과천 정부과천청사역을 잇는 노선입니다. 이 노선은 10년 전부터 논의되었는데 사업이 여러 차례 지체되었습니다. 지지부진했던 이유 중 하나는 바로 경제성 문제였죠. 위례신도시에서 강남으로 곧장 가는 노선이 아니라 위례신도시와 과천을 순환형으로 이어주는지라 경제성 부분에서 의문이 있었죠. 이 노선이 신설되더라도 강남 중심권으로 가려면 환승해야 한다는 불편함이 존재했죠.

그렇지만 건설 이야기가 나왔던 10년 전과 달리 노선 주변으로 새로운 택지개발지구들이 많이 자리 잡았습니다. 위례신도시, 내곡지구, 세곡지구, 과천 주암지구 등의 신도시들이 있어 개통의 필요성은 충분하므로 제4차 계획에서 확정되었습니다.

위례과천선은 노선이 통과하는 4개 자치단체인 서초구, 강남구, 송파구, 과천시가 요구하는 역사와 노선이 조금씩 달라 이견이 생길 수 있는 노선입니다. 재미있는 부분은 국토부가 발표한 그림 노선도에 의하면 지하철 복정역에서 세곡동과 자곡동을 둘러가는 순환선으로 계획되어 있는 것인데요. 즉 서울지하철 6호선 응암순환 열차와 같은 형식이죠. 국토부의 발표를 토

: 순환선이 포함된 위례과천선 예상 노선도

출처: 국토부

대로 일반적으로 추측되는 정차역을 예상해 본다면 '복정역~동남권유통단지~자곡역(자곡사거리)~세곡역' 정도를 순환하는 노선으로 예상하고 있습니다. 그다음으로 수서역을 거치고 이어서 개포동, 서초동, 과천으로 연결되는데 예상되는 역은 '구룡역~양재시민의숲역~우면역~경마공원역~문원역~정부과천청사역'입니다. 물론 노선과 정차역은 바뀔 수 있는 상황이지요.

만약 이대로 건설된다고 하면 가장 수혜를 많이 받을 지역은 강남 세곡지구와 서초 우면지구일 겁니다. 강남구와 서초구라는 지역적 이점이 있었음에도 택지개발지구 내에 지하철이 없어서 같은 구의 다른 지역들에 비해 저평가되던 곳이지요. 세곡지구에 자리 잡을 것으로 예상되는 자곡사거리의 가칭 '자곡역'과 세곡사거리의 가칭 '세곡역' 인근의 부동산이 가장 큰 수혜지입니다. 국토부 자료에도 이 구간이 순환선 형태로 표기돼 있는데 이대로 역이 생긴다면 인근 단지들에 긍정적인 영향을 미칠 듯합니다. 특히 이 일대에는 오피스텔들도 많이 있는데 그동안 수서역을 이용했는데 지하철역이 바로 인근에 생기니 긍정적이죠.

서초 우면지구도 인근에 가칭 우면역과 주암역이 생길 예정이니 호재입니다. 반면 위례신도시, 강남 개포동 일대, 과천 지역은 위례과천선이 아니어도 이미 상당히 좋은 평가를 받고 있는 상태입니다. 위례과천선은 아직 사업 초기이고 변동 가능성도 있는 만큼 꾸준히 관심을 가지고 지켜보시는 걸 권해드려요.

03

송파하남선

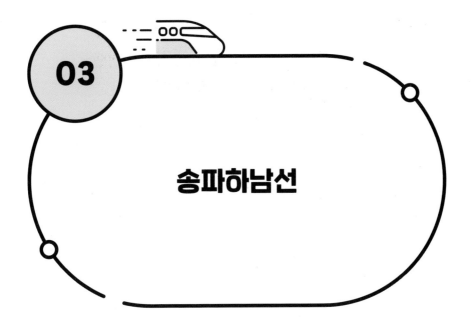

송파하남선은 2018년 12월에 발표한 3기 신도시 계획 중 하남시 교산신도시의 교통망으로 발표된 노선으로 서울지하철 3호선을 기존 오금역에서 하남시청까지 연결하는 노선입니다. 송파하남선도 여타 다른 노선들이 그러하듯 논란이 있었습니다. 2020년 6월 하남시청에서 기존안인 오금역에서 하남시청역까지 잇는 3호선 연장안과 잠실 연계 지하경전철 신설안에 대해 비교하는 주민설명회를 진행할 예정이었지만 원안을 유지하라는 주민들의 반대에 무산되기도 했었죠. 당시 국토부가 '3호선 연장의 사업성이 제대로 나오지 않아 경전철안을 비롯해 지상구간과 지하구간을 혼합해 잠실까지 이어지는 트램안까지 2가지 대안을 제시한 것이다. 확정된 것은 아니고 주민 및 전문가들과 토론을 거쳐 결정할 것이다'라고 해명 보도자료를 발표하기도 했습니다.

이런저런 과정을 거쳐 가장 최근인 2022년 1월 서울시에서 고시한 '제4차 대도시권 광역교통시행계획 추진계획'에도 원안처럼 '오금역~하남시청역' 12km, 5개소 규모로 추진한다고 나온 만큼 앞으로도 추이를 지켜보면 좋을 것 같습니다. 노선은 오금역에서 감일지구, 교산신도시 내 3개 역을 거쳐 하남시청까지로 예상되는데요. 당연히 우선적인 수혜지는 하남 감일지구, 교산신도시입니다. 신도시 자체를 관통하는 지하철이 없었던 감일지구가 특히 수혜지요.

교산신도시 역시 하남시청역이 환승역이 되면 그간 미사신도시보다 조금 저평가받던 하남시청역 인근 아파트뿐만 아니라 하남 구도심인 덕풍동과 신장동 아파트들에도 호재로 작용할 듯합니다.

: 송파하남선 예상 노선도

출처: 서울시 보도자료(2020년 7월)

04

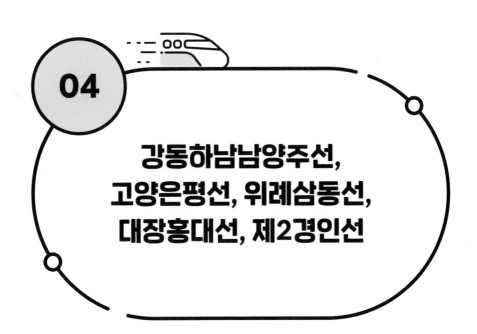

강동하남남양주선, 고양은평선, 위례삼동선, 대장홍대선, 제2경인선

강동하남남양주선

이 사업은 수도권지하철 9호선 연장사업으로 3기 신도시 왕숙지구 발표에서 언급되었던 노선이 제4차 국가철도망 구축계획으로 반영된 노선입니다. 서울을 동서로 가로지르는 9호선은 현재 4단계 연장계획 중에 있습니다. 9호선 3단계 연장구간인 삼전역~중앙보훈병원역 사업은 2018년 12월 완료되어 현재 9호선은 동쪽으로는 중앙보훈병원역까지 개통되었습니다. 4단계 연장구간 사업이 한창 진행 중인데, 노선은 이미 개통된 중앙보훈병원역을 출발역으로 가칭으로 나열하자면 '길동생태공원역~한영고역~고덕

역~고덕강일1지구(샘터공원)역'이며 2022년 4월 기준, 현재 공사 중이고 개통 예정 시기는 2028년입니다.

제4차 국가철도망계획에서 발표된 노선은 공사 중인 지하철 9호선 4단계 다음의 '5단계' 연장구간이라 할 수 있습니다. 9호선을 미사지구쪽으로 연결하여 남양주까지 쭉 잇는 노선입니다. 18.1km이고 정거장 수는 총 6~7개 정도를 예상합니다. 9호선 4단계 연장구간의 종점인 고덕강일1지구역에서 시작할 것으로 보이는데 고덕강일1지구~고덕강일2지구~하남미사북측~지금지구~남양주 왕숙2지구~남양주 왕숙1지구~풍양역으로 추정은 되나 아직 구체적인 노선과 정차역은 미확정입니다.

우선 강일2지구가 수혜를 볼 수 있습니다. 고덕 강일지구는 3개의 지구로 이루어져 있습니다. 이 중 5호선 접근성이 좋은 3지구에 비해 1, 2 지구는 현재 역사가 없지만, 강일1지구는 지하철 9호선의 4단계 연장사업의 종점역이 위치하고 한창 공사 중입니다. 강일2지구로 9호선 지하철역이 들어설지 아니면 미사역 북측과 통합하여 미사역 북측만 역사를 만들지 아직 불분명한 상황입니다.

하남 미사지구는 큰 수혜지역입니다. 미사신도시 전체로 봤을 때 북미사는 지하철 5호선인 미사역 주변 아파트 단지와 비교해 대형 평수 위주의 민영아파트들로 구성돼 있습니다. 가격 측면에서는 역시 지하철 부재로 인해 5호선 미사역 인근 단지보다 상대적으로 낮게 평가받았는데 역사가 이쪽으로 예정되어 있어 북미사 인근 아파트들에 호재입니다. 예상 노선도로 보면 북미사 다음은 지금지구 쪽입니다. 다산신도시 북쪽으로는 진건지구, 남으로는 지금지구가 있습니다. 특히 지금지구는 남양주에서도 서울과 가까운 좋은 입지인데, 서울로 곧장 연결되는 지하철이 없는 게 단점이었고 예상대로 역사가 들어 선다면 다산신도시의 지금지구가 수혜를 입을 듯합니다. 그리고 3신도시인 왕숙 1, 2지구도 당연히 교통이 좋아질듯 합니다. 정확한 역사의 위치는 미정입니다. 이번 노선의 종착역은 풍양역으로 예상되는데 풍양역은 4호선과 9호선의 환승역이 됩니다. 풍양역은 남양주 진접지구 내 자리 잡고 있어 진접지구는 물론 인근의 남양주에서도 지리적으로 상당히 외져서 가격이 저렴했던 남양주 진접읍과 오남읍 일대 아파트들도 영향을 받겠습니다.

고양은평선

고양은평선은 2019년 5월 고양·창릉 3기 신도시 발표 때 언급된 노선이 제4차 국가철도망 구축계획에 반영된 노선입니다. 고양시청역과 은평구 새절역을 잇는 노선으로 총 13.9km이지요. 고양시청역~화정·행신역~창릉역~향동역~새절역 노선으로 예상됩니다. 우선 이 노선으로 인해 수혜를 볼 지역은 출발역인 고양시청역 인근 단지들입니다. 이 일대의 단지들은 덕양구에서도 안쪽에 치우쳐 있어 저평가되었던 지역인데, 고양시청역이 개통한다면 이 일대 단지들이 수혜를 입을 듯합니다. 또 이 노선은 고양시 화정동과 행신동을 통과하는 것으로 예정되어 있습니다. 화정동은 지하철 3호선 화정역이 있지만 행신동 쪽은 도보로 이용 가능할 만한 지하철역이 없는데요. 행신동에선 인근에 역사가 생기길 기대하고 있습니다. 따라서 그동안 비교적 고양시에서 저평가되었던 행신동, 화정동 일대 아파트 단지들이 수혜를 받을 것으로 보입니다.

창릉신도시로는 2~3개의 역사가 예정되어 있고 GTX-A 노선의 창릉역도 예정되어 있어 두 노선이 개통된다면 창릉신도시는 고양의 핵심 신도시로 자리 잡을듯 합니다. 창릉신도시와 인접한 원흥지구 아파트들도 창릉신도시의 역을 이용할 수 있어 교통이 개선되는 효과가 있습니다. 그리고 서울 상암동과 가까워 서울 느낌이 났지만 이용할 수 있는 지하철역은 수색역 정도였던 향동지구도 수혜를 볼 것으로 보입니다. 또한 고양은평선의 경우 향후 새절역에서 서울경전철 서부선과 연계해 서울로의 접근성을 높일 듯 합니다.

위례삼동선

위례에서 경기도 성남, 광주를 연결하는 구간입니다. 성남이 8.7km, 광주가 1.7km로 추정하는데 즉 위례에서 광주 삼동까지 총 10.4km 구간을 신설하는 계획입니다. 이 노선은 위례신사선이 연결된다는 전제 하에 연결되는 노선입니다. 왜냐하면 위례삼동선의 출발역이 위례신사선에 포함되는 위례중앙역이기 때문입니다. 위례신사선은 신사역~청담역~삼성역~학여울역~가락시장역~위례중앙역을 연결하는 노선입니다. 위례신도시 주민들이 애타게 기다리는 노선이죠. 이 노선이 건설된다는 가정하에 위례삼동선의 추정 역사는 위례중앙역~을지대역~남한산성입구역~신구대학교역~증원경찰서역~성남산업단지~광주삼동으로 예상할 수 있을 듯합니다. 노선과 신설

역사의 위치는 유동적입니다.

수혜지역은 성남 구도심 내에 8호선에서 소외됐던 지역과 경기도 광주 지역입니다. 을지대학교역이 생기면 은행주공아파트와 주변 빌라들, 신구대학교역이 생기면 2022년 11월 입주 예정인 성남 e편한세상금빛그랑메종 단지들, 황송마을 단지, 신구대학교 주변의 금광동 아파트들이 수혜를 입을 듯합니다. 중원경찰서역이 생기면 상대원 선경아파트 단지와 인근 성남산업단지역 주변의 공장과 지식산업센터가 떠오를 수 있습니다. 경기도 광주 지역에선 삼동역과 그 전 역인 경기광주역 인근 단지들이 영향을 받을 것으로 예상되는데 역시 주된 수혜지역은 성남 구도심지입니다.

대장홍대선

대장홍대선은 제3차 국가철도망 구축계획안에서 '원종홍대선'으로 예정되어 있다가 3기 신도시 대장지구, 덕은지구 발표로 인해 대장~홍대 구간으로 확대되어 제4차 국가철도망 구축계획에 반영되었습니다. 추정되는 예상노선은 부천 대장~원종~고강~서울 신월~화곡~강서~가양~덕은지구~상암~디지털미디어시티~홍대로 이어지는 노선입니다. 우선 3기 신도시인 대장지구에 역사가 들어선다면 대장지구는 행정구역으론 부천시이지만 거리상으로는 서울과 인접한 지역으로서 인기 있는 신도시로 떠오를 듯합니다.

서해선(대곡~소사선)의 연장역인 원종역 일대는 환승역이 예상되며 이 일대는 소형아파트와 빌라가 많은데 이 일대 주택가에서 서울로의 접근성이 좋아질 듯합니다. 부천 고강동 지역은 김포공항의 항공권역이고 직접 연결되는 지하철역이 없어서 이 일대에서도 특히 낙후된 곳인데 역사가 들어선다면 주택과 빌라 등의 재개발 사업이 활발히 진행될 듯합니다. 김포공항과 인접한 항공권역으로 낙후지였던 신월동 지역의 아파트와 빌라도 수혜지가 될 듯 합니다. 화곡역에서 5호선을 이용할 수 있지만, 이 노선을 이용해 마포구 등으로 신속하게 진입할 수 있어 화곡동 일대의 부동산에도 호재로 작용합니다. 특히 덕은지구로 노선이 이어지면 위치상으로는 서울 느낌이었는데 지구 내 지하철역이 없어 멀리 수색역을 이용하게 될 예정이었던 덕은지구에는 최고의 희소식이죠.

제2경인선

경인선 또는 제1경인선이라 불리는 노선은 서울시 구로구 구로역과 인천시 중구 인천역을 연결하는 27km의 철도노선을 말합니다. 현재 우리나라 철도노선 중 가장 오래된 노선입니다. 1974년 서울지하철 1호선 개통과 동시에 전철화되어 수도권 1호선으로 불리는데요.

이 제1경인선에 이어 제2경인선이 제4차 국가철도망 구축계획에 등장했습니다. 구간은 청학역에서 노온사역으로 총 21.9km, 총사업비는 1조 6,000억 원이 예상됩니다. 제2경인선은 제1경인선 인천역에서 수인분당선을 이용해 신설하는 청학역(가칭)까지 잇고, 인천 남부와 경기 서부를 관통해 광명과 구로, 노량진까지 이어지는 노선입니다. 확정된 것은 없지만 노선은 크게 두 구간으로 나누어서 진행될 듯합니다. 우선 구로에서 광명까지의 구간입니다. 추정컨대 구로역~광명시청~철산역~우체국사거리역~노온사역을 연결하는 구간입니다. 이 구간은 따로 건설될 듯 하고요. 제4차 국가철도망 구축계획에서 발표된 구간은 인천 청학역에서 광명 노온사역 구간 신설입니다. 특히 LH투기 문제로 세간의 관심거리가 되었던 광명신도시가 현재 3기 신도시로는 지정이 돼 있어 광명신도시 교통과 연관돼 있는 노선입니다. 예상되는 역은 청학역~신연수~인천논현~남촌도림사거리~인천서창2지구~서해선신천역~노온사역 그리고 다시 구로역 구간으로 이어집니다.

제2경인선이란 말이 있듯이 그간 소외되었던 인천 남부와 경기 서부 일대 교통이 개선되는 효과가 있습니다. 주목할 만한 부분은 제2경인선이 훌륭하게 건설되면 여러 노선과 환승을 하여 제1경인선과 순환선으로 연결됩니다. 구로에서 제1경인선을 따라 인천까지 다다르게 되고 다시 인천에서 수인분당선~제2경인선을 거쳐서 구로로 순환하는 노선이 됩니다. 이 노선의 수혜지역은 신설 역사가 예상되는 연수구 연수동 청학사거리 일대의 아파트 단지들입니다. 또한 남동구 도림동의 도림사거리 인근의 아파트 단지들, 인천에서도 가장 교통의 불모지였던 서창2지구 아파트들도 상당히 좋아질 듯합니다. 당연히 광명 3기 신도시의 교통도 개선되어 사업이 진행된다면 광명신도시도 서남권의 인기 신도시로 자리매김하겠습니다.

6부

부동산 거래 시 알아야 할 필수상식

Q 분양권과 입주권은 어떤 차이점이 있나요?

A 새 아파트에 들어갈 수 있는 권리인 분양권과 입주권은 개념을 헷갈리기 쉬운데요. 우선 '분양권'은 청약에 당첨돼서 분양받은 아파트에 준공 후 들어갈 수 있는 권리를 말합니다. 그리고 재건축이나 재개발을 통해 기존 물건을 가지고 있던 조합원의 소유권이 '관리처분계획' 인가로 새 아파트에 들어갈 권리로 바뀐 것을 '조합원입주권'이라고 하는데 줄여서 입주권이라고 부릅니다. 입주권이 있으면 건설사로부터 새 아파트에 들어가는 가전이나 무료 발코니 확장 등의 서비스를 받기도 합니다. 하지만 청약통장 저축액에 계약금만 내면 되는 분양권에 비해 초기 투자금이 많이 드는 게 단점입니다. 입주권을 사려면 대상 주택의 권리가액 외에도 프리미엄과 추가 분담금 등을 부담해야 하는 경우가 생길 수 있고 분양권과 달리 물건 종류에 따라 취득세를 추가로 내기도 합니다. 하지만 일반 분양 전 조합원으로서 원하는 평형의 로얄동과 선호하는 층을 미리 선점할 수 있다는 것이 큰 장점입니다.

Q 지주택은 왜 위험하다고 이야기하는 것인가요?

A 로또라고 불리는 청약 당첨만 기다려서 내 집 마련을 언제쯤 할 수 있을까 걱정인 사람들을 혹하게 하는 사업이 있습니다. 바로 지주택, 즉 '지역주택조합'의 줄임말이죠. 길을 가다가 '청약통장이 필요 없는 ○세권 아파트에 조합원 모집 중, 원하는 동호수 지정 가능'과 같은 현수막을 보신 적이 있나요? 이것이 바로 지주택 광고입니다. 지주택은 쉽게 말해 일정 자격(조합설립인가 신청일 기준 해당 지역에 6개월 이상 거주하며 무주택 또는 주거전용면적 85㎡ 이하 주택 1채를 소유)이 되는 조합원들을 모집하여 함께 아파트를 지을 땅을 사서 집을 짓는 방식입니다. 가장 큰 문제는 부지 매입 자체가 순탄치 않은 데다가 각 사업 단계별 추가 비용이 들어간다든지 잡음이 많이 발생하는데 이 모든 책임은 조합, 즉 개별 조합원에게 돌아가는 구조라는 것입니다. 즉 새 아파트를 청약통장 없이 저렴하게 구해보려다가 돈은 돈대로 회수 못 하고 시일만 기약 없이 길어질 수 있다는 것이죠. 사업계획승인을 받으려면 토지소유권이 95% 이상이 필요한데 95%라는 숫자만 봐도 요건을 맞추기가 순탄치 않다는 것이 느껴지시겠죠?

Q 전용 84, 33평, 전용 25평, 84타입, 공급면적 109m²… 매번 헷갈려요

A 이 면적들은 모두 국평, 즉 '국민 평수'를 뜻하는 '33평'을 뜻하는 말입니다. 보통 33평이라고 할 때 33평은 '공급면적'을 뜻하는데 1평은 약 3.3㎡입니다. 그렇다면 '공급면적 33평'은 대략 '109㎡'가 되겠지요. 공급면적은 '전용면적'과 '주거공용면적'의 합입니다. 전용면적은 가구가 직접 사용하는 거실과 방, 화장실 등이고 주거공용면적은 공동으로 사용하는 아파트 계단과 복도 등이지요. 여기에 '기타공급면적'으로 부르는 1층 관리사무소와 노인정, 놀이터 등의 커뮤니티 시설까지 더해볼까요? 공급면적에 기타공급면적까지 모두 포함한 것이 바로 '계약면적'이 되는 것이죠. 참고로 발코니는 '서비스면적'으로 공급면적과 전용면적에 포함되지 않는다는 점을 기억하세요!

Q 2베이, 3베이, 4베이라고 이야기하던데 베이는 어떻게 구분하는 것인가요?

A 전면 발코니를 기준으로 기둥과 기둥 사이에 햇빛이 들어오는 공간의 개수를 말합니다. 아래 그림을 살펴보면 전용면적인 거실, 방, 욕실, 주방 등의 공간과 서비스면적에 해당하는 발코니가 있죠. 그림상에서 봤을 때 구분된 공간이 왼쪽에서 오른쪽으로 침실1, 거실, 침실2, 침실3 순서로 총 4곳이죠? 그래서 4베이가 되겠네요.

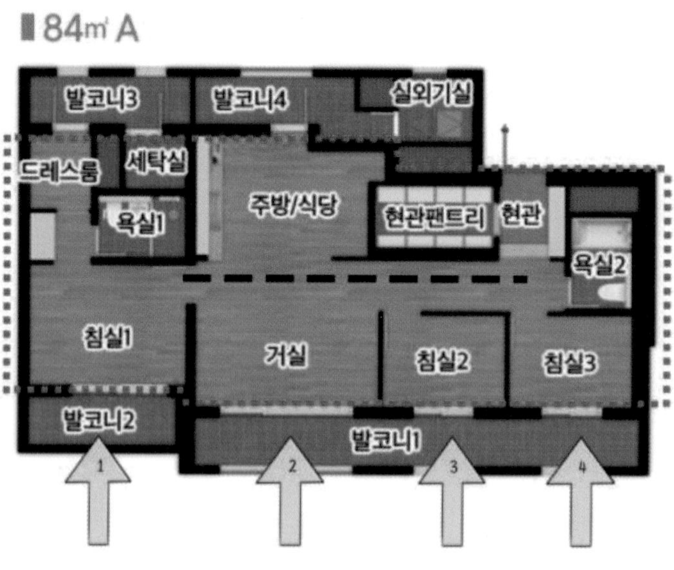

Q 양도세에서 '필요경비'를 공제받을 수 있다던데요?

A 양도세는 양도가액에서 취득가액과 필요경비를 차감한 양도차익을 바탕으로 과세표준에 따라 세율을 적용해 부과됩니다. 그리고 양도차익에서 장기보유특별공제액, 기본공제액 등이 공제되지요. 여기서 필요경비로 부르는 것에 해당하는 항목은 무엇일까요? 첫째, 집을 매수할 때 지출했던 취득세, 법무사 수수료, 공인중개사수수료, 컨설팅수수료, 취득해 사용된 소송·화해비용입니다. 둘째, 집을 팔 때 발생한 중개수수료, 세무사(양도소득세 신고)수수료입니다. 셋째, 수리비용입니다. 일반적으로 인테리어비용이라 볼 수 있는데 인정되는 항목은 주택의 가치를 증가시키는 '자본적지출'에 해당하는 부분입니다. 대표적으로 섀시 및 방범창 공사, 바닥공사, 발코니 확장비, 보일러 교체비, 시스템에어컨 설치비 등이 있습니다.

'수익적지출'에 해당하는 도배벽지, 마루공사, 싱크대, 도색 및 조명, 문 교체비, 보일러 수리비, 욕조, 변기, 대출금 이자와 경매 시 세입자 명도비용 등은 인정되지 않습니다. 개인이 아니라 사업자의 경우에는 대출이자와 세입자 명도비용 등을 추가로 필요경비로 인정받을 수 있죠. 인테리어 대금을 지불하다 보면 현금결제 시 할인을 해주는 경우가 있지만, 부가가치세를 더 내더라도 필요경비를 공제받기 위해 업체 사업자등록번호와 대표자 등의 정보가 들어간 견적서, 세금계산서, 신용카드 매출전표, 현금영수증 등을 보관해두는 것이 좋습니다.

Q DTI와 DSR은 어떤 차이가 있나요?

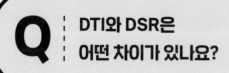

A DTI(총부채상환비율)와 DSR(총부채원리금상환비율)은 대출하려는 사람의 상환능력을 파악하는 지표입니다.

DSR=모든 대출의 연간 원리금(대출원금+이자)÷연소득×100

여기서 모든 대출이란 주택담보대출 연간 원리금 상환액을 비롯 기타 신용대출, 카드론, 할부금융, 비주택 담보금융, 전세보증금 담보대출, 유가증권 담보대출, 예적금 담보대출, 자동차 리스 등을 모두 포함합니다.
예를 들어서 연봉이 7,000만 원인데 DSR이 100이라면? 소득을 전부 원금과 이자를 갚는 데 쓰고 있다는 것입니다. 그럼 대출이 없는 상태이면 당연히 DSR은 0이 되겠네요. 그렇다면 헷갈리기 쉬운 DTI(Debt to Income)는 무엇일까요?

DTI=(주택담보대출 연간 원리금 상환액+기타대출 연간 이자상환액)÷연소득×100

DTI는 기타대출의 '이자 상환액'을, DSR은 기타대출의 '원리금 상환액'을 포함한다는 차이가 있는데요. DTI보다 DSR이 부채의 범위를 넓게 잡기 때문에 대출이 필요한 사람에게는 불리한 조건이 된다는 것을 이제 아실 수 있겠죠?

Q 그렇다면 차주단위 DSR에서 제외되는 대출은 어떤 것이 있나요?

A 우선 차주란 개인을 뜻하는데 가계대출의 합이 2억 원을 초과하면 차주단위 DSR 적용대상이 되고, DSR이 40%를 초과하면 대출이 불가능합니다. 그렇다면 차주단위 DSR의 적용대상과 계산 시 제외되는 예외적인 대출을 정리해보고 갈까요? 2022년 3월 기준은 다음과 같고 2022년 5월부터 들어서는 새 정부에 의해 추후 변경될 수 있으니 대출 규정에 관해선 꾸준하게 관심을 가지는 것이 좋습니다.

차주단위 DSR 계산 시 예외적으로 제외되는 대출

❶ 분양주택에 대한 중도금대출

❷ 재건축·재개발 주택에 대한 이주비대출, 추가분담금에 대한 중도금대출

❸ 분양오피스텔에 대한 중도금대출 등

❹ 서민금융상품(새희망홀씨, 바꿔드림론, 사잇돌대출, 징검대리론 등)

❺ 300만 원 이하 소액 신용대출(유가증권담보대출 포함)

❻ 전세자금대출(전세보증금담보대출은 제외)

❼ 주택연금(역모기지론)

❽ 정책적 목적에 따라 정부, 공공기관, 지방자치단체 등과 이차보전 등 협약을 체결하여 취급하는 대출

⑨ 자연재해 지역에 대한 지원 등 정부정책 등에 따라 긴급하게 취급하는 대출

⑩ 보험계약대출

⑪ 상용차 금융

⑫ 예적금담보대출

⑬ 할부·리스 및 현금서비스

: 차주단위 DSR 대상과 예외

	2021년 7월 전	1단계(2021.07)	2단계 (2022.01)	3단계 (2022.07)
주담대	투기과열지구 9억 원 초과 주택	❶규제지역 6억 원 초과 주택	총대출액 2억 원 초과 (❶/❷ 유지)	총대출액 1억 원 초과 (❶/❷ 폐지)
신용대출	연소득 8,000만 원 초과 & 1억 원 초과	❷1억 원 초과		

출처: 금융위원회 가계부채 관리방안 주요 Q&A

Q 아파트 청약에서 해당지역 거주자 우선공급과 인근지역 비율이 다르던데요?

A 새롭게 분양되는 아파트가 지어지는 시, 군을 해당지역, 당해지역이라고 부르는데요. 외부의 투기가 아닌 그 지역에 살고 있던 주민들에게 우선적으로 내 집 마련의 기회를 주기 위해 해당 지역에 거주하는 신청자에게 먼저 기회를 주려는 것입니다. 그런데 수도권 내 대규모 택지개발지구 및 행정중심복합도시 예정지역(세종특별자치시) 등의 경우 예외적인 기준이 적용되기도 하니 청약하려는 지역이 어딘지 꼼꼼히 살펴보셔야 합니다.

주택건설지역	지역별 입주자 선정방식
서울특별시, 인천광역시	지역 거주자 50% 공급, 그 외 수도권 지역에 50% 공급
경기도	지역 거주자 30% 공급, 경기도 거주자 20% 공급, 그 외 수도권 지역 50% 공급
행정중심복합도시 예정지역	지역 거주자 50%, 기타 전국에 50% 공급
수도권 외 경제자유구역, 개발사업시행구역	국토부 장관이 별도 정하는 바에 따름

Q ‘인근지역’이라는 것의 기준이 따로 정해져 있나요?

A 인근지역의 기준으로 묶인 곳만 청약이 가능합니다. 예를 들어 경기도 파주시의 대규모 택지개발지구에서 청약을 진행한다고 가정해볼까요. 지역 거주자에게 30%가 먼저 공급되겠죠. 그리고 경기도 다른 시에 거주한다면 20%의 물량에 청약할 수 있습니다. 나머지 수도권 50%에는 서울시와 인천시 거주자가 가능합니다. 왜냐하면 아래의 표에 인근지역의 기준에 ‘수도권’이란 이름으로 서울특별시, 인천광역시, 경기도가 묶여 있기 때문이지요.

인근지역의 기준

- 서울특별시, 인천광역시 및 경기도 지역(이하‘수도권’이라 한다)
- 대전광역시, 세종특별자치시 및 충청남도
- 충청북도
- 광주광역시 및 전라남도
- 전라북도
- 대구광역시 및 경상북도
- 부산광역시, 울산광역시 및 경상남도
- 강원도

※ 세종특별자치시, 도청이전신도시, 혁신도시개발지구, 기업도시개발구역, 산업단지, 주한미군 이전지역, 위축지역에서 공급되는 주택은 해당 및 인근지역에 거주하지 않아도 청약 가능

Q 전셋집 구할 때 중요하다는 전입신고, 확정일자, 우선변제권이 궁금해요

A 전입신고, 확정일자, 대항력의 개념은 한 번쯤 정확하게 알고 넘어갈 필요가 있습니다. 첫째, 임대차 관계에서 '대항력'이라는 것은 쉽게 말해 기존에 계약했던 내 권리를 제3자에게도 주장할 수 있는 권리입니다. 대항력을 갖추려면 전세로 들어갈 주택에 대해 집을 담보로 대출을 하는 저당권보다 먼저 선순위로 전입신고(주민등록신고)를 하고 이사하여 거주(주택의 인도)해야 합니다. 그러면 다음 날 0시부터 '대항력'이라는 것이 생기죠. 만약 전세로 사는 도중에 집주인이 바뀐다면 '대항력이 있는 임차인'으로서 그동안의 내 권리를 새 집주인에게 그대로 행사할 수 있습니다.

두 번째, 임대차 관계에서 주택임대차보호법상 '우선변제권'이라는 것은 내 전세보증금을 보호받고, 우선으로 되돌려 받을 수 있는 권리를 말합니다. 이것은 내가 전세로 사는 집이 경매나 공매로 넘어갔을 때 해당됩니다. 우선변제권을 갖추기 위해서는 앞서 말한 대항요건과 주택인도에 더해 '확정일자'를 받으면 됩니다. 만약 우선변제권을 갖춘 집이 경매에 넘어갔을 때 확정일자를 받은 날짜를 기준으로 돈을 돌려받을 사람들과의 우선순위가 결정되므로 직접 방문할 수 없다면 인터넷으로라도 빠르게 받아두는 것이 좋습니다. 아래는 우선변제권의 순위가 밀려 후순위가 되게 되는 경우의 예시입니다.

사례1) 임차인A 2022.03.15 전입신고

- 저당권자 A은행 2022.03.15 저당권 설정

임차인 우선변제권은 주민등록 전입신고를 마친 다음 날인 3월 16일 0시부터 발생하므로 A은행의 저당권 설정일보다 늦어 경매 진행 시 보증금에 대한 배당을 받지 못할 수 있다.

사례2) 임차인B 2022.03.01 전입신고 및 이사, 2022.03.15 확정일자

- A은행 2022.03.01 저당권 설정

확정일자와 전입신고 날짜가 다를 경우 대항요건을 갖추어야 확정일자의 효력이 발생하므로 임차인의 우선변제권은 3월 15일(주간 중) 취득된다. 따라서 경매 시 보증금에 대한 배당을 받지 못할 수 있다.

Q 우선변제권을 받는 것과 '전세권설정' 중 어느 쪽이 더 안전한가요?

A 가끔 불안하다고 '전세권설정'을 하는 것이 대항력을 갖추고 확정일자를 받는 것보다 무조건 더 확실한 방법이라고 하는 분이 있습니다. 전세권설정은 즉시 효력이 발생하긴 하지만 임차인 스스로 주민센터나 인터넷을 통해 진행할 수 없고, 집주인의 동의가 필요하며 대략 몇십만 원 정도의 비용이 발생합니다. 임차인의 보증금을 확실히 돌려받을 권리만 주는 것이 아니라 임대인의 동의 없이 다른 사람에게 다시 임대를 놓을 수 있는 '전대차의 권리'까지 포함한 전세권이 자신의 집 등기사항전부증명서에 등기되는 것에 대해 거부감을 가지는 집주인도 있기 때문에 번거로움이 발생합니다.

그리고 중요한 사실은 건물의 가격이 토지+건물로 이뤄진다면 전세권은 오직 '건물'에 대해서만 보장받을 수 있다는 것 때문입니다. 때문에 확정일자를 받은 경우와 비교해 보증금을 다 돌려받지 못하는 경우가 생길 수 있다는 점을 유의해야 합니다.

살면서 발생하는 집의 유지보수 및 관리에 소모되는 비용도 임차권자와 다르게 전세권자는 집주인에게 청구할 수 있는 권리가 없어 스스로 부담해야 합니다. 그래서 일반적으로 전입신고를 하고 확정일자를 받기 어려운 특별한 상황이 아니라면 전세권설정보다는 우선변제권을 갖는 것이 일반적입니다.

그렇다면 '최우선변제권'은 무엇일까요? 임차하여 살고 있던 집이 경매에 넘어갔을 때, 돈을 받을 권리 순위자들 중에 최우선순위를 가지게 되는 권리입니다. 최우선변제권은 주민등록과 거주라는 대항요건과 함께, 보증금액이 소액임차인에 해당해야 한다는 요건이 있습니다. 이 부분 때문에 집을 매수할 때 은행에서 담보대출에서 '방빼기'라고 하여 소액임차인보증금에 해당하는 금액을 제외하고 대출이 나오는 것이지요.

: 최우선변제권 소액임차인 요건

지역구분	보증금 액수	보증금 중 일정액(변제)범위
1. 서울특별시	1억 5,000만 원 이하	5,000만 원
2. 과밀억제권역	1억 3,000만 원 이하	4,300만 원
3. 광역시	7,000만 원 이하	2,300만 원
4. 기타지역	6,000만 원 이하	2,000만 원

2. 수도권정비계획법에 따른 과밀억제권역(서울특별시 제외), 세종특별자치시, 용인시, 화성시 및 김포시
3. 광역시(수도권정비계획법에 따른 과밀억제권역에 포함된 지역과 군지역 제외), 안산시, 광주시, 파주시, 이천시 및 평택시
※ 2021.05.11부터 시행

Q 전세금반환보증보험이 무엇인가요?

A 전세금반환보증보험은 전월세 등의 임대차 계약이 종료되었을 때 또는 중간에 경매나 공매로 집이 넘어갔을 때 배당으로 보증금을 돌려받지 못했을 때 보증기관이 '보험'으로 보증금을 돌려주는 제도입니다. 이 보증을 해주는 기관에는 주택도시보증공사(HUG)와 한국주택금융공사(HF), SGI서울보증보험 등 세 군데가 있습니다. 취급기관마다 한도나 조건, 보증요율 등에 차이가 있으므로 자세한 사항은 홈페이지 및 직접 문의를 통해 꼼꼼히 알아보고 가입하는 것이 좋습니다.

: 전제금반환보증보험의 종류

취급기관/상품	보증한도	신청대상
한국주택금융공사(HF) 전세지킴보증	임대차보증금 전액, 수도권 5억 원, 지방 3억 원 이내	임차인은 공사 전세자금보증 이용자 (공사 보증서 담보 은행 전세대출 이용자)
주택도시보증공사(HUG) 전세보증금반환보증	주택가격-선순위채권 등 (보증한도 이내 신청금액)	단독·다중·다가구,연립·다세대,주거용 오피스텔,아파트, 노인복지주택 임차인
주택도시보증공사(HUG) 전세금안심대출보증	주택별 보증한도 상이 (80-90% 이내)	전세계약을 체결하고 전세자금대출을 받은 임차인
SGI서울보증보험 전세금보장신용보험	임대차계약서상 임차보증금 전액 ※ 아파트 이외의 주택은 임차보증금 10억 원 이내	① 임대차기간이 1년 이상이면서 계약일로 부터 10개월이 지나지 않은 임대차계약 ② 임대차기간이 1년이면서 계약일로부터 5개월이 지나지 않은 임대차계약

Q 청약 시 무주택으로 인정되는 주택이 있다던데요?

A 「주택공급에 관한 규칙」 제53조 '주택소유 여부 판정기준'에서 명확하게 정하고 있는데요. 우선 '소형·저가주택'은 전용면적 60㎡ 이하에 가격이 8,000만 원(수도권 1억 3,000만 원) 이하인 주택 또는 분양권을 말합니다. 면적은 건축물대장을 통해 쉽게 확인할 수 있고 가격의 기준은 다음과 같습니다.

- **입주자모집공고일 후 주택을 처분하는 경우: 입주자모집공고일에 가장 가까운 날에 공시된 주택공시가격**
- **입주자모집공고일 이전에 주택이 처분된 경우: 처분일 이전에 공시된 주택공시가격 중 처분일에 가장 가까운 날에 공시된 주택공시가격**
- **분양권 등의 경우: 공급계약서의 공급가격(선택품목에 대한 가격은 제외함)**

청약홈(applyhome.co.kr)의 '주택소유 확인' 탭에서 소형·저가주택의 전용면적과 공시가격을 확인할 수 있어요. 여기 해당하는 주택을 가지고 있다면, 공공분양과 민영주택 특별공급 외에 민영주택 일반공급에 청약할 수 있습니다! '소형 주택'은 20㎡ 이하의 주택이나 분양권을 이야기하는데, 이 경우에는 소형·저가주택과 다르게 공공분양에도 청약이 가능합니다. 하지만 이때 '전 세대원' 중에 1주택만을 보유한 경우 혜택이 적용된다는 것도 잊지 마세요!

Q 무순위 청약, 줍줍이 무엇인가요?

A 청약에서 입주자를 선정하고 남은 주택, 즉 청약에서 부적격 당첨이나 계약 취소 또는 해지 물량 등을 청약통장과 관계 없이 추첨으로 선정하여 공급하는 제도를 말합니다. 이 '무순위 청약'을 은어로 '줍줍'이라고 표현하는데요 해당 주택 건설지역의 19세 이상 '무주택세대구성원'이라면 누구나 도전할 수 있습니다. 최근 9억 원 이상의 분양단지의 경우 중도금 대출이 불가능하면서 우스갯소리로 우선 넣고 보자는 '선당후곰(선 당첨 후 고민)' 정신으로 청약에 도전했다가 막상 10년간 청약에 도전할 수 없는 패널티를 감수하며 당첨을 포기하는 사례가 수도권에서 속속 나오고 있죠. 청약가점이 낮고 평소 원하던 입지의 단지라면 줍줍을 고민해볼 수 있지만, 무순위 청약을 신청했다가 계약을 포기하는 경우도 '재당첨 제한기간' 패널티를 받기 때문에 신중한 고민이 필요하겠습니다.

Q 매수를 원하는 단지의 범위를 좁히려는데 임장을 가서 체크할 점이 있을까요?

A 손대서 바꾸기 쉬운 내부 상태와 인테리어에 홀리지 않고 외부환경과 가격을 확인하는 것입니다. 외부환경과 가격은 부동산에 직접적으로 영향을 미치는 부분입니다. 우리가 이 책에서 지금까지 중요하게 살펴보았던 전철역이 가깝거나 임박한 호재가 있는지, 가까운 시일 내 큰 개발계획이 있는지가 중요하죠. 체감거리를 직접 체크하는 것도 중요한데 임장을 가서 직접 역까지 주변을 살피며 걸어봐야 합니다. 경사가 심한 지형이 있어 이동에 불편함이 없는지도 살펴보면 좋겠죠. 세대가 많은 단지라면 단지 내에서도 동마다 역까지의 접근성이 차이나서 여기서도 시세가 차등적으로 형성되니까요.

요즘은 주차장도 너무 중요해 확인해야 할 부분이지만 구축의 경우 주차난에서 완전히 자유롭기는 어려워 이 부분을 평가하여 매물을 선택하기에는 어려움이 있습니다. 또한 아무래도 초등학생 자녀를 둔 부모는 아이가 등하굣길에 길을 건너는 것도 신경 쓰이기 때문에 아예 단지 안에 초등학교가 있는 '초품아'는 그렇지 못한 단지에 비해 늘 평가가 좋습니다. 목동처럼 학군지가 중요한 지역에서 좋은 학군에 배정받을 수 있도록 정해져 있는 특정 단지는 바로 옆에 붙은 단지와 비교했을 때 초품아 효과를 뛰어넘어 훨씬 큰 시세차를 형성하기도 합니다.

뷰세권도 중요합니다. 호수뷰 등 수려한 뷰가 나오는 동, 향, 층의 아파트는 해당 단지 안에서도 많게는 2억 원 이상 차이가 나니 좋은 뷰를 가진 매물을 뷰가 안 나오는 집과 비슷한 가격에 '급매'로 잡을 수 있다면 고려 대상이 될 수 있겠지요. 1군 브랜드로 불리는 자이, 래미안, 푸르지오 등의 브랜드는 중소형 건설사 아파트보다 늘 가격이 우세합니다. 이외에도 버스를 이용하기 쉽거나 주요 도로로 진입이 편리한 단지, 공원이 가깝거나 쇼핑센터, 병원, 공공기관 등의 각종 편의시설을 편리하게 이용할 수 있는 단지도 좋은 평가를 받습니다. 반면 유흥가라든지 비행기를 포함하여 심한 소음을 유발하는 요소가 있으면 되도록 피하는 것이 좋겠습니다.

Q 집 내부를 보러가서는 어떤 점들을 중요하게 확인해야 할까요?

A 보통 수리가 된 집은 매물에 올수리, 부분수리, 특올수리 등의 단어로 표현하면서 수리가 안 된 매물보다 가격이 비싼 편입니다. 이런 부분들이 입지나 외부환경적인 측면보다 우위에 둘 요소들은 아니지만 중요하게 살펴볼 것들이 있지요.

우선 복도식 아파트의 경우 복도에 외부섀시가 설치되어 있지 않다면 기온 변화에 따른 영향을 직접적으로 받는 단점이 있습니다. 외창이 없다면 중문이 시공되어 있으면 좋겠죠. 요즘은 예전처럼 정남향을 고집하는 분위기는 아니지만, 전체적으로 집에 빛이 잘 드는지, 또 바로 앞에 아파트나 건물, 옹벽 등이 붙어 있어 시야를 가리는지, 비행기나 철길, 인접한 곳의 소음이 너무 심하지 않은지 체크해보면 좋습니다. 구축의 경우 최근 섀시가 교체된 적이 있는지 살펴보는 것이 중요하고, 맨 끝집이나 탑층의 경우 결로나 물이 새는 곳이 없는지, 곰팡이 자국 등을 억지로 가려놓은 부분은 없는지 살피면 좋습니다.

만약 매수 후 바로 임대를 놓을 생각이라면 세입자에게 가장 큰 인상을 주는 화장실이나 주방이 깨끗하게 수리되어 있으면 좋겠죠. 하지만 결국 중요한 건 인테리어나 수리해야 될 부분보다는 매물 자체의 전체적인 가치를 판단하는 것입니다. 만약 하자를 발견했다면 매수 시 해당 부분을 가격조정의 협상카드로 내밀어도 좋고, 수리해주는 조건으로 계약을 할 수도 있으니 꼼꼼히 살펴보세요.

Q 아파트 리모델링이 무엇인가요?

A 부동산 시장에서 리모델링을 쉽게 정의하자면 '건축한 지 15년 이상 지난 낡은 노후 건축물을 건축법, 주택법에 따라 대수선하거나 수평, 수직으로 증축하는 행위'입니다. 대수선이라는 것은 건축물의 내력벽, 기둥, 보, 지붕틀, 방화벽(또는 방화구획), 주계단, 피난계단 등을 증설·해체·수선·변경하는 것 등을 이야기합니다! 「건축법 시행령」 제3조의2 대수선의 범위에 정의되어 있죠.

그럼 증축은 무엇일까요? 주택법에는 15년 이상 지난 공동주택의 각 세대 주거전용면적의 30% 이내(세대 주거전용면적이 85㎡ 미만인 경우 40% 이내)에서 증축하는 것으로 나오는데요, 여기서 증축이란 세대수를 증가시키는 것을 말합니다. 이 방법에는 ① 세대수 증가형 리모델링, ② 수직증축형 리모델링이 있습니다.

세대수 증가형 리모델링이란 각 세대의 증축 가능 면적을 합산한 면적의 범위에서 기존 세대수의 15% 이내에서 세대수를 증가하는 증축을 말합니다(「주택법」 제2조 리모델링의 정의). 한편 수직증축형 리모델링이란 기존 건축물 층수가 15층 이상인 경우 3개 층, 14층 이하인 경우 2개 층을 증축하는 방법입니다(「주택법 시행령」 제13조 수직증축형 리모델링의 허용 요건).

Q 아파트가 낡았으면 리모델링이 아니라 재건축을 하는 것이 좋지 않나요?

A 이왕이면 그냥 와장창 부수고 싹 다 새로 짓는 게 최고지 무슨 증축이냐고 생각할 수 있지만, 재건축은 30년이 지나야 얘기해볼 수 있기 때문에 리모델링과는 조금 다른 경우입니다. 30년 차 이상 앞에서 명함도 못 내밀지만 15년 차도 낡긴 낡았거든요. 재건축을 위해 15년을 더 기다리기 전에 우리 집을 새 집처럼 반짝반짝 바꿔보는 것은 소유주들의 자유겠죠?

그러면 둘 중에 무엇이 좋은가. 당연히 재건축이 좋습니다. 재건축은 아파트를 신축하면서 각종 커뮤니티 시설을 새롭게 구축해 새 단지를 구현할 수 있기 때문이죠. 그런데 재건축 사업은 만만치 않습니다. 우선 언급한 대로 재건축 연한이 30년 차부터인데 30년보다 훨씬 더 연식이 오래된 아파트에서도 '이렇게 살다가 집 무너지겠다'고 적힌 현수막을 거신 걸 보셨을 겁니다. 재건축에는 늘 사업성이라는 단어가 따라붙는데 이는 아파트를 새롭게 지었을 때 기존의 소유주, 즉 조합원들에게 수익이 나는가를 따져보는 것입니다. 사업성을 따지려면 아파트의 '용적률'이라는 단어가 이어서 나오는데요. 용적률이란 대지면적에 대한 건물 연면적의 비율을 말합니다. 쉽게 말해 대지면적에 대비해 건축물의 1층, 2층, 3층, 4층 바닥면적의 총합이 차지하는 비율을 말합니다. 땅바닥 대비 층수가 많을수록 바닥면적 총합이 점점 늘어나니까 용적률이 높아지겠지요!

용적률을 따지는 이유는 재건축을 진행할 때 새롭게 건설되는 아파트의 세대수가 많아질수록 유리하기 때문입니다. 건물이 속한 지역과 토지의 용도에 따라서 용적률에는 상한선이 있는데요. 이익을 극대화하기 위해 너도나도 재건축을 해서 롯데월드타워같이 높이 새 아파트를 쌓아 올릴 수 없다는 이야기죠. 그래서 우선 본인이 소유한 아파트의 상황을 보고 수익률을 따져보게 됩니다. 그럼 더 구체적으로 살펴볼까요?

만약 우리 아파트의 아파트 용적률이 120%인데 이곳의 용적률 상한선이 250%이다. 그러면 지금 최대 용적률의 절반 정도를 쓰고 있는 것이니 재건축 사업을 열심히 추진해볼 만하다고 결론이 나겠네요.

계산을 해봤는데 우리 아파트의 용적률이 이미 높다면 어떡할까요? 용적률 상한선이 250%인데 확인해보니 220%까지 싹싹 긁어모아서 다 썼다! 즉 낡았는데 용적률은 다 써버려서 재건축하면 사업성이 떨어지는데 새 집은 포기할 수 없다면 소유주들은 리모델링을 고민해보게 됩니다. 그리고 리모델링으로 사업을 추진하면 재건축에 적용되는 초과이익환수제나 분양가상한제(30세대 미만) 등의 규제에서 벗어날 수 있다는 매력이 있습니다. 재건축은 힘들지만 리모델링을 노려볼 만한 구축아파트들도 투자처로 관심을 두면 도움이 될 것입니다.

Q ‘토지거래허가구역’은 왜 지정되는 것이고 어떤 효력이 있나요?

A 토지거래허가구역은 토지의 투기거래가 일어나거나 급격히 땅값이 상승할만한 우려가 있는 지역에 지정되는데, 토지거래허가구역으로 지정된 경우에는 5년 이내 기간 동안 시장, 군수, 구청장의 허가를 받아야만 그 지역에서 계약이 가능하게 됩니다. 예를 들어 서울특별시의 경우 최근 주요 재건축 단지 및 공공재개발 후보지, 그리고 신속통합기획 주택재개발 후보지 등이 토지거래허가구역으로 묶였죠. 이 구역들은 지정기간이 다 다르고 기간이 지난 후 해제되기도 하고 재지정되거나 추가로 새로운 구역이 지정되기도 하므로, 매수에 관심을 가지는 지역이 토지거래허가구역에 해당하는지 아닌지 관심을 두고 있으면 좋겠죠.

: 2021년 3월 기준 서울시 토지거래허가구역 현황

지정권자	지정구분	지정기간	면적 (km²)
서울특별시장	강남·서초 자연녹지지역 (강남구 개포·세곡·수서·율현·자곡·일원·대치동, 서초구 내곡·신원·염곡·원지·우면·방배·서초·양재)	21.05.31~ 24.05 30	27.29
	국제교류복합지구 및 인근지역 (강남구 삼성·청담·대치동, 송파구 잠실동)	21.06.23~ 22.06.22.	14.4
	공공재개발 후보지(기존)8곳 (종로, 동대문, 강북, 영등포, 동작, 관악)	22.01.26~ 23.01. 25	0.13
	공공재개발 후보지(신규)16곳 (노원, 강동, 동작, 성동, 종로, 양천, 서대문, 송파, 동대문, 중랑, 성북, 영등포)	22.04.04~ 23.04.03	0.9
	주요 재건축단지 등 (양천, 영등포, 성동, 강남)	22.04.27~ 23.04.26	4.57
	신속통합기획 주택재개발 후보지 (종로, 용산, 성동, 동대문, 중랑, 성북, 강북, 도봉,노원, 은평, 서대문, 마포, 양천, 강서, 구로, 금천,영등포, 동작, 관악, 송파, 강동)	22.01.02~ 23.01.01	1.26
	신속통합기획 주택재개발 재개발 사업 (종로, 중구, 용산, 성동, 광진, 동대문, 중랑, 성북, 강북, 도봉, 은평, 마포, 양천, 구로, 영등포, 동작, 강남, 송파, 강동)	22.01.29~ 23.01.28	2.83
국토부장관	강서구(오곡동)	21.12.26~22.12.25	0.02
	강서구(과해, 오곡, 오쇠동)	21.05.13~22.05.12	2.19
	용산구(이촌, 한강로1,2,3가, 용산동3가)	21.05.20~22.05. 19	0.77

서울시 토지거래허가구역 현황(2022년 3월 기준)

Q 서울시의 모아주택, 모아타운이 무엇인가요?

A 모아주택, 모아타운은 2021년 오세훈 시장 취임 후 진행하는 서울형 소규모정비사업이라고 할 수 있습니다. 서울시는 2022년 1월 13일 재개발이 어려운 저층 주거지를 신정비모델인 '오세훈표 모아주택'을 도입하여 2026년까지 3만 호를 공급한다고 발표했죠. 여기서 언급한 것이 모아주택과 모아타운입니다. 서울시는 "저층 주거지 면적이 전체 주거지의 41% 가량인데 이중 약 87%가 노후도 등 재개발 요건을 충족하지 못하고 있다"고 했습니다. 해당 지역에는 다세대, 다가구 주택이 밀집되어 있어 주차난이 심각하고 녹지와 휴게공간도 부족해 이를 개선시키기 위한 해결책으로 모아주택을 제시한 것이죠.

모아주택은 이웃한 다가구, 다세대 주택 필지 소유자들이 개별 필지를 모아서 블록 단위로 주택을 공동개발하는 정비모델입니다. 대지면적 1,500㎡ 이상을 확보하는 경우 추진할 수 있는데 공공 기여와 국비 및 시비 지원을 활용해 지하주차장, 어린이집, 도서관 같은 기반시설도 확충할 수 있습니다. 절차는 소규모주택정비사업 방식으로 추진하게 되며 근거법은 「빈집 및 소규모주택 정비에 관한 특례법」 입니다. 이 법에 따르면 모아주택은 일반재개발과 달리 정비계획수립, 추진위 승인, 관리처분계획인가 절차가 생략되어 2~4년 안에 사업진행이 완료될 수 있습니다.

모아타운은 이 '모아주택'을 블록 단위로 집단적으로 추진하는 사업입니다. 모아주택이 작은 범위의 개발사업이라면 모아타운은 10만㎡ 이내의 지역을 한 그룹으로 묶어서 하나의 대단지 아파트처럼 체계적으로 관리하는 사업입니다. 모아타운으로 선정된 지역은 용도지역 상향과 층수 제한 완화라는 혜택을 주어서 노후된 주택과 신축 주택이 혼재한 주거지역의 소규모주택정비사업을 효율적으로 추진하는 것입니다.

모아타운의 가장 큰 특징은 사업대상지 선정에 있어 노후도 기준을 완화해주는 것입니다. 기존 소규모주택정비사업의 경우 노후도가 67% 이상이어야 했지만 모아타운은 57%로 기준을 낮추어서 기존에 노후가 맞지 않아 사업추진이 불가능했던 빌라, 다가구 등 저층 주거지들의 기대감을 높이고 있습니다. 서울시는 2022년 2월 10일~3월 21일까지 모아타운 해당 후보지 신청을 받아 2022년 4월 중 최종 후보지 25개소를 선정할 예정이었는데 일정이 조금 늦어지는 듯합니다. 발표 이후 해당 대상지들은 「빈집 및 소규모주택 정비에 관한 특례법」에 의해 조합설립, 건축심의, 사업시행인가, 관리처분계획인가 등을 거쳐 신축아파트로 새롭게 탄생하게 됩니다.

역세권 도장깨기

초판 1쇄 발행일 2022년 5월 31일
초판 2쇄 발행일 2022년 6월 13일

지은이 문현웅, 한은진

발행인 윤호권
사업총괄 정유한

편집 신수엽 **디자인** 서은주 **마케팅** 명인수
발행처 ㈜시공사 **주소** 서울시 성동구 상원1길 22, 6-8층(우편번호 04779)
대표전화 02-3486-6877 **팩스(주문)** 02-585-1755
홈페이지 www.sigongsa.com / www.sigongjunior.com

ISBN 979-11-6579-344-9 03320

*시공사는 시공간을 넘는 무한한 콘텐츠 세상을 만듭니다.
*시공사는 더 나은 내일을 함께 만들 여러분의 소중한 의견을 기다립니다.
*알키는 ㈜시공사의 브랜드입니다.
*잘못 만들어진 책은 구입하신 곳에서 바꾸어 드립니다.